I0831253

La narrativa de Alonso Jerónimo de Salas Barbadillo

BONNER ROMANISTISCHE ARBEITEN

Herausgegeben von Mechthild Albert,
Michael Bernsen, Paul Geyer, Franz Lebsanft,
Daniela Pirazzini und Christian Schmitt

BAND 121

Zu Qualitätssicherung und Peer Review der vorliegenden Publikation

Die Qualität der in dieser Reihe erscheinenden Arbeiten wird vor der Publikation durch die Herausgeber der Reihe geprüft.

Notes on the quality assurance and peer review of this publication

Prior to publication, the quality of the work published in this series is reviewed by the editors of the series.

Mechthild Albert / Victoria Aranda Arribas /
Leonardo Coppola (eds.)

La narrativa de Alonso Jerónimo de Salas Barbadillo

PETER LANG

Bibliographic Information published by the Deutsche Nationalbibliothek
The Deutsche Nationalbibliothek lists this publication in the Deutsche Nationalbibliografie; detailed bibliographic data is available in the internet at http://dnb.d-nb.de.

El presente libro ve la luz gracias a los generosos sufragios del Dipartimento di Lingue, Letterature e Culture Moderne de la Università "Gabriele d'Annunzio" di Pescara (Italia) y de un par de proyectos de investigación:

Proyecto de Excelencia I+D+i del MINECO La novela corta del siglo XVII: estudio y edición (y III) (FFI2017-85417-P)

Proyecto I+D+i - Programa Operativo FEDER Andalucía 2014-2020: Prácticas Editoriales y Sociabilidad Literaria en torno a Lope de Vega (UCO-1262510).

ISSN 0170-821X
ISBN 978-3-631-83254-7 (Print)
E-ISBN 978-3-631-83752-8 (E-PDF)
E-ISBN 978-3-631-83753-5 (EPUB)
E-ISBN 978-3-631-83754-2 (MOBI)
DOI 10.3726/b17675

Peter Lang – Berlin · Bern · Bruxelles · New York · Oxford · Warszawa · Wien

This publication has been peer reviewed.

www.peterlang.com

The picture is reproduced from EMBLEMA CLXXXIX of Alciato Andrea, *Emblemata*, Padua, Petro Paulo Tozzi, 1621, fol. 803r (Glasgow University Library: SM1226)

Contenido

Prólogo

Al abrigo del Proyecto de Excelencia I+D+i del MINECO *La novela corta del siglo XVII: estudio y edición (y III)* (FFI2017-85417-P), coordinado por Rafael Bonilla Cerezo (UCO), al que ahora ha querido sumarse el titulado *Prácticas editoriales y sociabilidad literaria en torno a Lope de Vega* (Programa Operativo FEDER Andalucía 2014–2020: UCO-1262510), bajo la dirección de Ignacio García Aguilar, también de la UCO, durante el 26 y 27 de noviembre de 2019 se celebró en la Università degli Studi «G. d'Annunzio» de Pescara un seminario internacional que congregó a doce especialistas de las universidades de Jaén, Roma Tre, Milán, Le Mans, Chieti-Pescara, Córdoba, Ferrara, Zaragoza y Bonn. El objetivo no era otro sino rescatar parte del corpus de una de las figuras más prolíficas del Barroco: Alonso Jerónimo de Salas Barbadillo (Madrid, 1581–1635).

Dicha iniciativa representó —o al menos así lo procuramos— un doble punto de inflexión:

En primer lugar, por lo que atañe a la tarea que nuestro equipo viene acometiendo desde hace ya casi una década: el estudio y la edición filológica de los novelistas previos y posteriores a Cervantes, un puñado de los cuales han visto la luz dentro de la colección *Prosa Barroca* (Sial Pigmalión); sin orillar a un par de *novellieri* (Straparola y Guicciardini) en sus traducciones hispanas. A saber: a) Jacinto Arnal de Bolea, *El forastero*, ed. Nicola Usai, 2016; b) Alonso de Castillo Solórzano, *Noches de placer*, ed. Giulia Giorgi, 2013; *Jornadas alegres*, eds. Julia Barella y Mita Valvassori, 2019; *Fiestas del jardín*, ed. Juan Luis Fuentes Nieto, 2019; *Los alivios de Casandra*, ed. Andrea Bresadola, 2020; *Los amantes andaluces*, ed. Margherita Mulas, 2020; y *Tiempo de regocijo*, eds. Rafael Bonilla Cerezo y Matteo Mancinelli (en prensa); c) Andrés Sanz del Castillo, *Mojiganga del gusto en seis novelas*, eds. Rafael Bonilla Cerezo, Andrea Bresadola, Giulia Giorgi y Paolo Tanganelli, 2019; d) Baltasar Mateo Velázquez, *El filósofo del aldea*, ed. Jonathan Bradbury, 2018; e) José Zatrilla, *Engaños y desengaños del profano amor*, ed. Paolo Caboni, 2018; f) Lodovico Guicciardini, *Horas de recreación*, trad. Vicente de Millis, ed. Iole Scamuzzi, 2018; y g) Giovan Francesco Straparola, *Honesto y agradable entretenimiento de damas y galanes*, trad. Francisco Truchado, ed. Leonardo Coppola, 2016.

Para más detalles, remitimos a la página web de la editorial: https://sialpigmalion.es/coleccion/ensayo/prosa-barroca/. Durante el próximo bienio saldrán de sus prensas la *Novela del más desdichado amante* de Jacinto Abad de Ayala (ed. Maria Rosso), *La dama beata* de José Camerino (ed. Evangelina Rodríguez

Cuadros), la *Huerta de Valencia* de Alonso de Castillo Solórzano (ed. Marcial Rubio Árquez), las *Soledades de Aurelia* de Jerónimo Fernández de Mata (ed. Eugenio Maggi), los *Acasos de fortuna* de Manuel Lizarazu Berbinzana (ed. Victoria Aranda Arribas), los *Rumbos peligrosos* de José Penso de la Vega (ed. Fernando J. Pancorbo), la primera parte de los *Casos prodigiosos y cueva encantada* de Juan de Piña (ed. Angela Fabris), la *Historia de Hipólito y Aminta* de Francisco de Quintana (ed. Rocío Lepe García), el *Para algunos* de Matías de los Reyes (ed. Alba Gómez Moral) y algunos otros.

Gracias al presente volumen, cuyas raíces se hunden en una copiosa serie de trabajos, entre los cuales supone un placer citar nuestra anterior colaboración con Peter Lang (*Nuevos enfoques sobre la novela corta barroca*, Mechthild Albert, Ulrike Becker, Rafael Bonilla Cerezo y Angela Fabris, 2016), ponemos también encima de la mesa la urgencia de volver sobre las «obras menores» de Salas Barbadillo, que son las que nos robarán los días en un futuro cercano. Entre nuestros precursores —¡a tales señores, tales honores!— resulta obligatorio mencionar aquí: a) la tesis de estado de Émile Arnaud, *La vie et l'oeuvre d'Alonso Jerónimo de Salas Barbadillo. Contribution à l'etude du roman en Espagne au début du XVIIéme siècle* (Université de Toulouse-Le Mirail, 1979), reseñada por Marc Vitse en su concienzudo artículo «Salas Barbadillo y Góngora: burla e ideario de las Castilla de Felipe III» (*Criticón*, 11, 1980, pp. 5–142); b) el asedio a la «picaresca femenina» del madrileño en el haber de Antonio Rey Hazas (Barcelona, Plaza y Janés, 1986); c) la monografía de Enrique García-Santo Tomás (*Modernidad bajo sospecha: Salas Barbadillo y la cultura material del siglo XVII*, Madrid, CSIC, 2008; amén de sus capítulos en *Espacio urbano y creación literaria en el Madrid de Felipe IV*, Madrid/Frankfurt, Iberoamericana/Vervuert, 2004, y después en *La musa refractada: literatura y óptica en la España del Barroco*, Madrid/Frankfurt, Iberoamericana/Vervuert, 2014), a quien el autor de *La hija de Celestina* le debe su espaldarazo crítico en los albores del siglo XXI; d) la tesis de Manuel Piqueras Flores, aparecida hace dos años como *La literatura en el abismo. Salas Barbadillo y las colecciones de metaficciones* (Vigo, Academia del Hispanismo, 2018); e) la pesquisa de Anne Cayuela acerca de la estructura híbrida y «polisinodal» de las *Coronas del Parnaso y platos de las musas* (*Mélanges de la Casa de Velázquez*, 43, 2, 2013, pp. 69–94); y f) cinco ediciones de veras estupendas: *La hija de Celestina*, ed. Enrique García Santo-Tomás, Madrid, Cátedra, 2008; *Don Diego de Noche*, ed. Enrique García Santo-Tomás, Madrid, Cátedra, 2012; *El caballero puntual*, ed. José Enrique López Martínez, Madrid, RAE, 2016; *Corrección de vicios*, ed. David González Ramírez y Manuel Piqueras Flores, Madrid, Sial Pigmalión, 2019; y Armine Manukyan, *Estudio y edición crítica de dos obras de Alonso Jerónimo de Salas Barbadillo*, Pamplona, Universidad de Navarra (2019). Empero, opinamos —y creemos haberlo razonado en este libro— que varios títulos del madrileño continúan durmiendo el sueño de justos, faltos incluso de textos fiables en clave ecdótica.

Recordemos que desde la estampa de las *Novelas ejemplares* (1613) de Cervantes, en las que ofició como afortunado censor, Salas, un ingenio de rica y copiosa inventiva, se distinguió no solo por sus cumbres, como *La hija de Celestina* (1612) y *Don Diego de noche* (1623), sino también por sus colecciones de novelas cortas y personalísimas misceláneas, *Corrección de vicios* (1615) y *Casa del placer honesto* (1620), respectivamente; volúmenes, todos ellos, que hasta hace bien poco el siglodorismo condenaba a barbecho. Con la vista puesta en su prosa —ya habrá lugar para la poesía y el teatro—, nuestra floresta propone un alivio de caminantes que arranca de *El caballero puntual* (1614), novela de difícil clasificación que contiene ecos cervantinos; sigue con *Casa del placer honesto* (1620), donde la comitiva decameroniana se reúne por el puro gusto de conjugar las novelitas con textos líricos y dramáticos; y acaba con *Coronas del Parnaso y platos de las musas* (1635), su testamento literario, a caballo entre los *Ragguagli* de Boccalini, el *Arte nuevo* de Lope, las epístolas satíricas, los epigramas y, de nuevo, el relato breve de ficción.

Hijos del seminario *La narrativa de Alonso Jerónimo de Salas Barbadillo*, estos doce artículos arrojan luz sobre el proteísmo de Salas, que, amalgamando la comedia con la picaresca y la lírica con el diálogo, supo participar tanto de la *novella* como de los tratados de cortesanía —verbigracia *El caballero perfecto* (1620)—, tal como se desprende de la portada del apicarado y *subtil cordobés, Pedro de Urdemalas* (1620).

A tenor de la cantidad de obras marginadas, el interés de esta colectánea radica en desbrozar la asimilación de temas, modelos, técnicas y estructuras en sus creaciones, al tiempo que potenciamos el campo de estudio aurisecular por lo que se refiere a libros de naturaleza híbrida. No se trata, pues, de multiplicar los deslindes costumbristas o picarescos, ya suficientes; y tampoco el industrioso enfoque satírico-burlesco en torno a la *novella* del Seiscientos. Abordamos aquí, por el contrario, sus textos menos atendidos: *Casa del placer honesto* (1620), hoy tema de la tesis doctoral de María Dolores Marrón Guareño; *El necio bien afortunado* (1621), las cartas de la *Estafeta del dios Momo* (1627) o la curiosa «fábula de fábulas» de *La peregrinación sabia*, que integra el «plato III» de la *Corona del Parnaso y platos de las musas* (1635).

La intención de aquel encuentro fue, en suma, ampliar el conocimiento sobre el conjunto de la literatura salasiana para entablar un diálogo de ida y vuelta con los géneros de la Edad de Oro. Acordes con tales objetivos, las ponencias aquí reunidas brindan puntuales perspectivas basadas en estudios textuales, paratextuales, metatextuales e intertextuales, revelando, por fin, unas claves de interpretación que yacían ocultas, entre penumbras, dentro de las varias modalidades de la (muy clara) prosa de Salas. La estructura se ajusta a la fecha de publicación de sus obras, siempre en virtud de las estrategias y formas narrativas. Con el afán de subir uno (o quizá varios) peldaños en la mejor compresión de su poética, los dos primeros capítulos sondean el rastro y la herencia de unos *novellieri* aún poco frecuentados. En primer lugar, David González Ramírez (Universidad de Jaén) encuadra al escritor madrileño dentro del ruedo áulico a partir de «*Il gentiluomo*», una de las secciones de *El caballero puntual* (1614). A continuación, Ilaria Resta (Università di Roma Tre) se detiene en dos libros: *Don Diego de Noche* (1622), careado con las *novelle* de Girolamo Brusoni; y *Lo sciocco ben avventurato*, la traducción veneciana (1634) de *El necio bien afortunado*.

Maria Rosso (Università di Milano) pasa revista a la empática afinidad que Salas establece entre la dupla de narradores (el mismo autor y Boca de todas verdades) que se dan cita en *Corrección de vicios* (1615). Aun compartiendo la misma cosmovisión pesimista, estas voces se diversificarán en los diferentes niveles de la historia, enmarcados por un bastidor dominado por visiones infernales que nos desvelan el envés de un mundo desestabilizado por la mentira, las falsas apariencias y la corrupción: dispositivos irónicos activados por el motor de la locura. Desde su ladera, Fernando Copello (Université du Mans) examina el marco de la *Casa del placer honesto* (1620), en el que la casa sirve de artefacto para soldar una serie de elementos entre los cuales no escasean los adornos efímeros y sus relaciones con la religión y la sexualidad. El hogar de la *Casa del placer honesto* da pie al rastreo de los medios que Salas empleó para levantar dicha estructura, sin duda distinta de la de las *Fiestas de la boda de la incasable mal casada* (1621) y la citada *Corrección de vicios*.

En la órbita, asimismo, de aquellos que se interesan por la arquitectura de las colecciones del madrileño, Manuel Piqueras Flores (Universidad de Jaén) esclarece la de *El subtil cordobés, Pedro de Urdemalas* (1620), que devino en modelo del nexo entre las novelas largas con «interpolaciones metaficcionales secundarias» y las «colecciones con marco» que informan de sus planos y registros compositivos. Sin abandonar el mundillo de la bribia, Marcial Rubio Árquez (Università di Chieti-Pescara) analiza *El necio bien afortunado* (1621), subrayando las hondas estelas del *Lazarillo de Tormes* y el *Guzmán de Alfarache* en esta novela «caleidoscópica», toda vez que se trata de un volumen que se balancea de la cortesanía al costumbrismo; y viceversa.

Victoria Aranda Arribas (Universidad de Córdoba) exhuma la adaptación de *La hija de Celestina* (1612) que rodaron Emilio Romero y Angelino Fons para la miniserie *Las pícaras* (TVE, 1983), voluptuoso ejemplo de las últimas ascuas de la Transición, y con ella del Destape. Este ensayo pone el acento sobre las divergencias de mensaje respecto al texto base, en especial por lo que atañe al desenlace del capítulo.

El gusto por las aleaciones genérico-artísticas también despunta en las *Fiestas de la boda de la incasable mal casada* (1622), daguerrotipo literario de la idea que Salas tenía del matrimonio y de la naturaleza femenina. En ella se interpola *El descasamentero*, entremés que bebió de *El juez de los divorcios* de Cervantes y se convertiría en una de las piedras de toque, junto con la moda gongorina, para *El casamentero* de Castillo Solórzano (*Tiempo de regocijo*, 1627). Giulia Giorgi (Università di Ferrara) se fija en la lengua como norte para entender los desparejamientos de este trébol nupcial —que no triángulo amoroso— del teatro breve del siglo de los Austrias menores.

José Enrique Laplana (Universidad de Zaragoza) explica las diversas reescrituras en la obra de Salas, atendiendo particularmente a *La estafeta del dios Momo* (1627) y las *Coronas del Parnaso y platos de las musas* (1635), pues el autor se valió de parecidas maniobras paratextuales a la hora de darlas a los tórculos durante la ley del silencio —para novelas y comedias— impuesta por la Junta de Reformación. Partiendo de tan censorio contexto, Laplana sanciona aquí una taxonomía epistolar dentro de *La estafeta del dios Momo*, haciendo hincapié en las cartas jocosas, signadas por la agudeza y, en ocasiones, por la necesidad de escribir «a dos luces». Explora a su vez la presencia de Momo, el remitente de dichas misivas, en otros impresos del madrileño por los que también asomó la nariz; a menudo bajo el paraguas de un marco parnasiano.

Tanto *La estafeta del dios Momo* como las *Coronas del Parnaso* aprovechan con buen pulso el tópico horaciano *ut pictura poesis*, lo cual avala que las artes plásticas se dejaron sentir en el corpus de Salas. A este propósito, como complemento de los atavíos e imágenes ajardinadas de la «casa del placer» visitada por Copello, y en línea con las querencias infernales que Rosso sacara a relucir en «la almoneda del diablo», Leonardo Coppola (Università di Chieti-Pescara) interpreta aquí las notas grotescas ocultas (o no tanto) en *El curioso y sabio Alejandro, juez y fiscal de vidas ajenas* (1634). Fiel a las corrientes de su época, el madrileño publica en esa alianza entre la literatura y la pintura, que son sus seis novelas cortas, unos retratos de falaces cortesanos cuyos vicios y atributos satíricos acusan su deuda con Quevedo y la formidable imaginería del Bosco. Este mundo grotesco toma cuerpo tanto en las figuras-efigies —que nutren la ficción de la galería-marco— como en los epítomes, cuyo fin es recrear un precepto moral en la memoria del lector.

De regreso a la *cornice* alegórica del monte de Apolo y las nueve musas como reunión de poetas y reflejo de los certámenes académicos que tanto fatigó Salas,

las dos aportaciones que cierran este volumen coinciden en la elección de las *Coronas del Parnaso* (1635), su obra póstuma, como piedra de toque. Mechthild Albert (Universität Bonn) desgrana la estructura y el valor simbólico del itinerario recorrido por los dos zorros protagonistas de *La peregrinación sabia*. De acuerdo con su proceso de aprendizaje, el viaje de los raposos lleva del bautizo picaresco a la conversión moral, gracias a unos episodios de carácter intertextual y metaliterario. Finalmente, Rafael Bonilla Cerezo (Universidad de Córdoba) analiza el ciclo de composición y la *dispositio* de dicha miscelánea, junto a un completo examen de *La peregrinación sabia*, relato que divulga el rumor de las pullas y los rifirrafes nacidos al calor de las academias, sin descuidar varias teselas espigadas de los libros de caballería, los apólogos, la picaresca, la sátira y el *Quijote*.

Es verdad que, después de la muerte de Cervantes, Salas, «el mejor y más calificado novelista de aquel siglo», según lo definiera Rey Hazas, no halló una aceptación demasiado favorable entre sus coetáneos, fruto precisamente de su carácter experimentador; el mismo que hizo que también la crítica moderna lo postergara durante décadas. Así las cosas, este volumen le restituye parte de su oído, y diríase que hasta un coro de nuevas voces, a este «menor» del Barroco, con el solo y muy honesto entretenimiento de despejar los puntos ciegos de una narrativa que, justo después de que el padre del *Quijote* pusiera sus dos pies en el estribo, se singularizó por la empeñosa búsqueda de un nuevo dueño del Parnaso.

Mechthild Albert, Victoria Aranda Arribas, Rafael Bonilla Cerezo,
Leonardo Coppola y Marcial Rubio Árquez

David González Ramírez / Jaén

Literatura cortesana y narrativa en el Siglo de Oro: de Castiglione a Salas Barbadillo[1]

Resumen: En este trabajo se analiza cómo el modelo de '*opera aperta*' que planteó Castiglione, en el que los ejemplos y las anécdotas se suceden, fue decisivo para que los manuales de cortesanía posteriores (escritos por Milán, Gracián Dantisco y Rodrigues Lobo) asumiesen toda una tradición de narraciones breves; con Salas Barbadillo, sin embargo, se alcanza la fusión entre tratado de cortesanía y novela.

Palabras clave: Manual de cortesanía, cuento, diálogo, novela, Siglo de Oro

Abstract: This work analyzes how Castiglione's '*opera aperta*' model, in which examples and anecdotes follow one another, was decisive for subsequent courtesy manuals (written by Milán, Gracián Dantisco and Rodrigues Lobo) to assume the tradition of short stories; with Salas Barbadillo, however, the fusion between courtesy tratise and novel is achieved.

Keywords: Courtesy Manual, Tale, Dialogue, Novel, Golden Age

1 Este trabajo se adscribe al Equipo de Investigación EI_HUM6_2019 y al proyecto «La poesía hispano-portuguesa de los siglos XVI y XVII: contactos, confluencias, recepción» (I+D+i. FFI2015-70917-P; financiado por AEI [Agencia Estatal de Investigación, España] / FEDER, UE). Con el propósito de ajustarme a la extensión permitida, presento las líneas maestras de un tema de largo recorrido que he desarrollado parcialmente en varias conferencias (en las universidades de Jaén, Santiago de Compostela y Pescara) que daría materia para un estudio mucho más extenso que se adentre en tantos otros textos coetáneos a los aquí estudiados. Me limito ahora a dar cuenta de los aspectos esenciales que quiero destacar y a referenciar la bibliografía elemental, por lo que este estudio debe ser entendido como un acercamiento parcial y provisional. En relación al tema que presento, hace algunos años Álvarez-Ossorio (1998) analizó un amplio corpus de obras de cortesanía del Siglo de Oro, pero aún está por hacer un estudio monográfico que se ciña al ámbito de la ficción y presente el grado exacto en el que se asimila el discurso cortesano; con este artículo quiero abrir una línea de trabajo para reconocer cómo los tratados de cortesanía subsumen las novedades relacionadas con la narrativa breve y cómo los principios de la ética áulica abrazan otras formas de la prosa. Les agradezco a Manuel Piqueras y a Eduardo Torres la lectura que han hecho de una primera versión de este texto, mejorada gracias a sus acertadas observaciones.

Durante el Antiguo Régimen la corte se configura como nuevo centro de gravedad del sistema político, y a este espacio de sociabilización llegan para medrar numerosos individuos que tienen el deber de refinarse, de formarse intelectualmente y de desarrollar todo tipo de habilidades que les permiten comportarse con decoro y desempeñar unas funciones nuevas. Elias (1982) definió este fenómeno sociocultural que experimenta Occidente como un «proceso civilizador». Ya desde la literatura de la Edad Media, a propósito del cálido debate sobre la caballería y de los abundantes espejos de príncipes, se percibe la necesidad de que los caballeros y gobernantes tuviesen una serie de virtudes, entre las que están la discreción y la urbanidad. En la tratadística medieval se están adelantando algunas de las cuestiones esenciales que se debatirán durante el Renacimiento y que la literatura, como fórmula de extensión de la sociedad, asumirá en gran parte. Así, a lo largo de los siglos XV y XVI, «el arquetipo del caballero había evolucionado desde su formulación inicial adquiriendo cada vez más relevancia las buenas maneras, la prudencia y la cortesía» (Álvarez-Ossorio 1998: 309 n. 23).

Que el caballero lograse este refinamiento pasaba por adquirir una cuidada educación con la que poder perfeccionar aquellas cualidades innatas. Estamos (y abrevio mucho un tema de enorme importancia para las monarquías modernas) ante la configuración de un hombre nuevo, el *gentiluomo*, que al ejercicio de las armas debía sumar otras virtudes. Durante el siglo XVI el cortesano ideal comienza a ganar terreno al caballero —en el sentido medieval del término— perfecto; el modelo de las grandes cortes es determinante para que los nuevos atributos del fiel servidor —disimulación, prudencia, elocuencia, ingenio— se impongan en un estado social con reglas de juego inéditas; el hombre de la corte pasa a cultivar una «inteligencia práctica» para dominar el espacio de sociabilización (Torres Corominas 2010)[2].

Es en este contexto donde comienza a florecer el discurso cortesano, que se acoge, como magistralmente explicó Quondam (2013), a diferentes modalidades literarias: libros de avisos, manuales de comportamiento, sátiras anticortesanas, colecciones de emblemas, etc. Todos comparten un fin último: ayudar al hombre de palacio a navegar en el proceloso mar de la corte. Se trata de un arte que se puede aprender, de una ciencia reglada; y las obras de buen comportamiento se editan, se reeditan, se traducen y se imitan por toda Europa. «El modo de vida de

2 Para la evolución del cortesano al discreto, remito a la clásica monografía de Blanco González (1962) y al trabajo de Álvarez-Ossorio (1997).

la corte se convirtió en una lengua franca compartida por las noblezas europeas» (Álvarez-Ossorio 1998: 306)[3].

Esta variedad de textos vinculados a este discurso fue modulándose y acogiendo en su estructura abierta las nuevas tendencias literarias y editoriales. En el estudio comparativo que pretendo ensayar, he querido fijar mi atención en la morfología de un género en permanente movimiento desde el hipotexto que configura Castiglione, *Il cortegiano* (1528), hasta *El caballero perfecto* (1620) de Salas Barbadillo, que alcanza hasta el final del reinado de Felipe III. En el siglo de diferencia prácticamente que transcurre de un libro a otro, el modelo del cortesano varía sutilmente hasta llegar a la figura del discreto que enuncia Gracián, aunque la base del modelo arquetípico es común (gozar de urbanidad, de gracia y *sprezzatura*, ser discreto, ser buen señor; en suma, ser un hombre virtuoso)[4]. Como obras de cortesanía, se pueden leer a modo de textos pedagógicos con los que se pretendía formar al nuevo hombre (la *institutio* a la que Quondam se refirió). Sin embargo, el ámbito literario y el tipo de lector han variado a lo largo del tiempo, y los escritores van a ser sensibles a los cambios estéticos generados por los nuevos contextos de lectura.

Una de las cuestiones esenciales que presenta Castiglione es la necesidad de que el *gentiluomo* supiese desarrollar sus habilidades lingüísticas con dichos, motes y relatos. El dominio de la palabra (desde la forma más breve, a modo de dicho o sentencia, a la más extensa, como pueden ser los relatos) se convierte seguramente en el elemento más determinante en el cortesano; y no es azaroso que Castiglione, siguiendo el ejemplo de Boccaccio, conforme un diálogo narrativo. Si la oralidad desempeña un papel decisivo en la formación del *gentiluomo*, también lo tendrá en las obras posteriores que tratan de servir de entretenimiento y doctrina para los lectores.

Partiendo de esta premisa, las facecias encontraron un confortable acomodo en estos tratados de buenos modales (Aldomà-García, 1998), pero también otras expresiones de la narración breve, como los refranes y proverbios (Milán) o la *novella* (Gracián Dantisco y Rodrigues Lobo). Salas Barbadillo, en cuya producción literaria la corte y sus problemas sociales cobran una notable relevancia, fue un paso más allá y configuró una novela —según concebimos modernamente el

3 Además de los estudios de Quondam recogidos en su volumen de 2013, ver al menos los trabajos de Maravall (1983), Martínez Millán (1994), Álvarez-Ossorio (1998) y Martínez Millán, Carlos Morales y Fernández Conti (2000). En un artículo dedicado a la traducción de Rodrigues Lobo adelanté algunas observaciones sobre las que ahora puedo extenderme ligeramente (González Ramírez 2018a).

4 Para mayor precisión, ver el trabajo de Martínez Millán (2016).

género— que podríamos denominar como «cortesana», con un personaje que enseña modales de buena conducta a través de sus acciones y decisiones[5].

1 El hipotexto de un género literario: *Il cortegiano* (1528) de Castiglione

La obra que supone un referente dentro de la familia de los tratados de cortesanía es *Il cortegiano* de Castiglione. Publicada en Italia en 1528 (aunque compuesta durante un largo proceso de escritura que comienza en 1509), Boscán la tradujo rápidamente y se editó en 1534[6]. Desde esta fecha hasta 1588, esta traducción tuvo un éxito arrollador con diecinueve ediciones (Burke 1998) y Milán (2019: 79) se refirió a cómo la obra pasaba por «ciertas damas de Valencia [...] entre manos» (desconocemos si lo hacía en la versión original o en su traducción)[7]. Castiglione (1994: 101) incidió en que daba respuesta —y nótese

5 El concepto de 'novela cortesana' que aquí manejo no guarda relación con el que usó González de Amezúa (1929) para referirse a lo que hoy entendemos como 'novela corta'.

6 Sobre este libro, me permito remitir al enjundioso artículo de Morreale (1958–1959), a la notable introducción de Quondam (Castiglione 2002) y al importante estudio de Torres Corominas (2010), cuya lectura, en la línea de los trabajos de Elias y Quondam, supone una revisión a fondo de la carga ideológica del tratado de Castiglione y de su recepción en la corte de Carlos V. Por otra parte, Muñoz Sánchez (2018) ha situado esta obra en la herencia del *Decameron* y como antesala de Cinzio para explicar el paso del «gentil conversador» al «discreto lector».

7 Para su recepción en España, ver Gómez Moreno (2007). Desde 1588 se continuó editando, aunque a menor ritmo, leyendo y comentando, como pone de relieve un resumen del siglo XVII estudiado por Muñiz Muñiz (2011). El primer signo de este éxito se localiza en realidad en *El Scholástico* (*c.* 1542) de Villalón. Tal es el parentesco que el propio autor —en uno de los dos testimonios conservados— se tuvo que defender de aquellos que le acusaron de plagio: «Algunos que hasta aquí han visto este nuestro libro dizen, a manera de reprehensión, que quise tanto seguir al conde Baltasar Castellón en *El Cortesano* que quasi le treslадé, y que no hize otra novedad sino mudar el nombre aquí» (1997: 343). Villalón planteó un diálogo humanista de corte narrativo o indirecto en el que los desacuerdos abundan, como también las burlas o las pullas entre los interlocutores, como sugirió Martínez Torrejón (Villalón 1997: XXI), muy al modo de lo que practicó Castiglione y continuó Milán. Villalón, además de «pintar aquí una scolástica universidad o académica república, o escuela de letras», se planteó fijar, como reconoció en su prólogo, las «condiciones que debe tener el buen discípulo» y cómo «debe ser elegido el buen maestro» (1997: 3). No estamos ante las virtudes del hombre de corte, sino del hombre universitario (sea maestro o discípulo). Y es un texto también trufado de numerosas narraciones cortas. Por no alargar más esta nota,

que quintaesencia el estatus que tendrá el cortesano dentro del nuevo escenario social— a «la forma de cortesanía más convenible a un gentil cortesano que ande en una corte para que pueda y sepa perfetamente servir a un príncipe en toda cosa puesta en razón, de tal manera que sea dél favorecido y de los otros loado, y que, en fin, merezca ser llamado perfeto cortesano, así que cosa ninguna no le falte». Se fijó Castiglione en tratados clásicos como los de Horacio, Cicerón o Quintiliano para configurar

> un arquetipo en el que confluye el buen linaje, el ingenio, la templanza, la bondad virtuosa, la destreza en el manejo de armas y caballos, el conocimiento de las letras (en especial de la poesía, la oratoria y la historia), la iniciación a la pintura y a la música, la soltura en la danza, la fluidez y amenidad en la conversación, el servicio honesto al príncipe, la dedicación galante a la perfecta dama y la educación del príncipe en la virtud, conjugando todas estas partes bajo el signo de la *regula universalissima* de la *grazia* y recurriendo al obrar y al hablar a una *sprezzatura* que evitase los peligros de la *affettazione*. (Álvarez-Ossorio 1998: 319)

Estamos, como explicó Quondam (Castiglione 2002), ante un «manifiesto ideológico», pues se aporta una preceptiva cortesana ante el nuevo modelo de hombre, pero también ante una declaración estética. Castiglione presentó la gramática general y generativa del arte de la cortesanía (Quondam 2013), a partir de la cual se desarrollan modelos particulares inspirados en él: el perfecto secretario, capitán, pretendiente…

Il cortegiano está compuesto por cuatro libros, que recorren varias jornadas, y se configura como un diálogo narrativo indirecto, con la corte de Urbino como trasfondo histórico, en el que Castiglione es autor y actor: se autorrepresenta en el texto y aparece como un dialogante más. Pero el marco dialogal no se utiliza como resorte para vehicular un contenido doctrinal o teórico, sino que se trata de un diálogo vivo, lleno de interrupciones, debates, divagaciones, bromas, anécdotas, etc. Castiglione dispone un paradigma abierto, dominado por la libertad, donde el lector conoce el tema motriz (el gentilhombre, la dama, etc.), pero la obra no se articula bajo esquemas mecánicos, según analizó Pozzi (Castiglione 1994: 50–53), sino que se reactualiza constantemente.

Fue el propio Castiglione (1994: 102) quien avisó al lector de esta estética de la espontaneidad:

---

advierto solo que en el capítulo final encontramos una discusión muy semejante a la que se lee en *El cortesano* de Castiglione (y que estaba ya en el *De oratore* de Cicerón): se debate sobre cómo y cuándo contar narraciones donairosas, apotegmas, motes, chistes y gracias (dándose ejemplos de muchos de ellos).

> Yo en este libro no seguiré una cierta orden o regla de precetos, la cual los que enseñan cualquier cosa suelen seguir comúnmente; mas (según la costumbre de muchos antiguos) renovando una agradable memoria, recitaré algunas pláticas que entre algunos singulares hombres sobre semejante propósito verdaderamente pasaron. En las cuales, aunque yo no haya sido presente, por hallarme entonces, cuando esto pasó, en Inglaterra, trabajaré agora, cuan puntualmente la memoria me sufriere, de acordallas según poco después que fui vuelto las supe de persona que muy fielmente me las contó.

Entre los temas que se trenzan, uno de los más destacados es el que afecta al 'saber decir' del cortesano. La capacidad oratoria del cortesano era imprescindible para desenvolverse con autoridad en los meandros político-administrativos, pero el nuevo modelo antropológico del siglo XVI debía también cultivar su ingenio y amenizar los ratos de entretenimiento; es decir, debía erigirse como *vir doctus et facetus* y cultivar «la palabra como medida de la inteligencia humana» (Prieto 1986: 27). Siguiendo la división ciceroniana contenida en el *De oratore*, a través de uno de sus personajes, Micer Federico, Castiglione diferenció entre «dos suertes» de narraciones: una llamada «*festividad* o *urbanidad*» («consiste en el hablar largo y no interrompido») y otra que se conoce como «*dichos*», aunque apreció que también ahora se le conoce como «*gracias* o *donaires* o, en cierta coyuntura, *motes*» (1994: 267). Micer Bernardo añade un poco después una forma más, que no se define por la extensión, sino por el contenido; se refiere a los «*recaudos falsos* o *burlas*», entre los que encuentran «cuentos largos y dichos breves» (1994: 274), lo que sirve para alabar «lo que Juan Bocacio refiere en la octava jornada de sus novelas [...]. También hay muy graciosos cuentos en las de Calandrino y en muchas otras» (1994: 276–277).

El modelo de facecias, claramente, es el que aparece en el *Decameron* de Boccaccio (y no las procaces de Poggio Bracciolini o las dogmáticas de Erasmo), en cuya sexta jornada se ofrece un breve catálogo. A propósito de los apuntes teóricos que Castiglione disemina, el libro segundo supone un ejemplo práctico de los diferentes modos de cuentos[8]. Aunque el escritor italiano no llegó a superar los límites de la facecia, la obra está minada de cuentecillos a modo de *exempla*, pues el hombre de palacio tenía que conjugar sabiduría (templanza, urbanidad, etc.) y gracia (tener garbo, contar ingeniosidades, etc.); es decir, tenía que cumplir con el ideal de la *jocunditas*[9]. Desde este momento, la facecia queda legitimada en el ámbito de la *urbanitas* y su proyección a la literatura se dejará notar mucho más

---

8 A este segundo libro le dedicó Soletti (1990) una monografía de obligada consulta.

9 Considérese que el propio Palencia (1490: CLIv), en su *Vocabulario*, al definir la facecia la relacionaba con la urbanidad: «son dichos o fechos en que hay dulzor o suavidad de palabras que dicen cortesía».

allá de los tratados de cortesanía; pero la asunción que hizo Castiglione de este paradigma narrativo y el manejo de una estructura abierta generaron que los siguientes escritores integrasen nuevas tipologías de la narración breve[10].

2 La fiesta áulica en *El cortesano* (1561) de Luis de Milán

El heterogéneo libro de Luis de Milán apareció póstumamente[11]. Aunque hay varias hipótesis sobre la gestación de esta obra, me inclino a pensar que, al igual que la de Castiglione (que preparó su libro en varias fases de escritura y reescritura), Milán fue componiéndola a lo largo de un dilatado proceso de redacción, durante el cual se benefició del auge de la facecia y de los volúmenes paremiológicos. Por una parte, el escenario que se representa se ubica en 1535 (por tanto, cuando se publica ya habían fallecido tanto el duque como la reina que protagonizan los acontecimientos narrados). Por otra parte, no se puede pasar por alto que en 1535 Milán publicó su *Libro de los motes*, que podría entenderse como el esqueje de *El cortesano*, y un año más tarde *El maestro*, que también tiene varios puntos de conexión ideológicos con su obra mayor (Ravasini 2010). Es razonable que Milán por esos años (ayudado además por el buen recibimiento de la traducción de Boscán publicada en 1534) ya tuviese en fárfara, o al menos en mente, la obra que lo consagraría en el campo de la literatura cortesana.

El autor recrea, también siguiendo el esquema dialogal, «la corte [valenciana] del real duque de Calabria y la reyna Germana», donde en diferentes jornadas se desarrollan fiestas y juegos cortesanos en los que incluyó motes, canciones, cuentos y narraciones[12]. Dedicado su libro a Felipe II, Milán (2019: 80 y 78) pretendió formar al «caballero armado, virtuoso»: el rey; para ello representa fiestas, entretenimientos aristocráticos y espectáculos de palacio, lo que le permite amalgamar diferentes géneros literarios: «recopilaciones de motes, florilegios de líricas

10 Aunque especializado en el cuento popular, es verdaderamente útil para tener un panorama completo de los tipos de narraciones breves en el Siglo de Oro la monografía de Pedrosa (2003); hace poco planteé un sucinto recorrido sobre el cuento en el siglo XVI y su «novelización» (González Ramírez 2018b).

11 Sobre esta obra deben consultarse al menos los estudios de Ravasini (2010), López Alemany (2013) y Sánchez Palacios (2015). También son muy recomendables las introducciones de Escartí y García Sánchez a sus respectivas ediciones (Milá 2010 y Milán 2019).

12 De *El cortesano* de Milán podría prepararse una riquísima antología de cuentecillos y proverbios. López Alemany (2013) ha editado los dichos y sentencias recogidos en el libro (junto a la «Farsa de las galeras de San Juan»); Castaño Santos (2018) ha analizado las facecias de la primera jornada.

tradicionales y ciclos de sonetos; reflexiones teóricas sobre el hombre de corte, el amor cortés o el papel de la mujer; cuentecillos y proverbios; juegos teatrales y parateatrales, materiales caballerescos y narraciones sobre la historia de Troya» (Ravasini 2010: 75 n. 19)[13]. Milán refleja en su libro una rica y variada crónica de la vida cortesana en la que el lector comprende a través de la práctica aquellos entretenimientos a los que se consagraban los hombres y mujeres de palacio[14].

En cuanto a la narrativa breve, en la obra se cuentan por decenas los cuentos que tratan de ejemplificar los comentarios que se cruzan en las conversaciones. Milán está recogiendo una rica tradición de literatura apotegmática que había conocido un importante empuje en los años treinta y cuarenta. El cuento breve se filtra por obras de diferente naturaleza y adquiere un renovado interés más allá de las colecciones, hasta el punto de que Mal Lara (1568: h. 12), que estaba recopilando su colectánea de refranes glosados (que alberga numerosos cuentecillos y anécdotas) por las fechas en las que Milán terminaba su obra, legitima la inserción de cuentecillos: «Y no ha muchos tiempos, fue bien recebido el estilo de don Antonio de Guevara, obispo de Mondoñedo, que en todas sus obras metió muchos donaires, en todas las obras, aunque fuese materia de Césares: mírese cuánto mejor en los refranes»[15].

13 Sobre este aspecto, ver ahora el estudio monográfico de Sánchez Palacios (2015).

14 Aunque dejo fuera la parte en verso, la obra puede entenderse a su modo como un florilegio de diferentes metros. Abundan los motes, las glosas, los villancicos, los romances, etc. Hay que considerar que «[u]no de los entretenimientos medievales más típicamente caballerescos eran las justas y torneos», donde los participantes llevaban «colgado del brazo o de la lanza un mote, o breve lema, bordado en una divisa» (López Alemany 2013: 95). Durante los años en los que posiblemente Milán estaba redactando su obra, encontramos numerosas antologías de diferentes metros; son famosas las de los romanceros, que tienen ya presencia desde finales de la década de los cuarenta, pero también otras recopilaciones (comentadas por Prieto 1991: I, 156–157), como las de Juan Vásquez, *Recopilación de sonetos y villancicos a cuatro y a cinco* (1560), u otras en las que aparecen cancioncillas anónimas con composiciones de Garcilaso o Boscán, como *Los seys libros del Delphín de música* (1538) de Luis de Narváez o los *Tres libros de música para vihuela* (1546) de Alonso Mudarra. En 1561, Timoneda, que está en la órbita valenciana, edita su *Cancionero llamado Sarao de Amor*, en dos partes, aunque apenas se conservan unos cuantos folios del original. En el segundo tomo figuraban casi medio centenar de cancioncillas amorosas. Para Prieto (1991: I, 157), «este mutilado *Sarao de Amor*, con sus adivinanzas y juegos cortesanos, está exteriorizando, al lado de la convivencia de villancicos y sonetos, una dirección cortesana que pretende sustituir la cancioneril».

15 Hay que considerar que Diego Gracián vertió al español los *Apothegmas* de Plutarco en 1533 y en 1549 se trasladan en Amberes los *Apothegmata* (1531) de Erasmo, por Juan

También, se está beneficiando del auge que conoce la literatura sentenciosa y paremiológica a mediados de siglo. Conviene recordar que este tipo de literatura (junto a los lemas de las colecciones de emblemas) es capaz de encerrar, en su brevedad, toda una doctrina que en muchos casos se orienta a la conciencia del buen obrar. Vuelvo a sacar a colación a Mal Lara (1968: 7v), para quien «[e]s toda la philosofía una guía y adalid que podemos tomar bien cierto para nuestra vida que su oficio es inquirir virtudes, ahuyentar vicios, ser maestra de costumbres»[16].

A pesar de admitir que su obra estaba consagrada a formar a un virtuoso caballero, en su libro las instrucciones sobre el modo de comportamiento quedan supeditadas a la descripción de toda una serie de actividades áulicas que le permite a Milán dar cuerpo a una conjugación poliédrica de distintos géneros literarios. El avisado lector tiene que entresacar de los ejemplos, las sentencias y algunas afirmaciones el modo de buen comportamiento del cortesano ejemplar, que esta vez aparece de una manera menos explícita que en el libro de Castiglione.

Jarava y Francisco Támara, mientras que Palmireno publica en latín sus *Adagiorum centuriae quinque* (1560); por otra parte, el *Liber facetiarum* de Poggio Bracciolini (aunque de un tono más obsceno), pese a no ser traducido, tuvo un importante impacto en las letras españolas (Fradejas Lebrero, 1988). La corriente apotegmática en España tuvo una larga continuación desde los años inmediatamente posteriores al texto de Milán, como refrendan las obras de Timoneda (*Sobremesa y alivio de caminantes* [1563] y *Buen aviso y portacuentos* [1564]), de Santa Cruz (*Floresta española* [1575]), la doble traducción de *L'ore di ricreazioni* de Guicciardini (1586 y 1588) o la colección de Rufo (*Las seiscientas apotegmas y otras obras en verso* [1596]); ver los estudios de Prieto (1986) y Blecua (2006).

16 Además de la colección de Mal Lara, en cuanto a la literatura paremiológica, afianzada en España a partir de los refraneros de Santillana y de Dimas Capellán (*Refranes glosados*, 1520), los volúmenes de Pedro Vallés (*Libro de refranes copilado* [sic] por *el orden del abc*, 1549) y Hernán Núñez (*Refranes y proverbios en romances*, 1556) son sumamente representativos. Las colecciones de sentencias (proverbios, dichos, etc.), creadas y copiadas profusamente durante la Edad Media, volvieron a estar en candelero a mediados del XVI gracias a la traducción medieval de los *Facta et dicta memorabilia* de Valerio Máximo, con una notable circulación impresa, y los *Adagia* de Erasmo, aunque nunca traducidos, difundidos en latín por la Península Ibérica; se pueden citar las obras de Arce (*Adagios y fábulas*, 1533), Sanz (*Trecientos proverbios*, 1535) o los *Refranes y avisos* por «uno de Morella» (1551). No cabe olvidar que el *Libro de proverbios glosados* (1573) compilado por Horozco fue comenzado hacia mitad de siglo.

3 La reescritura de *Il Galateo* (1558) de Della Casa por Gracián Dantisco: un acercamiento a la novella

También quedó inédito *Il Galateo* de Giovanni della Casa, que se publicó inconcluso cuando ya el autor había fallecido. En esta ocasión, tenemos constancia de que Della Casa comenzó a redactar el texto, en 1551, y fue trabajándolo hasta dejarlo en la forma en que hoy lo leemos. Della Casa planteó una configuración diferente a la de Castiglione, aunque es un libro que encaja perfectamente en la tratadística cortesana; el texto se conforma como una obra instructiva donde un viejo da una serie de consejos a un joven —que no está presente, con lo que puede entenderse como un diálogo *in absentia*— para convertirlo en un modelo de virtud, que ponga en buen camino su alma y salve el honor familiar. Como manual de buen comportamiento, se aportan reglas para que evite ciertos vicios (como pellizcarse la nariz, llevar las manos bajo la ropa, mirar fijamente a la cara, colocarse muy cerca del interlocutor, cortarse las uñas, cruzar las piernas sin mesura…), pero también se ofrecen otras lecciones sobre la forma de vestir, la manera de hablar, los juegos, las ceremonias, las cortesías o los encarecimientos.

En relación con la narrativa breve, tras abordar los dichos y motes, Della Casa siguió los postulados de Castiglione (1994: 187) sobre el modo de «hablar largo y tendido». Se alternan estas «partes doctrinales» con «incisos narrativos», como han explicado Giordano y Calvo (Della Casa 2003: 149 n. 21), en la línea de la *variatio*. Como ejemplo de ese modo de «hablar», se refiere a los narradores del *Decameron* de Boccaccio, obra de la que escoge numerosos cuentecillos o episodios, aunque de forma reelaborada[17]. La obra de Della Casa integra, no obstante, nuevas facecias, pero lo más sugerente es que ofrece apuntes añadidos sobre el arte del *raccontare*; si bien estos se presentan quizá un tanto desgarbados, porque la obra no terminó de pulirse (en los últimos capítulos se repiten cosas que ya se han comentado en los anteriores), y aunque responde a un plan preconcebido, puede entenderse como un proyecto frustrado, porque no logra culminar su ideal de *galateo*. Si *El cortesano* le sirvió a Della Casa como modelo doctrinal

17 En un manuscrito conservado diferente del que se usó en la imprenta, Della Casa revisó el texto y en ocasiones se refiere a la colección de Boccaccio oblicuamente (no cita el título, sino el autor), porque por esos años ya figuraba en algunos índices locales de libros prohibidos y en 1559 en el *Index* firmado por el papa Paulo IV. Quizá por esto en ocasiones le hace algunos reproches, como el uso de ciertas agudezas o irreverencias; en todo caso a Della Casa, que se muestra más conservador que Boccaccio, no le agrada el estilo licencioso de sus cuentos.

(por las numerosas concordancias ideológicas), el *Decameron* es la obra de referencia que late en el subsuelo del texto[18].

Este breve tratado se importó a España en dos versiones. En la primera, preparada por Domingo de Becerra y publicada en 1584, encontramos una traducción fiel en líneas generales, como ya estudió Morreale (Gracián Dantisco 1968). En la que realizó en los años ochenta Gracián Dantisco, una personalidad familiarizada con textos próximos a la narrativa breve, se trató de adaptar el texto al nuevo contexto narrativo, con lo que la obra original sufre cambios importantes[19]; como «escarmentado», la obra se la dirige ahora a su hermano, que es un niño, para que cuando sea joven sepa manejarse por el laberinto cortesano; le ofrecerá unas reglas «para ser bienquisto y amado de la gente» (Gracián Dantisco 1968:105). Pero a su vez escribe para que otros no caigan «tan sin avisos como él cayó». Por tanto, Gracián Dantisco configura un perfil de lector más abierto; es más, en un momento de su «tractado» cambia el interlocutor y se dirige al «que pretende ser galateo y bien quisto» (Gracián Dantisco 1968:126)[20].

---

18 Por otro lado, sobre la relectura que se hace en la Península Ibérica de la obra de Della Casa por parte de Gracián Dantisco, Damasio de Frías (*Diálogo de la discreción*, obra de 1579 que quedó manuscrita) y Rodrigues Lobo, ver los interesantes comentarios de Freitas Carvalho (1970); Gómez (2007) ha estudiado con minuciosidad la obra de Frías en relación al «arte de conversar».

19 En cuanto a la datación de esta adaptación, de 1593 conservamos dos ediciones, que cotejadas entre sí dan cuenta de una anterior hoy perdida, según las conclusiones de Morreale (Castiglione 1968). Si a los resultados ecdóticos añadimos que la dedicatoria de Gracián Dantisco está firmada en 1582, que las ediciones del 93 añaden en la portada el aviso de alguna adición en el texto —en la de Tarragona se dice «de nuevo va añadido el Destierro de ignorancia» y en la de Zaragoza «Agora de nuevo en esta impresión añadido y enmendado»— y que en la licencia civil de la edición aragonesa se indica que el tratado «ya dos veces ha sido impreso, una en Sevilla y otra en Pamplona», nos iremos a una fecha realmente próxima, si no anterior, a la versión de Becerra. No es una cuestión baladí la de la fechación, pues además de que podría revelar si la traducción de Becerra lo estimuló o ayudó en algún momento puntual, también sería interesante ver qué relación guarda con esta versión la pragmática de cortesías —estudiada por Martínez Millán (1999)— que se publicó en 1586. A propósito de Gracián Dantisco, cabe recordar que fue censor en los años ochenta de *La Galatea* de Cervantes, en la que se intercalan varios episodios novelescos, y de las *Horas de recreación* de Guicciardini traducidas por Vicente de Millis, una colección de *facetiae*. Su hermano, por cierto, fue Tomás Gracián, que había aprobado la traducción de las novelas de Giraldi Cinthio al español publicadas en 1590.

20 Lo repite también en el capítulo catorce, cuando avisa de que el fin de este «librito» es para «imitar un mancebo agradable y bien quisto». Recurrentemente, Dantisco

Reconoció Gracián Dantisco —y esta es una de las principales innovaciones del libro— que había añadido «otros cuentos y cosas», que sirven de reposo para pasar las píldoras, los «avisos» del libro (Gracián Dantisco 1968: 99); utilizó aquí el mismo giro que don Juan Manuel en *El conde Lucanor*, que había sido editado, recientemente, por Argote de Molina (1575), quien figuraba, y no por casualidad, como dedicatario de la obra de Gracián Dantisco. Además de las consabidas recomendaciones al buen galateo (provenientes de Della Casa en gran medida), el libro de Gracián Dantisco está trufado de facecias y chascarrillos, de la misma naturaleza de los que habían aparecido en las exitosas colecciones anteriores, como las de Timoneda o la *Floresta española* que, en 1575 presentó Melchor de Santa Cruz, de donde a veces los copió literalmente, como explicó Morreale (Gracián Dantisco 1968: 52–53). En el *Galateo español* encontramos una serie de capítulos que gira en torno al cuento breve y a la novela —nuestra *novela corta*—, traducidos casi literalmente de la parte referida al «hablar largo y tendido» de Della Casa (recuérdese que de estos asuntos también se ocupó Castiglione y previamente Cicerón).

Sobre el «hablar continuado» (esto es, sobre la *novela corta*, Gracián Dantisco aportó algunas notas más para tratar de pergeñar los rasgos diferenciales que debía tener el nuevo género: «Y tiene tanta fuerça esta manera de hablar assí propria y distinta, que muchas vezes acaece parecer bien el caso que de suyo no es muy gracioso. Y assí también el que de suyo tiene mucho donaire, puede ser contado con tanta frialdad que le destruya y eche a perder el que le cuenta» (Gracián Dantisco 1968: 154)[21]. En tanto que la *novella* (la novela corta, entendemos hoy) se estaba abriendo camino en España por esas fechas, Gracián Dantisco acabó recreando los párrafos que el tratadista italiano le había dedicado a este asunto y dio cuerpo a un capítulo sobre «las novelas y cuentos». De su puño, Gracián Dantisco (1968: 155) añadió el siguiente planteamiento:

> Allende de las cosas dichas procure el gentil hombre que se pone a contar algún cuento o fábula, que sea tal, que no tenga palabras deshonestas, ni cosas suzias, ni tan puercas que puedan causar asco a quien le oye, pues se puede dezir por rodeos y términos limpios y honestos, sin nombrar claramente cosas semejantes, especialmente si en el auditorio

---

generaliza y se refiere al «gentilhombre Galateo», al «práctico cortesano» y a la «buena cortesanía».

21 La fortuna de esta especie de teoría literaria sobre la novela encontrará su eco en las advertencias de Cipión a Berganza, en el *Coloquio de los perros* cervantino, cuando este se demoraba en los detalles, así como en la continuación que el portugués Machado de Silva escribió del *Guzmán de Alfarache*, al que convirtió en un noble caballero llamado don Juan de Guzmán.

> huviesse mugeres, porque alli se deve tener más tiento, y ser la maraña del tal cuento clara, y con tal artificio que vaya cevando el gusto, hasta que, con el remate y paradero de la novela, queden satisfechos y sin duda.
> Y tales pueden ser las novelas y cuentos, que allende del entretenimiento y gusto, saquen dellas buenos exemplos y moralidades, como hazían los antiguos fabuladores, que tan artificiosamente hablaron, como leemos en sus obras[22].

De esta forma, y según justifica el narrador del texto, «pues en todas las cosas deste tratado procuramos traer comparaciones y exemplos al propósito, en éste que se nos ofrece, pondremos un cuento» (1968: 155–156). El 'cuento' se titula, significativamente, *Novela del gran Soldán con los amores de la linda Axa y el príncipe de Nápoles*, y se cierra con este colofón: «Fin del cuento». Gracián Dantisco «no se contenta con los consejos y reglas, y quiere presentarlos también en la práctica, con un claro ejemplo, tal vez considerando también el hecho de que en España no existían todavía tantos libros llenos de novelas cortas o cuentos de los que un cortesano podía apropiarse del arte de narrar» (Tekulics 2002: 24). A propósito de esta narración breve, el editor zaragozano de 1593 añadió dos novelas al cuerpo de la obra, seleccionadas de *El Patrañuelo* (1567) de Timoneda, una maniobra editorial que deja a las claras la vinculación que vio este mercader de libros entre el *Galateo* de Gracián Dantisco y el género que trató de revitalizar.

En su intento por nacionalizar la obra de Della Casa y construir un *galateo español*, Gracián Dantisco fue el primero en explorar alrededor de los años ochenta el camino para introducir en un manual de cortesanía elementos narrativos diferentes a las facecias, pues su relato sobre el gran Soldán puede encajar en lo que Chevalier (1999: 12) denominó como «cuento novelado», es decir, una narración que, sobrepasando los límites del cuento, no llega a ser una novela (corta, diríamos hoy) al estilo de las que encontramos intercaladas en el *Guzmán* o en el *Quijote*. Gracián Dantisco convirtió el texto de Della Casa en un modelo híbrido entre un manual de cortesía y un libro de cuentos y novelas, que era el género que se estaba abriendo camino por aquellas fechas entre las traducciones italianas.

Es muy sintomático que la reescritura de Gracián Dantisco se aclimata muchísimo mejor al gusto del público español que la traducción de Becerra, que alcanzó pocas ediciones, frente al éxito inusitado del *Galateo español*, que

---

22 Sobre la terminología manejada aquí por Gracián Dantisco en torno a la deshonestidad y al entretenimiento, derivada fundamentalmente de la represión al *Decameron* en los años cincuenta, cuando apareció la Pragmática (1558) para regular el mercado del libro y se publicó el *Índice de libros prohibidos* (1559), remito a mi estudio (González Ramírez 2015).

se alargó durante los siglos XVII y XVIII; además de las reediciones, su relevancia se constata en la deuda que obras posteriores contrajeron con ella, como los *Diálogos de apacible entretenimiento* (*c.* 1603) de Lucas Hidalgo o el libro de Rodrigues Lobo[23]. De un lado, le llegaría por la estrategia comercial muñida hábilmente por Luis Sánchez, que formó un volumen facticio en el que el libro de Gracián Dantisco convivía con el *Lazarillo*, al que le concedió una vida nueva, y el *Destierro de ignorancia*, de Horacio Riminaldo; pero no hay que excluir, de otro lado, que también pudo contribuir a esta buena acogida el hecho de que el manual supo aclimatarse a los nuevos tiempos, donde la novela corta ya se estaba abriendo un hueco importante.

4 Experimentaciones narrativas en *Corte na aldeia* (1619) de Rodrigues Lobo[24]

El modelo de Gracián Dantisco será en el que se fije Rodrigues Lobo al preparar *Corte na aldeia*, pero enriqueciendo muchísimo el patrón que aquel le proporcionó[25]. Vertida al castellano inmediatamente por Juan Baptista de Morales (1622) con el título *Corte en aldea*, esta traducción surgió en un contexto clave para la novela corta española; en 1613 Cervantes le dio carta de naturaleza a un género que ya venía coqueteando con otros desde el siglo anterior (la novela pastoril, la picaresca, los libros de caballerías, los tratados de cortesanía). A partir de 1620, los autores (pienso en Liñán y Verdugo, Cortés de Tolosa, Salas Barbadillo, Lope de Vega, Tirso de Molina) están buscando fórmulas para renovar el modelo cervantino y legitimar este género narrativo.

---

23 Entre la publicación de la obra de Milán y la refundición de Gracián Dantisco, en España salieron varias obras todavía por explorar en profundidad, compuestas por Juan Lorenzo Palmireno; me refiero a *El estudioso en la aldea* (1571) y *El estudioso cortesano* (1573), que aunque no puedan considerarse *stricto sensu* manuales de cortesanía, encontramos en ambas todo tipo de avisos para la educación y los buenos modales del cortesano. En relación a la narrativa breve, ambas continúan la tradición de intercalar todo tipo de cuentecillos.

24 Sintetizo mucho en este apartado las consideraciones principales que planteé en un trabajo anterior (González Ramírez 2018a).

25 Además de *Il Galateo* de Della Casa, leído a través de la versión de Gracián Dantisco, Freitas Carvalho (Rodrigues Lobo 1992) ha apuntado dos fuentes más: *La piazza universale* de Tommaso Garzoni (a partir de la refundición preparada en 1615 por Suárez de Figueroa) y *La Civil Conversatione* de Stefanno Guazzo. En la tradición española, el texto contiene sutiles similitudes con las *Noches de invierno* (1609) de Eslava.

Rodrigues Lobo presentó un tratado de cortesanía en el que siguió básicamente las directrices tradicionales a partir de una reunión de narradores que intercambian pareceres en torno a diversos temas elegidos. A diferencia de la repartición en libros que hizo Castiglione, *Corte na aldeia* se compone de dieciséis diálogos (o coloquios) en los que se conversa sobre el estilo de las cartas, los encarecimientos, los movimientos en la plática, la cortesía, etc. Los diálogos tienen lugar en un retiro, cerca de Lisboa, durante el mes de noviembre; allí se reúnen por las noches cinco dialogantes que cumple cada uno con un rol diferente. Ocasionalmente, en las conversaciones aparecen dos personajes más: el Prior («discreto y docto cortesano») y su hermano (persona de excelente cortesía).

Al final del primer coloquio, y tras haber intercambiado opiniones sobre el diálogo oral y la escritura, el Doctor plantea que la mejor forma de escribir es en diálogo en prosa, por lo que Solino sugiere que las conversaciones se trasladen al papel para que quede testimonio y en el futuro se puedan aprovechar. De esta forma, Rodrigues Lobo justificó, intrínsecamente, el empleo de los *verba dicendi* y legitimó su obra desde el plano de la ficción literaria[26]. Diluido en la obra de Gracián Dantisco, el autor de *Corte na aldeia* recuperó el marco dialogal de Castiglione y se ajustó perfectamente a las pautas generales del diálogo renacentista (presentación de los dialogantes, reparto de funciones, etc.), con el fin de plantear una distribución de sesiones en las que proponer unas reglas para el cortesano. Es muy sugerente que encontremos un núcleo de coloquios reservado a las formas de la *civil conversazione*, donde Rodrigues Lobo ofrece nuevos apuntes que se sitúan en la línea de Dantisco[27].

Rodrigues Lobo ensayó diferentes fórmulas de inserción de novelas, cuentos e historias intercaladas, como la de la peregrina que ve Solino una mañana, que es discontinua —porque se inicia en un diálogo y se va retomando y completando en otros posteriores— y finalmente queda inacabada[28]. Como fusión

---

26 Un recurso semejante lo había manejado Juan de Valdés en su *Diálogo de la lengua* (1535) al utilizar a un agente que transcribe a espaldas del coloquio, lo que justifica que el texto haya llegado a nuestras manos. Con sus diferencias, también el *Coloquio de los perros* (1613) de Cervantes es un diálogo que surge de la transcripción del alférez Campuzano.

27 Albert (2016) ha analizado cómo Lope de Vega, en sus *Novelas a Marcia Leonarda*, pone en práctica la teoría literaria que desarrolla Rodrigues Lobo en estos capítulos sobre el modo del *raccontare*.

28 Se desconoce si la dejó en la forma en que hoy podemos leerla porque pensaba retomarla en la continuación prometida en *Corte na aldeia* (y nunca culminó) o si fue un recurso pensado para dejar al lector con la intriga, rompiendo todas las leyes de la poética de la narración. La fuente de esta historia es una de las *novelle* de Bandello.

principalmente de la obra de Castiglione y de Gracián Dantisco, Rodrigues Lobo incorporó en su obra aditamentos personales y textos de diferente naturaleza. El escritor portugués se benefició de varias tradiciones narrativas para enriquecer el modelo de Gracián Dantisco y proponer una taracea de géneros en la que la aportación personal sobre el modelo dialogístico es muy significativa. Con la publicación de esta traducción en España se cubrió un hueco en la tratadística cortesana española, pues en esos años la fecundidad editorial del *Galateo español* empezó a conocer atisbos de decaimiento.

5 La búsqueda de un paradigma del caballero ideal en Salas Barbadillo: *El caballero perfecto* (1620)

Rey Hazas (2008: 653) ha destacado que «las más importantes innovaciones literarias hispanas nacieron y se expandieron en el núcleo de la corte [...] de Felipe III»; en ese periodo y en ese ambiente, la personalidad de Salas Barbadillo (que fue procurador de negocios y además pretendiente) destaca por encima de tantos segundones que buscaron un hueco en la república de las letras. Desde sus primeras obras, Salas Barbadillo practicó la mezcla de géneros como principio compositivo (Piqueras Flores 2018); pero en este trabajo me interesa la profunda atracción que sintió por acoger y remozar el discurso cortesano[29]. Aunque no llegó a componer un manual o tratado, a través de su narrativa podemos entresacar numerosos ejemplos de cómo debe comportarse el «cortesano perfecto»; y lo hizo configurando modelos serios y ridículos. En la refundición que hizo de *La hija de Celestina* (1612), titulada *La ingeniosa Elena* (1614), intercaló una novela a modo de alivio de caminantes —es Montúfar quien la narra en su camino de Burgos a Sevilla— titulada *El pretendiente discreto*; el personaje principal, Federico, que se reconoce despreciador de las intrigas cortesanas, muestra una personalidad magnánima y prudente, estando más cerca de un sabio distraído (por su afición al retiro, a los libros y a la discreción) que de un cortesano pretencioso. Finalmente, sin pretenderlo, acaba siendo el elegido para matrimoniar con la hija del rey. Con este personaje se aproxima a ese paradigma de «perfecto caballero» sobre el que trabajará algunos años más tarde.

Por los años en los que Salas reformulaba *La hija de Celestina* terminó *Corrección de vicios*, que publicó en 1615. En esta obra encontramos una denuncia permanente de esos recién llegados que acuden a la corte a pleitear y a pretender;

29 Me ha sido imposible consultar el volumen de Brownstein (1974) sobre los personajes pícaros y cortesanos de Salas.

si nos fijamos específicamente en las novelas de esta colección, muchos de los personajes encarnan el tipo de pretendiente o del pleiteante[30]. Pretendientes son uno de los amigos del narrador, que aparece fugazmente, y varios personajes de novelas, como don Lope, un soldado que se entregó en cuerpo y alma por servir con lealtad a un grande, quien finalmente acabó menospreciándolo y traicionándolo; o como Marcelo, aficionado a «mentir a todas horas y en cualquier materia» (Salas Barbadillo 2019: 245), que, tras acabar su negocio en Sevilla, pasa a Madrid para cumplir con ciertas pretensiones.

En cuanto a los pleiteantes, varias novelas están protagonizadas por personajes que se dejan llevar por el sueño cortesano, como Juan de Buenalma, que una vez en la corte trata de medrar a través del arte del engaño y la manipulación, o don Francisco, que, aunque casado, bebe los vientos por una pícara cortesana; ambos son ejemplos *a contrarii*, y así lo manifiesta Boca de todas verdades cuando, en la novela cuarta, *Las narices del buscavidas*, manifiesta lo que copio aquí:

> Sabréis el modo, no para imitarle,
> que no puede abrasarte este camino,
> sino para medir su atrevimiento
> con el sabio y maduro entendimiento (Salas Barbadillo 2019: 189).

En 1616, se publica la primera parte de *El caballero puntual* (y en 1619, la segunda), novela protagonizada por un personaje estrafalario y bufonesco; sus ridículos modos de comportamiento provocan que sea objeto de burla y escarnio, aunque él apenas lo percibe. Es uno de esos personajes de provincias que se dejan seducir por el mundo cortesano y acude embelesado por sus encantos; siempre atento a las nuevas de la corte (le envía «avisos» a don Quijote o a Trajano Boccalini), el caballero Puntual finge diferentes identidades y, en un momento determinado, llega a decir que ha llegado a la corte para pretender una encomienda (Salas Barbadillo 2016: 61)[31].

---

30 Sobre estos aspectos relacionados con los pretendientes y pleiteantes me he extendido en un trabajo donde he analizado la influencia que ejerce *Corrección de vicios* sobre la *Guía y avisos de forasteros* (1620) de Liñán y Verdugo (González Ramírez en prensa).

31 No son estos los únicos ejemplos de pretendientes en la obra de Salas; destaca, por ejemplo, su obra *El necio bien afortunado* (1621), cuyo protagonista se presenta en sus primeros capítulos como pretendiente. En el mismo año se publicó *El cortesano descortés*, una comedia en prosa que guarda puntos de conexión con *El caballero Puntual*, pues su protagonista es un petimetre ridículo (que no atiende más que a su aspecto) y un cortesano vanidoso y maleducado; al igual que el Puntual, acaba siendo objeto de mofa por cuantos le rodean (ver las oportunas consideraciones de García Santo-Tomás 2008: 173–183).

En el mismo año de publicación de *El caballero perfecto*, Salas compuso *Casa del placer honesto* (1620), en la que incluyó una novela corta, *El pescador venturoso* (Salas Barbadillo 1927: 425–440), de ambientación siciliana, cuyo protagonista, Enrico, ensaya «las armas en torneos domésticos», ejercita «las letras con un estudio continuo», danza «con toda la gala que pudiera un hombre común», sabe pintar, entiende «el arte» de la música («habiéndole concedido naturaleza tanta gracia») y «entendía» de poesía (Salas Barbadillo 1927: 426). Estamos ante un nuevo perfil que «tiene todas las características propias de un caballero virtuoso» y «representa el ideal cortesano de hombre diestro armas y letras» (Piqueras Flores 2018: 144–145).

Estos personajes analizados en obras que redactó en la segunda década del siglo XVII, siempre en la órbita de la cortesanía, fueron un campo de experimentación para la elaboración de *El caballero perfecto*, donde Salas evitó el patrón del diálogo y compuso una novela larga, según ya había practicado con *El caballero Puntual*[32]. Si, por una parte, *El caballero perfecto* es la antítesis del Puntual, por otra parte se pueden considerar *El pretendiente discreto* y *El pescador venturoso* como la forja de un paradigma de virtud: en estos relatos intercalados Salas perfiló al personaje modélico y dio con la ambientación: Italia[33]. Conviene reparar en su título completo para comprobar que Salas quiso construir un «ejemplo imitable»: *El caballero perfecto, en cuyos hechos y dichos se propone a los ojos un ejemplo moral y político, digna imitación de los nobles y necesaria para la perfección de sus costumbres*[34].

---

32 Frente a los libros de caballeros, de peregrinos o de pícaros, este podría considerarse un 'libro de cortesanos'. A propósito del término 'caballero', hay que entenderlo en su sentido de hombre noble y munífico (aunque en el caso de *El caballero Puntual*, evidentemente se usa en modo sarcástico).

33 En el caso de *El pretendiente discreto* la ciudad coincide con la de *El caballero perfecto*, Nápoles, considerada como la corte virreinal más importante de la Monarquía en el siglo XVI. Es interesante advertir que la visión de estas cortes virreinales en las que se desarrollan las narraciones citadas se presentan con una evidente idealización; en cambio Madrid aparece en la obra de Salas como corte degradada, lugar de corrupción y desengaño.

34 Existe una comedia de parecido título, *El perfecto caballero* (1618), compuesta por Guillén de Castro en fechas muy próximas y cuyo ambiente también es Nápoles; al ser una pieza de teatro, la excluyo de este trabajo; Faliu-Lacourt (1987) indagó sobre la familia Centellas, pues el protagonista de esta obra teatral es Miguel de Centellas; en la novela de Salas aparece don Bernardo Centellas, caballero valenciano.

Hombre virtuoso, discreto, ducho en armas y avezado en letras, la gobernanza es el principal valor de don Alonso, el «caballero perfecto»[35]; desde su Segovia natal, sus inquietudes le conducen a Italia (la cuna del cortesano); en ese viaje ya se gana el sobrenombre de «caballero perfecto», por lo que el rey de Nápoles quiere conocerlo y ponerlo a prueba. Superadas, pasa a formar parte del séquito del rey y rápidamente ocupa un lugar preeminente en la estructura cortesana, pues se le encomienda diferentes tareas de alto estado: representa una embajada para poner paz entre el rey de Francia y la república de Génova y, posteriormente, media en un pleito entre los reyes de Inglaterra e Irlanda.

El personaje al que Salas da vida sabe montar a caballo, es juez imparcial, mecenas desprendido, protector de los soldados pretendientes, discreto al rodearse de personas sabias para el gobierno, caritativo con los menesterosos, prudente en sus decisiones y comedido en la distribución de su tiempo. Como novela cortesana, en *El caballero perfecto* las fiestas y juegos de palacio son frecuentes a lo largo de todo el libro. Si en la obra de Castiglione encontramos la más perfecta realización del cortesano a partir de su experiencia (selecciona aquellas virtudes y atributos ideales), en el personaje de Salas, *grosso modo*, ese modelo antropológico se mantiene, aunque se muestra un tanto más escéptico y pragmático.

A lo largo de la obra no encontramos explícitamente un prontuario de reglas de comportamiento, pero el lector puede entresacarlo a partir de la configuración del perfecto cortesano y de las sentencias que se pueden espigar a lo largo del texto, como en este lugar donde se concentra una colección de aforismos cortesanos:

> Tanto es bueno un hombre cuanto es provechoso para los demás, porque el inútil se hace inferior a las piedras y a las plantas, que con tantas virtudes los sirven y benefician. Miserables son aquellos, y de peor condición que los irracionales, que en las cortes de los grandes príncipes se entregan a la esclavitud de los deleites y solo sirven de dar a los virtuosos escándalo y a los fáciles mal ejemplo. Culpa es de cualquier hombre no obrar bien, porque a todos alumbra la razón para el conocimiento de la virtud; pero más en el noble, porque cuando sigue lo vicioso parece que huye de sí mismo. (Salas Barbadillo 1620: 94r)[36]

---

35 No es ocioso que este personaje, dechado de virtudes, sea homónimo del autor; este mismo nombre también aparece en *Casa del placer honesto* y en *Coronas del Parnaso* (en este último caso se presenta como *alter ego* del autor real en la ficción).

36 Conviene recordar que la literatura gnómica, que en la tradición medieval española cuenta con importantes cultivadores, es otra de las vías de proyección del discurso cortesano; el *Oráculo manual y arte de prudencia* de Gracián es posiblemente el mayor exponente.

Como en prácticamente toda la producción de Salas, en este libro también se intercalan episodios que mantienen en suspenso la acción principal; pero en esta ocasión me interesa prestarle atención a una novela corta que se intercala: *El descanso en el desprecio*. Narrada por un personaje secundario, César Floro, durante un periodo en el que se retiran a una casa de recreación para aliviar el calor del verano, se conjuga perfectamente con el sentido de la novela que la acoge, y esto ya representa una novedad[37]. La pieza interpolada está protagonizada por Aurelio, un personaje caprichoso e inconstante; pero su principal atributo es la desmedida ambición que lo caracteriza: «se animaba creyendo que su quietud consistía en llegar a la cumbre de la majestad y, siendo un hombre solo, mandar con absoluto imperio a todos los demás del mundo» (Salas Barbadillo 1620: 119v-120r). Aurelio lo supedita todo a la consecución del poder, pero cuando lo consigue, alcanza igualmente la insatisfacción y la infelicidad. La lectura que se infiere es clara: el poder solo tiene sentido si se concibe como herramienta para impartir justicia y crear una sociedad más ecuánime, no si se entiende como fin. Cuando al final renuncia a todos los poderes adquiridos, comprobó el sabio consejo de su padre: «el descanso de el ánimo consiste en el desprecio de los bienes de el siglo» (Salas Barbadillo 1620: 121r). El protagonista de este relato breve, una especie de «cortesano imperfecto» que finalmente se corrige, es el envés de don Alonso; este anticortesano en miniatura funciona claramente como contraste de la obra mayor en la que se encastra.

En *El caballero perfecto* se da un triunfo de la fórmula novelesca sobre el modelo dialogal, siguiendo el patrón, por ejemplo, de los recientes libros de pícaros (género relanzado por Alemán), de peregrinos (con Lope y Cervantes a la cabeza) o de caballeros (el *Quijote*, que tanta influencia tiene sobre *El caballero Puntual*, se publica entre los años en los que Salas se forja como escritor); Salas se aparta de la reunión dialogal y de los debates de reminiscencias platónicas, y apuesta por la configuración de un personaje que encarna los valores del cortesano ideal y diseña un tipo de estructura narrativa que le permite dar cuerpo a otras historias subordinadas.

6 Literatura y corte en el Siglo de Oro

El discurso cortesano en el Siglo de Oro no se limita a los tratados de cortesanía, libros de avisos, sátiras anticortesanas, colecciones de sentencias o de emblemas,

37 En las colecciones de novela (o en obras de naturaleza diversa) es más bien atípico que las narraciones guarden relación con el marco que les da unidad y sentido (lo puso de relieve Palomo [1976] al analizar algunas colecciones de Castillo Solórzano).

sino que tiene un recorrido cada vez más amplio y permea en obras de otra naturaleza[38]; de la realidad socio-política que se origina a partir del concepto de 'corte' se produce una migración a la ficción literaria y se encuentran detalles de las diferentes modalidades áulicas en numerosos géneros literarios que presentan avisos de naturaleza práctica y moral, y fórmulas que se vinculan en mayor o menor medida al mundo de la corte.

Por señalar unos cuantos, de las dos primeras décadas del XVII, encontramos el opúsculo de Quevedo titulado *Vida de corte* (*c.* 1600), el *Arancel de necedades* incluido por Alemán en la segunda parte del *Guzmán del Alfarache* (1604), los consejos de don Quijote a Sancho antes de partir para el gobierno de la ínsula Barataria (*Don Quijote de la Mancha*, 1615), el alivio IX de *El pasajero* (1617) de Suárez de Figueroa, el aviso VIII de la *Guía y avisos de forasteros* (1620) de Liñán y Verdugo (1620), la epístola titulada «Avisos a un amigo que viene desde Castilla la Vieja a la corte» de Salas Barbadillo, incluida en *Don Diego de noche* (1623), o algunos fragmentos de *El curial del Parnaso* (1624) de De los Reyes. La literatura de *savoir faire* tuvo un notable impacto durante esta época (y el *Criticón* de Gracián, donde además se citan explícitamente *El Galateo cortesano* [*sic*] y *Corte en aldea*, es quizá el mejor de los ejemplos) y muchas obras —no solo narrativas— subsumen, parcialmente, alguna de las variantes de la tradición áulica, con lo que es habitual encontrar pautas de comportamiento, avisos de los peligros de la corte, sátiras contra los vicios de los cortesanos, etc.

Además de las obras compuestas y leídas durante el Siglo de Oro, quedaron otras aprobadas o prometidas de las que solo hemos conservado algunas noticias. Ágreda y Vargas preparó una traducción de *La civil conversazione* de Stefano Guazzo, a la que se le otorgó la licencia, en 1621; en su memorial, Ágreda declaró que el libro sería «"útil para todos los estados por su erudición, moralidad y documentos", cuando no "será de provecho a las personas que traten de gobierno"» (Bouza 2012: 22 y 66). Aunque puede responder al manido tópico de las segundas partes, Salas prometió al final de *El caballero perfecto* una continuación que nunca llegó a publicar. Y, en los márgenes de la ficción, aún nos queda un título fingido dentro de una desconocida obra de burlas que quedó manuscrita. En una parte de los *Escolios contra Juan Baptista Pérez* (*c.* 1594), atribuido a Sáez de Zumeta, figura un personaje grotesco con una exigua librería, de cuyo inventario se hace un registro (Rico García 2020). Entre los ocho volúmenes ficticios que contiene, destacan varios títulos que están referidos a conservar

38 Gómez (2007 y 2010), por ejemplo, ha estudiado cómo la teoría cortesana penetra en el diálogo renacentista español.

las buenas maneras (*De la doctrina de la mesa*), mantener el estilo (*Cómo se ha de traer la daga y sus tiempos*) o cómo gobernarse (aunque sea en contextos lejos de palacio: *De cómo se ha de gobernar el preso en la cárcel*). Todos estos libros adquieren un valor y alcance diferentes cuando conocemos que otro que les acompaña es un tratado explicativo para leer mejor el libro de Dantisco: *Del modo de leer el «Galateo» con suma utilidad*. En parangón con las grandes obras clásicas que necesitaban de glosas y explicaciones para desgranar su significado, uno de esos títulos inventados es un comentario al *Galateo español*.

Como arquetipo cultural de prestigio, la figura del cortesano perfecto se extiende a toda la sociedad áulica conforme avanza la Edad Moderna; al representar un ejemplo «imitable», también era modelo de comparación, y Tirso de Molina (1996: 103–104), en sus *Cigarrales de Toledo* (1624), quiso granjearse la benevolencia de don Suero de Quiñones y Acuña, su dedicatario, refiriéndose a «la buena fama y general aceptación con que V.m. es amado en esta Corte, pues a ninguno he comunicado en ella [...] que no se haga lenguas en la alabanza de su apacibilidad, cortesía, nobleza y demás calidades con que adquiere el grado de perfecto Cortesano el que cursa esta confusa Universidad».

En este sumario recorrido he querido plantear cómo el modelo de '*opera aperta*' que planteó Castiglione, en el que los ejemplos, las anécdotas y los chascarrillos se encadenan, fue decisivo para que los tratados de cortesanía posteriores subsumiesen toda una tradición de narraciones breves; Milán, en un momento en el que las colecciones de facecias, refranes y sentencias estaban gozando de cierto apogeo, las integró armónicamente en *El cortesano*; Gracián Dantisco añadió un cuento novelado en su reescritura de *Il Galateo* de Della Casa cuando el género de la *novella* había sido bien acogido por el público español a partir de las *novelle* de Straparola; Rodrigues Lobo, sin desprenderse de las facecias, exploró nuevas formas de inserción de relatos breves y ensayó con una novela corta, refundición de Bandello, mientras los narradores españoles estaban indagando en nuevas vías de expansión para el género apadrinado por Cervantes; finalmente, Salas Barbadillo se desmarcó del modelo de la *civil conversazione* y situó al cortesano —«caballero» para él— actuando en sociedad en un 'libro de cortesanos' justo cuando algunas fórmulas novelísticas estaban teniendo un notable éxito entre el público. Al tiempo que están cultivando y promocionando el discurso cortesano, sus autores lo están abriendo a todo tipo de innovaciones narrativas para empatizar mejor con un lector ávido de novedades literarias.

Obras citadas

Albert, Mechthild (2016). «Pragmática y literatura. La retórica de la conversación en el Siglo de Oro: las "Novelas a Marcia Leonarda" a la luz del tratado "Corte en aldea"». *Ínsula*, 829–830, pp. 14–16.

Aldomà-García, Mireia (1998). «La novela en los Tratados de Cortesanía». En María Cruz García de Enterría y Alicia Cordón Mesa (ed.), *Siglo de Oro. Actas del IV Congreso Internacional de la AISO*, I. Alcalá de Henares: Universidad de Alcalá de Henares, pp. 127–138.

Álvarez-Ossorio Alvariño, Antonio (1997). «El cortesano discreto: itinerario de una ciencia áulica (ss. XVI-XVII)». *Historia social*, 28, pp. 73–94.

Álvarez-Ossorio Alvariño, Antonio (1998). «Corte y cortesanos en la monarquía de España». En Giorgio Patrizi e Amedeo Quondam (ed.), *Educare il corpo, educare la parola nella trattatistica del Rinascimento*. Roma: Bulzoni Editore, pp. 297–365.

Blanco González, Bernardo (1962). *Del cortesano al discreto. Examen de una «decadencia»*. Madrid: Gredos.

Blecua, Alberto (ed.) (2006). «La literatura apotegmática en España». En *Signos viejos y nuevos. Estudios de historia literaria*. Barcelona: Crítica, pp. 273–294.

Bouza, Fernando (2012). *«Dásele licencia y privilegio». Don Quijote y la aprobación de libros en el Siglo de Oro*. Madrid: Akal.

Brownstein, Leonard (1974). *Salas Barbadillo and the New Novel of Rogues and Courtiers*, Madrid: Playor.

Burke, Peter (1998). *Los avatares de «El cortesano»: lecturas y lectores de un texto clave del espíritu renacentista*. Barcelona: Gedisa.

Carvalho, José Adriano de Freitas (1970). «A leitura de *Il Galateo* de Giovanni della Casa na Peninsula Iberica: Damasio de Frías, L. Gracián Dantisco e Rodrigues Lobo». *Occidente*, 79, pp. 137–171.

Castaño Santos, Soledad (2018). «Dos apotegmas desconocidos sobre el caballero don Manuel Ponce de León en *El cortesano* (1561) de Luis Milán». *Tirant*, 21, pp. 397–414.

Castiglione, Baldassarre, (1968). *La Seconda Redazione Del Cortegiano*. Ghino Ghinassi (ed.). Firenze: G. C. Sansoni.

Castiglione, Baldassare (1994). *El cortesano*. Juan Boscán (trad.), Mario Pozzi (ed.). Madrid: Cátedra.

Castiglione, Baldassare (2002). *Il Cortigiano*. Amedeo Quondam (ed.). Milano: Mondadori.

Chevalier, Maxime (1999). «Prólogo general». En María Jesús Lacarra (ed.), *Cuento y novela corta en España. Edad Media*, I. Barcelona: Crítica, pp. 9–14.

Della Casa, Giovanni (2003). *Galateo*. Anna Giordano y Cesáreo Calvo (ed. y trad.). Madrid: Cátedra.

Elias, Norbert (1982). *La sociedad cortesana*. México-Madrid: Fondo de Cultura Económica.

Faliu-Lacourt, Christiane (1987). «El "perfecto caballero"». *Criticón*, 39, pp. 63–76.

Fradejas Lebrero, José (1988). «Las *Faceciasde* Poggio Bracciolini en España: primer centenar». En AA.VV., *Varia bibliographica: homenaje a José Simón Díaz*. Kassel: Reichenberger, pp. 273–282.

García Santo-Tomás Enrique (2008). *Modernidad bajo sospecha. Salas Barbadillo y la cultura material del siglo XVII*. Madrid: CSIC.

Gómez, Jesús (2007). «La "conversación discreta" de Damasio de Frías y los estudios sobre el arte del conversar». *Hispanic Review*, LXXV, 2, pp. 95–112.

Gómez, Jesús (2010). «La variedad del paradigma cortesano en el diálogo renacentista». *Librosdelacorte.es*, 2, pp. 4–8.

González Ramírez, David (2015). «Materias deshonestas y de mal ejemplo: programa ideológico y diseño retórico en la narrativa italiana del siglo XVI en España». En Guillermo Carrascón y Chiara Simbolotti (ed.), *I novellieri italiani e la loro presenza nella cultura europea: rizomi e palinsesti rinascimentali*. Torino: Accademia University Press, pp. 473–490.

González Ramírez, David (2018a). «*Corte en aldea* (1622) de Rodrigues Lobo: un manual de cortesanía portugués en su contexto español». *Criticón*, 134, pp. 211–226.

González Ramírez, David (2018b). «Breve geografía del cuento en el siglo XVI: la invención de la novela corta», *eHumanista. Journal of Iberian Studies* [Número monográfico: David González Ramírez y María de los Ángeles González Luque (ed.), *«Compuestas fábulas, artificiosas mentiras». La novela corta del Siglo de Oro*], 38, pp. iii-xxiv.

González Ramírez, David (en prensa). «Los avisos cortesanos de Salas Barbadillo y Liñán y Verdugo. En torno a la novela de escarmientos». *Bulletin Hispanique*, 123.

Gómez Moreno, Ángel (2007). «La recepción de *El Cortesano* en España». En María de las Nieves Muñiz Muñiz (ed.), *La traduzione della letteratura Italiana in Spagna (1300–1939)*. Florencia: Universitat de Barcelona/Franco Cesati Editore, pp. 317–330.

Gracián Dantisco, Lucas (1968). *Galateo español*. Marguerita Morreale (ed.). Madrid: CSIC.

Lobo, Francisco Rodrigues (1992). *Corte na Aldeia e Noites de Inverno*. José Adriano Moreira de Freitas Carvalho (ed.). Lisboa: Editorial Presença.

Lobo, Francisco Rodrigues (1622). *Corte en aldea y noches de invierno*. Juan Baptista de Morales (trad.). Montilla (Córdoba): a costa de Juan Baptista de Morales.

López Alemany, Ignacio (2013). *Ilusión áulica e imaginación caballeresca en El Cortesano de Luis Milán*. Chapel Hill: The University of North Carolina Press.

Mal Lara, Juan de (1568). *La philosophía vulgar*. Sevilla: Hernando Díaz.

Maravall, José Antonio (ed.) (1983). «La cortesía como saber en la Edad Media». En *Estudios de Historia del Pensamiento Español*, I. Madrid: Ediciones Cultura Hispánica, pp. 255–267.

Martínez Millán, José (1994). *La corte de Felipe II*. Madrid: Alianza.

Martínez Millán, José (1999). «El control de las normas cortesanas y la elaboración de la pragmática de cortesías (1586)». *Edad de Oro*, 18, pp. 103–133.

Martínez Millán, José (2016). «La Corte del Barroco. Cambios culturales y de comportamiento». En Antonio Rey Hazas, Mariano de la Campa y Esther Jiménez Pablo (coord.), *La Corte del Barroco. Textos literarios, avisos, manuales de corte, etiqueta y oratoria*. Madrid: Polifemo, pp. 7–26.

Martínez Millán, José, Carlos Javier de Carlos Morales y Santiago Fernández Conti (coord.) (2000). *La corte de Carlos V*, I-III. Madrid: Sociedad Estatal para la Conmemoración de los Centenarios de Felipe II y Carlos V.

Milà, Lluís del (2010). *El Cortesano*. Vicent Josep Escartí (ed.). València: Institució Alfons el Magnànim.

Milán, Luis de (2019). *El Cortesano*. En María Dolores García Sánchez, *Estudio y edición de «El Cortesano» de Luis Millán* [Tesis doctoral]. Madrid: Universidad Complutense de Madrid.

Morreale, Margherita (1958–1959). «El mundo del cortesano». *Revista de Filología Española*, 42, pp. 229–260.

Muñiz Muñiz, María de las Nieves (2011). «Sulla ricezione paratestuale del *Cortegiano* di Castiglione in Spagna e su un sommario seicentesco sconosciuto della traduzione di Boscán». En Andrea Baldissera, Giuseppe Mazzocchi y Paolo Pintacuda (coord.), *Ogni onda si rinnova: studi di ispanistica offerti a Giovanni Caravaggi*, III. Como: Ibis, pp. 353–378.

Muñoz Sánchez, Juan Ramón (2018a), «Del gentil conversador al discreto lector: apuntes sobre una cuestión cardinal de la novela (corta) de Boccaccio a Cervantes (I)», *eHumanista* [Número monográfico: David González Ramírez y María de los Ángeles González Luque (ed.), *«Compuestas fábulas, artificiosas mentiras». La novela corta del Siglo de Oro*] 38, pp. 847–872.

Palencia, Alonso de (1490). *Universal vocabulario en latín y en romance*, I-II. Sevilla: Paulo de Colonia *et alii*.

Piqueras Flores, Manuel (2018). *La literatura en el abismo: Salas Barbadillo y las colecciones de metaficciones*. Vigo: Academia Editorial del Hispanismo.

Palomo, Pilar (1976). *La novela cortesana. Forma y estructura*. Barcelona: Planeta/Universidad de Málaga.

Prieto, Antonio (1986). *La prosa española del siglo XVI*. Madrid: Cátedra.

Prieto, Antonio (1991). *La poesía española del siglo XVI*. I-II. Madrid: Cátedra.

Quondam, Amadeo (2013). *El discurso cortesano*. Eduardo Torres Corominas (ed.). Madrid: Polifemo.

Ravasini, Ines (2010). «Crónica social y proyecto político en *El Cortesano* de Luis Milán». *Studia Aurea*, 3, pp. 69–92

Rey Hazas, Antonio (2008). «Madrid: corte y literatura en la primera mitad del siglo XVII». En José Martínez Millán y Maria Antonietta Visceglia (dir.), *La monarquía de Felipe III: la Casa del Rey*, II. Madrid, Fundación Mapfre/Instituto de Cultura, pp. 651–667.

Rico García, José Manuel (2020). «Los *Escolios contra Juan Baptista Pérez* y la academia burlesca de San Vicente en Sevilla». *Calíope*, 25, 2, pp. 127–148.

Salas Barbadillo, Alonso Jerónimo de (1927). *Casa del placer honesto*. Edwin Place (ed.). Boulder (CO): University of Colorado.

Salas Barbadillo, Alonso Jerónimo de (2019). *Corrección de vicios*. David González Ramírez y Manuel Piqueras Flores (ed.). Madrid: Sial.

Salas Barbadillo, Alonso Jerónimo de (2016). *El caballero puntual*. José Enrique López Martínez (ed.). Madrid: Real Academia Española/Centro para la edición de los clásicos españoles.

Salas Barbadillo, Alonso Jerónimo de (1620). *El caballero perfecto*. Madrid: Juan de la Cuesta.

Sánchez Palacios, María Esmeralda (2015). *Confluència de gèneres a* El cortesano *de Lluís del Milà (València, 1561)* [Tesis doctoral]. Barcelona: Universitat de Barcelona.

Soletti, Elisabetta (1990). *Parole ghiacciate, parole liquefatte. Il secondo libro del «Cortegiano»*. Alessandria: Edizioni dell'Orso.

Tekulics, Judit (2002). «La "común conversación" en el Renacimiento español: el *Galateo español* de Lucas Gracián Dantisco». *Acta Hispanica*, VII, pp. 17–25.

Tirso de Molina (1996). *Los cigarrales de Toledo*. Luis Vázquez Fernández (ed.). Madrid: Castalia.

Torres Corominas, Eduardo (2010). «*El cortesano* de Castiglione: modelo antropológico y contexto de recepción en la corte de Carlos V». En José

Martínez Millán y Manuel Rivero Rodríguez (coord.), *Centros de poder italianos en la monarquía hispánica (siglos* XVII-XVIII), II. Madrid: Polifemo, pp. 1183–1234.

Villalón, Cristóbal de (1997). *El scholástico.* José Miguel Martínez Torrejón (ed.). Barcelona: Crítica.

Ilaria Resta / Roma

Salas Barbadillo e Italia: por los senderos de la narrativa barroca[1]

Resumen: Con este estudio se pretende abordar la recepción de Salas Barbadillo en Italia. Ante todo, se prestará atención a la difusión italiana de *Don Diego de noche*, obra de difícil acoplamiento dentro de un patrón genérico. Gracias a la mediación del escritor barroco Girolamo Brusoni, la novela de Salas empezará a circular tanto en una traducción integral como por partes. Brusoni, en efecto, deshilachará el entramado del original reutilizando porciones de esa materia para la creación de *novelle* autónomas. Una segunda sección de nuestro trabajo se dedicará, en cambio, a *Lo sciocco ignorante avventurato*, traducción sumamente rara de *El necio bien afortunado*, aparecida en Venecia, en 1634.

Palabras clave: Salas Barbadillo, *Don Diego de noche*, *El necio bien afortunado*, Girolamo Brusoni, Cesare Zanucca, traducción siglo XVII

Abstract: This study deals with the reception of Salas Barbadillo in Italy. First of all, special attention will be paid to the Italian diffusion of *Don Diego de noche*, a novel which is difficult to ascribe to a specific generic pattern. Thanks to the mediation of the Baroque writer Girolamo Brusoni, Salas' novel circulates as a full translation and as a partial one. Brusoni, in fact, will shred the original plot by using a part of that narrative material for the creation of individual *novelle*. A second section of this study will be dedicated to *Lo sciocco ignorante avventurato*, an extremely rare translation of *El necio bien afortunado*, published in Venice in 1634.

Keywords: Salas Barbadillo, *Don Diego de Noche*, *El Necio Bien Afortunado*, Girolamo Brusoni, Cesare Zanucca, XVII Century Translation

1 Salas en Italia: entre editores anda el juego

A la hora de examinar los vínculos entre Salas Barbadillo e Italia hay que considerar que estamos ante un provechoso recorrido de ida y vuelta que arranca de

1 Este trabajo se adscribe al proyecto de investigación, en el que participo como miembro investigador, PRIN Bando 2015 – Prot. 201582MPMN – «Il teatro spagnolo (1570 – 1700) e l'Europa: studio, edizione di testi e nuovi strumenti digitali», coordinado por Fausta Antonucci.

la península itálica, con cuya literatura, a la par de otros contemporáneos suyos, Salas Barbadillo estableció un diálogo fértil y dinámico. Piénsese, por ejemplo, en los rasgos novelísticos de su producción, o en la hibridez estructural —genérica y temática— que se hace eco del modelo transalpino. A tal propósito, en la estructura poliforme enmarcada por una *cornice* se entrevé la huella boccacciana que conformaría un arquetipo constitutivo en un corpus consistente de su producción[2]. Sin lugar a dudas, la novelística no representa el único manantial de procedencia italiana al que acudió Salas, si también reparamos en el papel que juega Boccalini dentro de la junta parnasiana de las *Coronas del Parnaso y platos de las musas* (1635)[3]. Por otra parte, según decíamos, es digna de señalarse la correspondencia biunívoca de este nexo con Italia, que se alimenta recíprocamente. En efecto, si bien a lo largo del Seiscientos Salas Barbadillo no figura entre esos autores que habían ido convirtiéndose en modelos arquetípicos y puntos cardinales de un panorama italiano que le guiñaba el ojo a España —tales como Cervantes o Lope de Vega—, Salas conseguirá atraer la atención de algunos editores que, muy pronto, empiezan a apostar por su modalidad de escritura poderosamente experimentadora. En el presente trabajo nos centraremos, propiamente, en esta segunda fase, ahondando en la fortuna que la narrativa de Salas Barbadillo cosechó en la península italiana durante el siglo XVII.

Las motivaciones que justifican la circulación de su producción habrá que buscarlas ante todo en una coyuntura favorable, de la que Salas pudo beneficiarse de alguna forma, con relación a la propagación de la narrativa de ficción española, especialmente —aunque no solo— en Venecia. Ya desde el siglo XVI, de hecho, la *Serenissima* se había vuelto un centro neurálgico para la circulación de la literatura ibérica, tanto en su lengua original como en sus versiones al italiano[4].

---

2 A propósito de la introducción de *Coronas del Parnaso*, Arnaud (1979: 685) sostiene que se trata de una técnica «ressentie par une foule d'auteurs de fiction et se rattache à la vieille technique boccacienne: trouver un prétexte pour publier ensemble plusieurs œuvrettes qui n'ont aucun rapport entre elles». Análogamente, para el caso de *Don Diego de noche*, Peyton (1949: 485) rescata la reflexión de Place, alegando que «the "Adventures" are somewhat in the style of the Italian *novelle*».

3 Cayuela (2013b: 75) anota que, «como reescritura a la española del modelo del "sacro collegio dei letterati", sigue el modelo de Boccalini *I Ragguagli di Parnaso*». Sobre las huellas de la obra de Boccalini en España, ver también Williams (1946).

4 Con respecto a las traducciones italianas de volúmenes españoles durante el Renacimiento y el Barroco se aconseja la lectura de Greppi (1971) y Meregalli (1979). Para el caso específico del negocio editorial veneciano en esa misma época y, más en concreto, en lo que concierne al repertorio de raigambre española, ver Griffante (2003) y Capra (2012).

Y pese a que en la centuria siguiente este proceso empieza a padecer una súbita retracción (Meregalli 1974: 17), todavía en el Seiscientos las editoriales venecianas apuntan su mirada hacia ciertas modalidades narrativas de especial interés por su gran demanda lectora, como la novela picaresca y las colecciones de novelas cortas. En este sentido, hace falta remarcar la relevancia de la actividad de editores y libreros, cuya iniciativa auspiciaría este mecanismo, también para el caso de la producción de Salas Barbadillo, según se mostrará en breve.

En definitiva, se estaba verificando en Venecia (a la par de otros centros editoriales del norte de Italia, como Milán) una situación similar a la que en el siglo anterior se había dado a la inversa en la península ibérica con lo que podríamos llamar el 'fenómeno *novellieri*': es decir, el desarrollo de un verdadero *boom* editorial cuya expansión en ocasiones se debió a la aguda intuición de estirpes de editores —es paradigmático el caso de los Millis—, quienes supieron prever las ganancias que traería consigo el negocio de las colecciones italianas vertidas al español (González de Amezúa 1982: 446–447; González Ramírez 2011). De cara a la situación veneciana, parece evidente la consonancia de este proceso con el que patrocina, ante todo, el editor Barezzo Barezzi. Con su taller contribuyó de manera significativa a la propagación en lengua italiana del emergente género de la novela corta, y lo hizo solicitando, precisamente, la traducción de la obra que señalaba esa ruptura frente a la primitiva tradición cuentística en España y, a la vez, frente al repertorio novelístico extranjero, *in primis* italiano. Nos referimos a las *Novelas ejemplares* de Cervantes, traducidas por Guglielmo Alessandro de' Novilieri Clavelli, y que Barezzo Barezzi publicó en 1626[5]. En Venecia, pues, el mercado librero parecía adaptarse para suplir una demanda lectora cada vez más orientada hacia las tendencias procedentes de la península ibérica, en especial en lo que concierne a la narrativa de ficción. Y dentro de esta lógica, las traducciones juegan un papel decisivo, ya que irradian en el horizonte literario italiano autores todavía por conocerse junto con los más afamados.

En efecto, ciñendo nuestro discurso al caso de *Don Diego de noche*, conviene remarcar de entrada el peso editorial en la difusión de esta obra de Salas Barbadillo, por lo menos si reparamos en su traducción italiana. Estamos ante una

5 No será ocioso recordar que, precisamente, Salas Barbadillo se había encargado de la censura de las *Novelas ejemplares* (1613) cervantinas, alegando en su aprobación el «honestísimo entretenimiento» que brindaba el volumen y manifestando a la vez la popularidad y el prestigio de su autor, cuya obra confirmaba «la justa estimación que en España y fuera della se hace de su claro ingenio» (Cervantes 2003: 46).

novela que, rápidamente, empezó a cosechar un éxito arrollador tras su primera publicación en Madrid en 1623, en los talleres de la viuda de Cosme Delgado[6]. Se trata de un triunfo consagrado por la nutrida cantidad de traducciones que proliferan entre el siglo XVII y el XVIII, primero en Francia, a partir de 1636[7]. Con respecto a Italia, para la única versión en italiano que conocemos, hubo que esperar hasta la década de los setenta, cuando se publica *Il cavalier della notte*, de Girolamo Brusoni. Contamos con cinco ediciones de la misma traducción entre los años setenta y ochenta del XVII, lo que da prueba de su fama editorial: dos salieron en Venecia en 1674, una en los talleres del editor Baba, otra gracias a Menafoglio. Cuatro años más tarde, en Bolonia, el editor Recaldini publicará dos reediciones, una en 1678 y una segunda en 1679; la última es de 1682 y se estampó en Venecia por la imprenta de Stefano Curti. No cabe duda de que la prínceps es la de Baba y que a él se le debe el mérito de la confección y difusión de esta obra española, lo que puede deducirse a las claras por lo que el editor puntualiza en los preliminares[8]. En la dedicatoria al noble Listio, fechada a 4 de abril de 1674, Andrea Baba precisa lo siguiente:

> Io doppo averlo fatto trasportare dalle Spagne nella nostra Italia, conoscendolo così immerso nelle sue tenebrose stravaganze, l'avevo condannato all'oscurità dell'oblivione; e vi sarebbe certamente rimasto perduto se l'arrivo di Vostra Signoria Illustrissima [...] non mi avesse fatto risolvere a trarlo dall'ombre ove l'avevo sepolto, per avvezzarlo pure a lasciare le tenebre e godere la luce. (Brusoni 1674: †3v-†4r)[9]

Dos son las consideraciones remarcables en este fragmento del panegírico de Baba a su dedicatario: en primer lugar, es preciso reparar en que el editor le había encargado la traducción a Brusoni, al que no se menciona en la dedicatoria, aunque su nombre aparece en el frontispicio y en el prólogo a los lectores. Otro aspecto interesante se vincula con la fecha de composición de la obra, que

---

6 La edición crítica de la obra, al cuidado de Enrique García Santo-Tomás, se ha publicado en 2013, en la editorial Cátedra.

7 La prínceps francesa es *Le Coureur de nuit, ou l'Aventurier nocturne, ou les Neuf Aventures du chevalier Don Diego. Revues, corrigées et augmentées* (Paris: Antoine Alazert 1636).

8 Con respecto a la difusión editorial, pese a que en 1674 también se imprimió la edición de Menafoglio, la edición príncipe es indudablemente la de Baba, ya que Menafoglio, Recaldini y Curti integran los folios preliminares del primero. Más en detalle, el volumen de Menafoglio contiene la dedicatoria y el prólogo, mientras que las ediciones de Recaldini y Curti solamente el prólogo a los lectores, puesto que en estos dos últimos casos la obra ya no se ofrece a ningún dedicatario.

9 Sigo la edición de Abondio Menafoglio.

se remontaría a una época más temprana: Baba lo explicita a través de un juego metafórico en el que conjuga los avatares nocturnos del protagonista de la novela con la oscuridad de la que el editor había sacado esa temprana traducción con el propósito de ofrecerla al conde Listio. Además, en el aviso a los lectores que acompaña a la dedicatoria, Baba insiste en la fama de la que había gozado la obra de Salas Barbadillo; lo que, sin duda, justificaría la elección de su traducción por parte del editor: «Le avventure del cavalier della notte, che nel linguaggio spagnuolo furono curiosamente lette non solo da quelli della nazione, ma anco dagl'estrani che possedono quella nobilissima lingua, escono ora trasportate nella nostra italiana dal Sig. Cav. Girolamo Brusoni» (Brusoni 1674: †6r).

Asimismo, se recalca la idea de una evidente maniobra editorial detrás de la tarea de traducción que, por lo tanto, no fue emprendida de manera autónoma por parte de Girolamo Brusoni: «È però qualche tempo che questa [fatiga] su le nostre istanze uscì dalla sua penna, e è nostra la colpa d'averla tenuta lungamente sepolta» (Brusoni 1674: †6). Baba insiste, pues, en que la traducción se había llevado a cabo tiempo atrás y que a él el lector tendrá que atribuirle la responsabilidad de su publicación diferida, si bien añade que «riuscirà però tanto più cara quanto più aspettata» (Brusoni 1674: †6v). Se trata de un detalle significativo si consideramos que, cuando se imprime la primera edición italiana, ya se habían publicado doce reediciones de la traducción francesa en París, Rouen y Lyon.

2 *Don Diego de noche* en manos de Girolamo Brusoni

La edición príncipe de la traducción de Brusoni, según vimos, saldría en 1674. Para conjeturar una hipótesis sobre la posible fecha de composición de la obra, por otra parte, habrá que atender, nuevamente, a las declaraciones anteriores de Baba acerca de una traducción 'largamente sepultada'. Relacionando esta aseveración con el recorrido biográfico del traductor, es preciso recordar que las pocas noticias a disposición sobre sus orígenes y procedencia lo colocan originariamente en la zona de Polesine, en el territorio véneto. A partir de 1639, con poco más de veinte años, Brusoni se asienta en Venecia tras varias peregrinaciones entre Ferrara, Padua y la Toscana. Por lo tanto, hacia los años cuarenta ha de remontarse su acercamiento al ambiente político español[10], y en esta misma época situaríamos su interés por la literatura española, quizás también como consecuencia de su participación en la *Accademia degli Incogniti*. En efecto, en la

10 Obtuvo del gobierno veneciano el cargo de mediador en las negociaciones entre Odoardo Farnese de Parma y el embajador español en Venecia acerca de una revisión de los acuerdos de paz de 1635 (Miato 1998: 86).

producción novelística de muchos de estos académicos queda patente la huella ibérica, afianzada en la creación de lo que Belloni (1929: 86) definió como una «tendenza al genere spagnolesco». En particular, este aspecto puede apreciarse en las *Cento novelle amorose*: se trata de una recopilación de cuentos, publicada en 1651, y que se ofrece como obra de consuno, puesto que en ella colaboraron muchos de los *Incogniti*.

En todo caso, aunque es difícil determinar la fecha *post quem* relativa a la composición de *Il cavalier della notte*, sí es posible fijar el término *ante quem*, que ha de cifrarse en 1655. Este es el año en que Brusoni editó de manera individual una colección de *novelle* tras la anterior experiencia de escritura colectiva con los *Incogniti*: nos referimos a la publicación de *Delle novelle amorose*, que salieron de la imprenta veneciana de Andrea Giuliani[11]. Una vez más, el apartado paratextual representa una mina de especial interés para inferir detalles relevantes, en este caso en relación con la trayectoria literaria del autor. En el prólogo, tal como Lope había hecho en *El peregrino en su patria*, Brusoni ofrece una lista de títulos con vistas a discriminar sus trabajos originales de los espurios. Entre las obras «parte stampate e parte manuscritte [...] che o per esercizio di stile, o per altrui compiacenza abbiamo trasportate da varie lingue» encontramos: «*Il cavallier della notte* di don Alonso di Salas Barbadillo» y «*Le notti del piacere* di don Alonso di Castrillo [sic] Solorzano» (Brusoni 1655: a6v)[12]. Es esta la prueba irrefutable de que Brusoni, en 1655, ya había confeccionado la traducción que, sin embargo, tardará casi veinte años en ver la luz de forma impresa. Curiosamente, aquí sí se incorpora el nombre del autor español, mientras que en las ediciones de la traducción publicadas posteriormente no se hace mención alguna a Salas Barbadillo. Entrevemos una llamativa y parcial analogía entre esta forma particular de anonimia con la que circula la traducción italiana y los avatares en el territorio francés de la misma novela del madrileño. La traducción príncipe, en efecto, también se imprimió anónima, aunque Antoine Alazert la incluiría en un segundo momento en colecciones de obras quevedescas, tal vez como maniobra editorial[13]. El resultado es que a partir de 1655, la novela se transmite en Francia a nombre de Quevedo (Peyton 1949: 488).

---

11 *Delle novelle amorose di Girolamo Brusoni* (Venezia: Andrea Giuliani 1655). La obra se editaría de nuevo en 1663, en la imprenta veneciana de Stefano Curti.

12 No se ha detectado ninguna versión impresa de la traducción integral de las *Noches de placer* de Castillo Solórzano. Es muy probable, pues, que esta obra nunca llegaría a imprimirse.

13 Place (1926: 238) había conjeturado, originariamente, la posibilidad de que la ocultación del autor español y la integración de su obra con otras quevedescas se configurara

Don Diego de noche es una novela que se afilia al género de la novela cortesana por su carácter costumbrista, la ambientación afianzada en la Corte, los temas enlazados con el binomio amor/honor, así como por la ascendencia social de sus personajes[14]. Por otra parte, también es cierto que el carácter de don Diego y el tenor sardónico e hiriente de algunas de sus aventuras se hicieron eco de la picaresca. Por si fuera poco, dificulta la demarcación taxonómica la peculiar estructura heterogénea de la obra, que se construye a partir del acoplamiento de géneros distintos (novela, lírica y género epistolar, entre otros). Esta heterogeneidad es la que, en ocasiones, ha motivado la contrariedad de una parte de la crítica, que en el siglo pasado receló de dicha hibridez. Es paradigmático el juicio de Pfandl (1933: 396) a la hora de abominar de «la abigarrada confusión de estas irreflexivas historias, la caprichosa mezcla de todos los géneros y tendencias imaginables». Valga decir, en cambio, que esta mezcolanza no le resta unidad al conjunto; si no a nivel argumental, por lo menos en lo que respecta al tono. Además, esta misma combinación de géneros es la que le confiere esa marca estilística de Salas Barbadillo, considerada por Peyton (1949: 487) como el emblema literario de la *Gesamtkunstwerk* barroca, y que se realiza por medio de una fusión de novela dialogada, epístola satírica, novela corta, insertos líricos heterogéneos y elementos de tono picaresco.

Mirando más de cerca la relación entre la obra de Salas Barbadillo y la traducción de Brusoni, además de los aspectos puramente traductológicos de la versión italiana frente al original —que ya han sido observados por Chiesa (1985) y, más recientemente, por Vuelta García (2011)—, quisiera apuntar en cambio a esas alteraciones que permiten reconocer un cambio de rumbo y de perspectiva genérica entre ambos textos. En concreto, quisiera abordar la cuestión examinando la obra italiana a partir de las llamadas 'enunciaciones editoriales', un concepto derivado de la genética textual, y que con anterioridad ha sido aplicado por Cayuela (2013a) a las colecciones de novelas cortas españolas del XVII. La idea es la de considerar el texto no solamente por su contenido y su componente puramente lingüístico, sino también desde el punto de vista de su dimensión física y visual[15].

como una estrategia de venta. Posteriormente, Peyton (1949: 488) defendió esta hipótesis, observando que «Antoine Alazert, did not actually ascribe the *Coureur de Nuit* to Quevedo, but he did include it in translations of Quevedo's works and, without specifying the author, tacitly implied that the authorship was the same as that of the other works in the volume».

14 Ver González de Amezúa (1929: 48).

15 Cayuela (2013a: 78) ofrece una definición clara de este método de análisis del texto literario que consiste «en interrogar el estatuto de la enunciación según los estados

En el caso específico de la traducción de *Don Diego de noche*, profundizar en ciertos aspectos tipográficos del volumen de Brusoni, aparentemente insustanciales, así como en la diversa distribución del argumento, resulta significativo al manifestar una diferente concepción de la obra por parte del traductor. Brusoni, y quizás también el mismo editor, tratan de darle mayor homogeneidad al conglomerado estructural a través de la eliminación o el desplazamiento de algunas secciones que en el original aseguran ese carácter híbrido al que ya aludimos. Más en detalle, nos referimos a la primera y segunda parte del *Epistolario jocoso* y a la *Coronación de Laura*, que se entremeten entre la segunda y la tercera aventura de don Diego. La *Coronación* se suprime completamente en la versión italiana, mientras que se conserva el *Epistolario*, aunque queda arrinconado en el apéndice de la obra, por las razones aclaradas en el paratexto final al lector: «Aveva l'inventor di quest'opera collocate le seguenti lettere giocose nel fine della seconda avventura, onde per esser cose affatto fuori della materia, e interrompere il corso dell'istoria, abbiam giudicato a proposito il trasportarle in questo luogo, per non privarti di così gustosa lezione» (Brusoni 1674: 212).

Otro elemento relevante se vincula con la tabla inicial en la que se ofrece la sinopsis de las nueve aventuras[16]; tabla de la que está desprovisto el original. Este *Sommario delle avventure* cambia la modalidad de lectura de la obra. Ante todo, proporciona una útil herramienta de orientación que permite la identificación inmediata de las historias en el volumen, brindando una breve sinopsis para cada una de ellas; en segunda instancia, avalora la idea de un texto en el que cada episodio se concibe como una entidad narrativa autónoma que posee su unidad espacial y temporal. Esta nueva dimensión que adquiere la versión italiana queda patente al compararla con el texto base que, de alguna manera, manifiesta las características de una colección con nueve cuentos protagonizados por el mismo

---

sucesivos de un mismo texto (del manuscrito a las diferentes ediciones de un texto)», lo que «puede resultar perfectamente operativo para una nueva manera de enfocar la obra literaria aunando historia del libro y filología. Se trataría de definir el proceso de enunciación del libro en toda su complejidad (como producto de varios "autores", entiéndase todos los que intervienen en su creación sea artística o artesanal), y heterogeneidad (texto, imagen, materia)».

16 Este mismo fenómeno es posible encontrarlo también en la traducción de las *Novelas ejemplares*, de Novilieri Clavelli, aparecida en 1626. Esta versión «riprende un elemento paratestuale quale il riassunto delle novelle della traduzione francese del 1615, ma è stato dimostrato che la traduzione dei testi discende sempre dallo spagnolo» (Mazzocchi 2005: 405).

personaje (lo que podría recordar a los relatos boccaccianos en los que Calandrino figura como personaje principal), y que carecen de un marco tradicional. Este último, sin embargo, queda reemplazado por la voz del narrador heterodiegético, quien crea conexiones argumentales por medio de sus comentarios, especialmente, los que tienen valor analéptico y proléptico. Las digresiones, pues, contribuyen a respaldar la sensación de continuidad y de equilibrio en la novela. Es paradigmática, a tal propósito, la reflexión al final de la segunda aventura en la que interviene el narrador para avisar a sus lectores sobre la interrupción del hilo narrativo; una integración que, como es de esperar, se omite en la traducción de Brusoni:

> Mas, ¡oh, lector curioso!, suspéndete aquí; aguarda, que aunque rompamos el hilo a nuestra narración histórica, te quiero hacer partícipe en unos papeles de aguda inventiva y disposición ingeniosa que halló la justicia a don Diego, buscando el original de la sátira carretona y triunfal; míralos con estimación, que después de ellos proseguirás con la aventura tercera. (Salas Barbadillo 2013: 159)

Que Brusoni concibiese la obra de Salas Barbadillo como una colección de *novelle*, queda todavía más claro si miramos al uso que hace de algunas de ellas. En efecto, la particularidad de la transmisión de *Don Diego de noche* en Italia reside en que, a lo largo del XVII, asistimos a una doble circulación: integral a través de la traducción y, a la vez, parcial. Con respecto a este segundo tipo de transmisión, observamos que algunas de las narraciones extraídas de Salas fueron integradas con modificaciones en la mencionada colección *Delle novelle amorose*. También en este caso parece que, al menos en parte, le debemos al ímpetu editorial la difusión de las aventuras de don Diego en forma desglosada, sin mención alguna de su verdadero autor, según puede deducirse de la dedicatoria del editor Stefano Curti a Sebastiano Patavino incorporada en el volumen impreso en los talleres de Andrea Giuliani: «Essendomi capitate alle mani le novelle del signor cavallier Brusoni raccolte da diverse sue opere e stampate e manuscritte, ho stimato di fare un sacrificio al merito con dedicarle a Vostra Signoria Illustrissima» (Brusoni 1655: a2r).

Antes hablábamos de una injerencia solo parcial por parte del editor, porque Brusoni ya había publicado en dos ocasiones *Gl'inganni della chitarra*, o sea, una versión con alteraciones argumentales de la primera aventura de *Don Diego*. La primera vez, la integró en *Gli aborti dell'occasione*, obra miscelánea editada en 1641 y, posteriormente, volvería a imprimirla en la colección de *novelle* en colaboración, fruto de los *Incogniti*, a la que ya hemos aludido (Franchi 1988). Volviendo a la dedicatoria, es curioso que Curti presente los cuentos como el producto juvenil de la pluma de Brusoni, definiéndolos incluso como un 'parto de su gran ingenio', cuando, en realidad, cinco de estos relatos proceden de *Don Diego de noche* (Cortini 1988: 19 n. 7). Por si fuera poco, Vuelta García (2011: 303–313) ha identificado otras tres narraciones rescatadas de las *Noches de placer* de Castillo Solórzano. Resumiendo: de los veinticuatro cuentos comprendidos en la colección *Delle novelle amorose*, ocho historias —o sea, un tercio del volumen— han sido identificadas de momento y resultan reelaboraciones de textos de Salas Barbadillo y de Castillo Solórzano[17]. Se señala la exclusión de las aventuras II, V, VIII y IX de la obra de Salas, lo que se explica fácilmente por la naturaleza del volumen de Brusoni, que es de temática amorosa, según también acota el título. Los episodios descartados, en cambio, brindan historias de índole variada: algunas vinculadas con mecanismos de engaño y de burlas feroces, otras, con episodios cómicos de peripecias urbanas en donde las calamidades se acumulan y se alternan una tras otra en consonancia con el mecanismo de la narración ensartada. Se trata en todo caso de narraciones que se distancian desde un punto de vista temático de las dinámicas de amor y honor que caracterizan el resto de la producción.

3 *Lo sciocco ignorante avventurato* de Cesare Zanucca

Mucho antes de que Girolamo Brusoni empezara a dejarse seducir por la escritura de Salas Barbadillo, el repertorio narrativo de este madrileño había empezado a devanarse en el tejido editorial veneciano. En 1634, el editor Giacomo Scaglia imprimió *Lo sciocco ignorante avventurato*, versión italiana de *El necio bien afortunado* (1621) que se debe al quehacer de Cesare Zanucca. Estamos ante una edición sumamente rara[18]. Desde el punto de vista cronológico, además, se adelanta con creces a la traducción inglesa de Philip Ayres, *The Fortunate Fool*,

17 Proporcionamos a continuación un esquema de recapitulación que simplifique la identificación de las correspondencias textuales: *Gl'inganni della chitarra* (*Delle novelle amorose*, libro I): *Don Diego de noche*, aventura I; *Gli errori della notte* (*Delle novelle amorose*, libro III): *Don Diego de noche*, aventura III; *Il mortorio de' vivi* (*Delle novelle amorose*, libro IV): *Don Diego de noche*, aventura IV; *L'avarizia scornata* (*Delle novelle amorose*, libro IV): *Don Diego de noche*, aventura VI; *Il cavaliere miracoloso* (*Delle novelle amorose*, libro IV): *Don Diego de noche*, aventura VII; *La forza castigata* (*Delle novelle amorose*, libro III): *La fuerza castigada* (*Noches de placer*); *Le venture inopinate* (*Delle novelle amorose*, libro IV): *Las dos dichas sin pensar* (*Noches de placer*); *L'onore ricuperato* (*Delle novelle amorose*, libro IV): *El honor recuperado* (*Noches de placer*).

18 Hemos conseguido identificar tan solo tres ejemplares: el primero se encuentra en la Universiteitsbibliotheek de Leiden (signatura 698 G 8); un segundo ejemplar, desprovisto de los últimos folios, se halla en la Biblioteca Civica de Cosenza. Finalmente, el

que saldrá de la imprenta londinense de Moses Pitt solamente en 1670, o sea, poco menos de cuatro décadas más tarde:

> LO | SCIOCCO | Ignorante | AVVENTVRATO. | DI ALONSO GIROLAMO | De Salas. | *Tradotto dallo Spagnuolo* | DA CESARE ZANVCCA. | Con la vita dell'Astuto Buscone, | Chiamato Don Paolo. | *All'Illustriss. Sig.* | FRANCESCO MALIPIERO, | fù dell'Illustriss. Sig. Polo. | Con la Tauola de i Capitoli, Licenza de | Superiori, & Priuilegio. | (marca tipográfica con la representación de un sol rodeado por un festón en el que se indica "SOLE QVID LVCIDIVS. ECC. 17") | VENETIA, MDCXXXIV. | Presso Giacomo Scaglia.

Amén de que se han conservado muy pocos ejemplares de *Lo sciocco*, esta edición también ha planteado unos interesantes enigmas editoriales que trataremos de aclarar a continuación. El primero tiene que ver con la advertencia en el frontispicio acerca de que la traducción de Zanucca se edita junto con la «Vita dell'Astuto Buscone». Ante todo, es necesario puntualizar que el interés de Scaglia hacia un determinado género de ficción española, la novela picaresca, es fácilmente explicable a raíz de los beneficios económicos que, mientras tanto, el cremonés Barezzo Barezzi estaba cosechando en Venecia con su actividad librera. Adivinando el potencial comercial de esta tipología narrativa tan propia de España, Barezzi había empezado tempranamente a dar a conocer entre los lectores italianos los avatares de los pícaros españoles. Ya en 1606, de hecho, publicó una versión parcial del *Guzmán de Alfarache* vertido al italiano, a la que seguirán, en las dos décadas sucesivas, la traducción completa de la novela de Mateo Alemán, así como las versiones italianas de *El Lazarillo de Tormes* y *La pícara Justina*. No sorprende, pues, que Scaglia decidiera seguir la estela de Barezzi, aprovechando él también la rica mina picaresca. Añádase a esto la estrecha relación de Giacomo Scaglia con la *Accademia degli Incogniti* que, según vimos antes, tuvo cierto peso en la difusión y adopción de un gusto narrativo definido como «spagnolesco»[19]. De ahí que, en 1634 salga de sus talleres la primera traducción italiana de *El Buscón* de Quevedo: esto es, la *Historia della Vita dell'Astutissimo, e Sagacissimo Buscone chiamato Don Paolo*, traducida por Giovanni Pietro Franco[20].

---

tercero se conserva en la Fondazione San Bernardino de Trento: esta es la edición que hemos consultado y de la que proceden todas las citas.

19 Señala Martinengo (2003: 278) que, en el vivaz contexto cultural de Venecia, «esas tendencias galicanas y anticuriales [...] debían, finalmente, cuajar en la creación de la "Accademia degli Incogniti", fundada en 1629 y apoyada por una parte del Patriciado véneto: y, precisamente , Giacomo Scaglia [...] fue uno de los editores de confianza de la Accademia».

20 Sobre esta primera versión italiana de *El Buscón*, ver Martinengo y Símini (2003).

Volviendo a *Lo sciocco ignorante avventurato*, tras consultar uno de los pocos ejemplares hoy conservados, podemos afirmar que esta obra solo contiene la traducción de la novela de Salas Barbadillo y no se acompaña de la «Vita dell'Astuto Buscone», pese a lo que se anuncia en la portada[21]. Lo cierto es que esta incongruencia ha dado paso a una serie de equívocos que, con el tiempo, han ido perdurando. Desde que Quadrio (1752: 273) señaló en su célebre *Della storia e della ragione d'ogni poesia* la existencia de esta traducción de Zanucca, citando el título completo que aparece en el frontispicio, este dato ha sido interpretado erróneamente por la crítica posterior, alimentando la idea de que existían dos distintas versiones de la traducción de *El Buscón* que hizo imprimir Scaglia[22]. En cambio, no solamente Zanucca no tradujo la novela quevedesca, sino que, además, hay una irrefutable incoherencia entre lo anunciado en la portada y la composición del volumen.

¿Es posible que Giacomo Scaglia quisiera tirar de la fama de Quevedo en Italia para promocionar la venta de un autor menos conocido como Salas Barbadillo, y que lo hiciera juntando la novela del pícaro don Pablos con otra obra, si no del todo picaresca, por lo menos emparentada con aquella?[23] La idea de aprovechar

---

21 En el frontispicio del ejemplar consultado aparecen unas tachaduras manuscritas en correspondencia con la advertencia que acota «Con la vita dell'Astuto Buscone, Chiamato don Paolo». Posiblemente, se deben al antiguo dueño del volumen, un tal "Frati Sebastianus", según se colige de una anotación manuscrita al final de la portada. Por el mismo color de la tinta, deducimos que hay una misma mano detrás de las borraduras y de la nota.

22 En la introducción de su *Vita del Pitocco*, Alfredo Giannini es tajante a la hora de advertir que «è questa mia la prima traduzione integrale del *Buscón*, poiché non può dirsi tale, oltre le solite modificazioni, soppressioni anche di lunghi brani, alterazioni dovute a necessità censorie e altre molteplici deficienze dovute a ignoranza e a mal gusto, quella di un Giov. Pietro Franco (*Historia della Vita dell'Astutissimo, e Sagacissimo Buscone chiamato don Paolo*) pubblicata presso Giacomo Scaglia a Venezia nel 1634. [...] Un'altra non ho potuto avere sott'occhio: quella di un Cesare Zanucca pubblicata dallo stesso Scaglia e nello stesso anno di quella del Franco, insieme con *Lo sciocco ignorante avventurato di Girolamo de Salas* [...] tradotta dallo Spagnuolo, e di cui dà notizia il Quadrio» (Ver Quevedo 1917: XXXI-XXXII).

23 En su reciente edición crítica de *El necio bien afortunado*, Manukyan (2019: 66–67) observa que «*El necio bien afortunado* y *El sagaz Estacio*, según su tonalidad, forman parte del grupo del registro cómico a partir de las clasificaciones de Vitse y García Valdés, y según la clasificación de Rey Hazas encajan en el tercer grupo. Efectivamente, el análisis y la estadística demuestran que, no solo en las obras que nos ocupan, sino en todas las que Rey Hazas incluye en el tercer grupo, encontramos una mezcla genuina de los elementos satíricos, costumbristas, picarescos y cortesanos, hecho que dificulta encuadrarlos en los moldes de un mismo género».

la fama editorial del más conocido Quevedo, al fin y al cabo, fue una maniobra de la que también se sirvieron los editores y libreros franceses, según vimos a propósito de la circulación de *Don Diego de noche*. Examinando los preliminares de la traducción de *El Buscón* de Franco, constatamos que la dedicatoria de Giacomo Scaglia está fechada a 21 de febrero de 1634; por el contrario, la que se incluye en *Lo sciocco ignorante avventurato*, del mismo Scaglia, se remonta al día 8 de mayo de 1634. Por ende, el proyecto de la *Historia della Vita*, aunque es casi contemporáneo al de la traducción de Salas Barbadillo, cronológicamente lo precede. Sin duda, es difícil establecer si el plan originario del editor veneciano fue el de incorporar la traducción de Quevedo llevada a cabo por Franco en la versión italiana de *El necio bien afortunado*, pero de momento no se puede descartar la posibilidad de que se tratara solo de una estrategia editorial para incrementar las ventas. Efectivamente, es harto improbable que Scaglia estuviera interesado en confeccionar en el mismo año dos traducciones distintas de la misma obra, destinándolas además a dos diferentes dedicatarios: la *Historia della Vita* la obsequió a Giulio Maffetti, mientras que *Lo sciocco* tenía como receptor a Francesco Malipiero. Otro posible indicio de que la indicación en la portada podría haber sido un espejo para alondras se infiere de la dedicatoria de la traducción de Zanucca, en donde Scaglia se dirige a Malipiero mencionando una única obra:

> Offerisco dunque a Vostra Signoria Illustrissima, insieme con la dedicazione di me stesso, quest'opra che, riuscita felicemente in altra lingua, doverà tanto più felicemente riuscire in questa, quanto porterà nella fronte il gloriosissimo nome di Vostra Signoria Illustrissima e a lei servirà non per soddisfazione, ma per attestato dell'obbligo mio perpetuo e infinito. (Salas Barbadillo 1634: a2v-a3r)

Al observar el apartado preliminar de *Lo sciocco*, salta a la vista el cambio total de su configuración con respecto al original de Salas: se suprime la dedicatoria y se sustituye con otra dirigida a otro dedicatario, según ya apuntamos; se eliminan, además, los otros textos preliminares (privilegio, líricas celebrativas para Salas y el aviso al lector)[24]. Indudablemente, es esta una práctica bastante recurrente entre las traducciones literarias de la época: solo para poner un ejemplo, Biasio Cialdini, en sus *Prodigi d'amore* (1628), versión italiana de los *Sucesos y prodigios de amor* de Pérez de Montalbán, también elimina la dedicatoria y le da a la

---

24 Mazzocchi (2005: 393) anota que la diferencia entre los paratextos italianos y sus correspondientes españoles se configura como una constante en la literatura de los siglos XVI y XVII: «i paratesti delle opere spagnole tradotte si presentano infatti, in primo luogo, sotto il segno della contrapposizione, della non omologabilità della realtà italiana a quella spagnola».

sección preliminar otra fisonomía frente al original español (Cinti 1984: 583). Por si fuera poco, Cialdini introduce una tabla de argumentos de que carecía el volumen de Montalbán. A tal propósito, es preciso registrar que también Zanucca introduce una «Tavola de' capitoli» en la que se indican los ocho capítulos de que se compone la obra, con sus respectivos epígrafes que, en el original español, señalan gráficamente el comienzo de cada una de las ocho secciones. Es la misma estrategia que, más tarde, seguirá asimismo Girolamo Brusoni en *Il cavalier della notte*, tal como ya hemos indicado, lo que implica cuando menos una diferente manera editorial de valorar la lectura de la obra, ofreciendo a su público una especie de guía orientativa[25].

Pasando ahora a algunos de los fenómenos más relevantes que se han detectado a partir del cotejo del original con la versión de Zanucca, señalamos de entrada que nos hallamos ante una traducción que se ajusta con cierta fidelidad al texto de Salas Barbadillo. En este sentido, estamos muy lejos de la opinión ya mencionada de Giannini acerca de la traducción de *El Buscón* por parte de Giovanni Pietro Franco y las abundantes mutilaciones y adulteraciones, a veces ocasionadas por razones censorias. Las muy escasas omisiones que se pueden detectar en *Lo sciocco* no se vinculan con fenómenos de censura, y se deben, con mucha probabilidad, a descuidos del traductor. Un ejemplo emblemático de este tipo se atisba en el capítulo primero: durante una conversación disparatada entre el doctor Ceñudo y don Leonardo, este le pregunta al amigo por su estado de salud; Ceñudo le enseña entonces un orinal de vidrio lleno de sus aguas menores. En la conversación que sigue a este momento escatológico, el doctor le explica a don Leonardo la razón por la que enseñar la orina es la única manera posible para contestar a esas preguntas. Según se infiere del siguiente ejemplo, es evidente que el traductor se salta una línea, que es la segunda parte de la respuesta de don Leonardo; y el resultado de este desliz produce dos réplicas consecutivas del doctor:

—¿Con qué intento lo he de preguntar sino de saberlo? —replicó don Leonardo.

---

25 No por casualidad en un apéndice final de *Il cavalier della notte* se recogen dentro de una tabla, titulada «Racconto delle poesie che si leggono in quest'opera», todos los poemas incluidos en el volumen con su correspondiente número de página. Sin lugar a dudas, el uso de las *Tavole copiosissime* ya puede apreciarse en las obras didácticas y misceláneas del XVI, e incluso en algunas traducciones de misceláneas españolas como la que firmó Celio Malespini del *Jardín de flores curiosas* de Torquemada. Sobre la presencia y el posible significado de estas tablas en la traducción de Malespini ver Resta (2017: 90 y 94).

> —Pues eso, ¿cómo se puede saber mejor que mirando la orina? —dijo el doctor—. Y si eso no baste, pregúntelo al pulso con los dedos.
> —¿No es mejor y más fácil —replicó don Leonardo— preguntárselo a vuesa merced y que me lo diga? ¡Cierto que es terrible!
> —No, señor —dijo el doctor—, ¿agora está en eso?, porque o yo estoy en la cama pálido y flaco cuando me lo pregunta, o alegre y gordo sentado en una silla, como estoy agora. (Manukyan 2019: 239)

> —E con quale intento l'ho io a chiedere —disse don Leonardo— se non con quello di saperlo?
> —E questo come si puote egli meglio sapere che guardando l'orina? —disse il dottore—. Se questo non soddisfa, se ne assicuri con toccare il polso con la propria sua mano.
> —Non è egli meglio e più facile —disse il dottore— perché o io mi sto nel letto pallido e magro quando Vostra Signoria me ne addimanda, o vero allegro e rubicondo assiso sopra una sedia come ora mi ritrovo (Salas Barbadillo 1634: 14v).

Otro caso similar se localiza en el capítulo séptimo, donde, nuevamente, el contenido del fragmento omitido no plantea ningún tipo de inconveniente ético o religioso, con lo cual es verosímil creer que la supresión por parte del traductor ha de reconducirse a una mera inadvertencia a la hora de trasladar el párrafo:

> Que ninguno crea […] ni en palabras, si no es las promesas que tuvieren virtud de dar perros muertos. Que no sean linajudos por un solo Dios, ni se metan en hidalguías y limpiezas, pena de que serán tenidos por hidalguetes de mala intención. Y porque algunos tienen por elegancia y ornato de la oración arrojar un juramento, los declaramos por necios, fondo en blasfemos, y mandamos que no entren en poblado. (Manukyan 2019: 397–398)

> Che niuno creda […] né in parole se non sono le promesse che hanno virtù d'ingannare e fare stare furbescamente. E perché alcuni tengono per eleganza e adornamento di orazione fare molte volte un giuramento, questi dichiariamo per infami con fondamento di bugiardi e bestemmiatori, e comandiamo che non entrano in luochi [sic] popolati. (Salas Barbadillo 1634: 154v-155r)

En otros casos, las omisiones se relacionan, en cambio, con evidentes dificultades de traducción que Zanucca sortea simplemente eliminando los fragmentos que es incapaz de verter al italiano. Así, por ejemplo, en el primer capítulo renuncia a la traducción del refrán «Allá darás, rayo». Los fenómenos propiamente censorios son francamente nimios y se limitan en general a pequeñas correcciones donde se señalan maldiciones, juramentos o imprecaciones que involucren a Dios o a Cristo: se trata de casos insustanciales, tales como « ¡Nunca Dios le dé salud!», omitido en el primer capítulo, o bien «Juro a Cristo», en el capítulo sexto, que se convierte en «Giuro alla mia grandezza».

Las dificultades con la traducción a veces le llevan a efectuar cambios a fin de simplificar su tarea: se señala, entre otros, el caso de «aljaba», sustituido con el más genérico «altri arnesi» en el capítulo primero. Si bien aquí la alteración no origina problemas de comprensión, en otras ocasiones las elecciones traductológicas de Zanucca vuelven opaca la interpretación por parte de un lector italiano. A tal propósito, es representativo el caso que se nos ofrece en la primera sección, en el momento en el que el doctor Ceñudo le confiesa a don Leonardo y a su acompañante andaluz su disgusto a la hora de pasear: «Yo, señores, no estoy con estómago para digerir tan grandes hierros como los que miro cuando salgo a espaciarme a ese pedazo de Vizcaya en los muchos que tiene» (Manukyan 2019: 242). En este pasaje Salas Barbadillo introduce una dilogía entre 'hierro' y 'yerro' de la que se sirve para aludir a los disparates que ve Ceñudo al salir de su casa; es un chiste que se alimenta con la referencia al hierro de Vizcaya que, por aquel entonces, se consideraba una de las regiones principales en la manipulación de los metales. Se trata de un aspecto afincado en los *realia* que, evidentemente, supondría cuando menos una nota explicativa; es esta, de hecho, la elección que toma el traductor inglés Ayres, añadiendo que Vizcaya era «the Country where the best Iron is made» (Salas Barbadillo 1670: 37). Cesare Zanucca, por su parte, opta por la traducción de «hierros» por «errori», lo que, como consecuencia, ocasiona la pérdida del chiste con Vizcaya, cuya referencia en el fragmento resulta vaga y ambigua: «Io, Signori, non mi ritrovo stomaco a bastanza forte per digerire tanti e così varii e così stravaganti errori come scorgo quando esco a passeggiare e passarmi l'umore a quel pezzo di Biscaglia» (Salas Barbadillo 1634: 17v-18r). Observando la traducción, se intuye que Zanucca no era un perfecto conocedor de la lengua española: hay frecuentes errores de comprensión, amén de muchos calcos, a veces hasta de oraciones completas, que producen incoherencias morfosintácticas. Sin embargo, también son dignos de señalarse en los ocho capítulos algunos casos de amplificaciones. Estas últimas se encuadran perfectamente dentro de una tendencia generalizada en la época, según la cual los traductores no renunciaban a dejar rastros de su 'firma'. Indicamos como botón de muestra el siguiente pasaje del sexto capítulo:

> Yo me enamoré por descuido desta mujercilla, robela, ofrecila las mayores riquezas que traje de Alemania. (Manukyan 2019: 376)

> Saravi noto, alti e sovrani Signori, che io persona quale tutti sapete già tanto mi abbassai che lasciai prendermi dallo amore di questa donniciuola, di questa feminucia indegna dell'ombra del sogno del pensiero di avere immaginazione di amarla la feci rubare, gl'offersi per effettuare le più qualificate gioie ch'io abbia per mia grandezza portato d'Alemagna, che sono tante e di così gran valore che certo non si troverà aritmetico che possi farne la summa, né gioliero che possa estimarle (e tutto era vero perché non c'era né numero né qualità). (Salas Barbadillo 1634: 135v)

La manera más significativa con la que Zanucca deja su huella se evidencia en el octavo capítulo, cuando decide traducir uno de los dos sonetos españoles allí incluidos. Valga decir al respecto, que la actitud del traductor resulta sorprendente, pero sobre todo inexplicable, puesto que, de los tres insertos líricos que aparecen en la obra de Salas Barbadillo —cuatro versos de un romance lopesco en el tercer capítulo y dos sonetos en el octavo—, en dos casos Zanucca decide mantenerlos en español, mientras que en el último opta por una paráfrasis en verso:

Aquel a quien su ciega fantasía	Quello a cui la sua cieca fantasia
con alegres teatros festejaba,	con teatri di gloria festeggiava
y cuanto a sus aciertos defraudaba	e quanto a la certezza difraudava
en grata adulación restituía;	con grata adolazion restituia
ilustrada de luz y vuelta al día,	volto al sol ripigliò più illustre via;
de traidora su dicha motejaba,	traditrice sua sorte ogn'or chiamava
que a trances menos dulces la fiaba	ch'a maggior precipizio lo guidava
cuando de más auroras la vestía.	mentre di maggior luce lo vestia.
Deja, Cintia, al engaño los pinceles,	Lascia a l'inganno, Cintia, li pennelli
que apacible te fingen a mis males,	che ti fingon pietosa di miei mali
miente dureza atroz, miente blandura,	poiché mentono il rio di tua natura.
que no falsos serán, sino fieles,	Né tu pietosa sei, né fidi quelli
pues hurta cuando son los bienes tales	che ruba (quando i beni sian pur tali)
a la verdad efectos la pintura.	gl'effetti al vero in tutto la pittura.
(Manukyan 2019: 405)	(Salas Barbadillo 1634: 160r)

A través de este ejercicio lírico, Zanucca consigue dejar una pequeña marca de su identidad autoral, aunque esta, sin duda, no sea comparable con otra perspectiva, la de Girolamo Brusoni, que, según vimos, manipula más significativamente la estructura heterogénea de *Don Diego de noche*, recomponiéndola y homogeneizándola. Una estructura que, en su forma originaria, alternaba la prosa con los versos, como los de la *Coronación de Laura* que precede abruptamente a la aventura tercera. En *Il cavalier della notte*, en cambio, la *Coronación* se elimina; además, los versos del original entremetidos en la obra se reemplazan con unas trovas que se deben a la pluma de Brusoni. Las razones de este cambio, una vez más, se explicitan por parte del editor, quien alega que las canciones españolas «che per entro [el libro] vi erano sparse, [...] quanto riescono canore nel loro idioma, tanto sono languide nel nostro» (Brusoni 1674: †6v).

En resumidas cuentas, la circulación italiana de Salas Barbadillo, aquí ejemplificada por el examen de las traducciones de *Don Diego de noche* y *El necio bien afortunado*, da muestra de la atención por parte de los editores del XVII hacia los productos literarios más modernos o, por así decirlo, 'de tendencia', procedentes de España. Estos libreros y editores deciden apostar por aquellos autores que en Italia todavía no gozaban del mismo prestigio que en su patria. Más en detalle, en lo que concierne a las obras de Salas, la interferencia editorial resulta imprescindible para la transmisión de textos que, en ocasiones, van adquiriendo una configuración distinta de los originales. Es el caso de *Il cavalier della notte*, que Brusoni concibió como un producto nuevo, pasando de novela a *novella* o, mejor dicho, *novelle*. Es esta la vuelta de un itinerario ítalo-español que prospera y se enriquece en el tránsito incesante de un país a otro.

Obras citadas

Arnaud, Émile (1979). *La vie et l'œuvre de Alonso Jerónimo de Salas Barbadillo*. Toulouse: Université de Toulouse-Le Mirail, vol. III.

Brusoni, Girolamo (1655). *Delle novelle amorose di Girolamo Brusoni. Libri quattro*. Venezia: Andrea Giuliani.

Brusoni, Girolamo (1674). *Il Cavalier della notte. Trasportato dalla lingua spagnuola nella italiana dal cavalier Girolamo Brusoni*. Venezia: Abondio Menafoglio.

Capra, Daniela (2012). «Edición y traducción de libros españoles en la Venecia del siglo XVI». En Patrizia Botta (coord.), *Rumbos del hispanismo en el umbral del Cincuentenario de la AIH*. Roma: Bagatto Libri, pp. 268–278.

Cayuela, Anne (2013a). «Análisis de la enunciación editorial en algunas colecciones de novelas cortas del siglo XVII». En Valentín Núñez Rivera (ed.), *Ficciones en la ficción. Poéticas de la narración inserta (siglos XV-XVII)*. Barcelona: Universitat Autònoma de Barcelona, pp. 77–98.

Cayuela, Anne (2013b). «*Coronas del Parnaso y platos de las musas* de Alonso Jerónimo de Salas Barbadillo. Una miscelánea polisinodal bajo el reinado de Felipe IV». *Mélanges de la Casa de Velázquez*, 43, 2, pp. 69–94.

Chiesa, Maria Giovanna (1985). «Una traduzione italiana del *Don Diego de Noche* di Salas Barbadillo». *Rassegna Iberistica*, 22, pp. 29–42.

Cervantes, Miguel de (2003). *Novelas ejemplares*, Harry Sieber (ed.). Madrid: Cátedra, vol. I.

Cinti, Bruna (1984). «Narrativa spagnola a Venezia. (Una traduzione da Montalbán)». En Manuel Sito Alba (ed.), *Studia historica et philologica in honorem M. Batllori*. Roma: Publicaciones del Instituto Español de Cultura, pp. 577–593.

Cortini, Maria (1988). *Girolamo Brusoni e il romanzo della retorica*. Roma: Bulzoni.

Franchi, Francesco Piero (1988). «Bibliografia degli scritti su Girolamo Brusoni». *Studi Secenteschi*, XXIX, pp. 265–310.

González de Amezúa, Agustín (1929). *Formación y elementos de la novela cortesana*. Madrid: Tipografía de Archivos.

González de Amezúa, Agustín (1982). *Cervantes, creador de la novela corta española*. Madrid: CSIC/Instituto Miguel de Cervantes, vol. I.

González Ramírez, David (2011). «En el origen de la novela corta del Siglo de Oro: los *novellieri* en España». *Arbor*, 187, 752, pp. 1221–1243.

Greppi, Cesare (1971). «Sulla traduzione letteraria nel Seicento italiano». *Sigma*, 31, pp. 52–67.

Griffante, Caterina (2003). *Le edizioni veneziane del Seicento*. Milano: Bibliografica.

Manukyan, Armine (2019). *Estudio y edición crítica de dos obras de Alonso Jerónimo de Salas Barbadillo: «El necio bien afortunado» y «El sagaz Estacio, marido examinado»*. Pamplona: Servicio de Publicaciones de la Universidad de Navarra.

Martinengo, Alessandro y Diego Símini (2003). «La primera traducción italiana del *Buscón*». En Alfonso Rey (ed.), *Estudios sobre el 'Buscón'*. Pamplona: EUNSA, pp. 273–294.

Mazzocchi, Giuseppe (2005). «Il paratesto nelle traduzioni letterarie di testi spagnoli (secoli XVI-XVII)». En Marco Santoro y Maria Gioia Tavoni (coord.), *I dintorni del testo. Approcci alle periferie del libro*. Roma: Edizioni dell'Ateneo, pp. 393–412.

Meregalli, Franco (1974). *Presenza della letteratura spagnola in Italia*. Firenze: Sansoni.

Meregalli, Franco (1979). «Venecia en las letras hispánicas.» *Rassegna Iberistica*, 5, pp. 3-48.

Miato, Monica (1998). *L'Accademia degli Incogniti di Giovan Francesco Loredan. Venezia (1630–1661)*. Firenze: Olschki.

Peyton, Myron (1949). «Salas Barbadillo's *Don Diego de Noche*». *Publications of the Modern Language Association*, 64, 3, pp. 484–506.

Place, Edwin (1926). «Salas Barbadillo, Satirist». *Romanic Review*, 17, pp. 230–242.

Pfandl, Ludwig (1933). *Historia de la literatura nacional española en la Edad de Oro*, Jorge Rubió Balaguer (trad.). Barcelona: Sucesores de Juan Gili.

Quadrio, Francesco Saverio (1752). *Della storia e della ragione d'ogni poesia*. Milano: Antonio Agnelli, vol. V.

Quevedo, Francisco de (1917). *Vita del Pitocco*, Alfredo Giannini (ed.). Roma: Formiggini.

Resta, Ilaria (2017). «La traducción de la miscelánea española en la Italia del XVI: el *Jardín de flores curiosas* en la versión de Malespini». *Artifara*, 17, pp. 83–98.

Salas Barbadillo, Alonso Jerónimo de (1634). *Lo sciocco ignorante avventurato di Alonso Girolamo de Salas tradotto dallo spagnuolo da Cesare Zanucca*. Venezia: Scaglia.

Salas Barbadillo, Alonso Jerónimo de (1670). *The Fortunate Fool Written in Spanish by Don Alonso Geronimo de Salas Barbadillo of Madrid; translated into English by Philip Ayres*. London: Moses Pitt.

Salas Barbadillo, Alonso Jerónimo de (2013). *Don Diego de noche*, Enrique García Santo-Tomás (ed.). Madrid: Cátedra.

Vuelta García, Salomé (2011). «La narrativa spagnola e l'accademia degli Incogniti: le traduzioni di Girolamo Brusoni». En Davide Conrieri (ed.), *Gli Incogniti e l'Europa*. Bologna: I libri di Emil, pp. 277–313.

Williams, Robert (1946). *Boccalini in Spain: a Study of his Influence in Prose Fiction of the Seventeenth Century*. Menasha: Banta.

Maria Rosso / Milano

«Todo este mundo es casa de locos»: la ingeniosa ejemplaridad de Salas Barbadillo en *Corrección de vicios*[1]

Resumen: En *Corrección de vicios*, Salas Barbadillo revitaliza motivos y personajes tópicos mediante los ingeniosos recursos que despliega en el plano de la *dispositio* y la *elocutio*. Entre el primer narrador (la imagen textual del propio autor) y el segundo, Boca de todas verdades, se instaura una relación de empatía que permite presentar un elaborado mundo narrativo basado en la amalgama de diferentes géneros literarios. Llaman la atención las reminiscencias bíblicas, sobre todo del mito de la caída, así como las frecuentes menciones al diablo, descrito como un hábil mercader que explota la poderosa atracción del dinero para atrapar a los pecadores en sus redes. El motivo de la locura produce una desestabilización de valores y activa los dispositivos irónicos para denunciar la mentira, las falsas apariencias y la corrupción de la sociedad.

Palabras clave: Salas Barbadillo, *Corrección de vicios*, sátira, ejemplaridad, locura, narrativa siglo XVII

Abstract: In *Corrección de vicios*, Salas Barbadillo revitalizes stereotypical motifs and characters through the ingenious resources that he deploys in the *dispositio* and *elocutio*. The amalgam of different literary genres and the empathetic relationship between the two narrators build a complex narrative world. We focus on three recurring motifs: (a) biblical reminiscences, especially the myth of the fall, and the frequent mentions of the devil, painted as a skilled merchant who exploits the powerful attraction of money to catch sinners in his nets; (b) madness perspective, that produces a destabilization of values and (c) the ironic devices to denounce the lie, the false appearances and the corruption of society.

Keywords: Salas Barbadillo, *Corrección de Vicios*, Satire, Exemplarity, Madness, 17th century Spanish Literature

1 ORCID: 0000-0002-2353-6970. Este artículo se inscribe en el marco del Proyecto de Excelencia I+D+i del MINECO *La novela corta del siglo XVII. Estudio y edición (y III)* (FFI2017-85417-P).

1 Preliminares

Entre finales de 1613 y principios de 1614, cinco obras de Salas Barbadillo (*El caballero puntual*, *La ingeniosa Elena*, *El sagaz Estacio*, *Corrección de vicios* y *Romancero universal*) obtienen la licencia «para poder imprimirse». El vicario Gutierre de Cetina certifica que dichos libros «no contienen cosa contra la fe y buenas costumbres, antes son útiles y ingeniosos» y el fraile trinitario Manuel de Espinosa, al repetir el mismo juicio, recalca que «con ingenio enseña su autor en ellos las agudezas y engaños de los que son hijos deste siglo, para que nos sepamos librar dellos, conforme el consejo evangélico» (Salas Barbadillo 2019: 71). Las tópicas fórmulas al uso hacen hincapié en los requisitos esenciales que debe reunir una obra para acceder al mercado editorial de la época: el respeto de los dogmas, exigido por los censores; la ejemplaridad, solicitada por los moralistas, recelosos de los efectos antieducativos de la literatura; y, finalmente, el ingenio, atractivo para una amplia capa de lectores[2]. *Corrección de vicios* —que ve la luz en 1615, en la imprenta madrileña de Juan de la Cuesta[3]— promete cumplir con estas condiciones ya desde el título, acompañado por el siguiente epígrafe: «En que Boca de todas verdades toma las armas contra la malicia de los vicios, y descubre los caminos que guían a la virtud». Así las cosas, los objetivos exhibidos en la portada sitúan las expectativas del lector en el horizonte de la sátira, cuya finalidad —según López Pinciano (1973: III, 234)— es, precisamente, la de «reprehender los vicios de los hombres», ya que —como puntualiza Cascales (1975: 180)— «es imitación de una viciosa y vituperable acción [...] para enmendar la vida» y «corregir vicios y costumbres malas», efectos que el «satirógrapho» consigue si sabe endulzar «la píldora» con ocurrencias amenas, «para que su reprehensión sea bien recibida» (Cascales 1975: 206).

Efectivamente, por las páginas de Salas Barbadillo desfila una galería de tipos bien conocidos por ser blancos usuales de la literatura satírica (baste pensar en Góngora y, sobre todo, Quevedo[4]): escribanos, avaros, médicos, poetas

2 Sobre «el acusado matiz moral que hallamos en la teoría literaria» del periodo, ver Riley (1966: 159). Y, por lo que se refiere a los «mecanismos de autorregulación que adopta la industria del libro», ver Vega (2013: 62 y 71).

3 La segunda edición, al cuidado de Cotarelo y Mori, apareció en 1907. Contamos ahora con la que han preparado González Ramírez y Piqueras Flores, dotada de una amplia introducción y un rico aparato de notas (Salas Barbadillo 2019).

4 Entre los estudios que han abordado la relación intertextual entre Quevedo y Salas Barbadillo, ver Herrero García (1928: 307–309), LaGrone (1942: 223–43), Manukyan (2012: 289–293) y López Martínez (2012: 405–429). Aunque «Salas Barbadillo utilizó en varias ocasiones pasajes de Quevedo como hipotextos de sus propias obras, de manera que incluso se ha llegado a hablar de plagio», González Ramírez y Piqueras

mediocres, jugadores, mujeres livianas y viejas afeitadas, etc.; y no faltan tampoco algunas alusiones sarcásticas a moriscos y judíos. Los temas y los personajes tópicos quedan revitalizados gracias a los ingeniosos recursos que nuestro autor despliega en el plano de la *dispositio* y la *elocutio*. Para endulzar «la píldora» amarga, nos ofrece una colección de cuentos y novelas cortas[5] enmarcados en una compleja arquitectura narrativa, que asimila los ingredientes de otros géneros literarios[6], generando una variación de registros y de perspectivas.

2 Los dos narradores

La combinación de dos voces origina un mundo estratificado en diferentes niveles narrativos, los cuales implican diversos grados de ficcionalidad. El primer enunciador —que se va construyendo textualmente como imagen del propio autor— adopta las convenciones epistolares para relatar a la dedicataria, Ana de Zuazo[7], «la jornada que hizo a Burgos y Zaragoza» y «de allí [...] a Tudela de Navarra» (Salas Barbadillo 2019: 75)[8]. Al registrar las impresiones del viaje, crea un sólido anclaje en la realidad mediante la mención de los lugares concretos visitados a lo largo del itinerario y la referencia a personas dotadas de una identidad histórica. Al mismo tiempo, expresa sus sentimientos de tristeza y nostalgia (que la escritura intenta neutralizar al establecer un contacto con la destinataria lejana), incluyendo una serie de noticias autorreferenciales. Se compone así el retrato psicológico del emisor, quien se nos aparece como un devoto cristiano[9], un hombre

---

Flores opinan «que resulta difícil establecer cuál fue exactamente la relación entre ambos textos (Salas Barbadillo 2019: 32).

5 Sobre «las claves que permiten precisamente distinguir la novela corta española frente a otras formas narrativas breves tradicionales (cuento, facecia, anécdota)», ver González Ramírez y Piqueras Flores, en Salas Barbadillo (2019: 34 y ss.).

6 Ver Torres (2010: 1), que menciona la «novela italianizante», la «sátira menipea», la «miscelánea», la «novela picaresca» y el «relato de viaje».

7 Escribe García Santo-Tomás (2008: 155): «De doña Ana de Zuazo, camarista de la reina [...], no sabemos lo suficiente como para pensar que fuera realmente amante suya, a pesar de los elogios que la dedica y las conjeturas de una estrecha amistad».

8 Todas las citas derivan de la edición de 2019. En adelante me limito a indicar la página entre paréntesis, señalando, cuando puede ser oportuno, el capítulo en número romano.

9 «Después de haber oído con devoción cristiana misa», «admirome el ver aquella imagen de nuestro Redentor y mejoró mi espíritu de lugar» (I: 76); «Visité la capilla de la Virgen del Pilar, y allí, con la mayor fe y devoción que pude, adoré la piedra donde pone las plantas» (I: 77); «Oí misa» (II: 84), etc.

melancólico[10], agobiado por sus infortunios y con la salud quebrada[11], pero animado por intereses culturales y espectador entusiasta de maravillas arquitectónicas[12].

En Zaragoza, una de las metas de sus visitas es «la casa de los enfermos del juicio», que le suscita una honda emoción, porque —a pesar de que no encuentra ninguna «persona considerable, ni sujeto que mereciese el nombre de entretenido» (I: 78)— se le hace patente en toda su gravedad la desgracia de quien ha perdido «la mejor prenda» del alma, calamidad que se le aparece como un terrible castigo divino. El pesar que experimenta despierta el recuerdo de las cárceles, donde había «visto presos por ladrones (y infinitos) cuyo delito era menos grave que los muchos que cometían cada día los alguaciles que los prendieron» (78). Se introduce así el motivo que constituye el *leitmotiv* de la obra, a saber, la denuncia de la corrupción y la mala administración de la justicia humana, que arranca al narrador un comentario sarcástico: «¡Ay, pobre de ti, desdichado reo, cuántas veces el que te condena merece mayor castigo por la misma culpa! Todo este mundo es casa de locos y aquel es el mayor de todos, que piensa que no lo es» (79)[13]. Tampoco los religiosos escapan del flechazo satírico, como demuestra la anécdota del clérigo que se ensaña con un pobre demente y se ríe de él, sin darse cuenta de que su propio estilo de vida —presa de la miseria para «hacer un mayorazgo en un sobrino» (79)— es una manifestación de locura.

Estas mordaces reflexiones son el preludio del encuentro con Boca de todas verdades, el personaje «de ascendencia quijotesca o vidrieril» —según lo define Rey Hazas (1986: 29) —, que muy pronto va a convertirse en fulcro narrativo, bien como actante, bien como segundo narrador. Durante la estancia zaragozana, un amigo del viajero menciona a tan raro individuo, que estuvo internado

10 «Después, Señora, que con tantas desdichas me faltó el asiento de mi casa y salió el alma desacomodada [...]» (I: 75); «se me representaron todas mis desdichas y con nuevo llanto celebré su sentimiento» (I: 77), etc.

11 «No iba yo con poco trabajo, porque demás de los muchos que el espíritu padecía, el cuerpo, necesitado de salud, se hallaba con pequeño esfuerzo para el camino» (I: 77).

12 «Veneré luego con los ojos las ruinas de tantos ilustres edificios que un tiempo dieron habitación a los primeros padres de la nobleza de Castilla. Visité sus templos y entre ellos pagué en admiración a la iglesia mayor lo mucho que su fábrica me deleitó» (I: 76); «discurrí la ciudad, cuyas piedras dicen la antigüedad de sus primeros señores» (II: 83), etc.

13 Recuérdese el episodio del *Guzmán de Alfarache* en Zaragoza (Segunda parte, libro III, cap. I), donde el posadero, tras leer el «Arancel de necedades», afirma: «así es ya todo el mundo enfermería» (Alemán 2013: pos. 10158).

en el hospital de los locos tras perder el juicio a causa de la melancolía amorosa. Se ofrece así una primera caracterización *in absentia*, en la que se destaca su enorme cultura, el don de la elocuencia y su fecundidad como cuentista: como dice el informador, es «fácil en los donaires y grave en las sentencias, guiando a propósito de lo que trata algún cuento que prueba su intención» (80). La historia del «hombre tan monstruoso por las calamidades como por el ingenio» (81) hace mella en el primer narrador, que no solo siente curiosidad por un individuo tan singular, sino que experimenta un sentimiento de empatía hacia el desconocido a quien ya considera un amigo ideal, e incluso un *alter ego*[14]: «porque yo, aunque no me han conocido, no tengo el juicio en mejores términos, y procede mi enfermedad de una misma causa, pues vivo ausente y muero desesperado: igual soy en su trabajo y parcial en su desdicha» (80–81).

En Tudela se produce el anhelado encuentro, cuando a los ojos del viajero aparece «un hombre en hábito largo, cuyo rostro publicaba ingenio» y cuyas acciones excéntricas ofrecen inequívocos indicios «de que el juicio estaba manco» (II: 84). A lo largo de la obra, el retrato se completa mediante la conducta del propio Boca de todas verdades, que alterna momentos de discreción e insania, locuacidad y misantropía, calificándose como una mezcla de «predicador loco» y «loco agudo» —para aplicar la clasificación de Reyes Cano (1996: 463 y 469)—, y también como un «loco melancólico» (Torres 2010: 4), al ser una manifestación de «folie raisonnante» que en «le jeu subtil de la raison et de la déraison» encuentra una máscara para lanzar un guiño cómplice al narrador y al lector (Bigeard 1972: 143). Su propio nombre lo caracteriza «como desvelador de verdades escondidas» (Tausiet 2010: 53), un rasgo típico no solo de la figura del loco, sino también del género satírico[15], y que evoca las palabras de la Sandez de Erasmo: «a mí siempre me ha causado gran placer de decir a tontas y a locas lo que se me viene a la boca. [...] No hay, pues, en mí lugar para el engaño, ya que mi boca no dice otra cosa que lo que siente mi corazón» (Erasmo de Rotterdam 2016: 31).

El temperamento de Boca de todas verdades parece determinado por un exceso de bilis negra, que —según Aristóteles (Problema XXX, 954 a-b)[16]— origina índoles locuaces e impulsivas, pero también estimula la inteligencia y la cultura. La enfermedad de este personaje, como sabemos, deriva de la ausencia de la persona amada y, en ciertos momentos, desemboca en accesos de melancolía

14 Cauz (1977: 125) considera a Boca un reflejo caricaturesco del autor.
15 Ver Schwartz Lerner (1987: 227).
16 Aristóteles (2004: pos. 6441).

que lo llevan a retirarse en soledad, buscando alivio entre sus libros, como él mismo explica:

> siempre soy necio, pero nunca tanto como cuando estoy melancólico, y he menester huir entonces de las gentes por no fatigarles con mi propio disgusto. Siéntome tan vencido desta pasión que, cuando me derriba, querría irme a los montes y sepultarme en las cuevas de los brutos [...]. Aquí vengo a divertirlos, si ya tal vez no los aumento, procurando entretenerme con estos amigos muertos (que los libros de los sabios este nombre merecen)[17]. (IX: 254)

Huarte de San Juan (1991: 123 y 129) afirma que «es la melancolía más apropriada para el entendimiento que la cólera», pero ambos «humores [...] endurecen las carnes [...], y destos nace la prudencia y sabiduría que tienen los hombres». Por lo que se refiere a Boca de todas verdades, alterna los dos estados de ánimo y en varias ocasiones aparece incapaz de frenar sus reacciones emotivas y, sobre todo, de dominar la irritación. El narrador primero, tras darle la noticia de que un amigo común ha obtenido la protección de un poderoso, lo descubre mirándole «lleno de ira» (Salas Barbadillo 2019: III, 120); en otra ocasión, lo halla «en su posada lleno de enojo y dando voces, fuera del tono que la modestia permite» (IV: 146); y un día se asusta al verse «cerrado con un loco y en sus manos una espada desnuda» (X: 279), llegando incluso a temer por su vida. Lo que excita los nervios del extravagante personaje es el espectáculo de un mundo demente al que no puede asistir impasible y que juzga desde la perspectiva de quien rechaza un compromiso integrador. Reyes Cano (1996: 462) recuerda que «tuvo especial fortuna la idea del mundo al revés o inversión paródica de los esquemas y valores de la lógica, sustituidos deliberadamente por un perspectivismo que permite contemplar las cosas –y, paradójicamente, iluminarlas– desde una apariencia de irracionalidad y sinsentido».

Ahora bien, en *Corrección de vicios* la divergencia de puntos de vista, con la consecuente inversión de valores, desestabiliza el confín entre insania y sensatez; de ahí que la visión del loco adquiera una connotación positiva en contraste con el engaño colectivo y se convierta en instrumento de denuncia contra la corrupción individual o social. De hecho, el autor aprecia el ingenio y la integridad moral de su nuevo amigo, a pesar de sus rachas de cólera, y lo contrapone

17 La «conversación con los difuntos» es el tema del célebre soneto de Quevedo «Retirado en la paz de estos desiertos», escrito probablemente entre 1636 y 1637 (Ver López Grigera 1987: 107), que Lázaro Carreter (1986: 411) relaciona con una epístola de Petrarca. No podemos, desde luego, descartar la hipótesis de una influencia de Salas Barbadillo.

al espíritu del mal, notando «que tenía tan poco parentesco con el diablo, pues a él le llaman "Padre de la Mentira" y este otro es "Boca de la Verdad"» (IV: 146).

3 La almoneda del diablo

La mención del diablo se integra en un núcleo temático relevante en la obra, puesto que, en los relatos del segundo narrador, el demonio asume un papel significativo, bien como espectador implicado en la comedia humana, bien como director de escena que inspira a los pecadores, aprovechándose de sus mezquindades. En *El mal fin de Juan de buena alma*, se lo denomina «aquel príncipe tirano» y se recalca su satisfacción cuando el protagonista opta por la profesión de escribano:

> Vertiendo por los ojos la alegría,
> no cabe Satanás en el pellejo,
> que en el infierno celebró este día
> por ver que hay otro más de su consejo,
> que de su buen caudal se prometía
> —que para todo el Juan tiene aparejo—
> hacer de almas tan gentil cosecha
> que el infierno será posada estrecha. (98)

Al pintarlo mientras calcula el provecho del «buen caudal» y la futura renta «de almas un millón» (98), el narrador evidencia uno de sus rasgos actanciales, en cuanto hábil comerciante. De hecho, las intervenciones del demonio en los asuntos humanos se definen con frecuencia en términos mercantiles. Cuando Boca de todas verdades sermonea contra los hombres casados que solicitan a las doncellas, afirma: «juego es en que el diablo no va a perder, bien sabe él dónde le corre la ganancia al doble; mercader es práctico y que no arroja su caudal tras intereses pequeños» (IV: 146). De ahí que el Maligno sea el consejero de los avaros, como ocurre con el mercader de paños segoviano, hiperbólica encarnación de la tacañería, a quien ofrece «el diablo una industria verdaderamente hija de su buen juicio», cuando le sugiere que vaya «al hospital a la comida de los pobres» (V: 172) para ejercer allí sus artimañas y saciar el hambre a costa ajena. El encuentro con la vieja afeitada, que suscita ira y terror en nuestro loco, evoca la representación iconográfica de Lucifer: «¿Es posible que no la tuvistes por demonio?», pregunta Boca de todas verdades, «¿Pensáis vos que cuando Lucifer pide cuenta a sus ministros y se enoja porque se salvó un alma que él creyó que se condenara, pone rostro tan espantable como el que llevaba aquella caduca maldita? (X: 279–280).

La atracción del dinero es un arma poderosa en las manos de Satanás, que echa el anzuelo a sus presas sabiendo que difícilmente podrán resistirse y liberarse de su esclavitud: baste pensar en el avaro que «como le pongan en las manos el oro que adora, matará a su padre, venderá a su hijo, condenará a su hermano y dará veneno a su mujer» (V: 169). Lo demuestra asimismo la corrupción de los ministros de la justicia, contra quienes se encarniza Boca de todas verdades al denunciar a escribanos y alguaciles como el compendio de todos los pecados, ya que «por otras puertas se entran al infierno, su gula es insaciable, su lujuria torpe y bestial, y en lo uno y en lo otro tan desordenados, que pueden ser justamente llamados curiales de los vicios y cortesanos del infierno» (II: 86).

La avidez de estos sujetos estimula las ingeniosas locuciones en que se manifiesta la agudeza del loco. Por ejemplo, cuando alude a la condonación de la pena de los imputados mediante el soborno, dice: «Si el que está dentro tiene dineros y les da de cuando en cuando memoriales en papel de plata y con letra segoviana, en vez de corregirle, le hacen espaldas y esfuerzan su vicio para que no desmaye» (II: 87). De esta manera, condensa el campo semántico de la escritura y el del comercio: al primero, relacionado con el oficio de los escribanos, pertenecen los términos «memoriales», «papel» y «letra», en el sentido de 'signo gráfico'; al segundo, las palabras «plata» y «letra», ahora en la acepción de 'libranza de dinero', calificada «segoviana» por la referencia tópica a la Real Casa de Moneda de Segovia, que se había convertido en sinónimo de 'dinero'[18]. Boca de todas verdades propone una variación de esta agudeza semántica más adelante, cuando afirma que escribanos y alguaciles quieren «estar en cifra y en letra que no se deja leer de todos» (II: 89). Poco antes, al denunciar la extorsión que los perversos representantes de la justicia practican en las casas de prostitución, ha referido que, cuando el provecho no es suficiente, se vengan «con tanta condenación, que es fuerza hacer almoneda pública de todos sus bienes, llevándolos así el diablo, por cuyo medio se consiguió la granjería» (II: 88).

En *El mal fin de Juan de buena alma*, la codicia del protagonista evoca algunos lugares proverbiales: «Trasladose a Madrid Sierra Morena/en su pluma» (91), nos informa el narrador, refiriéndose al refrán «Cuando fueres por Sierra Morena, guarda la vida y da lo que llevas; o guarda la vida y da la hacienda» (Correas 2000: 201). El *leitmotiv* del dinero inspira asimismo la inserción del cuentecillo tradicional de Belmonte, que ha originado la paremia «A Belmonte, caldereros, que dan jubones y dineros» (Correas 2000: 3)[19]:

18 Sobre este *topos*, véase la exhaustiva nota de Arellano, en Quevedo (2019: 141).

19 Sobre el cuentecillo, muy popular en el Siglo de Oro, ver Chevalier (1999: 231–232) y Silva Herranz (2017: 30–31).

> En esta tierra, pues, yace una villa,
> donde a unos caldereros –según cuenta
> la historia de las viejas de Castilla–
> una merced hicieron que fue afrenta.
> El pueblo nunca acaba de reílla,
> que destas fabulillas se contenta;
> créalo el que quisiere y no riñamos,
> y a la materia principal volvamos. (II: 92)

En la galería de tipos tradicionales que representan la humanidad sometida al dominio del diablo no faltan, desde luego, personajes de ascendencia judía. En ellos la inclinación a la mentira y a las falsas apariencias está relacionada con la sangre impura y se incrementa por el afán de ocultar que los «abuelos fueron comendadores a traición y trujeron la cruz debajo del colodrillo» (VI: 176). La tacañería del mercader de paños es un indicio de la herencia genética y su descripción caricaturesca juega con la imagen del aspa, que tiene el doble sentido de 'instrumento para devanar el hilo' y 'cruz pintada en el sambenito de los sospechosos de herejías'[20]: «Era caballero como mazorca, aspado de pies a cabeza, traía muy seguras sus espaldas, porque se las guardaba un apóstol, y cuando menos san Andrés» (V: 172). En cuanto a la «dama del perro muerto», doña Teodora de Guzmán, el narrador ridiculiza su fatua ostentación y la reticencia a revelar el «ilustre» nombre de sus padres, pues nos informa que era «hija de un mulato y de una morisca» (133) y había «vivido un tiempo en el puerto de Santa María» (132), donde, como es sabido, existía una cofradía de negros[21].

En un mundo regido por la avidez y la hipocresía, el diablo afianza su dominio y, bajo las tentaciones que él sabe orquestar, la sociedad se convierte en una «pública almoneda» (VI: 182), en la que las relaciones humanas vienen marcadas por el conflicto y la maledicencia.

---

20 Como documenta Dufour (1986: 35): «Los que se habían librado de la muerte llevaban el sambenito amarillo: sin aspa si no era más que *ligeramente sospechoso de herejía;* el que abjuraba declarándose *violentamente sospechoso* llevaba una media aspa y el que, aunque *hereje formal,* había confesado su culpa y se había reconciliado, llevaba un aspa entera en su sambenito». Ver además Galende Díaz-Cabezas Fontanilla (2004: 144). También Quevedo, en el *Buscón* (III, 4), juega con el doble sentido de «aspa» (Quevedo pos. 5180).

21 Ver Mira Caballos (2014: 63 y 72).

4 El castigo divino y la justicia poética

«Mal haya el hombre que en el hombre fía» (215), advierte el narrador en *La mejor cura del Matasanos*, citando una frase de Jeremías (17: 5). Ya antes, en *Las narices del buscavidas*, el predicador había sentenciado en tono bíblico «que el hombre más perfecto fue cortado/de la madera del primer pecado» (181). Esta novela está protagonizada por Céspedes, el pérfido «fiscal de ajenas vidas» (181) que, con su afición a divulgar los vicios de los demás, se goza en destruir las honras. En este personaje se encarna la malicia de la «serpiente astuta y cautelosa» (192), la traición venal de Judas y la alocada arrogancia de Nembrot. Pagado para sonsacar los secretos de una doncella, Céspedes —llamado también «el podenco» (185)— se introduce en su casa disfrazado de mujer y, cuando obtiene las pruebas de su relación amorosa con un caballero, no vacila en enlodar «el recatado honor» de la dama (192). Cegado por la vanidad, cree «que no castiga el cielo/a quien es rayo del honor del suelo» (200), pero el narrador anticipa en una prolepsis que no podrá escapar a la venganza divina:

> Mas aunque agora sufre sus traiciones
> la mano eterna del sagrado cielo,
> su día llegará, vendrá su hora,
> en que para sus culpas y delitos
> se arme de venganza el poderoso
> brazo de Dios, que es justo, aunque piadoso. (193)

De hecho, el propio caballero afrentado se desagravia cortándole las narices y el depravado Buscavidas, marcado con una mutilación perenne, deja Córdoba para «consolarse/con don Pedro Miago en su desdicha» (201)[22]. La moraleja es clara: aunque los pecadores se olvidan de la brevedad de la vida y del castigo divino, ya en este mundo empiezan a expiar la pena merecida, pues Dios se sirve de instrumentos humanos para no dejar impune a un culpable. El narrador lo recuerda una y otra vez y, en *El mal fin de Juan de buena alma*, se dirige directamente al protagonista para preguntarle:

> ¿Cómo vives en paz con tu conciencia,
> ladrón de ajeno bien? ¿Cómo el postrero
> paso no consideras de la vida
> y te has dejado dar tan gran caída? (112)

---

22 Como anotan González Ramírez y Piqueras Flores, «según las crónicas, don Pedro Miago fue fundador en Valladolid de un hospital que llevaba su nombre» (Salas Barbadillo 2019: 201). Correas (2000: 238) registra el refrán «Don Pedro Miago, yo me lo como y yo me lo cago».

Ya el título del relato anuncia el castigo del personaje, que con su conducta se prepara «a ser ciudadano del infierno» (103), después de pasar por la cárcel y la horca, el justo «mal fin» que le toca «por voluntad del cielo» (116). También Marcelo, en *Antes morir que decir verdad*, es encarcelado y muere en la prisión por las torturas que le infligen. Esta es la única novela leída por el narrador primero y se ciñe al lema de que «todo este mundo es casa de locos», toda vez que presenta un desfile de personajes caracterizados por rasgos negativos: el protagonista se distingue por mentiroso, fatuo y estafador; Montalvo, el amigo burlado que se venga del daño recibido, es un «farsante y desbocado hablador» (249); el criado, quien al final resuelve «darle cantonada» (250), es un buen discípulo, pues «sabía tan bien como su amo fabricar una novela y echar por puertas la honra y hacienda del más amigo» (249); e incluso los anónimos representantes del mundillo que se mueve a su alrededor no salen mejor parados.

Cuando Marcelo es detenido por haber pagado sus deudas vendiendo los bienes de Montalvo, ambos pleiteantes combaten usando como arma «la pluma de un escribano». En un primer momento, gracias a un «buen besamanos» (250), el protagonista parece ganar la batalla, pero improvisamente le imputan un no bien identificado «delito [...] contra el servicio de su majestad» (251) y le atormentan en el potro. Su alocada audacia se afloja muy pronto y, cuando por fin se declara dispuesto a decir la verdad, da prueba de su falta de discreción al proclamar que el alcalde mayor es de sangre impura, así que «salió tan estropeado y mal herido, que no vivió tres días» (252). Lejos de impresionar a los ciudadanos, su muerte se convierte en causa de risa, porque el enfermero de la cárcel cuenta que en la mano de Marcelo habían encontrado un papel con el lema «Antes morir que decir verdad». La broma pública cierra la trayectoria de este personaje tan poco agradable y castiga ulteriormente sus fechorías, aunque en la narración se manifiestan las lacras colectivas de una sociedad donde nadie se salva.

El protagonista del cuentecillo del escribano es condenado a las galeras y Boca de todas verdades comenta:

> Bien merecía este por sus hazañas acabar la vida con una vuelta de cabriolas, pero buenas intercesiones dieron lugar a que la misericordia pronunciase el auto, y enviáronle a ser motilón de un banco, donde rapado de cabeza y barba estuvo diez años debajo de la obediencia y disciplina de un cómitre calabrés, que le llamaba la sangre a las espaldas más veces de las que él quisiera. (II: 86)

La «dama del perro muerto», al verse expuesta al escarnio público, «se embarcó en las galeras de Sicilia con un caballero veneciano que iba a Roma» (143); de modo que, según Vitse (1980: 26), el «exilio extrapeninsular» equivale «a la muerte social definitiva». Sin embargo, el traslado a otro lugar puede dejar abierto el cuento, ya que admite una continuación de las peripecias, dentro de una estructura circular. De hecho, Teresa, la «niña de los embustes», tras enviudar y sufrir las consecuencias de la traición de la criada —que roba sus joyas y divulga sus tretas—, se marcha secretamente, pero el narrador ha recibido más información y promete narrar las nuevas aventuras en un futuro relato:

> Después acá tengo nuevas, de persona que sé que no me engaña, que pasó a Valencia, donde como se llevó allí su buen ingenio, porque no se embote la habilidad y cuando sea necesaria no se halle de provecho, ha hecho y hace de las suyas. Tiempo tendremos y pluma más bien cortada con que referirlas a los amigos de buen gusto que saben celebrarlas[23]. (296)

En el caso de *La niña de los embustes*, Rodríguez Mansilla (2009: 122) destaca la «evidente fascinación por la mujer harpía, seductora y peligrosa, vuelta objeto de la fantasía masculina». Efectivamente, la protagonista es una maestra en el arte de la seducción y no actúa movida por el lucro, sino más bien para «burlar a los sutiles y bien entendidos, poner debajo de sus pies a los que el mundo reverencia por sabios, ser el cuchillo de los altivos ingenios, azote y fuego de los que pregonan lindeza» (289). Así pues, la mujer se toma una revancha sobre la necedad masculina y sus víctimas son, en primer lugar, los fatuos seductores, que se complacen en dar publicidad a sus conquistas amorosas, «porque entre los señores no es tanto gusto el gozarlo como el decirlo» (286–287). Los «rasgos básicos» de Teresa derivan de «la materia tradicional» (Rodríguez Mansilla 2009: 115), pero sus tretas tienen también alguna deuda con los *novellieri* italianos: así, el chasco que se lleva Narciso al ser sorprendido en la cama con una esclava negra tiene un claro antecedente en Boccaccio (*Decamerón*, VIII, 4) y en Bandello (II, 47). Las burlas, que Teresa y sus cómplices celebran con alegres risas, sirven de escarmiento para los hombres que han caído en sus redes: don Fadrique —el «mancebo virtuoso, porque no se le conocía más vicio que el de la carne» (286)— aprende «la inconstancia de los deleites desta vida, que son de tan poco gusto cuando se gozan y de tanta pena cuando se pagan», y se arrepiente hasta tal punto que se retira a un lugar solitario para dedicarse a «la contemplación alta de los misterios superiores» (288). En cuanto al estudiante Narciso, abandona Salamanca y los estudios, hacia los que sentía escasa inclinación, para buscar una nueva vida en las Indias. El atractivo de Teresa, y lo que hace que sus aventuras

23 González Ramírez y Piqueras Flores recuerdan que «Castillo Solórzano recogió el guante y escribió, a modo de continuación, *La niña de los embustes, Teresa de Manzanares* (1632)» (Salas Barbadillo 2019: 296). Ver Rodríguez Mansilla (2009).

sean dignas de una continuación, es precisamente el ingenio que acompaña su energía vital.

La impunidad del protagonista de *Las galeras del Vendehumo* subvierte las expectativas del lector con un epílogo sorpresivo que parece contradecir las premisas del narrador. De hecho, Boca de todas verdades, en un encendido sermón, ha denunciado el vicio del juego afirmando que es uno de los peores, porque se pega a la «carne y sangre» y no pueden corregirlo «el tiempo y la razón» (266), a diferencia de lo que ocurre con las otras malas costumbres; de ahí que esperemos un castigo ejemplar para don Fadrique, el jugador empedernido, retratado sin piedad como un insufrible farsante. Ahora bien, «a fuerza de intercesiones y medios poderosos» (264), este desagradable personaje obtiene un puesto al servicio del duque de Osuna y lo acompaña a Nápoles, donde logra enamorar a una aristócrata, haciéndose pasar por un hombre de alta alcurnia. Poco antes de que se celebre el desposorio, se descubre el fraude y el embustero es condenado provisionalmente a las galeras, dejando a la princesa la facultad de incrementar la pena. A la espera de la sentencia definitiva, el fullero teme la venganza de la mujer burlada y ya se figura próximo a una muerte atroz, pero ella lo sorprende con su magnanimidad: no solo le perdona la vida, sino que le otorga un oficio de gobernador y lo casa con una de sus damas, pues considera que esto merece «un hombre de tan honrados pensamientos (que siendo pobre y humilde, tuvo bríos y alas en el corazón para intentar no menos que de ser su esposo)» (275). La impensada clemencia hace mella en don Fadrique, quien en adelante «mudó el hábito de sus vicios en cristianas y loables costumbres» (276).

El desconcertante desenlace podría interpretarse como una prueba del «ancho campo de la misericordia de Dios», al que se refiere Boca de todas verdades en otra ocasión, manifestando su fe en que «sabrá perdonar las culpas», siempre que los pecadores «quieran negociar con arrepentimiento y dolor» (89), si bien el propio locutor parece dudar que ciertos hombres sean capaces de contrición. Pero esta lectura hace gala de un ingenuo simplismo, si nos fijamos en el último comentario del narrador, que proyecta una connotación irónica sobre la providencial conversión de don Fadrique: «Deste suceso quedó en Nápoles por refrán entre los españoles de aquel tiempo, cuando se decía que algún delincuente se trataba de condenar a galeras (y se sabía que tenía favor con el juez y que no peligraría responder luego), "ellas serán las galeras del Vendehumo"». (276)

Así las cosas, resulta ambigua la piedad de la princesa y podemos, legítimamente, poner en entredicho la conducta ejemplar de una mujer tan caritativa como para premiar al impostor que la ha engañado. No olvidemos la ironía del primer narrador, cuando —a propósito de la actividad de los «ladroncillos» el «día de toros»— afirma «que siendo este arte ingenioso y sutil» es «digno de ser premiado» (X: 278). Lejos de desmentir «el exacerbado antifeminismo del autor»[24], la «merced» de la noble napolitana —que casa a don Fadrique «de su mano con la señora Laura, la más hermosa y más rica de todas las damas que tenía en su servicio» (275) — recuerda la benevolencia del arcipreste de San Salvador con Lázaro de Tormes. A diferencia de Quevedo, que en el *Buscón* ridiculiza despiadadamente a Pablos con la caída del caballo bajo la ventana de doña Ana (III, 7) y condena sin ambages al personaje, Salas parece absolverlo precisamente por la audacia de su ingenio, y con esto deslumbra al lector, pero al mismo tiempo activa los dispositivos que permiten descifrar la ironía y hacen eficaz la denuncia contra la degeneración de las costumbres y las falsas apariencias.

En otros relatos, el triunfo de los malvados pinta despiadadamente un mundo dominado por la injusticia. Al respecto, es sintomático el cuento del caballero cordobés (III: 122–125), cuyo desdichado protagonista es matado a traición por mandato del proprio señor a quien ha servido fielmente, con una total abnegación en los momentos más adversos. Cuando el vasallo intenta impedir que el príncipe atropelle el honor de una dama de su familia, este olvida todos los favores recibidos y paga a un sicario para que lo hiera mortalmente durante una batalla contra los corsarios. Boca de todas verdades concluye la narración con una amarga reflexión sobre la ingratitud de los poderosos: «Tales son estos ídolos del vulgo, que estiman más la vida de su antojo que la de un honrado amigo. Seguildos, que ya sus premios son afrentas y sus mayores mercedes bárbaras injurias» (125).

5 Notas conclusivas

Como observó Rodríguez Mansilla (2009: 116), *Corrección de vicios* es «una colección de novelas cortas con un marco narrativo poco convencional». De hecho, el ingenio de Salas Barbadillo se esmera en la construcción de un edificio barroco que se amplía en un juego de espejos. Ante todo, el autor crea dos narradores, vinculados por una común melancolía y visión pesimista del mundo, al tiempo que proyecta también en el primero —identificado explícitamente con el nombre de «señor Alonso Jerónimo» (279)— la imagen de sí mismo, viajero alejado de su tierra, en busca de un alivio para superar el dolor de la ausencia. Este último asume la función predominante de narratario, u oyente, del segundo narrador, el loco sabio e ingenioso, quien a su vez crea unos mundos ficticios que

24 Ver González Ramírez y Piqueras Flores (Salas Barbadillo 2019: 49).

se engastan en el de la enunciación, reflejando el mundo social para denunciar las leyes absurdas o perversas que rigen las relaciones humanas.

Además de las ocho novelas cortas —una compuesta y leída por el primer narrador «a imitación» (243) de las otras—, «Boca de todas verdades despliega dos niveles de narración bien diferenciados: por un lado, un relato oral, breve, que se hace pasar por caso real; por otro lado, un texto escrito, cuyo carácter ficticio queda de manifiesto desde el primer momento» (González Ramírez y Piqueras Flores, en Salas Barbadillo 2019: 34). Efectivamente, el relator inserta los cuentecillos como *exempla* que confirman su tesis, según dice abiertamente en cierta ocasión: «Y porque las razones no son tan eficaces en la persuasión, cuando no las confirma el ejemplo, este es a propósito; oídme y aprovechaos» (122). Para hacer más eficaz la lección, puede presentarse bien como testigo directo —mediante fórmulas como «Un escribano conocí yo» (85) o «Tuve yo estrecha amistad con un portugués fidalgo» (241)—, bien como personaje de la anécdota: «Pues oíd un cuentecillo, que aunque por esta hazaña y otras semejantes me da algunos título de loco, yo estimo este renombre y no lo renunciaré por ningún dinero, pues con él tengo libertad de hacer cuanto se me antoja, licencia general y puerta abierta; escuchad, pues, qué es el caso» (281).

En esta llamada al auditorio, Boca de todas verdades reivindica la libertad que le confiere su reputación de loco y se sitúa conscientemente fuera de las convenciones con las que no se identifica. Es un *estatus* ventajoso, porque le permite hablar impunemente como satírico y le da la facultad de poblar sus pláticas con visiones infernales, donde el diablo cobra un papel activo en cuanto orquestador de los vicios humanos. Al fin y al cabo, «todo este mundo es casa de locos» y, tras la bíblica caída del hombre, se ha convertido en la gran almoneda de Lucifer.

Obras citadas

Alemán, Mateo (2013). *Guzmán de Alfarache*, Florencio Sevilla Arroyo y Begoña Rodríguez (ed.). Madrid-New York: Bolchiro (ebook).

Aristóteles (2004). *Problemas*, Ester Sánchez Millán (ed.). Madrid: Gredos (ebook).

Bigeard, Martine (1972). *La folie et les fous littéraires en Espagne, 1500-1650*. Paris: Centre de recherches hispaniques.

Cascales, Francisco (1975). *Tablas poéticas*, Benito Brancaforte (ed.). Madrid: Espasa-Calpe.

Cauz, Francisco (1977). *La narrativa de Salas Barbadillo*. Buenos Aires: Colmegna.

Chevalier, Maxime (1999). *Cuento tradicional, cultura y literatura (siglos XVI-XIX)*. Salamanca: Ediciones de la Universidad de Salamanca.

Correas, Gonzalo (2000). *Vocabulario de refranes y frases proverbiales (1627)*, Louis Combet (ed.), Robert Jammes y Maïte Mir-Andreu (revisión). Madrid: Castalia.

Dufour, Gérard (1986). *La Inquisición española. Aproximación a la España intolerante*. Barcelona: Montesinos.

Erasmo de Rotterdam (2016). *Elogio de la locura*, Felipe Payro Carrió (ed.), Frances Ll. Cardona (pról.). Barcelona: Brontes.

Galende Díaz, Juan Carlos y Cabezas Fontanilla, Susana (2004). «Historia y documentación del Santo Oficio español: el período fundacional». En Susana Cabezas Fontanilla y María del Mar Royo Martínez (ed.), *III Jornadas Científicas sobre Documentación en Época de los Reyes Católicos*, Madrid: Universidad Complutense de Madrid, pp. 119–145.

García Santo-Tomás, Enrique (2008). *Modernidad bajo sospecha. Salas Barbadillo y la cultura material del siglo XVII*. Madrid: CSIC.

Herrero García, Miguel (1928). «Imitación de Quevedo». *Revista de la Biblioteca, Archivo y Museo del Ayuntamiento de Madrid*, XIX, 5, pp. 307–309.

Huarte de San Juan, Juan (1991). *Examen de ingenios para las ciencias*, Felisa Fresco Otero (ed.). Madrid: Espasa-Calpe.

LaGrone, Gregory (1942). «Quevedo and Salas Barbadillo». *Hispanic Review*, X, 3, pp. 223–243.

Lázaro Carreter, Fernando (1986). «Varia quevedesca». En AA.VV., *Homenaje a Pedro Sáinz Rodríguez*, II. Madrid: Fundación Universitaria Española, pp. 405–441.

López Grigera, Luisa (1987). «Análisis de un soneto de Quevedo». *Dicenda*, 7, pp. 105–116.

López Martínez, José Enrique (2012). «Un nuevo personaje en la corte: *El caballero del milagro*, *El buscón* y *El caballero puntual* de Alonso Jerónimo de Salas Barbadillo». En Valentina Nider (ed.), *Il prisma di Proteo. Riscritture, ricodificazioni, traduzioni fra Italia e Spagna (sec. XVI-XVIII)*. Trento: Università degli Studi (Labirinti), pp. 405–429.

López Pinciano, Alonso (1973). *Philosophia antigua poética*, Alfredo Carballo Picazo (ed.). Madrid: CSIC, 3 vols.

Manukyan, Armine (2012). «Salas Barbadillo entre sus contemporáneos: sus gustos literarios e influencias». En Carlos Mata *et al.* (coord.), *Actas del I Congreso Internacional de Jóvenes Investigadores de Siglo de Oro*. Pamplona: Universidad de Navarra, pp. 279–295.

Mira Caballos, Esteban (2014). «Cofradías étnicas en la España moderna». *Hispania Sacra*, LXVI, pp. 57–88.

Quevedo, Francisco de (2019[12]). *Los sueños*, Ignacio Arellano (ed.). Madrid: Cátedra.

Rey Hazas, Antonio (1986). «Introducción» a Alonso Jerónimo de Salas Barbadillo y Alonso de Castillo Solórzano, *Picaresca femenina. (La hija de Celestina. La niña de los embustes, Teresa de Manzanares)*. Barcelona: Plaza y Janés.

Reyes Cano, Rogelio (1996). «"Predicadores locos", "locos predicadores" y "locos agudos" en la literatura española del Siglo de Oro: los cuentecillos de Juan García». En AA.VV., *Philologica (Homenaje al profesor Ricardo Senabre)*. Cáceres: Universidad de Extremadura, pp. 462–480.

Riley, Edward C. (1966). *Teoría de la novela en Cervantes*. Carlos Sahagún (trad.). Madrid: Taurus.

Rodríguez Mansilla, Fernando (2009). «La niña de los embustes, entre Salas Barbadillo y Castillo Solórzano», *Dicenda*, 27, pp. 109–130.

Salas Barbadillo, Alonso Jerónimo de (2019). *Corrección de vicios*, David González Ramírez y Manuel Piqueras Flores (ed.). Madrid: SIAL.

Schwartz Lerner, Lía (1987). «Formas de la poesía satírica en el siglo XVII». *Edad de Oro*, 6, pp. 215–234.

Silva Herranz, José Antonio (2017). «Refranero geográfico conquense». *Revista de Folklore*, 425, pp. 22–39.

Tausiet, María (2010). «El triunfo de la locura: discurso moral y alegoría en la España Moderna». *Bulletin of Spanish Studies*, 87, 8, pp. 33–55.

Torres, Luc (2010). «Boca de todas verdades: loco predicador, melancólico y bufonesco. Intento de caracterización de un loco literario». En Pierre Civil y Françoise Crémoux (coord.), *Actas del XVI Congreso de la Asociación Internacional de Hispanistas*, Madrid/Frankfurt a.M.: Iberoamericana/Vervuert. Consultado el 29-09-2019, https://cvc.cervantes.es/literatura/aih/pdf/16/aih_16_2_126.pdf.

Vega, María José (2013). «La ficción ante el censor. La *novella* y los índices de libros prohibidos en Italia, Portugal y España (1559–1596)». En Valentín Núñez Rivera (ed.), *Ficciones en la ficción. Poéticas de la narración inserta (siglos XVI-XVII)*, Bellaterra (Barcelona): Publicacions Universitat Autònoma de Barcelona, pp. 49–75.

Vitse, Marc (1980). «Salas Barbadillo y Góngora: burla e ideario de la Castilla de Felipe III». *Criticón*, 80, pp. 5–142.

Fernando Copello Jouanchin / Le Mans

El libro y la casa: propuestas arquitectónicas y sociales en *Casa del plazer honesto* de Salas Barbadillo (1620)

Resumen: El presente trabajo estudia el marco narrativo en esta obra miscelánea de Salas Barbadillo. La «casa» es el artefacto que contiene una serie de elementos amalgamados, pero es además un relato propiamente dicho, cargado de significados. Se estudian el título de la obra, la arquitectura de la casa y sus decoraciones efímeras, las relaciones con lo religioso y lo sexual en esta «casa del plazer».

Palabras clave: *Casa del plazer honesto*, marco narrativo, cultura material, casa, coche, novela corta, masculino/femenino

Abstract: This article studies the frame tale of this miscellaneous book by Salas Barbadillo. The «house» is the artefact that contains several components, but it is also a story full of meaning. We will focus on the title of the book, the house's architecture and its ephemeral decorations and, finally, the religious and sexual aspects of this «pleasure house».

Keywords: *Casa del Plazer Honesto*, Frame Tale, Material Culture, House, Carriage, *Novella*, Male/Female

La narrativa de Alonso Jerónimo de Salas Barbadillo (Madrid, 1580–1635) ha sido ya relativamente estudiada. En cuanto a *Casa del plazer honesto*, libro publicado dos veces en su tiempo, en 1620 y 1624[1], lo que es significativo, ha habido análisis muy interesantes en los últimos años[2]. A pesar de ello, he decidido recorrer otra vez algunas de sus páginas porque merecen miradas complementarias y porque su interpretación resulta por momentos compleja. Voy a limitarme a algunos comentarios sobre el marco narrativo de la obra, que no

1 Salas Barbadillo (1620 y 1624). Aunque he consultado el ejemplar de la edición *princeps* que se encuentra en la Bibliothèque de l'Arsenal en París (signatura: 8° BL 29679), voy a citar en adelante por la edición de más fácil acceso de Edwin Place, modernizando siempre la ortografía (Salas Barbadillo 1927).

2 Ver García Santo-Tomás 2004, 2008; Cirnigliano 2009; Piqueras Flores 2018a y Munguía Ochoa 2018.

es extremadamente extenso pero sí muy intenso. Por otro lado, pienso que Salas es uno de esos escritores que conceden importancia (¿o placer?) a los espacios periféricos, que entran lentamente en materia y que se deleitan demorándose en preliminares[3].

Estamos hoy muy lejos de las opiniones de Émile Arnaud cuyo trabajo doctoral, *La vie et l'œuvre de Alonso Jerónimo de Salas Barbadillo*, publicado en 1979 y que tiene el mérito de subrayar el peso de Salas como narrador, evocaba de manera negativa el libro que nos proponemos comentar y, sobre todo, su marco narrativo:

> *La Casa* es de una extremada torpeza: desequilibrio de los textos, inspiración heterogénea [...]. Unas diez páginas dedicadas a la puesta en marcha de la «casa». El interés novelesco de esta introducción es nulo, tanto como las líneas que la prolongan para poner en relación los capítulos entre sí [...]. (Arnaud 1979: 299–301; la traducción es nuestra)

Un trabajo reciente de Manuel Piqueras Flores estudia la configuración espacial del marco de *Casa del plazer honesto* (Piqueras Flores 2018b) y los estudios de Noelia Sol Cirnigliano y Enrique García Santo-Tomás exploran aspectos materiales y sociológicos de este espacio preliminar e intermedio que configura y sostiene la totalidad de la obra (Cirnigliano 2009; García Santo-Tomás 2008). Todos muestran el enorme interés de estas líneas enmarcadoras de Salas.

Voy a encarar mi trabajo de la manera siguiente. Una breve introducción me permitirá situar la novela experimental de Salas Barbadillo en el contexto de nacimiento y consolidación de lo que acabará por ser definido como género cervantino. Estas líneas estarán destinadas a acercarme a *Casa del plazer honesto* como objeto literario y producto mercantil. Pasaré luego a mi primera parte, a saber el análisis del título del volumen misceláneo cuyo hibridismo aparece protegido y albergado bajo el techo de la casa que lo contiene. Ello me llevará al estudio de la casa con su jardín, como conglomerado que sujeta y a la vez exhibe un universo artificial, una suerte de mundo paralelo y aparentemente protegido. Por último, en una tercera parte, evocaré la presencia de lo religioso y lo sexual en esa casa de placer.

---

3 Por ejemplo, en una de las novelitas más originales de *Casa del plazer honesto* titulada «El coche mendigón, envergonzante, y endemoniado» (Salas Barbadillo 1927: 350–377) la entrada en la novela, propiamente dicha, es lenta y compleja porque al marco narrativo central se añaden situaciones enmarcadoras en el interior, lo que por otro lado permite reiterar referencias a jardines y fuentes.

La percepción crítica de la novela corta de Salas Barbadillo ha evolucionado considerablemente en los últimos decenios. Cuando Begoña Ripoll en su catálogo *La novela barroca (1620–1700)*, publicado en 1991, decide no incluir a nuestro escritor, lo justifica de la manera siguiente: «novelas claramente "picarescas", como las de Salas Barbadillo, que hemos decidido no incluir» (Ripoll 1991: 26 n. 39). En 2016, Manuel Piqueras Flores consideraba la *Corrección de vicios*, libro ya redactado en julio de 1613, como «la primera colección de novelas cortas enmarcadas de la literatura española»[4]. Salas escribe, con respecto a Cervantes, de manera paralela: sus modelos, su inspiración, van por caminos individuales. Incluso por lo que atañe a obras de raigambre claramente picaresca como *La hija de Celestina* (1612), estudios como el de Antonio Rey Hazas han señalado la impregnación con otras modalidades narrativas: «se trata de una novela picaresca que introduce originales innovaciones estructurales y semánticas procedentes de la *novella* o de la novela cortesana» (Rey Hazas 1983: 154). Al analizar el mismo texto, Paloma Bravo llega a la siguiente conclusión: «Salas Barbadillo no dejará, a lo largo de toda su carrera literaria, de practicar la amalgama, lo que explica el carácter inclasificable de su producción» (Bravo 2011; la traducción es nuestra). Esta amalgama propia del arte de Salas Barbadillo procede de que su escritura es una escritura experimental[5], lúdica a la vez, lo que genera un estilo muy personal. Es una de las razones por las cuales este creador, que primero propone un libro enteramente compuesto por novelas cortas (pero en el que alternan relatos en prosa y relatos en verso), *Corrección de vicios*, evoluciona hacia un volumen misceláneo en el que seis novelas cortas o cortesanas comparten el territorio de las páginas con breves obras teatrales y poemas, todo ello involucrado en un marco narrativo que constituye un verdadero texto literario: una ficción que refiere la 'construcción' de una casa de placer en la ciudad de Madrid[6]. Tal armado permite otorgar realidad a una serie de textos sueltos que, así, se transforman en libro, objeto comercializable. El término «casa», central en el título de la obra, elude la definición genérica y es otra de las manifestaciones

4 Piqueras Flores (2016: 87). Tal afirmación podría matizarse, pero Piqueras Flores considera que las *Noches de invierno* de Antonio de Eslava (1609) no constituyen una colección de novelas cortas (Piqueras Flores 2016: 80).

5 David González Ramírez define a Salas como «uno de los principales experimentadores de la prosa barroca» (González Ramírez 2019: 29, 35–36).

6 La combinación de novelas cortas y obras dramáticas en un mismo volumen, en torno a un texto enmarcador, tendrá otros adeptos, como por ejemplo Castillo Solórzano en sus obras misceláneas. Ver la introducción de Christelle Grouzis Demory a su edición de *La quinta de Laura* (Castillo Solórzano 2014: 19–20).

de la libertad creadora de Salas. Se impone entonces una referencia al título del volumen.

La obra aparece en 1620 bajo el título *Casa del plazer honesto* aunque hubo sin duda un deseo inicial que se inclinaba por un título con artículo ya que *La casa del plazer honesto* es la mención que encontramos en la tasa, suma del privilegio, aprobación e incluso en el prólogo del propio Salas[7]. La ausencia del artículo intensifica, a mi parecer, el peso de esta palabra «casa» relacionada con la arquitectura y con la intimidad. Es la verdadera puerta de entrada de la obra. En cuanto a «plazer honesto», el segundo término de la expresión, que detalla y precisa la funcionalidad de la casa, hay en él una ligera contradicción que recuerda a ese oxímoron, «novelas ejemplares», del que se había servido Cervantes. En este sentido, tanto el ingenio de Alcalá como el escritor madrileño practican un juego de delicado equilibrio al imaginar la presentación de un producto literario expuesto en la mesa de un librero.

En el *Tesoro* de Covarrubias, contemporáneo de la obra que estudiamos en el presente artículo, el vocablo «casa» aparece básicamente definido así: «Agora en lengua castellana se toma casa por morada y habitación, fabricada con firmeza y suntuosidad», y añade: «Otras veces significa la familia» (Covarrubias 1995: art. casa 280 a). Estos diversos elementos le dan al concepto un sentido protector que invita al posible receptor a entrar y albergarse en un espacio familiar y seguro. La idea de suntuosidad no es ajena tampoco a la visión de Salas que constantemente hará de su casa un espacio distinguido y separado de toda atmósfera vulgar[8]. También la primera definición del *Diccionario de Autoridades* abunda en este sentido hospitalario: «Edificio hecho para habitar en él, y estar defendidos de las inclemencias del tiempo, que consta de paredes, techos y tejados» (*Autoridades* 1990: I, art. casa, 205 b del tomo II). La primera palabra del título es entonces una invitación extremadamente clara a vivir y compartir en una atmósfera protegida un momento de lectura.

La variedad genérica del material contenido en esta casa, que corresponde perfectamente a un gusto barroco de oposición y variación, se adecua a un

---

7 Ver Salas Barbadillo (1927: 324–325). El propio Place añade el artículo en su propia edición. Es cierto que la ausencia del artículo *la* convierte al título de la obra en un octosílabo, lo que no es desdeñable desde el punto de vista de su presentación sonora. Recientemente, Anne Cayuela (2019) se ha extendido sobre la cuestión del lector de novelas capaz de oír la música ausente de los textos.

8 Ver las interesantes relaciones que establece García Santo-Tomás entre ciertas consideraciones de Salas y el concepto de distinción tal como aparece, aplicado a otro momento histórico, en la reflexión de Pierre Bourdieu (García Santo-Tomás 2008: 92).

título muy alejado de propuestas anteriores como *Novelas ejemplares* (1613) o *Corrección de vicios* (1615), denominaciones mucho más secas o austeras. El mismo Cervantes pensaba en títulos más agradables al imaginar sus *Semanas del jardín* anunciadas en el prólogo de las *Novelas ejemplares* (Cervantes 2003: I, 53). Y tal tendencia es la que encontramos en escritores posteriores como Alonso de Castillo Solórzano cuyos libros se titulan: *Tardes entretenidas* (1625), *Jornadas alegres* (1626), *Noches de placer* (1631) o *Fiestas del jardín* (1635), títulos que figuran en el inventario presentado por Jean-Michel Laspéras (1987: 17–19). Una de las últimas obras de este escritor, *La quinta de Laura* (1649), reúne las nociones de casa y jardín, aunque las declina en términos femeninos, lo que se aleja de la construcción de Salas, como veremos. Se puede ver al respecto la introducción de Christelle Grouzis a esta obra (Castillo Solórzano 2014: 11–45).

La transición entre las dos partes del título descansa en lo que podríamos llamar un puente: «casa de placer», lo que recuerda, como bien señala Noelia Cirnigliano, el «nombre que recibían las casas de descanso en las afueras de las ciudades» (Cirnigliano 2009: 179). Ahora bien, Salas se acerca y se aleja al mismo tiempo de tal definición porque la partícula «del» en lugar de la preposición «de», habitual en la expresión «casa de placer», le da a la palabra «placer» una dimensión particular, la precisa y la acentúa. «Plazer» es, según Covarrubias, «contento o pasatiempo» (Covarrubias 1995: art. plazer 825 a), y es esta, creo, la acepción que mejor se adecua al sentido 'oficial' de la obra. Pero el más tardío *Diccionario de Autoridades* asocia placer a «gusto, contento, alegría, regocijo u diversión» (*Autoridades* 1990: III, art. placer 286 a del tomo V). Y gusto es deleite o deseo y puede llegar a significar, en plural, vicios (*Autoridades* 1990: II, art. gusto/gustos 101 a del tomo IV). Hay entonces un sentido equívoco en la palabra «placer», que atenúa o contradice la palabra siguiente «honesto», lo que recuerda el adjetivo «ejemplares» empleado por Cervantes en el título de su colección. Salas nos propone entonces un volumen que es «casa honesta», con un ligero guiño, que no podía faltar en el picaresco autor, que roza lo clandestino. No olvidemos tampoco que «casa de placer» era la de los duques en el *Quijote* y que se ejercían en ella actividades ambiguas[9]. Sin embargo, es la palabra «honesto» la que termina y domina nuestro título, dejando en el aire un perfume final explícito, y es la que emplea apenas un poco después Fray Alonso Remón al interesarse por la relación entre entretenimiento y sentimiento cristiano en su tratado *Entretenimientos*

9 Se detiene últimamente en este tema Clea Gerber (2018: 240–252).

y juegos honestos, y recreaciones cristianas, publicado en 1623 pero que estaba concluido en 1621 (Remón 1623). Allí, entre otras cosas, se habla del peligro de la novela corta (Remón 1623: 49 y 92). En cuanto a la impresión final que nos queda al examinar este título de Salas, es la de un anuncio, una presentación que seduce e insinúa aventuras posibles, pero que culmina de manera categórica y clara asumiendo un sentido moral, lo que no extraña en el autor de *Corrección de vicios*. La posible desviación que evoca la palabra «placer» queda enmarcada y encerrada entre la «casa» y la «honestidad».

Pasemos entonces a considerar ese concepto arquitectónico que es la casa. En su obra *La poétique de l'espace*, Gaston Bachelard afirma que, según horizontes teóricos diversos, lo que parece dominar es la imagen de la casa como topografía de nuestro ser íntimo (Bachelard 2014: 18). Y es cierto que intimidad hay en la *Casa* de Salas donde se reúnen cuatro caballeros andaluces primogénitos de sus casas para vivir y dialogar. Es interesante subrayar el hecho de que un mismo edificio va a alojarlos y que también allí se organizarán las reuniones 'académicas'. Habrá en la casa un espacio claramente íntimo, con una ligera tendencia a la apertura: «cada uno ocupó dos piezas de la casa; una servía para recibir las visitas y en otra estaba la cama» (330). Y otro espacio que podemos considerar público donde se organizarán las reuniones: «de tres piezas bajas que tenían de moderado espacio hicieron una grande, en ésta levantaron un teatro» (333). Esa gran habitación da a un jardín: «Las ventanas correspondían a un jardín, y enfrente dellas se veían dos fuentes de maravilloso artificio y no pequeño golpe de agua» (334). Sin embargo, ese jardín es un espacio exterior al que no se accede durante las reuniones. Lo que caracteriza a esta casa es la clausura, y sus habitantes permanecerán encerrados en ella entre sus dormitorios y su salón relativamente mundano[10]. Más adelante, en junio, se incorporan dos caballeros más a esta sociedad: uno de ellos, don Alonso, con obras impresas[11]; ambos adhieren a los reglamentos de la casa.

Es interesante detenerse en la evolución espacial del marco narrativo. La acción comienza en Salamanca junto al río Tormes: «una tarde de abril amenísima entonces en sus alegres campos» (329). Es allí donde se reúnen los cuatro jóvenes y es allí donde planean su «exilio» madrileño y cortesano. Estamos

10 Subraya justamente E. García Santo-Tomás que «todo ocurre de puertas adentro» (2008: 96). Y Piqueras Flores comenta que la acción del marco, una vez instalados en la casa, se desarrolla «sin pisar las calles de Madrid» (2018b).

11 Salas Barbadillo (1927: 346 y siguientes). Este don Alonso es sin duda el propio Salas convertido en personaje, como lo sugiere Cirnigliano (2009: 192 n. 154), después de Arnaud (1979: II, 304 n. 1).

entonces en una atmósfera ilimitada, la del campo. No se trata de un jardín, que es siempre un espacio acotado (Copello 2009). Del campo pasamos a la ciudad y en esa ciudad, Madrid, solamente tenemos acceso a una casa. Se está en Madrid para no estar en Madrid: es algo sumamente interesante, nuestros personajes construyen un mundo interior y protegido en la Babilonia de España. Pero la casa no es tampoco impermeable, es un filtro en el que solo se acepta lo selecto de ese mundo variopinto. Nuestros caballeros salen a veces, pero evitan Madrid como lugar tóxico: «Paseábanse los cuatro caballeros en su coche, no por el Prado y la Calle Mayor, huyendo de ser juzgados del vulgo y de llevar tanto que juzgar de él. Salíanse a los campos apacibles y dilatados» (346).

Es enriquecedor señalar el contraste entre las costumbres de los personajes del marco y la actitud de la protagonista de la segunda novela, «El coche mendigón, envergonzante y endemoniado». Cristinica tiene una casa que es móvil, es un coche: «el *coche era su casa* con *dos ventanas a todas las calles* del lugar y a las huertas y jardines del campo» (363, el subrayado es nuestro). Uno de sus lugares preferidos es el Prado (367), señalado en el marco como sitio vulgar. La casa móvil de Cristina es la antítesis de la casa honesta del marco. Es además una casa femenina, lo que se opone a la atmósfera viril de la casa del placer honesto.

Noelia Cirnigliano ha subrayado ya el detenido tratamiento del marco en esta obra de Salas, un marco plagado de detalles (Cirnigliano 2009: 161). Apenas me voy a dedicar a algún aspecto: el interés de los protagonistas por las cuestiones decorativas. Una de las reflexiones más interesantes sobre la casa en la época clásica es la del valenciano Juan Luis Vives en uno de sus diálogos, titulado justamente *Domus*. Los personajes Jocundo, León y Vitrubio visitan una casa que es de las más amenas y agradables que se han hecho. En el dintel de la puerta se ha puesto una representación de Cristo (Vives 1988: 59). En una sala espaciosa hay diversas y variadas pinturas que recuerdan el mundo clásico y también la actualidad (el mundo recientemente descubierto); en el comedor se representa la historia de Griselda, que escribió Boccaccio, pero a su lado se evocan historias verdaderas, las de Godeliva de Flandes y de la reina Catalina de Inglaterra. También está allí el apóstol Pablo. Y Homero, que critica a Helena (Vives 1988: 60–61). En la alcoba se ven imágenes de la Virgen y de Cristo, pero también representaciones paganas (Vives 1988: 62). También Erasmo, en su tratado *El Banquete religioso*, se interesa por la casa, especialmente por el jardín donde critica las esculturas paganas que prefiere sustituir por imágenes de Cristo y de María (Érasme 1992: 222–232). Existe entonces un motivo, entre filosófico y moral, que atañe a la descripción de la casa. Salas lo integra, lo amalgama en su volumen misceláneo. Ciertamente, este motivo ya nutría ampliamente el

Decamerón de Boccaccio[12], pero la tonalidad es en este caso muy otra, con pinceladas severas o, al menos, cierta justificación moral. «La primera imagen de la casa es también la primera imagen de su dueño», nos dice Beatriz Blasco Esquivias en un interesante ensayo sobre el espacio doméstico en la Edad Moderna (Blasco Esquivias 2017: 69). De algún modo Salas tiene conciencia de ello y por eso dedica las páginas preliminares a la casa que, como un retrato inicial, va a definir y explicitar el contenido de todo lo que sigue.

Ahora bien, a ese decorado inicial de la casa, sus libros, sus instrumentos musicales, su disposición espacial, va a seguir a lo largo del relato una constante modificación de la 'escenografía', lo que hace de la arquitectura efímera uno de los temas de la obra. Los decoradores serán los propios miembros de la 'academia'. Veremos entonces cómo los artífices de ese universo doméstico son hombres y cómo lo religioso pesa en esas decoraciones móviles que constituyen las puestas en escena.

El marco narrativo se extiende a lo largo de los meses más agradables del año ya que el primer encuentro entre los fundadores de la casa ocurre en abril y concluyen las reuniones hacia octubre, a raíz de la muerte de don García[13]. Se evita entonces la referencia al frío y se privilegia el momento más favorable para los vegetales, que tendrán su importancia tanto en relación con las vistas hacia el jardín como en la decoración interior. Lo religioso no parece tener peso en las primeras páginas y ninguna referencia hay a cuestiones de esta índole en las leyes y ordenanzas de los 'cófrades'.

Durante las reuniones mensuales se recibirá a unas cien personas. Estas no deberán ser ni muy pobres ni muy ricas, con lo que se establece un ideal de medianía[14]. Se excluirá a quienes tengan un gusto vulgar y el ideal de distinción

---

12 En el *Decamerón*, la villa, con un hermoso y amplio jardín sobre una pequeña colina, con pozos de agua fresquísima y bodegas de preciados vinos se anuncia claramente como un espacio sensual, vital, contrario a la muerte que ha invadido Florencia. No hay aquí leyes y ordenanzas sino suave organización de lo placentero que Pampinea evoca y concluye así: «Aquí hay jardines, aquí hay prados, aquí hay otros muchos lugares deleitosos, por donde cada uno puede solazarse a su placer; y hacia las nueve de la mañana estén todos aquí para comer con el fresco» (Boccaccio 2014: 135).

13 La idea de la fundación ocurre «una tarde de abril amenísima» (329) y el relato marco concluye con la enfermedad y muerte de don García: «tratando de juntarse el siguiente [día] para elegir cabeza y dueño que dispusiese las cosas tocantes al mes de octubre, se suspendió su ejecución en razón de haber caído malo don García» (463).

14 Salas Barbadillo (1927: 331). José Antonio Maravall habla del elogio de la *mediocritas* como una de las corrientes del pensamiento barroco (Maravall 1983: 79).

está basado en las buenas habilidades, el placer por la música, todo lo relacionado con un ingenioso entendimiento (331–332). En ningún momento se habla de que haya entre el público hombres de Iglesia y nada en la descripción de la casa o su decoración inicial incluye referencias religiosas. Se precisa en cambio que se decora el suelo con frescas rosas y floridas hierbas: asistimos ya a esta noción de jardín interior, de casa ajardinada, que va a reiterarse a lo largo del libro[15].

Sin embargo, a partir de junio y antes de que se cuente la tercera novela, se decide situar la fiesta o reunión el día de San Juan Bautista. Según explica el organizador, que esta vez es don Alonso, «pareciéndole que toda solemnidad se debía a la gloria de tal Santo y que la misma grandeza del Santo haría mayor la solemnidad de la fiesta» (381). La idea de asociar cada reunión o fiesta a un santo se convierte en costumbre y entonces tendremos las reuniones siguientes ubicadas de esta manera: en julio el día de Santiago, en agosto el día de San Bartolomé, y en septiembre el día de San Mateo[16]. Es muy probable que la idea de integrar este ingrediente religioso en la obra haya aparecido a medio camino de su composición. Lo cierto es que dicho componente tendrá sus consecuencias en el adorno de la sala.

En el caso del mes de junio nos vamos a encontrar con una decoración ideada por don Alonso. En las paredes habrá pinturas que representan escenas de las *Metamorfosis* de Ovidio: los hurtos amorosos de Júpiter, las maravillas de Hércules… A la vez se alza un altar con mucha riqueza y aparato (382). Hay aquí una curiosa variedad de perspectivas que muestra otra vez el amalgamado gusto de Salas.

En cuanto al día de Santiago, en julio, se encargó a don Próspero el arreglo de la sala. Este consistió en que se instaló una imagen de bulto del Santo a caballo con variedad de versos en latín y castellano. Las paredes no estuvieron cubiertas de tapicerías sino de cuatro mil ramilletes, como si las hojas brotaran de las paredes. Se trata de un caso típico de jardín vertical, creado en este caso en interiores (405).

En agosto, para el día de San Bartolomé, vuelve a ser don Alonso quien se ocupa del adorno de la sala. Los muros se cubrieron de vidrios y barros de

---

15 Salas Barbadillo (1927: 334). Se especifica también el horizonte de las ventanas, siempre desde una perspectiva interior: afuera se ven las fuentes y los jazmines.

16 Salas Barbadillo (1927: 404, 417, 443). Cirnigliano (2009: 190) ha subrayado ya la presencia de estas fiestas y su relación con la decoración.

extraordinarias formas y la imagen del santo apareció en una nube pendiente del techo, que luego bajó hasta ocupar el lugar que le estaba reservado (418).

En el caso de septiembre, es fundamentalmente don Juan el decorador y se trata, como cuando concluyen los fuegos artificiales, de la más apoteósica y compleja decoración: con oro y plata, una extraordinaria imagen del Santo, un techo convertido en cielo con diamantes y luces, la pieza rociada con aguas de olor; los truenos anuncian unas bolillas blancas que caen y que no son granizo sino balas de azúcar (444). Todo esto le otorga a la casa del placer honesto una atmósfera beata y festiva a la vez.

Ahora bien, estos aconteceres, esta santa academia[17], transcurren en un espacio cerrado y aislado no solamente porque se trata de un territorio interior sino porque de él han sido excluidas las mujeres. Desde el principio se considera que los miembros de la Casa no pueden ser casados, ni amancebados ni ocuparse de acciones tiernas de amantes; es decir, que el amor está descartado como práctica posible (330). Antes de la fiesta del mes de julio se piensa en la posibilidad de que vengan mujeres como oyentes. Pero finalmente se juzga no conveniente: «el presidente juzgó no convenir, haciendo fundamento de su razón este discurso: que las malas inquietaban a los hombres, y a las buenas los hombres procuraban inquietarlas, y donde había inquietud no podía haber placer» (404).

Esta casa absolutamente masculina (entre la servidumbre se habla de un mayordomo y cuatro criados; 330, 332) aparece como la imagen opuesta de la del celoso cervantino, morada femenina por excelencia[18]. Pero, evidentemente, con una considerable diferencia: el viejo cervantino es un hombre rodeado de mujeres y en su harén la sensualidad (al menos imaginaria) no está ausente. En la casa del placer, honesto, la heterosexualidad es imposible, lo que probablemente lleve en algún momento a admirar quizá demasiado a un mancebo de pocos años que, puesta una cabellera en la cabeza, parecía una ninfa de una fuente. Los cantos de Feliciano, que es el nombre del mancebo, y su apariencia física ambigua seducen enormemente a todos los espectadores (418–419 y luego los cantos que siguen).

17 Refiriéndose a esta academia, dice Laura Yadira Munguía Ochoa (2018: 125): «La idea de academia mostrada por Salas [...] más se parece a un *ambiente conventual* que al de una academia común del siglo XVII».

18 Carrizales, el protagonista de la novela de Cervantes, adereza su casa y cierra todas las ventanas que dan a la calle. Excluye de ella todo lo masculino: «no consintió que dentro de su casa hubiese algún animal que fuese varón [...] todos eran de género femenino. [...] Jamás entró hombre de la puerta adentro del patio» (Cervantes 2003: II, 106).

Sin olvidar lo que decía de la casa José Deleito y Piñuela[19], aunque ateniéndonos a historiadores actuales, podríamos afirmar, con María Socorro Robles Vizcaíno, que: «La casa es la vivienda más la gente que la habita, es un espacio estrechamente vinculado a las personas y *especialmente a las mujeres*» (Robles Vizcaíno 2017: 472, el subrayado es nuestro). De hecho, las representaciones de la casa, y particularmente del marco narrativo doméstico, van a tender a ser asociadas a lo femenino en las colecciones de novelas cortas. El ejemplo más habitual es el de las *Navidades de Madrid y noches entretenidas* (1663) de Mariana de Carvajal. La casa es la de doña Lucrecia de Haro y una copiosa descripción de sus cuartos, de su dilatado jardín y sus adornos precede al comienzo de la tertulia enmarcadora (Caravajal 1988: 37–38). Se podría argumentar aquí que la escritora es una mujer; pero escritores varones también acentúan el carácter femenino de la casa, como Castillo Solórzano en *La quinta de Laura* cuyas galería, pinturas, espejos y escritorios llevan el sello íntimo de la mujer (Castillo Solórzano 2014: 76). No podemos dejar de pensar que por detrás está el deseo calculado de seducir a un público femenino cuyo peso es considerable dentro del lectorado de la novela corta (Copello 1994).

En el caso de *Casa del plazer honesto*, la mujer está completamente ausente en el marco narrativo, donde además se habla del rechazo de la «recreación grosera del cuerpo» (Salas Barbadillo 1927: 333), es decir, de aquello que lleva a la sensualidad y al amor. Nuestros 'académicos' se deleitan solos y solitarios con su jardín y sus flores. Apenas un eco de lo carnal aparece en pinturas que representan escenas de las *Metamorfosis*. Ahora bien, ¿por qué no pensar que los jardines y las casas pueden ser también dominio de lo masculino? El propio Felipe II se entusiasmaba con jardines y ramilletes perfumados en la Casa de Campo y en sus departamentos del Escorial (Copello 2011 y la bibliografía allí citada). ¿Por qué confirmar lo que no es más que un estereotipo?

Casa del plazer honesto parece también indicarnos que lo femenino puede ser también masculino, lo que no invalida el hecho de que haya en Salas misoginia y hostilidad hacia la mujer[20]. Noelia Cirnigliano (2009: 210) habla de «desmasculinización del sector nobiliario» y de «inversión de la marca genérica femenina» en relación con la casa, con esta *Casa del plazer*[21]. Todo ello me parece

---

19 Deleito y Piñuela (1966). Hay allí abundantes ejemplos literarios que, desde una perspectiva actual, podrían criticarse desde un punto de vista histórico.

20 Piqueras Flores evoca el componente misógino en la literatura de Salas como algo complejo (2018a: 109).

21 Sobre la virilidad suave en la novela corta, ver Albert (2016).

extremadamente interesante. Pero hay algo más que es necesario examinar, al preguntarnos hasta qué punto el enfoque de Salas podría ser original o, al menos, individual: no creo que en Salas exista la idea o el deseo de pensar en un receptor femenino.

Obras citadas

Albert, Mechthild (2016). «Modelos de masculinidad en las *Navidades de Madrid* (1663) de Mariana de Caravajal». En Mechthild Albert, Ulrike Becker, Rafael Bonilla Cerezo y Angela Fabris (ed.), *Nuevos enfoques sobre la novela corta barroca*. Frankfurt a.M.: Peter Lang, pp. 203–214.

Arnaud, Émile (1979). *La vie et l'œuvre de Alonso Jerónimo de Salas Barbadillo. Contribution à l'étude du roman en Espagne au début du XVII*[e] *siècle*. Toulouse: Université de Toulouse-Le Mirail.

Bachelard, Gaston (2014). *La poétique de l'espace*. Paris: Presses Universitaires de France.

Blasco Esquivias, Beatriz (2017). «Vivir y convivir. Familia y espacio doméstico en la Edad Moderna». En Margarita M. Birriel Salcedo (ed.), *La(s) casa(s) en la Edad Moderna*. Zaragoza: Institución «Fernando el Católico», pp. 65–92.

Boccaccio, Giovanni (2014). *Decamerón*. María Hernández Esteban (ed.), Madrid: Cátedra.

Bravo, Paloma (2011). «*La hija de Celestina* de Alonso de Salas Barbadillo: à la confluence du roman picaresque et de la *novella* à l'italienne». *Filiations* [Online], 2. Consultado el 01-06-2020, http://preo.u-bourgogne.fr/filiations/index.php?id=101.

Caravajal, Mariana de (1988). *Navidades de Madrid y noches entretenidas*. Antonella Prato y Maria Grazia Profeti (ed.). Milano: Franco Angeli Libri.

Castillo Solórzano, Alonso de (2014). *La quinta de Laura*. Christelle Grouzis Demory (ed.). Madrid: Verbum.

Cayuela, Anne (2019). «De las tardes a las noches: el placer de la lectura musicada en las novelas de Alonso de Castillo Solórzano». *Criticón*, 136, pp. 157–173.

Cervantes Saavedra, Miguel de (2003). *Novelas ejemplares*. Harry Sieber (ed.). Madrid: Cátedra.

Cirnigliano, Noelia Sol (2009). *Trough the Cellar and From the Window: Urban Domesticity and Literary Creation in Early Modern Spain (1583–1663)*. Chicago: University of Michigan.

Copello, Fernando (1994). «La femme, inspiratrice et réceptrice de la nouvelle au XVIIe siècle». En Augustin Redondo (ed.), *Images de la femme en Espagne aux XVI*[e] *et XVII*[e] *siècles. Des traditions aux renouvellements et à l'émergence d'images nouvelles*. Paris: Publications de la Sorbonne/Presses de la Sorbonne Nouvelle, pp. 365–379.

Copello, Fernando (2009). «Jardín, clausura y censura: historias de tijeras en la España de los siglos XVI y XVII». En Juan Carlos Garrot, Jean-Louis Guereña y Mónica Zapata (ed.), *Figures de la censure dans les mondes hispaniques et hispano-américains*. Paris: Indigo, pp. 145–163.

Copello, Fernando (2011). «Milieu naturel et jardin à l'époque de Philippe II: à propos de l'*Agricultura de jardines* de Gregorio de los Ríos (1592)». En Nathalie Peyrebonne y Pauline Renoux-Caron (ed.). Paris Presses de la Sorbonne Nouvelle.

Covarrubias Orozco, Sebastián (1995). *Tesoro de la lengua castellana o española*, Felipe C. Maldonado y Manuel Camarero (ed.). Madrid: Castalia.

Diccionario de Autoridades (1990). Madrid: Gredos.

Deleito y Piñuela, José (1966). *La mujer, la casa y la moda (en la España del rey poeta)*. Madrid: Espasa-Calpe.

Érasme (1992). *Convivium religiosum*. En Claude Blum, André Godin, Jean-Claude Margolin y Daniel Ménager (ed.), *Éloge de la folie, Adages*.... Paris Robert Laffont, pp. 221–266.

García Santo-Tomás, Enrique (2004). *Espacio urbano y creación literaria en el Madrid de Felipe IV*. Madrid: Iberoamericana.

García Santo-Tomás, Enrique (2008). *Modernidad bajo sospecha. Salas Barbadillo y la cultura material del siglo XVII*. Madrid: CSIC.

Gerber, Clea (2018). *La genealogía en cuestión: cuerpos, textos y reproducción en el «Quijote» de Cervantes*. Alcalá de Henares: Universidad de Alcalá.

González Ramírez, David (2019). «Madrid, 1620. De la carrera editorial al nacimiento de un nuevo escritor: Alonso Castillo Solórzano y la narrativa de su tiempo». *Criticón*, 135, pp. 29–48.

Laspéras, Jean-Michel (1987). *La nouvelle en Espagne au Siècle d'Or*. Montpellier: Éditions du Castillet.

Maravall, José Antonio (1983). *La cultura del Barroco*. Barcelona: Ariel.

Munguía Ochoa, Laura Yadira (2018). «Las academias literarias áureas en torno a la narrativa corta de Alonso Jerónimo de Salas Barbadillo». *Hipogrifo*, 6, 1, pp. 117–128.

Piqueras Flores, Manuel (2016). «El nacimiento de las colecciones de novela corta en español». En Mechthild Albert, Ulrike Becker, Rafael Bonilla Cerezo y Angela Fabris (ed.), *Nuevos enfoques sobre la novela corta barroca*. Frankfurt a.M.: Peter Lang, pp. 77–91.

Piqueras Flores, Manuel (2018a). *La literatura en el abismo. Salas Barbadillo y las colecciones de metaficciones*. Vigo: Editorial Academia del Hispanismo.

Piqueras Flores, Manuel (2018b). «La recreación del espacio natural en el interior del espacio urbano: *Casa del placer honesto*, de Salas Barbadillo». *Revista Estudios*, n. Extra 0, pp. 25–32. Consultado el 01-06-2020, https://revistas.ucr.ac.cr/index.php/estudios/article/view/34994/34556.

Remón, Fray Alonso de (1623). *Entretenimientos y juegos honestos y recreaciones cristianas*. Madrid: Viuda de Alonso Martínez.

Rey Hazas, Antonio (1983). «Novela picaresca y novela cortesana: *La hija de Celestina* de Salas Barbadillo». *Edad de Oro*, 2, pp. 137–156.

Ripoll, Begoña (1991). *La novela barroca. Catálogo bio-bibliográfico*. Salamanca: Ediciones Universidad de Salamanca.

Robles Vizcaíno, María Socorro (2017). «Casas en el bajo Albaysín de Granada: arquitectura, historia y vida cotidiana». En Margarita M. Birriel Salcedo (ed.), *La(s) casa(s) en la Edad Moderna*. Zaragoza: Institución «Fernando el Católico», pp. 471–509.

Salas Barbadillo, Alonso Jerónimo de (1620). *Casa del plazer honesto*. Madrid: Viuda de Cosme Delgado.

Salas Barbadillo, Alonso Jerónimo de (1624). *Casa del plazer honesto*. Barcelona: Sebastián Cormellas.

Salas Barbadillo, Alonso Jerónimo de (1927). *La casa del placer honesto*. Edwin Place (ed.), Boulder: The University of Colorado Studies.

Vives, Juan Luis (1988). *La casa. Domus*. Juan Francisco Alsina (ed.), *Diálogos y otros escritos*. Barcelona: Planeta, pp. 58–63.

Manuel Piqueras Flores / Jaén

El subtil cordobés Pedro de Urdemalas, de Salas Barbadillo: más allá de los límites de la novela (corta y larga)[1]

Resumen: Este trabajo analiza la peculiar estructura de *El subtil cordobés Pedro de Urdemalas* en relación con la trayectoria literaria de Salas Barbadillo y dentro del contexto editorial de la prosa de ficción del primer tercio del siglo xvii. Se concluye que la obra establece un eslabón intermedio entre las colecciones con marco y las novelas largas que incluyen material metaficcional como episodios secundarios.

Palabras clave: Pedro de Urdemalas, metaficción, *cornice*, niveles narrativos, estructura, colección

Abstract: This paper analyzes the particular structure of *El subtil cordobés Pedro de Urdemalas* in connection with the literary trajectory of Salas Barbadillo, in the context of the prose fiction published in the first third of the 17th century. It concludes that the work is an intermediate link between collections with a frame story and long novels which include metafictional material as secondary episodes.

Palabras clave: Pedro de Urdemalas, Metafiction, *Cornice*, Narrative Levels, Structure, Collection

Entre 1618 y 1623, Salas Barbadillo publicó la mayor parte de su obra: las *Rimas castellanas* (1618), la segunda parte de *El caballero puntual* (1619), *El sagaz Estacio, marido examinado* (1620), *El subtil cordobés Pedro de Urdemalas* (1620), *El caballero perfecto* (1620), la *Casa del placer honesto* (1620), *La escuela de Celestina y el hidalgo presumido* (1620), *La sabia Flora masabidilla*(1620), *El necio bien afortunado* (1621), los *Triunfos de la beata soror de la Cruz* (1621), *El cortesano descortés* (1621), las *Fiestas de la boda de la incasable malcasada* (1622) y *Don Diego de Noche* (1623). Estas tres últimas obras tuvieron aprobaciones conjuntas, fechadas el 12 de julio y el 9 de agosto de 1621. Antes de dicha época,

1 This work has been supported by the Alexander von Humboldt Foundation under Humboldt Research Fellowhisp for Postdoctoral Researchers.

había impreso *Patrona de Madrid restituida* (1609), un esforzado poema épico (Piqueras Flores 2018a), y tres obras mayoritariamente en prosa: *La ingeniosa Elena* (1614), la primera parte de *El caballero puntual* (1614) y *Corrección de vicios* (1615)[2]. Para estas tres había solicitado conjuntamente privilegios durante su viaje por el norte de la península[3], con el fin de proteger sus derechos tras la publicación no autorizada de *La hija de Celestina* (1612) por parte de Francisco de Segura (Moll 2001: 462; Piqueras Flores 2015: 192–193; López Martínez 2016: 10*-11*).

De vuelta a la corte, Salas se asienta definitivamente como escritor y, tras la muerte de Cervantes, se convierte en el narrador más relevante de su tiempo (Rey Hazas 1986: 23–24). Dominará el campo literario de la narrativa tan solo durante un lustro[4], pero este periodo marcará el desarrollo de la prosa de ficción y, particularmente, de las colecciones que contienen novelas cortas. Como ha mostrado González Ramírez (2019), a partir de 1620 ven la luz numerosas colecciones de narraciones breves en prosa: Juan Cortés de Tolosa publica su *Lazarillo de Manzanares con otras cinco novelas*, cuatro de las cuales ya habían formado parte de los *Discursos morales* (1617); Diego de Ágreda y Vargas hace lo propio con *Novelas morales* (1620) y Francisco de Lugo y Dávila, muy cercano a Salas Barbadillo[5], prepara su *Teatro popular*, cuya publicación se retrasaría

---

2 Junto con estas tres, Salas solicitó el privilegio para un *Romancero universal* que nunca llegó a ver la luz, y también para *El sagaz Estacio*, cuya publicación se retrasó hasta 1620.

3 No se conocen los motivos de Salas para salir de la corte. Anteriormente, había sido condenado al destierro en dos ocasiones, lo que llevó a Cotarelo (1907: XLVIII-LII) a suponer una segunda condena, sin datos que la corroboren, tal y como indica López Martínez (2020: 59). No obstante, por lo que indica en *Corrección de vicios*, plausible que los motivos fueran forzosos (González Ramírez y Piqueras Flores 2019: 209 n. 269).

4 Tras 1623, Salas no publicará más que *La estafeta del dios Momo* (1627), *El curioso y sabio Alejandro* (1634) y la póstuma *Coronas del Parnaso* (1635). Rey Hazas (1986: 24) y Rodríguez Mansilla (2012: 21) atribuyen este cambio en su trayectoria literaria a la llegada al campo literario de la novela corta de Alonso Castillo Solórzano y a la falta de un mecenas que le apoyara —Salas había contado con el apoyo de los hermanos Agustín y Francisco Fiesco, que habían conformado un círculo literario, y que cayeron en desgracia de manera repentina (López Martínez 2020: 169–170)—. Arnaud (1979) ya había divido en su tesis doctoral la trayectoria literaria de Salas Barbadillo en los tres periodos a los que aludimos: obras escritas antes de 1615, obras de madurez (hasta 1623) y últimas obras.

5 Lugo y Dávila prologó *Patrona de Madrid restituida*, *La ingeniosa Elena* y *Corrección de vicios* (Piqueras Flores 2018b: 28–30).

por motivos administrativos hasta 1622; según hemos dicho, en 1620 publicó también Salas *Casa del placer honesto*, que se ha considerado como la primera imitación del *Decameron*, al menos en su *cornice* (Rey Hazas 1986: 30; García Santo-Tomás 2008: 95), y *El subtil cordobés Pedro de Urdemalas* (Madrid, Juan de la Cuesta), una obra no demasiado atendida por la crítica[6], pero que, según trataremos de mostrar, muestra el cambio de paradigma en el desarrollo de la prosa de ficción barroca.

La obra toma como personaje principal a Pedro de Urdemalas, tipo folklórico con una larga tradición oral de origen medieval que ha pervivido hasta nuestros días en Hispanoamérica y que en el Siglo de Oro gozaba ya de un predicamento literario considerable[7]. Antes de la obra de Salas Barbadillo, Urdemalas había aparecido en forma de alusiones fugaces en las letras áureas, y, sobre todo, como personaje principal en *El viaje de Turquía* y en la comedia cervantina *Pedro de Urdemalas*. De acuerdo con su sobrenombre, su principal característica proviene de su ingenio para maquinar burlas o tretas. En las primeras líneas, la pluma socarrona de Salas lo define del siguiente modo: «Aquel tejedor más de embustes que de telas, tan reverenciador de la verdad que, por juzgarse indigno de ella, jamás la puso en los labios, dulce conservero de patrañas, delgado en la imaginativa para su invención, rico en la elocuencia para su adorno y osadísimo en el ánimo para sus ejecuciones»[8].

Durante los tres primeros capítulos —de los diez que conforman la narración—, la trama se ubica en las coordenadas de la novela picaresca. La acción comienza *in medias res*, cuando Pedro llega a Granada y se aloja en el mesón de

---

6 El comentario más extenso de la obra sigue siendo el de la tesis doctoral inédita de Arnaud (1977: 327–372). Por otra parte, *El subtil cordobés Pedro de Urdemalas* ha sido editado en varias ocasiones en época moderna: lo hizo por primera vez Allan A. Hamlett en su tesis doctoral (1940), que quedó inédita. También Marcel Andrade llevó a cabo una edición en su tesis doctoral (1970), que se publicó en la colección Estudios de Hispanofilia (1974). *El subtil cordobés Pedro de Urdemalas* apareció más tarde en la colección «La novela picaresca española» (1980), de la mano de Valbuena Prat. Como *El sagaz Estacio*, se publicó también en una edición divulgativa en la editorial Simancas (2004). Por suerte, existe una edición filológica, accesible de manera electrónica, en la Biblioteca Virtual Miguel de Cervantes, realizada por Florencio Sevilla y Begoña Rodríguez, pero carece de notas. Este es el texto que Enrique Suárez Figaredo transcribe, con algunas modificaciones, en su edición de la revista *Lemir* (2013).

7 En este sentido, ver por ejemplo Palleiro (2016).

8 Todas las citas están tomadas de la edición de Florencio Sevilla y Begoña Rodríguez (2005) para la Biblioteca Virtual Miguel de Cervantes (http://www.cervantesvirtual.com/obra/el-subtil-cordobes-pedro-de-urdemalas--0/). [20/04/2020].

un morisco amigo, que muere en su presencia. A partir de aquí, y tras convencer a Marina, la moza del mesón[9], para que le acompañe en su viaje, Urdemalas desarrolla varias burlas que se enmarcan en el contexto de la supervivencia del pícaro: para evitar ser detenido, engaña a un alguacil ignorante y, ya de camino a Málaga, estafa con una misma treta a un carretero, viejo conocido, y a la dueña del mesón. Para librarse de la justicia, Pedro planea huir hasta Italia, por lo que se embarca junto con Marina en Málaga, a quien hace pasar por su hermana, en lo que podría llegar a considerarse como un motivo bizantino. Sin embargo, una tormenta obliga a atracar la galera en el puerto de Valencia. Asustada por la bravura del mar, la moza ruega que se queden en España, a lo que el protagonista accede, porque «de los delictos que dejaba cometidos en Castilla podía en Valencia estar tan seguro como en Nápoles, por ser diferente corona, gobernada con otras leyes y magistrados».

Una vez en Valencia, en la posada, Pedro cuenta sus orígenes a Marina. El proceso es muy similar al que había utilizado Salas Barbadillo en *La ingeniosa Elena*: dentro de la narración en tercera persona, bien avanzada la trama —en ambos casos, en el tercer capítulo— se incluye la narración autobiográfica bajo el pretexto del entretenimiento. Así, en *El subtil cordobés* el narrador indica:

> Entrose la noche muy apriesa y la soledad de ella pedía entretenimiento. Ninguno podía ser tan agradable para la señora desembarcada como el saber quién fuese Pedro, su nacimiento y crianza; y él, que hacía vanagloria de sus mismas bajezas y deseaba dalle gusto en cosas mayores, por no faltar en las que eran tan pequeñas y humildes, dijo.

En *La ingeniosa Elena*, por su parte, se indica que la protagonista narra su origen para «divertir»:

> Elena, que quiso divertir a Montúfar para que no se desanimase [...], dijo así:
>
> —Muchas veces [...] me has mandado, y yo he deseado obedecerte, que te cuente mi nacimiento y mis principios, y siempre nos han salido al camino estorbos que no han dado lugar. Ahora nos sobra tiempo y el que nos corre es tan triste que necesita mucho de que le busquemos entretenimiento, y porque el que yo te ofrezco sin duda te será muy apacible por ver si en la mucha ociosidad desta noche puedo dar fin a lo que tantas veces empecé, prosigo. (Salas Barbadillo 1983: 42)

La genealogía de Pedro, como la de Elena, se atiene a las convenciones propias de la picaresca: el protagonista es hijo de dos moriscos criptomusulmanes —Tomé/

9 Las mozas de mesón tenían una connotación social fuertemente negativa, que rayaba en la prostitución; el caso más conocido de la literatura del Siglo de Oro es la de *La pícara Justina*, modelo de picaresca femenina. Sobre este aspecto, ver Piqueras Flores y Santos de la Morena (en prensa).

Aliatar y Beatriz/Daraja[10]— que acuerdan explotar la sexualidad de la mujer para obtener beneficios económicos. Una vez que su padre muere, su madre decide ir a Valladolid —sede de la corte en el momento de la narración—, donde se finge doncella para engañar a un calabrés, de quien consigue una cédula matrimonial. Este, sin embargo, huye sin cumplir con su promesa, por lo que Beatriz decide, afrentada, volver a Córdoba.

Ciertamente, el origen de Pedro no podía ser más vil, y sin embargo, al contrario que en *La ingeniosa Elena* y otras narraciones picarescas, se deja una puerta abierta a superar el determinismo de la sangre, que será precisamente la que Salas explote en la segunda parte de *El subtil cordobés*:

> Crieme como hijo de viuda, libre y licencioso, y como heredero de tales condiciones, paterna y materna, y engendrado al mismo tiempo, que cada uno por su parte ejercía un intento tan cauteloso, salí tan zurdo en las costumbres y abatido en los pensamientos, que no me pudo servir de freno el faltarme el mal ejemplo de mi madre con su muerte, y proseguirse mi crianza en la casa de un prebendado de aquella iglesia, varón santísimo y que con sus virtudes y letras la ilustraba. Bien es verdad que me valió mucho para aprender con eminencia latinidad y filosofía, con admiración grande y aplauso de mis maestros. Joyas que yo después acá he mal logrado, dejándome llevar de mi inclinación torcida, cuyos defectos reconozco, no desesperado de la enmienda.

Por otra parte, en *La hija de Celestina*, primera versión de *La ingeniosa Elena*, el relato autobiográfico de la pícara resaltaba como una excepción narratológica respecto al resto de la novela. Sin embargo, Salas Barbadillo introduce en *La ingeniosa Elena* otras interpolaciones —ficciones de segundo grado en forma de poemas narrativos y una novela corta— que rebajan la singularidad de la autobiografía interpolada, de manera que ya no hay un único momento en el que se ceda la voz a los personajes, sino varios (Piqueras Flores 2015). En *El subtil cordobés Pedro de Urdemalas* el esquema de *La ingeniosa* se repite: antes de que Pedro relate su origen vil, Marina había cantado ya tres poemas que se insertan en el interior del texto, algo que se va a acentuar a partir de la llegada a Valencia.

Si hasta el momento la narración se articula en torno a un viaje, primero terrestre y después marítimo, a partir del capítulo cuarto, ya en la ciudad del Turia, la acción se detiene y la obra toma un cariz completamente distinto. Pedro decide transformar su identidad y la de Marina: alquila una «casa de ostentación» en Valencia, cambia sus ropajes y sus nombres, pasando él a llamarse don

10 El nombre recuerda a la protagonista femenina de *Ozmín y Daraja*, la novela morisca incluida en la primera parte de *El Guzmán de Alfarache* (1599).

Juan de Meneses y ella doña Inés[11]; además, Urdemalas contrata a un maestro de cantar para que perfeccione la voz de Marina. Como otros muchos personajes de Salas, los fingidos hermanos —pues lo seguirán siendo hasta el final de la obra— se convierten en simuladores sociales, siendo en gran medida don Juan de Meneses el reverso de don Juan de Toledo, el pícaro protagonista de *El caballero puntual*, que en sus intentos por hacerse pasar por noble acaba convertido en un caballero ridículo, blanco de todas las burlas[12]. Este don Juan, en cambio, adquiere los modos cortesanos de comportamiento:

> Pedro, ya don Juan de Meneses, blasonaba de altísima caballería y, blando y sutil en las conversaciones, persuadía con industria los ánimos de los oyentes a su deseo, acompañando esto con alguna buena parte de donosos chistes, que le ayudaban mucho para adquirir y conservarles las voluntades de los que le asistían. Rompiose cada día más en este ejercicio placentero, y pasó de los dichos a los hechos, trayéndole ya los señores y caballeros a su lado con este entretenimiento y a título de tener una hermana hermosa, a quien todos cudiciaban y no conseguían.

La estancia en Valencia trae a Pedro la posibilidad de realizar una nueva burla, encargada por don Sebastián, un caballero harto de su tío, un viejo avaro. El nuevo don Juan de Meneses no pone en juego el incipiente capital social que ha logrado acumular con su simulación identitaria. Por ello, se asegura que la treta se desarrolle de manera anónima, sin que pueda conocerse al causante: «Pedro, como prudente, estaba tibio en esta resolución, considerando que no se debe acometer con burlas descubiertas a los que tienen mano poderosa para la venganza».

Tras esta treta, Pedro convierte su casa en una academia literaria, con reuniones y festejos periódicos, y donde la belleza y, sobre todo, la voz de doña Inés se convierten en las atracciones principales: «Los caballeros mozos, los músicos, los poetas, y al fin toda gente ociosa y bien entretenida, festejaban a mi señora doña Inés y eran de ella no menos festejados y favorecidos. Aquella casa fue la Academia de los Discretos de aquel tiempo». De esta manera, justo en mitad de

---

11 Como indica Monique Joly (1982: 476–477), los nombres de Pedro y Marina remitían tradicionalmente a una condición doméstica, algo que contrasta con las identidades adquiridas de don Juan y doña Inés de Meneses. Así lo indica el propio Salas: «mudó el nombre y llamóse don Juan de Meneses, dando el mismo apellido a la mozuela que, con título de hermana, le acompañaba, y por nombre propio doña Inés, porque le pareció que 'Marina' y 'don' harían ridícula y desconforme consonancia».

12 Sobre *El caballero puntual*, ver Piqueras Flores (2016a) y el estudio de López Martínez en su edición, especialmente el apartado dedicado a la literatura de burlas (2016: 137–177).

la obra (al inicio del quinto de los diez capítulos que conforman *El subtil cordobés*), la trama principal se transforma en una auténtica *cornice*, que sirve como soporte para interpolar ficciones de segundo grado o metaficciones. La elección de Valencia como escenario de la segunda parte de *El subtil cordobés* no parece casual, dado que en la ciudad se desarrollaron desde finales del siglo XVI reconocidas academias (Mas i Usó 1996), algo que dejó huella también en la ficción, con apariciones en obras como *El prado de Valencia*, de Gaspar Mercader (1600) o la conocida *Huerta de Valencia. Prosas y versos en las Academias dellas*, de Alonso Castillo Solórzano (1629) (Mas i Usó 1994)[13].

Salas ya había tanteado el uso de la estructura académica en el final de la primera parte de *El caballero puntual*, en la que varios cortesanos invitan maliciosamente a don Juan de Toledo a compartir una reunión en el Prado madrileño (Piqueras Flores 2016a: 57). A través de moldes pastoriles, Salas aprovecha para introducir numerosos poemas en boca de Jacinto, Belisardo, Alcino y Albanio —este último su *alter ego* más conocido— (Salas Barbadillo 2016: 88–92); utilizando como marco la narración, aquí imprime por primera vez sesenta de sus epigramas, que luego incluirá en *Rimas castellanas*. La reunión desemboca en la representación de una comedia de repente sobre Bellidos Dolfos, marco en el que el Caballero puntual sufre una pesadísima burla[14]. La forma académica también está presente en la citada *Casa del placer honesto* (1620)[15], en la que cuatro jóvenes deciden mudarse a la corte para fundar una comunidad artística, donde organizan festejos que adquieren una periodicidad mensual. Según Willard King, «el primer autor que hace experimentos con la novela académica de este tipo fue aquel incansable innovador literario, Alonso Jerónimo de Salas Barbadillo [...]. En 1620 publicó en Madrid *La casa del placer honesto*, que es [...] la primera colección en la que se utiliza una estructura decididamente académica» (1963: 124).

Ciertamente, no cabe duda de que *Casa del placer honesto* está construida sobre el molde de una academia literaria[16], pero la institución homónima de la

13 Sobre la *Huerta de Valencia* y el uso de la academia para dotar de estructura a la obra, véase también el sagaz trabajo de Rubio Árquez (2017).

14 Según indica López Martínez, «la academia que vemos en *El caballero puntual* es probablemente la primera que tiene un marco realista, a diferencia de otros casos más tempranos que aparecen en novelas de tipo pastoril, como en *El prado de Valencia*, de Gaspar Mercader (1600), y los *Pastores de Belén*, de Lope (1612)» (2020: 81 n. 134).

15 Sobre *Casa del placer honesto*, ver especialmente la introducción de Place (1927) a su edición, y los trabajos de Cirnigliaro (2015: 141–164); Piqueras Flores (2018b: 98–156; 2018c; Piqueras Flores y Trapanese, 2020) y Marrón Guareño (2018).

16 Ver en este sentido el trabajo de Munguía Ochoa (2018).

colección de Salas Barbadillo no se define nunca como tal, algo que sí ocurre en *El subtil cordobés Pedro de Urdemalas*, que en su parte valenciana sí que es la primera colectánea de estructura académica. En esta Academia de los Discretos se recitan poemas, se narran novelas e incluso se ensaya y representa una comedia; es decir, estos últimos capítulos se convierten en una verdadera «colección de ficciones dentro de la ficción o metaficciones» (Piqueras Flores 2016b; 2018b). Inés canta la mayor parte de los versos líricos que Salas aprovecha para interpolar y darles así una vida impresa; de hecho, no deja pasar la oportunidad de reclamar la autoría de alguna de sus obras, como unas «redondillas que cierto lego imprimió entre las obras de don Diego de Mendoza, siendo Alonso de Salas su autor». No obstante, también hay caballeros poetas, entre los que destaca un aragonés que no tenía «voz dulce ni entonación entera». En cuanto al componente dramático, se narran los ensayos, y también algunos detalles de la representación final de una comedia titulada *El gallardo Escarramán* y escrita por el propio Pedro. Sin embargo, a diferencia de los poemas y de las novelas, el texto no se interpola en el interior, como sí habían hecho los autores que habían incluido comedias en sus novelas bizantinas —Jerónimo de Contreras en la *Selva de aventuras* y Lope en *El peregrino en su Patria*[17]—y como hará el propio Salas Barbadillo en la *Casa del placer honesto* y en *Fiestas de la boda de la incasable malcasada*. Con todo, el texto sí que se introduce al final, de forma aneja, como una estrategia editorial diferente: «Por cumplir con algunos deseos, he querido imprimir juntamente la comedia, para que se consuelen los que no pudieron vella, remitiendo a su consideración las ingeniosas acciones de Inés y Pedro, que son inimitables a la pluma y lengua». Por ello, al realizar la edición de su obra, Andrade (1974: 34–38) defendió que *El gallardo Escarramán* era parte integral de *El subtil cordobés*[18].

En cuanto al componente narrativo, se interpolan únicamente dos novelas cortas, que se alejan en gran medida de lo habitual en las colecciones de la época.

17 Ver al respecto el trabajo de Rubiera (2002).

18 *El gallardo Escarramán* puede considerarse como la traslación dramática de la jácara, género que Salas también llevaría a la prosa en las novelas cortas *El ladrón convertido en ventero* y *Los desposados disciplinantes* y contenidas respectivamente en *La estafeta del dios Momo* (1627) y en *Coronas del Parnaso* (1635). Para Vitse, «la existencia de la representación terminal de la comedia en *El gallardo Escarramán* adquiere entonces toda su significación, en absoluto gratuita: orienta el movimiento de la novela y ordena su estructura porque figura necesariamente —como ficción de *Las mil y una noches*— la precisión en que se encuentra la pareja de los falsos hermanos castellanos de poder sobrevivir en la línea extranjera de Valencia» (1980: 29).

Las dos, tituladas *Ricaredo y Rosimunda* y *Polidoro y Aurelia*, están escritas en octavas[19]. Salas había utilizado este metro ya en *Corrección de vicios*, pero en novelas de ambientación contemporánea y carácter burlesco. En cambio, las narraciones de *Pedro de Urdemalas*, aunque son de tipo amoroso, están bastante alejadas de las coordenadas genéricas de la novela corta barroca: las dos presentan ambientación medieval caballeresca[20], y según indica el propio autor ambas formarían parte, junto con «otras muchas», de «un poema irregular y mixto intitulado *Las hazañas del Amor*». Estamos, por tanto, ante una reutilización de los restos de un proyecto previo, probablemente un poema épico —similar a *Patrona de Madrid restituida*— que el escritor no llegó a publicar y quizá ni siquiera a concluir.

Ahora bien, en esta segunda parte de *El subtil cordobés* también hay narraciones burlescas; solo que estas, a diferencia de *Corrección de vicios*, no se interpolan como ficciones de segundo grado, sino que forman parte del mismo nivel, pues relatan las peripecias de Urdemalas. Una de ellas se narra en presente, cuando el protagonista diseña una treta para burlarse de tres caballeros odiosos. Con ella, consigue expulsarlos de Valencia, en un destierro social que recuerda en gran medida al argumento de *La dama del perro muerto*, una de las novelas contenidas en *Corrección de vicios*, donde la protagonista se ve obligada a abandonar Barcelona[21]. Por otro lado, don Juan de Meneses/Pedro relata burlas pasadas para entretenimiento de los académicos[22]. Dada su naturaleza autobiográfica, estos relatos no forman parte del material metaficcional, pero funcionan del mismo modo que el resto de interpolaciones, y de hecho se interrumpen y se alternan con la recitación de poemas y con la narración de *Polidoro y Aurelia*. Por otro

---

19 Sobre la utilización de esta estrofa, Cauz reconoce que Salas Barbadillo (1977: 117) «merece la palma por la introducción de una forma de novelar desconocida hasta entonces», pero opina que ambas novelas «carecen de la gracia, soltura y espontaneidad que caracterizan la mayor parte de la producción literaria del autor»; un juicio que sigue muy de cerca el que ya había emitido Cotarelo: «la novedad no da mérito al género, antes bien le quita espontaneidad y gracia» (1907: LXIII).

20 La historia de *Ricaredo y Rosimunda* es de ambientación visigoda, en la línea de *Patrona de Madrid restituida* y de una novela en prosa, sin título, narrada dentro de *El caballero puntual* (López Martínez 2016: 96*-100*). *Polidoro y Aurelia* se narra dentro de la anterior, en un proceso de *mise en abyme*, y está ambientada en época bizantina.

21 Ver al respecto González Ramírez y Piqueras Flores (2019: 41–43).

22 En la mayor parte de ellas, Pedro es el sujeto que urde las tretas, que se definen como «ingeniosas» o «donosas»; en cambio, en el capítulo octavo, Urdemalas narra una burla de la que él mismo es objeto, a la que el texto se refiere como «pesada», tal y como notó Arnaud (1979: 330).

lado, no es posible determinar hasta qué punto, en su papel de don Juan, Pedro inventa, recrea o modifica sus propios recuerdos, aunque Salas parece olvidarse de la identidad fingida del protagonista, pues él mismo se refiere en una de sus narraciones a su origen humilde: «yo me crié sin padres y sirviendo». Por tanto, a diferencia de lo que sucede con doña Inés —cuya honestidad jamás se pone en duda—, en la construcción del personaje de Pedro no se abandona del todo el pasado picaresco.

Hay, no obstante, una diferencia significativa entre las primeras burlas de Urdemalas y las últimas, que se llevan a cabo en la parte estática de *El subtil cordobés*: durante el periplo desde Granada, Pedro se ve obligado a subsistir económicamente y a huir de la justicia; al llegar a Valencia, en cambio, el cordobés necesita fundamentalmente reafirmar su posición social, y en este sentido sus burlas no van encaminadas hacia un beneficio concreto, sino a realizar una exposición de su ingenio y a escarmentar a sujetos que, por diferentes motivos, resultan indeseables. Son «tretas galantes», tal y como se define en el texto una de ellas, a diferencia de las de pícaro. Entramos de lleno en el terreno de la novela de burlas (Rodríguez Mansilla 2013) o novela de escarmientos (González Ramírez, en prensa). Además del motivo aleccionador, la burla puede tener una justificación esencialmente lúdica, y esto es precisamente lo que sucede en la última treta narrada por Urdemalas. En ella, estafa a don Lucas, un supuesto amigo, gracias a la colaboración de doña Bárbara, una mujer poco honesta que lo seduce. Pedro goza también de los favores sexuales de la dama y, como ella queda embarazada sin que sea posible determinar quién es el padre, renuncia a su parte del premio porque entiende «que bien merecía esta liberalidad el haber gozado de ella sin ningún interés tan largos días», pero también «por no obligarme a la cría de lo que naciese». Este es uno de los ejemplos que utiliza Vitse para mostrar que, en Salas, la literatura burlesca toma un camino diferente a la picaresca, y que de alguna manera se «despicariza» (1980: 27)[23]. La nueva situación social de don Juan de Meneses y de su fingida hermana no se mantiene mediante comportamientos pícaros —que en el caso de la muchacha incluirían su erotización—, sino gracias a una burla mucho más sutil, de la que los burlados —todos los miembros de la academia— no son conscientes: la supervivencia económica se garantiza mediante el dinero obtenido de los juegos de naipes que se desarrollan

23 Los otros ejemplos son el personaje de don Juan de Toledo, en *El caballero puntual* y la evolución de Teresa, desde *El escarmiento del viejo verde* a *La niña de los embustes*, dos de las novelas contenidas en *Corrección de vicios* (Vitse 1980: 25–29).

en la academia[24]. La burla de pícaro era producto de la marginalidad; en cambio, la treta galante conlleva la integración social, de la que Pedro se aprovecha. Las actividades literarias, y especialmente los ensayos para la representación de *El gallardo Escarramán*, que reflejan la sociabilidad literaria de la época[25], son en realidad una mera excusa para él:

> Y lo cierto era que pretendía que al título y nombre de que se juntaban a los ensayos, la conversación de su casa prosiguiese, y con ella el juego para él tan útil, que le valía infinito número de ducados, con que sustentaba la autoridad de su familia, sin que hasta entonces Inés hubiese hecho ninguna vileza con nadie, particular causa de tenellos a todos igualmente rendidos y tributarios.

El resultado, en términos genéricos, no resulta fácil de definir, pues estamos ante una novela de raigambre picaresca que se metamorfosea en una *cornice* de carácter académico, donde se insertan todo tipo de ficciones dentro de la ficción. Por ello, desde los comentarios de Place —que habló precisamente de mezcla entre picaresca y novela italianizante a cajones (1927: 298)— *El subtil cordobés Pedro de Urdemalas* ha recibido diferentes apreciaciones, a menudo negativas. Al respecto, Cauz (1979: 675), aunque concede que «algo del relleno es interesante», ratifica las opiniones de Chandler (1899: 362) sobre la irrelevancia de los versos y los mediocres episodios de la academia, concordando con Pfandl (1952: 299) en que la obra no es «carne ni pescado». Leonard Brownstein concede que «Salas, according to today's standards, also overload the structure» (1974: 180), pero recuerda que tanto *El subtil cordobés* como *El caballero puntual* se insertan dentro del debate teórico-literario acerca de la unidad y la variedad. No obstante, considera más logradas *Casa del placer honesto* y *Fiestas de la boda de la incasable malcasada*, precisamente porque son obras donde el primer nivel ficcional funciona fundamentalmente como *cornice* y no como una novela[26]. En realidad,

24 En *Las galeras del Vendehumo*, novela incluida en *Corrección de vicios*, el narrador carga contra el vicio del juego, que considera el único que el tiempo y la razón no pueden vencer (2019: 264–266).

25 Ver en este sentido los trabajos de Mechthild Albert (2013a; 2013b; 2018).

26 Cabe recordar, sin embargo, que *Fiestas de la boda de la incasable malcasada* comienza con una narración de extensión considerable que, finalmente, desemboca en la celebración de un festejo; de manera que no resulta tan diferente a *Pedro de Urdemalas* (Piqueras Flores 2017). Es, de hecho, el mismo procedimiento que utilizará poco después Tirso de Molina en sus *Cigarrales de Toledo*. Con todo, ni *Casa del placer honesto* ni *Fiestas de la boda* se libran de los comentarios negativos acerca de su falta de unidad. Sobre la primera, indica Arnaud que su estructura es «d'une extrême maladresse» (1977: 299); sobre la segunda comenta Costa Ferrandis: «El autor, obsesionado tanto por la utilidad como por el deleite, se enzarza en enredos e interpolaciones que

cabe recordar que gran parte de la prosa de ficción, desde mediados del siglo XVI, servía también como vehículo para interpolar no solo episodios secundarios, sino también elementos ficcionales de segundo grado; no solo porque la *variatio* estuviera bien considerada, sino también porque este formato constituía una estrategia editorial que permitía una salida impresa a obras de extensión menor. Así sucede, por citar los casos más conocidos, en toda la novela pastoril, en el *Guzmán de Alfarache* y hasta en el mismo el *Quijote*[27]. Salas Barbadillo lleva esta flexibilidad estructural un paso más allá: lo hace desde la transformación de *La hija de Celestina* en *La ingeniosa Elena*, con interpolaciones que no solo le han valido los reproches de la crítica, sino que han motivado que se haya preferido editar la primera versión, a pesar de no ser la autorizada por el autor (Piqueras Flores 2015); lo hace también en *El caballero puntual*, y sobre todo en *El subtil cordobés Pedro de Urdemalas*. Para Salas, que gracias a *Corrección de vicios* había sido el primero y el único hasta la fecha en imprimir —*stricto sensu*— una colección de novelas cortas originales con marco, no existe una división tajante entre novela extensa y colección, sino toda una gradación posible. En sus obras en prosa, el primer nivel ficcional tiene un peso argumental propio, pero funciona también como vehículo para diferentes metaficciones. Por ello, las obras que se han catalogado como novelas extensas están preñadas de interpolaciones, desde *La ingeniosa Elena* a *Don Diego de noche*[28]; y asimismo, los marcos de las creaciones que pueden considerarse colecciones resultan a menudo más complejos que los de sus contemporáneos: desde *Corrección de vicios* a *Coronas del Parnaso* o *El curioso y sabio Alejandro*[29]. Con las aventuras de Pedro de Urdemalas y la academia de don Juan de Meneses, Salas Barbadillo sitúa su *Subtil cordobés* precisamente en un punto intermedio, mostrando que novela extensa y colección son, en realidad, dos caras de la misma moneda; y lo hace justo en 1620, en la fecha en la que se produce una revolución dentro de la prosa de ficción barroca.

---

engrosan monstruosamente la obra, con la finalidad de alcanzar el deleite por medio de la variedad» (1982: 201).

27 Sobre este asunto, ver Piqueras Flores (2020).

28 Con respecto a *Don Diego de noche*, tal y como ha estudiado magistralmente Ilaria Resta en este mismo volumen, cabe notar que su traducción italiana —titulada *Il cavalier della notte* (1674)— fue concebida no tanto como un *romanzo*, sino más bien como una colección de *novelle*. Así lo prueba, por un lado, su enunciación editorial y, por otro, el hecho de que el propio traductor, Girolamo Brusoni, auspiciara una circulación parcial de la obra (Resta 2020: 51)

29 En este sentido, ver Piqueras Flores y González Ramírez (2019: 21–23).

Obras citadas

Albert, Mechthild (2013a). «Sociabilidad: el término y el fenómeno». En Mechthild Albert (coord.), *Sociabilidad y literatura en el Siglo de Oro*. Madrid/Frankfurt a.M.: Iberoamericana/Vervuert, pp. 7–18.

Albert, Mechthild (2013b). «Sociabilidad y transmisión de saberes en la novela corta del Siglo de Oro». En Mechthild Albert (coord.), *Sociabilidad y literatura en el Siglo de Oro*. Madrid/Frankfurt a.M.: Iberoamericana/Vervuert, pp. 277–300.

Albert, Mechthild (2018). «La sociabilidad, un concepto clave de los estudios culturales y literarios en el ámbito hispánico». En Christoph Strosetzki (coord.), *Aspectos actuales del hispanismo mundial: literatura, cultura, lengua*. Berlin/Boston: De Gruyter, pp. 9–25.

Andrade, Marcel (ed.) (1974). «Edición, introducción y notas». En Alonso Jerónimo de Salas Barbadillo, *El subtil cordobés Pedro de Urdemalas* y *El gallardo Escarramán*. Ashville: Estudios de Hispanófila.

Arnaud, Émile (1979). *La vie et l'œuvre de Alonso Jerónimo de Salas Barbadillo: contribution à l'étude du roman en Espagne au début du* XVII *siècle*. Toulouse: Université de Toulouse-Le Mirail (tesis doctoral).

Cauz, Francisco A. (1977). *La narrativa de Salas Barbadillo*. Buenos Aires: Colmegna.

Cauz, Francisco A. (1979). «Salas Barbadillo y la picaresca». En Manuel Criado del Val (coord.), *La picaresca: orígenes, textos y estructura. Actas del I Congreso Internacional sobre la Picaresca*. Madrid: Fundación Universitaria Española, pp. 667–676.

Chandler, Frank W. (1899). *Romances of Roguery: an Episode in the History of the Novel. Part I: the Picaresque Novel in Spain*. New York: Macmillan.

Cirnigliaro, Noelia S. (2015). *Domus. Ficción y mundo doméstico en el Barroco español*. Woodbridge: Tamesis.

Cotarelo, Emilio (ed.) (1907). *Obras de Alonso Jerónimo de Salas Barbadillo. Tomo I. Corrección de vicios* y *La sabia Flora malsabidilla*. Madrid: Tipografía de la Revista de Archivos.

García Santo-Tomás, Enrique (2008). *Modernidad bajo sospecha: Salas Barbadillo y la cultura material del siglo* XVII. Madrid: CSIC.

González Ramírez, David (2019). «Madrid, 1620. De la carrera editorial al nacimiento de un nuevo escritor: Alonso Castillo Solórzano y la narrativa de su tiempo». *Criticón*, 135, pp. 29–48.

González Ramírez, David (en prensa). «Los avisos cortesanos de Salas Barbadillo y Liñán y Verdugo», *Bulletin Hispanique*, CXXII, 2.

González Ramírez, David y Piqueras Flores, Manuel (2019). «Edición, introducción y notas», Alonso J. de Salas Barbadillo, *Corrección de Vicios*. Madrid: Sial.

King, Willard F. (1963). *Prosa novelística y academias literarias en el siglo* xvii. Madrid: Anejos del Boletín de la Real Academia Española.

Joly, Monique (1982). *La bourle et son interprétation: reserches sur le passage de la facétie au roman (Espagne, XVI*e *– XVII*e *siècles)*. Lille: Atelier National Réproduction de Thèses.

López Martínez, José Enrique (2016). «Edición, introducción y notas». Alonso J. de Salas Barbadillo, *El caballero puntual*. Madrid: Real Academia Española/ Centro para la Edición de los Clásicos Españoles.

López Martínez, José (2020). *Su patria, Madrid. Vida y obra de Alonso Jerónimo de Salas Barbadillo*. Toulouse: Presses universitaires du Midi.

Marrón Guareño, María Dolores (2018). «El hombre ejemplar o el *alter ego* de Alonso J. de Salas Barbadillo en *El caballero perfecto* y *Casa del placer honesto*». En José Luis Eugercios Arriero, Sergio García García y Manuel Piqueras Flores, *Letras anómalas: estudios sobre textos y autores hispánicos más allá del canon*, Anejos de *Philobiblion*, pp. 101–114.

Mas i Usó, Pasqual (1994). «Academias ficticias valencianas durante el Barroco», *Criticón*, 61, pp. 47–56.

Mas i Usó, Pasqual (1996), *Academias y justas literarias en la Valencia barroca: teoría y práctica de una convención*. Kassel: Reichenberger.

Moll, Jaime (2001). «Análisis editorial de las obras de Salas Barbadillo», En Isabel Lozano Renieblas y Juan Carlos Mercado (coord.), *Silva. Studia philologica in honorem Isaías Lerner*. Madrid: Castalia, pp. 471–478.

Munguía Ochoa, L. Yadira (2018). «Las academias literarias áureas en torno a la narrativa corta de Alonso Jerónimo de Salas Barbadillo». *Hipogrifo*, 6,1, pp. 117–128.

Palleiro, María Inés (2016). «Itinerarios narrativos de Pedro de Urdemalas: oralidad, escritura y tradición literaria», en Leonardo Funes (coord.), *Hispanismos del mundo: diálogos y debates en (y desde) el Sur*. Buenos Aires: Miño y Dávila, Anexo electrónico, pp. 359–370. Consultado el 01-06-2020, http://www.uba.ar/aihbuenosaires2013/actas/seccion6/Itinerarios%20narrativos%20de%20Pedro%20Urdemales_PALLEIRO,%20Maria%20Ines/Itinerarios%20narrativos%20de%20Pedro%20Urdemales_PALLEIRO,%20Mar%C3%ADa%20In%C3%A9s.pdf

Pfandl, Ludwig (1952). *Historia de la literatura nacional española en la Edad de Oro*. Barcelona: Juan Gili.

Piqueras Flores, Manuel (2015). «De *La hija de Celestina* a *La ingeniosa Elena*: estructura narrativa, género literario e interpolación». *Edad de Oro*, 34, pp. 187–200.

Piqueras Flores, Manuel (2016a). «Algunas consideraciones sobre la estructura de la primera parte de *El caballero puntual*». *Philobiblion*, 4, pp. 47–60.

Piqueras Flores, Manuel (2016b). «Alonso J. de Salas Barbadillo y las colecciones de metaficciones áureas». *Castilla*, 7, pp. 794–811.

Piqueras Flores, Manuel (2017). «De las colecciones de novelas cortas a las colecciones de metaficciones: un análisis de *Fiestas de la boda de la incasable malcasada* de Salas Barbadillo». *eHumanista*, 35, pp. 454–474. Consultado el 31-05-2020, https://www.ehumanista.ucsb.edu/sites/secure.lsit.ucsb.edu.span.d7_eh/files/sitefiles/ehumanista/volume35/Regular/2%20ehum35.manuelpiquerasCORREGIDO.pdf.

Piqueras Flores, Manuel (2018a). «Equilibrio entre fábula y episodios en *Patrona de Madrid restituida*». *Monográficos SinoELE*, 17, pp. 761–772. Consultado el 31-05-2020, http://www.sinoele.org/images/Revista/17/monograficos/AAH_2016/AAH_2016_manuel_piqueras.pdf.

Piqueras Flores, Manuel (2018b). *La literatura en el abismo: Salas Barbadillo y las colecciones de metaficciones*. Vigo: Academia del Hispanismo.

Piqueras Flores, Manuel (2018c), «La recreación del espacio natural en el interior del espacio urbano: *Casa del placer honesto*, de Salas Barbadillo», *Revista Estudios*, n. Extra 0, pp. 25–32. Consultado el 31-05 2020, https://www.revistas.ucr.ac.cr/index.php/estudios/article/view/34994/34556.

Piqueras Flores, Manuel (2020), «Las metaficciones como episodios en la narrativa del Siglo de Oro». En David González Ramírez y Eduardo Torres Corominas (coord.), *Entre historia y ficción. Formas de la narrativa áurea*, Madrid: Polifemo, pp. 137–150.

Piqueras Flores, Manuel y Santos de la Morena, Blanca (en prensa), «Sobre *La ilustre fregona*, el erotismo y la sexualidad en Cervantes». En Patricia Marín Cepeda (ed.), *Eros y Logos: erotismo y literatura en los siglos XVI y XVII*. Berlin: Peter Lang.

Piqueras Flores, Manuel y Trapanese, Elena (2020). «Un lugar para la sociabilidad literaria: Sor Juana, Salas Barbadillo y otras casas del placer». En Alejandra Ulla y Elena Martínez Carro (coord.), *Ámbitos artísticos y literarios de la sociedad en los Siglos de Oro*. Kassel: Reichenberger, pp. 239–258.

Place, Edwin B. (1927), «Edición, introducción y notas». En Alonso J. de Salas Barbadillo, *Casa del plazer honesto*. University of Colorado Studies 15, 4. Boulder (CO): University of Colorado.

Resta, Ilaria (2020), «Salas Barbadillo e Italia: por los senderos de la narrativa barroca». En Mechthild Albert, Victoria Aranda y Leonardo Coppola (coord.), *La narrativa de Alonso Jerónimo de Salas Barbadillo*. Bern: Peter Lang, pp. 43–62

Rey Hazas, Antonio (ed.) (1986). *Picaresca femenina: La hija de Celestina. La niña de los embustes. Teresa de Manzanares*. Madrid: Plaza y Janés.

Rodríguez Mansilla, Fernando (2012). *Picaresca femenina de Castillo Solórzano: Teresa de Manzanares y La garduña de Sevilla*. Madrid/Frankfurt a.M.: Iberoamericana/Vervuert.

Rodríguez Mansilla, Fernando (2013). «Hacia la novela de burlas: Salas Barbadillo, Castillo Solórzano y el Tirso de *Los tres maridos burlados*». *Hipogrifo*, 1, 1, pp. 121–131.

Rubiera Fernández, Javier (2002). «El teatro dentro de la novela: de la *Selva de aventuras* a *El peregrino en su patria*». *Castilla*, 27, pp. 109–122.

Rubio Árquez, Marcial (2017). «*Huerta de Valencia*: entre la colección de novelas y el cancionero de academia», *Edad de Oro*, 36, pp. 45–58.

Salas Barbadillo, Alonso Jerónimo de (1983). *La hija de Celestina* y *La ingeniosa Elena*, José Fradejas Lebrero (ed.). Madrid: Instituto de Estudios Madrileños.

Salas Barbadillo, Alonso Jerónimo de (1940). *El subtil cordovés Pedro de Urdemalas*. Allan A. Hamlett (ed.), *An Annotated Edition of El sutil cordobés Pedro de Urdemalas by Alonso Jerónimo de Salas Barbadillo*, University of Texas (tesis doctoral).

Salas Barbadillo, Alonso Jerónimo de (1974). *El subtil cordovés Pedro de Urdemalas*, Marcel Ch. Andrade (ed.). Asheville: Estudios de Hispanófila.

Salas Barbadillo, Alonso Jerónimo de (1980). *El subtil cordovés Pedro de Urdemalas*, Ángel Valbuena Prat (ed.). Madrid: S. A. de Promoción y Ediciones (Colección La novela picaresca española).

Salas Barbadillo, Alonso Jerónimo de (2005). *El subtil cordobés Pedro de Urdemalas*, Florencio Sevilla y Begoña Rodríguez (ed.), Alicante: Biblioteca Virtual Miguel de Cervantes. Consultado el 15-04-2020, http://www.cervantesvirtual.com/obra/el-subtil-cordobes-pedro-de-urdemalas--0/.

Salas Barbadillo, Alonso Jerónimo de (2006). *El subtil cordovés Pedro de Urdemalas*. Dueñas (Palencia): Simancas.

Salas Barbadillo, Alonso Jerónimo de (2013). *El subtil cordobés Pedro de Urdemalas*, Enrique Suárez Figaredo (ed.), *Lemir*, 17, pp. 841–978. Consultado el 31-05-2020, https://parnaseo.uv.es/Lemir/Revista/Revista17/Textos/06_Pedro_Urdemalas.pdf.

Salas Barbadillo, Alonso Jerónimo de (2016). *El caballero puntual*. Enrique López Martínez (ed.), Madrid: Real Academia Española/Centro para la Edición de Clásicos Españoles.

Salas Barbadillo, Alonso Jerónimo de (2019), *Corrección de vicios*, David González Ramírez y Manuel Piqueras Flores (ed.). Madrid: Sial.

Vitse, Marc (1980). «Salas Barbadillo y Góngora: burla e ideario de la Castilla de Felipe III». *Criticón*, 80, pp. 5–142.

Marcial Rubio Árquez / Pescara

La picaresca de Salas Barbadillo: *El necio bien afortunado*

Resumen: *El necio bien afortunado* (1621) se suele clasificar, dentro de la extensísima y variopinta obra de Salas Barbadillo, entre sus obras de carácter picaresco, si bien todos los críticos que se han acercado a esta curiosa novela, sin negar tal adscripción, han señalado la evidente poligénesis de sus orígenes literarios. En mi contribución intentaré calibrar el influjo que el género picaresco tuvo sobre la obra, estudiando particularizadamente la influencia que las obras cumbres del género —*Lazarillo de Tormes* y *Guzmán de Alfarache*— tuvieron sobre la obra. A la vez, y dado que este canon no parece explicar la complejidad de la obra, se proponen otros modelos que Salas Barbadillo pudo tener en cuenta a la hora de componer la, a todas luces, calidoscópica novela.

Palabras clave: novela picaresca, novela cortesana, novela costumbrista, *Lazarillo de Tormes*, *Guzmán de Alfarache*, Cervantes, *La ilustre fregona*

Abstract: *El necio bien afortunado* (1621) is usually classified, within the very extensive and varied work of Salas Barbadillo, among his picaresque writings, although all the critics who have approached this odd novel, without denying such affiliation, have pointed out the polygenesis of its literary origins. In my study I will try to calibrate the influence that the picaresque genre had on this piece by tackling a particularized analysis of its debt to the top of the genre —*Lazarillo de Tormes* and *Guzmán de Alfarache*— had about it. At the same time, and since this canon does not seem to explain the complexity of the work, we propose other models that Salas Barbadillo could have minded in terms of composing this clearly kaleidoscopic novel.

Keywords: Picaresque Novel, Court Novel, Costume Novel, *Lazarillo de Tormes*, *Guzmán de Alfarache*, Cervantes, *La Ilustre Fregona*

No ha sido demasiado justa la crítica —se ha dicho ya— con Salas Barbadillo, y mientras que para algún crítico es considerado «uno de los más ingeniosos, agudos, castizos y variados escritores que produjo la grande España de los siglos XVI y XVII» (Cotarelo 1907: CXXIV), para otros, sin negar evidentemente la importancia numérica de su producción y lo variado de la misma, no pasa de ser un epígono no muy brillante de la brillante novela corta española del siglo XVII. En este sentido, uno de los que mejor han sabido calibrar y sintetizar la producción de Salas ha sido Pfandl (1933: 396 *apud* Peyton 1949: 484–485), quien considera que a Salas:

> Es tradicional considerarle como uno de los mejores representantes de la novela corta del siglo diecisiete, pero basta leer sus numerosos libros para cambiar radicalmente de opinión. La abigarrada confusión de estas irreflexivas historias, la caprichosa mezcla de todos los géneros y tendencias imaginables, la absoluta carencia de un concepto firme y bien delimitado de la novela, impiden que se manifieste el verdadero arte y con él un placer auténtico.

Como digo, al menos entre la legión de sus detractores, la del eminente hispanista alemán pasa por ser una de las más autorizadas y calibradas críticas, sobre todo porque, como veremos y quizás sin ser consciente de ello, al indicar lo que considera fallas en su poética, señala también algunas de las virtudes, que no defectos, de la narrativa de Salas Barbadillo. En efecto, si bien se mira, la crítica que Pfandl hace de nuestro autor gira en torno a tres ejes:

a) «La abigarrada confusión de estas irreflexivas historias», es decir, la falta de un argumento inteligente e inteligible que sirva de hilo conductor de la narración; la carencia de una trama narrativa que pueda llamarse tal, pero, también, el yuxtaponerse en una sola narración de varias tramas, sin que ninguna de ellas llegue a ser la principal o, cuanto menos, la más importante.
b) «La caprichosa mezcla de todos los géneros y tendencias imaginables», que bien pudiéramos entender como una crítica hacia una *variatio* —tanto argumental como formal— mal entendida y peor ejecutada, sin que su torpe ejecución sirva para hacer más entretenido lo narrado, antes bien lo contrario.
c) «La absoluta carencia de un concepto firme y bien delimitado de la novela», y no creo que la cita merezca ninguna glosa, salvo cuanto se dirá inmediatamente.

Pues bien, parece razonable pensar que las objeciones señaladas por Pfandl se justifican más desde el presente histórico del crítico que desde la cronología del escritor. Intento decir con esto que gran parte de las carencias que señala el hispanista alemán responden no solo al momento histórico que le tocó vivir a Salas, sino también a la particular evolución del género 'novela corta' o 'novela cortesana', y que en este particular contexto sería injusto no reconocer a nuestro autor alguna que otra prez en un contexto, reconozcámoslo, de cierta mediocridad.

Como sea, este y otros juicios negativos que podrían fácilmente ser recogidos parecen responder, además de a las causas ya citadas, a otras no siempre reconocidas. Por ejemplo, parece evidente que la fama gris de Salas bien pudo deberse, a mi parecer, a su propia peripecia personal, a su devenir biológico. Nacido en

1581 y muerto en 1635, su biografía le hace contemporáneo de la plana mayor de los autores áureos, con muchos de los cuales tuvo, además, relaciones personales directas: Cervantes (1547–1616), Góngora (1561–1627), Lope de Vega (1562–1635) o Quevedo (1580–1645), por citar solo los más importantes. Difícilmente podía su ingenio brillar delante de semejantes soles.

Otro aspecto que tampoco se le ha perdonado —y al que ya hacía alusión Pfandl en la cita anterior— ha sido la extensión de su producción y, por ello, la disparidad en la calidad de la misma. Salas Barbadillo, conviene decirlo ya, es lo que hoy llamaríamos un autor comercial, esto es, un autor que intenta vivir de su trabajo y que, por lo tanto, se autoimpone un criterio cuantitativo más que cualitativo como norte de su quehacer: ha de gustar al mayor número de público que, a su vez, habrá de comprar su obra. Salas Barbadillo, por tanto, escribe para un mercado que, justo en ese momento histórico, está adquiriendo unas dimensiones hasta entonces inimaginables y que pide un tipo de literatura, de textos, que hoy en muchos casos no se incluirían en el canon literario del período. A la postre, nunca sabremos si la culpa de su inconstante calidad fue la falta de ingenio o la necesidad de producir textos para un mercado donde la calidad parecía no contar mucho. A esto parece aludir su gran defensor, Cotarelo, cuando no duda en calibrar con prudencia su enorme producción literaria: «De los varios géneros literarios que cultivó quedó inferior al intento en algunos, no pasó de mediano en otros, lució en varios y fue eminente en uno de los más arriesgados y difíciles» (Cotarelo 1907: CXXIV). Y la alabanza final la aclara poco después cuando dice que Salas

> no es un verdadero y perfecto novelista como hoy se entiende esta palabra, y ni aun como la entendieron Cervantes, Espinel, Castillo y otros autores de su tiempo. Pero en el cuento o novela corta, en la anécdota ampliada y disuelta en un mar de ingeniosidades, chistes satíricos, paradojas e ironías; en el desarrollo de un carácter cómico burlesco llevado hasta los últimos perfiles y aspectos; en la pintura de profesiones y oficios en su lado vicioso o ridículo; en el sarcasmo y sangrienta befa de algunas debilidades y flaquezas de hombres y mujeres; en esto y otros géneros semejantes es un maestro consumado e insuperable. (Cotarelo 1907: CXXV-CXXVI)

La extensión de la cita se justificará después, cuando nos toque analizar algunos aspectos concretos de la obra que aquí nos interesa. Sí conviene señalar, no obstante, la casi perfecta correspondencia conceptual que se establece entre la anterior —y negativa— cita de Pfandl y la, pese a todo, positiva de Cotarelo, en el sentido que el crítico alemán parece responder al español, convirtiendo en defectos lo que para este son virtudes. Se vea si no el paso de «la anécdota ampliada y disuelta en un mar de ingeniosidades» del primero, a la desbocada *variatio* a la que aludía: el mismo fenómeno visto desde dos perspectivas diferentes.

Como sea, tanto defensores como detractores, obviamente cada uno entendiéndola de forma distinta, señalan como una de las características fundamentales de Salas Barbadillo su ingente producción, el increíble número de obras que escribió y publicó. Por ello parece pertinente que, a modo de prolegómeno para el estudio de la obra que aquí nos interesa, se intente hacer un análisis taxonómico de la misma. Pues bien, con todas las aclaraciones que se quieran y, esto sí, con no pocas precisiones, creo que todavía resulta válida la clasificación que de la extensa obra de Salas Barbadillo hizo, en 1973, uno de los primeros trabajos centrados en la figura de nuestro autor. Me refiero, en efecto, a la monografía que ese año Peyton dedicó al madrileño y en la cual se hacía la siguiente división de su ingente producción: «I have seen fit to classify Salas' works by four categories: novels of distinctly picaresque character, framework novels (novelas a cajones), dialogued novels and entremeses or dramatics interludes» (Peyton 1973: 55). Para lo que aquí importa, llama la atención la rotundidad de la filiación picaresca de alguna novelas («distinctly picaresque character»), aunque conviene aclarar inmediatamente que el citado estudioso se veía obligado a especificar que «the author's marked inclination toward a picaresque representation of life, plus his habit of mingling distinct literary forms in almost any given work, prevent a clear-cut classification in some instances» (Peyton 1973: 55), esto es, que burla burlando se hacía referencia a los juicios apenas reportados de Cotarelo y Pfandl, pues ya ambos, como hemos visto, habían indicado, cada uno juzgándola diversamente, esta característica de la producción de Salas.

Poco tiempo después, será Cauz el que también tratará el tema y, como ya hiciera Peyton, establezca alguna diferencia entre la picaresca clásica y ortodoxa y la que propone Salas. En efecto, Cauz (1977: 91) expone que «Salas Barbadillo aborda el género en la etapa final del desarrollo de la figura del pícaro» y que, quizás por ello, «hay cierta distancia entre los antihéroes suyos y el prototipo del género debido esencialmente al proceso de movilización social que tiene lugar en España desde la incipiencia del género hasta que él lo aborda».

Pues bien, mientras que Peyton incluye dentro del marbete 'novela picaresca' tres obras de Salas Barbadillo: *La hija de Celestina* (1612); *El caballero puntual* (1614 y 1619)[1] y *El necio bien afortunado* (1621), Cauz, por su parte, en el capítulo que dedica a «Salas Barbadillo y la picaresca», acepta la primera y la tercera, añadiendo, pero con inteligentes puntualizaciones, *La sabia Flora malsabidilla* y *El subtil cordobés Pedro de Urdemalas*. Parece entonces, por tanto, que hay una cierta unanimidad sobre la adscripción de *El necio bien afortunado* al género de

1 Ver Salas Barbadillo (2016).

la novela picaresca, si bien las razones para incluirla en dicho marbete parecen variar de un estudio a otro.

Más recientemente, el editor moderno de la obra, Armine Manukyan (2019: 127–131), mantiene esa misma disparidad de criterios, y en las pocas páginas que dedica a la cuestión genérica de la obra se debate entre la opinión de Rico, para el que *El necio bien afortunado* es una narración con pícaro, pero no una novela picaresca, pasando por la del ya citado Cauz, que se debate entre novela picaresca, novela cortesana o una fusión híbrida de ambas o la inteligente del moderno editor de *Don Diego de noche*, Enrique García Santo-Tomas (2008: 139), para quien la obra es «una novela satírica con tintes picarescos cuyo protagonista, el doctor Ceñudo —maniático, misántropo y melancólico donde los haya— cuenta su vida en la corte a través de sus excentricidades de necio».

Pues bien, todo esto para intentar expresar que, sobre la adscripción picaresca de la obrita todavía no hay, ni lejanamente, una unanimidad en la crítica. Y es que, como intentaré explicar en las siguientes páginas, el picarismo de la obra de Salas no se reduce a ni se resuelve con la repetición, por imitación, de ciertas características que definen a la novela picaresca como género —entiendo las que magistralmente delimitaron Lázaro Carreter, Guillén, Rico, entre otros que el editor moderno enumera— sino más bien en la individualización de ciertas obras del género como modelos de imitación. Con otras palabras: no parece que la intención de Salas Barbadillo en *El necio bien afortunado* fuera imitar ciertas características particulares de determinadas obras para adscribir la suya a determinado género, sino más bien remedar determinadas estructuras narrativas que considera exitosas, es decir, como comercialmente bien establecidas y aceptadas por el público. Imita, por tanto, estructuras narrativas, no episodios, por más que, justamente en la consecución del primer objetivo se vea abocado a plagiar los segundos; con otras palabras: al imitar estructuras, plagia episodios.

De esta manera, en efecto, la obra se convierte en una especie de puzle, de *arcimboldo* de géneros y obras entre las que sobresalen, es cierto, las adscritas al género picaresco, pero en cuya caprichosa composición es relativamente fácil entrever otras. Y aquí conviene recordar lo que apuntábamos al principio de estas páginas, particularmente las críticas que los primeros estudiosos de Salas Barbadillo habían hecho a propósito de su prodigiosa y caprichosa *variatio*.

Pues bien, las primeras pistas sobre qué modelos haya seguido la obrita nos las da ya el prólogo, titulado «Al necio y presumido lector» donde se leen párrafos como este:

> Corrige este retrato contigo propio, que eres el original, y enmiéndale de las imperfecciones que ha tenido en copiar tus imperfecciones; censúrame, si eres crítico, con

> escandalosos visajes; fléchame con las ignorancias de alguna venenosa apología; estrágame las márgenes con necedades pedantescas: que todo será darme materia para la segunda parte de tu historia. (Manukyan 2019: 219)[2]

Para cualquier ávido lector de literatura picaresca, este prólogo, por intención e, incluso, por ciertos paralelismos léxicos que aparecen ya en el título, parece remitir de manera inequívoca a uno de los dos que Mateo Alemán ubicó al inicio de la primera parte de su obra, concretamente «Al vulgo» (Alemán 2012: 11–12). No se me escapa, claro, que es sideral la distancia que corre entre uno y otro prólogo, distancia ideológica, literaria, retórica, pero no intento ahora hermanar dichos paratextos, sino intentar explicar que ya desde el prólogo Salas Barbadillo nos está indicando uno de sus modelos: el *Guzmán de Alfarache* de Mateo Alemán, verdadero best-seller de la época —y recuérdese el interés comercial que parece guiar a nuestro autor en todo lo que hace— y, también, iniciador de un tipo de narrativa nueva —lo que hoy llamamos, sin saber muy bien lo que es, *novela*— que no debió dejar indiferente la sensibilidad literaria y comercial de Salas Barbadillo. Y es que, como sabemos, Alemán, con su obra proponía un tipo de narración extraña a los ojos de sus contemporáneos, y en la que era lícito dar cabida a cualquier tipo de narración, a cualquier tonalidad genérica, bastaba solo mantener fidelidad a dos sagrados mandamientos de la poética literaria del momento: la aristotélica distinción entre *poesia e historia* —aunque solo fuera para intentar transgredirla, como en realidad hace Alemán— y la horaciana intención del *delectare et prodesse*. Tirando la piedra y escondiendo la mano — esto es, degradando un discurso que sabía infinitamente más complejo— es el sevillano el que, curiosamente, en el segundo prólogo de su primera parte define, plásticamente, su concepción literaria y, a la vez, marca el camino que ahora guía a Salas:

> En el discurso podrás moralizar según se te ofreciere. Larga margen te queda. Lo que hallares no grave ni compuesto, eso es el ser de un pícaro el sujeto de este libro. Las tales cosas -aunque serán muy pocas-, picardea con ellas, que en las mesas espléndidas manjares ha de haber de todos gustos, vinos blandos y suaves que, alegrando, ayuden a la digestión, y músicas que entretengan. (Alemán 2012: 15)[3]

Pues bien, parece claro entonces que Salas entendió con no poca inteligencia —por más que no le fuera parejo el ingenio— que la obra de Alemán le estaba proporcionando un cauce narrativo, una arquitectura genérica en la que,

2 Todas las citas a la obra hacen referencia a Armine Manukyan (2019).

3 Se trata ahora del segundo 'prólogo' que Alemán inserta en su obra, el dedicado al «Discreto lector» (Alemán 2012: 13–15).

literalmente, se podía tratar de todo, se podía escribir sobre los más variados asuntos, dando rienda suelta a una *inventio* que, reconozcámoselo, era particularmente fructífera en el madrileño. Otra cosa es, claro, que no llegara a entender del todo el modelo, aunque tampoco debemos excluir que, simplemente, no quisiera hacerlo, limitándose a imitar lo que le interesaba y desechando el resto. Intento decir con esto que en Alemán, obviamente, este *tutti frutti* genérico y argumental que llamamos *Guzmán de Alfarache* se sustenta a través de determinadas estructuras —narrativas, ideológicas, retóricas— que dan monumentalmente unidad a lo que, de otra manera, sería un caos narrativo. Salas, por su parte, de todos los posibles nexos se limitó solo a uno, el más fácil de imitar y, también, el más accesible para determinado público: el protagonista. Y es quizás por ello por lo que, curiosamente, dicho protagonista es, al menos en los primeros capítulos del libro, un pícaro, transformándose después en el protagonista de otros modelos narrativos, quizás porque ya entonces la inventiva de Salas flaqueaba.

Y por aquí llegamos al segundo modelo de Salas: el *Lazarillo de Tormes*. En efecto, tres capítulos de los ocho de que consta el libro están dedicados a contar la vida del protagonista, el doctor Ceñudo. Esta narración adopta diversos modelos de la novela picaresca (humildes orígenes, narración en primera persona, mozo de muchos amos, etc.) y, especialmente el segundo capítulo («Cuenta su vida el necio a un amigo suyo con la ocasión del suceso referido»), está claramente inspirado en la narración del salmantino, sobre todo en lo que se refiere a la enumeración de las jocosas aventuras que emprende para lograr su objetivo, si bien ahora el motor de la narración no es el hambre, sino la necedad, entendida con claras reminiscencias erasmistas:

> Dadme atención por vida vuestra, escuchad el discurso de mi vida y veréis de camino cuán acertado habéis andado en ese conceto; veréis cómo todo el tiempo que fui necio fui el más dichoso hombre del mundo solo con serlo. Por más que me desampararon los hombres y la fortuna, esta me desamparó aun cuando era necio, porque imaginaba que algún día había de dejar de serlo. (Manukyan 2019: 255)

Lo importante, sin embargo, es que así como en el *Lazarillo de Tormes* encontramos la narración de la vida de un individuo que logra progresivamente un bienestar material a costa de un no menos escalonado degrado ético, en *El necio bien afortunado* un placentero nivel de vida se conquistará sacrificando cualquier inquietud intelectual, pues solo a través de hacerse pasar por necio logra el Doctor Ceñudo ver reconocidos sus méritos. Por medio, claro, hay todo un proceso que va del rudo siervo del cura rural al filósofo, pasando por paje en la capital y estudiante en Salamanca. En este *curriculum studiorum* nuestro protagonista va adquiriendo conciencia de cuánto sea perverso el trato social y cuánto poder tenga la necedad y la estulticia en el corazón de los hombres, y será esta constatación la que le convertirá en el excéntrico personaje que conocemos en las primeras páginas del relato. Parece claro, entonces, que así como en el *Lazarillo* se nos cuenta en clave paradójica un proceso educativo antipedagógico en el que en lugar de enseñar al individuo a vivir en sociedad se le intenta convencer de los peligros de esta, en *El necio bien afortunado* se nos cuenta un progreso intelectual basado no en la adquisición de una mayor conciencia, de una mayor inteligencia y experiencia, de un mayor conocimiento, sino, por el contrario, en la constatación de que solo siendo cada vez más necio se puede encontrar la felicidad y es posible ubicarse correctamente en la sociedad.

El concepto se expone diáfanamente en un coloquio al principio de la obra, cuando don Félix, un amigo del Doctor Ceñudo, intenta aliviar la melancólica situación de su amigo: «Ahora digo —replicó Don Félix— que es gran desdicha ser discreto un hombre: si vos no lo fuérades tanto, no adelgazárades el discurso desa forma, gozárades la ocasión, con que despicado diérades una higa al amor» (Manukyan 2019: 254).

Es, pues, la necesidad de justificar su afición a la necedad como fuente de felicidad la que se constituye en motor de la narración del Doctor Ceñudo, de la misma manera que, en Lázaro, es la justificación de su cómodo presente el que le obliga a contar su vida. Ambos personajes, por tanto, contarán sus vidas para 'justificarse', para explicarnos un presente, el suyo, que de otra manera podría parecernos inexplicable, cuando no infame o estúpido. En el caso del mozo del ciego, como sabemos, se trata de saber por qué acepta el *ménage à trois* que le propone el Arcipreste; en la obra de Salas, por el contrario, querríamos saber por qué Ceñudo no goza de la mujer que ama cuando todas las circunstancias le son favorables.

Y llegados a este punto conviene establecer, para cerrar esta parte del discurso, dos relaciones inversamente especulares que encontramos entre los dos textos que estamos analizando. La primera, apenas apuntada, nos enseña que mientras en la obra del anónimo Lázaro pasa de la ingenua estulticia del niño —se recuerde el episodio del toro a la salida de Salamanca— a una inteligencia, por más que perversa, que obliga a muchos personajes a emparentarle con el mismísimo diablo, en la obra de Salas el proceso es inverso, y el protagonista pasa de una aceptable inteligencia natural a un estadio de asombrosa estulticia. En ambos casos el proceso es consciente y, también en los dos, el mismo se realiza para poder adaptarse a la sociedad y lograr sobrevivir en la misma.

La otra relación entre ambos textos, también esbozada, se refiere al amor. En Lázaro no hay una brizna de amor, de sentimiento, justamente porque el proceso educativo/degenerativo ha sido tan eficaz que le impide cualquier expresión emotiva. Para aceptar la infame situación a la que se refiere «el caso», Lázaro tan solo tiene que hacerse el tonto, disimular su natural inteligencia, su capacidad intelectiva para analizar la realidad. Con otras palabras, a Lázaro le da igual lo que haga su mujer, y ello entre otras razones porque no la ama y lo único que le preocupa de toda la cuestión que nos cuenta es la opinión de los otros. Basta, entonces, que atribuyan su infamia a la estulticia —como en parte pareciera hacer «Vuestra Merced»— para que se la perdonen. Por el contrario, en el Doctor Ceñudo todo lo que hace viene justificado por el amor, por el desesperado intento de conquistar el corazón de su amada Dorotea, y será precisamente por ella por la que nuestro protagonista dejará de ser necio para convertirse en el excéntrico intelectual que todos, incluso sus enemigos, admiran. Son, pues, procesos paralelos pero contrarios los que mueven los hilos de las vidas de Lázaro y del Doctor Ceñudo, pues si en el primero la falta de amor le lleva a hacerse el tonto, en el segundo será justamente la necesidad de ganarse ese amor la que le llevará a la sabiduría, abandonando la necedad que tan feliz le hacía.

Por aquí, por el amor, llegamos al último modelo de *El necio bien afortunado*. Y es que, en efecto, la obrita de Salas Barbadillo es, como ha señalado parte de la crítica, parcialmente una novela cortesana, esto es, una narración con una temática fundamentalmente sentimental. Ocurre, sin embargo, que dicha narración cortesana —los imposibles amores del Doctor Ceñudo y la esquiva Dorotea— está engastada en una narración-marco que no es otra que la de la vida del desgraciado amante que, como acabamos de ver, tiene numerosas concomitancias con la novela picaresca. Pues bien, con independencia de que quizás podrían encontrarse otras obras con una estructura narrativa como la apenas descrita, no parece disparatado decir que una de las doce novelas que Cervantes publicó en sus *ejemplares* corresponde perfectamente a este modelo. Se trata, como habrán adivinado, de *La ilustre fregona*. En esta novelita, las aventuras de esos dos postizos pícaros, Avendaño y Carriazo, vienen entremezcladas por las pasiones que Costanza, la misteriosa fregona, provoca en el primero de ellos. Y la narración avanza a golpe de situaciones cómicas, burlescas, insertadas en un contexto más o menos picaresco, pero sin abandonar nunca del todo la tensión sentimental que el incipiente amor de los dos jóvenes provoca en la narración. Es casi ridículo pensar que Salas no hubiese leído la colección de novelas del alcalaíno, un texto que, como sabemos, tuvo en la época un enorme éxito editorial. Pero es que además, recuérdese, es justamente Alonso Jerónimo de Salas Barbadillo quien, en Madrid, el 31 de julio de 1613, firma la «Aprobación» del libro de Cervantes, deshaciéndose, más allá de los tópicos y fórmulas del género, en alabanzas al texto («de honestísimo entretenimiento», «singular invención y copioso en el lenguaje») y a su autor.

Conviene ir concluyendo. He intentado argumentar que, en efecto, la crítica tiene razón cuando califica *El necio bien afortunado* como una novela híbrida, esto es, compuesta por distintos elementos. En esta ocasión hemos señalado solo dos de estos elementos: la narración picaresca y la novela cortesana, pero sería fácil añadir a la lista, como ya se ha hecho, algún otro, como el examen académico con finalidad casuística («el Examen del necio») o la pragmática cómica («Leyes y constituciones de la discreción»), por citar solo los más evidentes (ver Manukyan 2019: 315 y 393). Ocurre, sin embargo, que mientras la componente cortesana de esta rara mezcla es fácil y razonablemente identificable —solo razonablemente, porque también sobre esta parte habría no pocos aspectos que aclarar— la parte picaresca ha provocado, sobre todo en estudios más recientes, no pocas dudas al respecto.

Por mi parte he intentado argumentar que, en efecto, esta novelita de Salas Barbadillo no es una novela picaresca, y no lo es por los motivos ya aportados por la crítica y que no creo que aquí merezcan repetirse. Sí conviene recordar, sin embargo, que la aparición de uno o más elementos del género picaresco en una narración no convierten a la misma automáticamente en un elemento más del género. Lo que sí ocurre es que Salas Barbadillo ha construido su novela basándose en tres modelos picarescos cuales son el *Guzmán de Alfarache*, el *Lazarillo de Tormes* y *La ilustre fregona*.

Obras citadas

Alemán, Mateo (2012). *Guzmán de Alfarache*, Luis Gómez Canseco (ed.), Madrid: Real Academia Española.

Cauz, Francisco (1977). *La narrativa de Salas Barbadillo.* Buenos Aires: Colmegna.

Cotarelo y Mori, Emilio (ed.) (1907). *Obras de Alonso Jerónimo de Salas Barbadillo. Tomo I. Corrección de vicios* y *La sabia Flora malsabidilla*. Madrid: Tipografía de la Revista de Archivos.

García Santo-Tomás, Enrique (2008). *Modernidad bajo sospecha. Salas Barbadillo y la cultura material del siglo XVII*. Madrid: CSIC.

Manukyan, Armine (2019). *Estudio y edición crítica de dos obras de Alonso Jerónimo de Salas Barbadillo: «El necio bien afortunado» y «El sagaz Estacio, marido examinado»*. Pamplona: Universidad de Navarra.

Peyton, Myron (1949). «Salas Barbadillo's *Don Diego de noche*». *Publications of the Modern Language Association of America*, XVII, pp. 484–506.

Peyton, Myron (1973). *Alonso Jerónimo de Salas Barbadillo*. New York: Twayne Publishers.

Pfandl, Ludwig (1933). *Historia de la literatura nacional española en la Edad de Oro*. Barcelona: Sucesores de Juan Gili.

Salas Barbadillo, Alonso Jerónimo de (2016). *El caballero puntual*. Enrique López Martínez (ed.), Madrid: Real Academia Española/Centro para la Edición de Clásicos Españoles.

Victoria Aranda Arribas / Córdoba

Una adaptación pícara: *La hija de Celestina* de Salas Barbadillo (1612) por Angelino Fons (1983)[1]

Resumen: Entre los meses de abril y mayo de 1983, Televisión Española estrenó *Las pícaras*, miniserie integrada por seis capítulos independientes que pretendía revivir la picaresca femenina dentro de la pequeña pantalla. El último de sus episodios fue *La hija de Celestina*, adaptación de la novela homónima (1612) de Alonso Jerónimo de Salas Barbadillo, guionizada por Emilio Romero y dirigida por Angelino Fons. Se analizan aquí las divergencias entre este mediometraje y su texto base, prestando especial atención a las claves morales que se desprenden de ambas obras.

Palabras clave: Salas Barbadillo, *La hija de Celestina*, *Las pícaras*, Angelino Fons, adaptación televisiva, TVE

Abstract: Televisión Española broadcasted the TV-show *Las Pícaras* between April and May 1983. This series comprised six independent episodes attempting a revival of the Spanish feminine picaresque. The last of these instalments was *La Hija de Celestina*, adapted from the homonymous novel by Alonso Jerónimo de Salas Barbadillo (1612), scripted by Emilio Romero and directed by Angelino Fons. This article aims at analyzing the divergences between this rewrite and its base text, paying special attention to the moral keys derived from both works.

Key words: Salas Barbadillo, *La Hija de Celestina*, *Las Pícaras*, Angelino Fons, TV Adaptation, TVE

1 Una sombra, una ficción: tras las huellas de Elena de la Paz

Si hasta hace poco la narrativa de Salas Barbadillo encontraba ciertas dificultades para reivindicar su calidad, su trayectoria en el medio audiovisual no ha

1 Este artículo se inscribe en el marco del Proyecto de Excelencia I+D+i del MINECO *La novela corta del siglo XVII: estudio y edición (y III)* (FFI2017-85417-P) y del Proyecto I+D+i del Programa Operativo FEDER Andalucía *Prácticas editoriales y sociabilidad literaria en torno a Lope de Vega* (UCO-1262510). Ve la luz gracias a un contrato FPU concedido por el MECD.

corrido mejor suerte. Ni que decir tiene que, de los copiosos títulos que adornan su currículum, solo *La hija de Celestina* (Zaragoza: Viuda de Lucas Sánchez 1612) ha logrado atravesar la pequeña pantalla: inspiró, en primer lugar, los capítulos V y IX de *El pícaro* (1974), serie escrita, dirigida y protagonizada por Fernando Fernán-Gómez que revisitaba el género más español de cuantos nacieron durante el Siglo de Oro[2]. Sin embargo, la historia de Elena de la Paz ha sido adaptada una sola vez: Angelino Fons rodó una libre versión para otra serie de TVE: *Las pícaras*[3]. Este espacio, emitido del 8 de abril al 13 de mayo de 1983, lo integraron seis capítulos de una hora que procuraban acercar la picaresca femenina al público de la Transición.

Puede que la mirada del crítico cuestione la idoneidad de *La hija de Celestina* en un producto basado en libros de este tipo, ya que su pertenencia al género fundado por el *Lazarillo* se ha discutido con largueza[4]. No nos extrañe, sin embargo, su inclusión dentro de dicho corpus, pues entre sus compañeras figuraba una comedia tan alejada de la bribia como es *La viuda valenciana* (1620) de Lope de Vega. He aquí las obras que conformaron este proyecto, por orden de emisión:

1) *La tía fingida* (*c.* 1582, atribuida a Cervantes): dirigida por Antonio del Real y protagonizada por Lola Forner.
2) *La garduña de Sevilla* (1642) de Alonso de Castillo Solórzano: orquestada por Paco Lara Polop, y con Amparo Muñoz como Rufina.
3) *La viuda valenciana*, de Lope de Vega: detrás de la cámara se puso Francisco Regueiro, mientras que Cristina Marsillach interpretó a Leonarda.
4) *La pícara Justina* (1605) de Francisco López de Úbeda: bajo la dirección de José María Gutiérrez, Ana García Obregón asumió el papel protagonista.

---

2 Esta serie y sus fuentes han sido estudiados en profundidad por España Arjona (2017).

3 También Jorge Grau preparó un guion del que solo conocemos el título: *La hija de Celestina. Sinopsis para una versión cinematográfica en versión libre por Jorge Grau* (1979) (García Santo-Tomás 2008b: 187).

4 «La obra no participa más que en algunos casos y genéricos rasgos del género picaresco […]. La psicología de Elena no es picaresca, sino linealmente criminal. […] En la misma estructura de la obra resulta flagrante la desemejanza con la tradición picaresca; porque *La hija de Celestina* tiene una estructura cerrada […] y los diversos personajes, seguidos todos ellos hasta la conclusión, son criaturas de una sola aventura, no símbolos de estados sociales o pretextos para un itinerario picaresco» (Del Monte 1971: 106). Según Rico (1970: 131–132), «ni *La hija de Celestina* ni *La desordenada codicia de los bienes ajenos* pueden incorporarse a la novela picaresca […]. Serán tal vez "narraciones con pícaro" pero marchan en línea recta contra el diseño constitutivo de [la picaresca]».

5) *La lozana andaluza* (1528) de Francisco Delicado: realizada por el cineasta y humorista gráfico Chumy Chúmez, esta vez fue Norma Duval la responsable de dar vida a Aldonza[5].

La serie se despediría con el estreno de *La hija de Celestina*. Como se deduce del título, los adaptadores optaron aquí por la versión más célebre y difundida de la novela, pues su posterior edición madrileña de 1614, *La ingeniosa Elena*, se diferencia de la *princeps* por la incorporación de un puñado de textos (dos poemas en tercetos: *La madre* y *El marido*; la novelita *El pretendiente discreto*, de cuño italianizante, y cinco romances sobre el jaque Malas Manos)[6], del todo inútiles para unos realizadores que buscaban acelerar el ritmo de la historia.

En puridad, tampoco el género picaresco fue un criterio que aquellos creativos de TVE se tomaran al pie de la letra a la hora de escoger los textos. Así, el término «pícara» se aplicaba a toda mujer que se sirviera de su belleza para maquinar engaños y salir beneficiada de ellos; o, según Arredondo (1993: 16), a «"mujeres libres" que utilizan la atracción sexual como señuelo [y] hacen, además, un doble uso de su facultad de elección: unas veces para escoger maridos o amantes [...] y otras para seleccionar a las víctimas potenciales de sus engaños y hurtos». Por tanto, era su lascivia y no otra cosa lo que más interesaba de sus peripecias o, al menos, el cebo que hizo picar al público de principios de los ochenta.

Antes de proceder al análisis comparativo, resumiré de forma sucinta la trama: Elena de la Paz, «mujer de buena cara y pocos años [...], tan sutil de ingenio que era su corazón la recámara de la mentira» (Salas Barbadillo 2008: 84), se halla en Toledo el mismo día en el que contraía nupcias Sancho de Villafañe, sobrino y único heredero de don Rodrigo, próspero caballero sevillano. Elena tiene noticia del casorio a través del paje de este último, Antonio de Valladolid, quien le confiesa que su señor ha sido un reconocido donjuán. La protagonista coquetea entonces con el criado y lo guía hasta una posada, donde lo encerrará y le arrebatará una daga propiedad de don Sancho. Con ayuda de sus compañeros del hampa, Montúfar y Méndez, la pícara arma enseguida una treta para estafar a don Rodrigo[7]. Así, acuerdan que Méndez se haga pasar por la tía de Elena y

5 Ver Aranda Arribas (2019).

6 Ver Piqueras Flores (2015).

7 Recordemos que «la pícara, a diferencia del solitario pícaro, necesita siempre pareja, por muy hábil o inteligente que sea y por mucho que [...] sus parejas, salvo en los momentos de amor verdadero -que los hay- no [sean] sino instrumentos para su sobrevivencia» (Blanco Aguinaga 1983: 63). Justina (*La pícara Justina*, 1605) cuenta con Lozano, Santolaja y Guzmán, mientras que Rufina pasará de Garay a Jaime en *La*

Montúfar por su hermano, con vistas a presentarse en casa del noble luciendo sus mejores galas. Ya en su presencia, fingen que Elena ha sido violada por Sancho y le enseñan para acreditarlo la daga requisada a su criado. El viejo cae en la trampa y les ofrece un desagravio económico. A continuación, el trío de timadores huye rumbo a Madrid.

Don Sancho, por su parte, atisbó el rostro de Elena entre la multitud cuando los ladrones se dirigían a la mansión de su tío. El sobrino queda obnubilado por la belleza de la joven sin conocer siquiera su identidad. Este encuentro apunta a un idilio *de visu* que remite a la pasión concupiscente y se opone por ello a la modalidad *ex auditu*, que había dominado la prosa idealista del Quinientos (Ynduráin 1983: 589). La fascinación de Sancho propicia una trama paralela, de modo que «la narración presenta dos planos [...] que se interfieren constantemente, aunque sin llegar a fundirse: el de los devaneos amorosos de Sancho y el mundo delictivo de Elena. El origen de tal dualidad posiblemente esté en *La Celestina*» (Rey Hazas 1983: 143).

Y no acaban aquí las deudas con la obra de Rojas, empezando por el título de la novela, pues tanto la Méndez como la difunta madre de Elena son hechiceras y alcahuetas, al más puro estilo de la *puta vieja* Celestina (Rey Hazas 1983: 14)[8]. Además, las relaciones entre la protagonista y Montúfar, su amante, se antojan similares a las de Centurio y Areúsa. Ahora bien, la ingeniosa Elena es una prostituta que sabrá tomar las riendas de su vida y, con ellas, las de la historia que se nos cuenta.

Sancho reaparecerá en el cuarto capítulo. Mientras buscaba a los malandrines que embaucaron a su tío, intercepta el carruaje en el que estos huían camino de Madrid. Pero cuando ve a Elena bajar del coche, enseguida quedará convencido de su inocencia, pues «siempre de la cosa amada presume el amante inclinaciones

---

garduña de Sevilla (1642), Teresa se casará en cuatro ocasiones en *La niña de los embustes* (1632) y, por último, Elena se hará seguir de Montúfar en la obra que nos ocupa.

8 La Méndez forma parte del romancero popular. Así, consta en la *Colección de romances castellanos anteriores al siglo XVIII* de Agustín Durán (1877) y su nombre aparece siempre ligado al de su amante, Escarramán. El mismo Salas revive a esta pareja en la «comedia famosa» *El gallardo Escarramán*, incluida al final de *El subtil cordobés Pedro de Urdemalas* (1620). Ver Andrade (1970). Años más tarde, en el *Parnaso español* (1648) de Quevedo se publicarían las jácaras *Carta de Escarramán a la Méndez* y *Respuesta de la Méndez a Escarramán*. Ver Becerra Díaz (2009). Conviene reparar en que este género lírico comparte con la picaresca «una perspectiva que ha captado el "desorden" y que lo ha localizado, además y precisamente, en el lugar donde sus efectos son más estallantes: el lumpen del hambre y del sexo» (Rodríguez 2001: 64).

honradas» (Salas Barbadillo 2008: 120). En consecuencia, los dejará marchar; con la promesa, eso sí, de volver a verse con la linda protagonista en la villa y corte. Una cita que nunca llegará a producirse, pues, sabedores del peligro que suponía la presencia de Sancho en Madrid, los pícaros cambian su destino por Burgos, donde Méndez tenía una hermana.

Durante el trayecto, Montúfar caerá enfermo y las mujeres, que han comprobado ya su pobreza de espíritu y están hartas de mantenerlo, deciden abandonarlo a su suerte. Ávido de venganza, el truhan ayunará hasta recobrarse y saldrá en busca de sus viejas socias. Cuando las encuentra, las ata a unos árboles junto al camino y se despide. Será don Sancho de Villafañe, que casualmente iba también hacia Burgos, el primero en pasar por aquel otero. Convencido de que la mujer de la que se había prendado era una dama principal, no alcanza a reconocer a Elena y se limitará a preguntarle su nombre. Pero, antes de obtener respuesta, escucha un rechinar de espadas a lo lejos y se apresta a interrumpir el duelo entre unos cazadores. A su regreso al sitio donde había dejado a las prisioneras, estas se han esfumado: Montúfar, consciente de las ventajas que provee la hermosura de Elena, volvió para rescatarlas.

Después, los compinches se dirigen a Sevilla, ciudad muy vinculada al mundillo y a las letras picariles, pues en la antigua Híspalis los intereses económicos y el lujo despertaban «la codicia de los que, no poseyendo medios suficientes, desean tener parte en el reparto social» (Brioso Santos 1998: 104). Baste pensar apenas en el *Guzmán de Alfarache*, *Rinconete y Cortadillo* o *La garduña de Sevilla*[9]. Allí, simularán ser devotos y vivirán de las limosnas que piden en nombre de los pobres y guardan para su uso y disfrute[10].

Durante tres años, se enriquecen a costa de la caridad. Cumplido este plazo, los delata un criado al que Montúfar maltrataba un día sí y otro también. Montúfar y Elena conseguirán escapar, pero sin prevenir del grave peligro a Méndez, que será «condenada a cuatrocientos azotes de muerte» (Salas Barbadillo 2008: 132). La pareja decide retomar entonces la ruta hacia Madrid, donde se

9 Así describía Gómez Canseco (2013: 123) la Sevilla retratada por Mateo Alemán: «tanto en la ficción protagonizada por [Guzmán] como en las narraciones insertas y, en apariencia, más idealizadas, la ciudad de Sevilla se presenta como una miniatura perfecta de la maldad universal que Mateo Alemán dibujó en su libro, donde solo el dinero, la mentira y el interés propio actúan como causa y motor con que justificar el avieso comportamiento de los personajes».

10 El disfraz de los pícaros adelanta otro episodio de *La garduña de Sevilla* (1642) de Castillo Solórzano: el de Crispín. Rufina dará con este falso ermitaño, que vive rodeado de riquezas, y pronto lo seducirá para arrebatarle sus tesoros.

casarán y vivirán del cuerpo de Elena. Felices a pesar de todo, Montúfar siente celos de los encuentros de su mujer con Perico el Zurdo, un tipo ajeno al negocio, lo que redunda en otro castigo para la protagonista. Varios días después de su escarmiento, la «hija de Celestina», presa de la cólera, matará a Montúfar con la ayuda de su nuevo amigo. Finalmente, la justicia los descubre y son condenados sin remedio: Perico sube al patíbulo, mientras que a Elena «la sacaron […] al río Manzanares, donde dándola un garrote, conforme a la ley, la encubaron» (Salas Barbadillo 2008: 153).

A lo largo de este artículo, trataré de arrojar luz, en primer lugar, sobre las claves formales de la transposición televisiva[11], las cuales responden a su peculiar contexto de producción. Sucesivamente, analizaré a su vez las divergencias entre ambas tramas, que, si bien sutiles, afectaron por completo al sentido último del sexto episodio de *Las pícaras*.

2 El amor en los tiempos del Destape

La hija de Celestina/TV[12] contó con Victoria Vera, una de las musas de la Transición, en el papel de Elena de la Paz. Daniel Dicenta encarnaría a Montúfar, Queta Claver a Méndez y el galán Máximo Valverde al noble Sancho de Villafañe. El guion salió de la pluma de Emilio Romero (1917–2003), periodista de renombre durante el Franquismo que también probó suerte en la novela con títulos como *La paz empieza nunca* (Premio Planeta, 1957) —una historia que León Klemovsky llevaría al cine en 1960[13]— o *Cartas a un príncipe* (Premio Nacional de Literatura, 1963)[14]. Asimismo, se aplaudieron sus adaptaciones teatrales al amparo

11 Wolf (2001: 16) prefiere el término *transposición*, leído por él como una operación de «traslado» y «trasplante» alejada del concepto de *adaptación*, que implica un intento forzado de que la literatura «quepa dentro del cine», con la consiguiente devaluación de este último.

12 En aras de la claridad, me referiré con esta fórmula al episodio de *Las pícaras*.

13 También se adaptarían a la gran pantalla *Casa manchada* (1977), dirigida por José Antonio Nieves Conde, con guion de Pedro Gil Paradela y protagonizada por Stephen Boyd; y la pieza teatral *Verde doncella*, que León Klimovsky convertiría en imágenes, en 1968. Otro de sus dramas, *Las ratas suben a la ciudad*, realizado por Pedro Amalio López, se emitió dentro de *Estudio 1* el 4 de junio de 1970 (https://www.imdb.com/name/nm0739394/?ref_=tt_ov_wr, consultado el 10-05-2020).

14 «Con apenas veintitrés años, el Régimen le situó en la dirección de un periódico de Lérida, *La Mañana* […]. En 1945, ocupó la jefatura de la Sección de Prensa Nacional en la Dirección General de Prensa y, meses más tarde, la dirección política del Movimiento Nacional (partido único de la Dictadura) le nombró Jefe de Orientación Política de la Prensa Española. En 1946, comenzó a trabajar en el diario oficial de

del Régimen, entre las que destacan *Galileo Galilei*, de Bertolt Brecht, y *La muerte de Danton*, de Georg Büchner. En cuanto a su hoja de servicios audiovisuales, coescribiría junto a Andrés Velasco el filme *Uno del millón de muertos* (1977), dirigido por este último y de escasa repercusión. *La hija de Celestina* supuso su debut televisivo; y el mayor 'hito' de una carrera que tocaría a su fin solo un año después con la miniserie *Proceso a Mariana Pineda*, dirigida por Rafael Moreno Alba, en cuyo guion colaboró[15]. Llama la atención que un hombre tan afín a la dictadura participara, cuando todavía no se había cumplido una década de la muerte del caudillo, en el *biopic* de un personaje tan connotado políticamente. Y, para más inri, con Pepa Flores (Marisol) —antigua niña prodigio, esposa de Antonio Gades, militante del PCE y firme defensora del castrismo— abriendo el cartel. De igual modo, adelanto que *La hija de Celestina*/TV se sitúa en las antípodas de los valores que exaltaba el Régimen. Por ello, debemos estimar a Emilio Romero como un creador ecléctico, no del todo extremo ni inflexible en sus términos ideológicos; si bien nunca sabremos en qué grado ha de atribuirse el resultado final del capítulo a su guionista o a su director.

Angelino Fons (1936–2011) se había diplomado en la Escuela Oficial de Cine en 1963 y llegó a ser considerado una de las grandes promesas de la nueva generación de realizadores. No en vano, colaboró con Carlos Saura en *La caza* (1966), y su adaptación de *La busca* (1966) de Pío Baroja, a la que dotó de notables tintes neorrealistas, recibió buenas críticas. Luego dirigió *Fortunata y Jacinta* (1969), a partir de la obra maestra de Galdós[16], al que regresaría en 1972 con su adaptación de *Marianela*. Como vemos, la carrera de Fons nació muy vinculada a la literatura. Pero las letras no solo le traerían aplausos: el fracaso de sus dos últimas cintas lo persuadió para encargarse de proyectos de menor coste y pretensiones

los sindicatos verticales del Régimen, el diario *Pueblo*, como comentarista político y, por fin, en 1952, accedió a la dirección del periódico, puesto que no abandonó hasta después de la muerte de Franco, veinticuatro años más tarde, en 1976. En tal período de tiempo, convirtió a *Pueblo* en el diario de mayor tirada de España y [en] uno de los más influyentes. En esta época, fue, posiblemente, el periodista más leído y poderoso de España, y sus Gallos —sus artículos llevaban como cabecera e ilustración un dibujo de este ave de corral— eran piezas periodísticas de lectura obligada para las gentes del Régimen» (*Real Academia de la Historia*: http://dbe.rah.es/biografias/4998/emilio-romero-gomez, consultado el 30-04-2020).

15 Sus cinco episodios están disponibles en https://www.google.com/search?q=rtve+mariana+pineda&oq=rtve+mariana+pineda&aqs=chrome.0.0l2j69i64.3168j0j7&sourceid=chrome&ie=UTF-8 (consultado el 30-04-2020).

16 También en esta aparecería Máximo Valverde (Sancho) interpretando a otro donjuán: el despreciable Juanito Santa Cruz.

bastante más humildes. Así, desde 1973 en su filmografía se registran verdaderos delirios, como *Mi hijo no es lo que parece (Acelgas con champán… y mucha música)* (1974), *De profesión: polígamo* (1975), *Esposa y amante* (1977) o *El Cid cabreador* (1983)[17].

Dicho ciclo de películas se enmarca dentro del *Destape*, una etiqueta con la que se conoció al período de liberalización sexual de los primeros años de la democracia y que se dejó sentir, sin duda, en los cambios sufridos por *La hija de Celestina*/TV[18]. 1983, el año del estreno de *Las pícaras*, representó también el fin de la Transición democrática en España (1975–1982) tal como hoy la conocemos. Durante este periodo, se fueron conquistando nuevas libertades, y el medio cinemático no tardaría en hacerse eco. Entre ellas, el desnudo femenino se convirtió en emblema de dicha apertura, lo que cristalizaría en la denominada «comedia sexy»[19]. A su vez, en la parrilla de Televisión Española eran muy frecuentes las adaptaciones y los programas literarios; de manera que los clásicos de nuestras letras contribuyeron al desarrollo del lenguaje televisivo, al que sirvieron como una inagotable fuente de historias que, por su categoría, daban cierto lustre a aquella programación[20].

---

17 https://www.imdb.com/name/nm0284638/?ref_=tt_ov_dr (consultado el 10-05-2020).

18 Ver Ponce (2004).

19 «A este género se lo suele caracterizar como una serie de películas entre los 70 y los 80, con más pretensiones económicas que artísticas, cargadas de un alto contenido erótico en clave de humor, y cuyo protagonista es casi siempre un sujeto masculino, heterosexual, español, de clase media o media-baja y sexualmente reprimido» (Cáceres García 2008: 2). Sus temas se basaban «bien en la parodia de las tendencias de moda, bien de las costumbres o de los grandes tópicos que caracterizaban a la sociedad española del momento: turismo, inmigración urbana y emigración exterior, servicio doméstico, consumismo, pervivencia de las viejas tradiciones, etc.» (Monterde 1993: 39). En esta categoría, presidida por *No desearás al vecino del quinto* (Ramón Fernández, 1970), se incluyen títulos como *Agítese antes de usarla* (1983), *Queremos un hijo tuyo* (1981) o *La Lola nos lleva al huerto* (1984), todos ellos dirigidos por Mariano Ozores.

20 Los formatos iban desde el teleteatro de *Estudio 1* —sin duda el más famoso— hasta el trasvase cercano al moderno concepto de serie de ficción, como *Los libros*, concebida por Jesús Fernández Santos en 1974. Todos eran programas de parecido corte y, en parte, compartieron incluso períodos de emisión. Entre los teledramas, las diferencias resultaban mínimas: *Novela* ofrecía adaptaciones en tandas de capítulos de treinta minutos; *Hora 11* versionaba obras menos conocidas; *Teatro de siempre* popularizaba dramas clásicos –y, poco después, los de la Edad de Oro– frente al dominio de textos contemporáneos en *Estudio 1*. Ver: https://www.imdb.com/title/tt0451589/ y https://www.imdb.com/title/tt0451590/?ref_=nv_sr_1?ref_=nv_sr_1 (consultados el 10-05-2020).

Las pícaras (1983) encaja a la perfección dentro de esta etapa, toda vez que en esta serie se conjugaron la creciente popularidad de las transposiciones librescas y un erotismo, común en la época, que se presentaba «camuflado por una refinada coartada cultural» (Pérez Rubio y Hernández Ruiz 2005: 210). Los seis episodios, interpretados por las *sex symbols* del momento, pronto captaron la atención de los espectadores. Y no debe olvidarse que se trató de la primera incursión televisiva del productor José Frade, mecenas de títulos clave del Destape, como los dirigidos por Mariano Ozores (*Préstame a tu mujer*, 1981; *Brujas Mágicas*, 1981; *Juana la loca… de vez en cuando*, 1983) y el taquillazo *No desearás al vecino del quinto* (Ramón Fernández, 1970), con la que se inauguraría el «landismo»[21]. Sin despreciar tampoco *La trastienda* (Jorge Grau, 1976), el primer filme que tuvo la osadía de mostrar un desnudo integral femenino a este lado de los Pirineos.

En efecto, el interés suscitado por *Las pícaras* no era otro que el de introducir en la televisión las dotes y los atributos de las cintas del Destape y, para ello, la literatura de la Edad de Oro les sirvió como excusa y salvoconducto. De ahí que en más de una ocasión se desnudara a Victoria Vera, haya secuencias de sexo o poscoitales, e incluso una escena lésbica (ver Fig. 1) que tal vez le deba lo suyo a la controvertida *Me siento extraña* (1977), dirigida por Enrique Martí Maqueda y con Bárbara Rey y Rocío Dúrcal en los papeles principales. Eso sí, el erotismo de *La hija de Celestina*/TV no se ceñiría a la generosa exhibición de turgencias. Fons jugó aquí con varios símbolos que evocaban lujuria y sensualidad. Por ejemplo, en la escena previa al primer coito de Elena y don Sancho, la pícara muerde una manzana que este enseguida le arrebata (ver Fig. 2). Y antes de enfocar a la pareja en la cama, de nuevo se nos mostrará un primer plano con esta fruta (ver Fig. 3), cuyo significado resulta evidente: Elena aparece como una figura évica, mientras que Sancho se presenta más que dispuesto al pecado.

Más sutil se antoja el plano del huevo en otra de las escenas de Elena con Montúfar. Este alimento ya había sido optimizado por Buñuel en clave sexual. En *Tristana* (1970), la protagonista (Catherine Deneuve) cena junto al infame don Lope (Fernando Rey) y casca la parte superior de un huevo pasado por agua, en el que luego mojará un trozo de pan que se lleva a la boca con tristeza (ver Fig. 4

21 Se denominó así a aquellas películas que «representaba[n] al español como un reprimido ligón de turno que, en un escenario que tenía, generalmente, como fondo las míticas ciudades del *boom* turístico, deambulaba entre la soltería y el disfrute de su condición de "rodríguez de fin de semana", afanándose en la caza de la extranjera, más accesible sexualmente que la mujer española» (Suárez 2016: 613). Con frecuencia estaban protagonizadas por el actor Alfredo Landa.

y 5): la forma del pan y del huevo, la lentitud del acto y el primer plano en que es aislado «identifican la figura como una anticipación de la iniciación sexual de la protagonista» (Monegal 1993: 157). Y si la pobre huérfana de Galdós manipulaba su huevo con timidez, la pícara de Fons lo aplasta contra la mesa en pleno arrebato de placer (ver Fig. 6).

Asimismo, cuando Elena, después de su boda, se reencuentra con don Sancho, comerán perdices estofadas (40:20), un manjar tradicionalmente ligado al deseo. Este vínculo se registra en bestiarios, historias naturales y poemas folklóricos desde la Antigüedad, pues «si los machos [de esta especie], animados por la lujuria, mantienen a veces relaciones homosexuales [...], la hembra resulta tan caliente por naturaleza que ni siquiera precisa que la monten para quedar empreñada» (Gómez Moreno 2000: 89). Por otro lado, en las escenas de sexo de *La hija de Celestina*/TV, siempre será Elena la que se ponga encima del varón (ver Fig. 7–8). Con dicha isotopía queda bien patente la posición de dominio por parte de la protagonista, quien, aun sometida en ocasiones por la necesidad y las normas sociales, nunca se dejará amedrentar del todo en sus relaciones con los hombres.

Para glosar los aspectos formales de este filme, acudiré a las teorías de Vanoye (1996), quien explicó cómo las alteraciones de cualquier adaptación —también las televisivas— se ven fuertemente condicionadas por tres factores interrelacionados: el histórico, el estético y el estético individual. El crítico galo habla de un «proceso de transferencia» definido como la transformación inevitable provocada por el cambio de un medio a otro, pero también por la mudanza de época y de contexto. Dicho proceso no depende de la voluntad del director o del guionista, pero «alcanza inevitablemente al punto de vista, a la visión, porque afecta a la sensibilidad, al modo de entender las cosas de una época, y porque es un cambio forzoso de perspectiva» (Vanoye 1996: 145). En nuestro caso, el «factor histórico» tuvo que ejercer una fuerte y natural influencia, pues habían transcurrido ya más de trescientos años desde la publicación de la novela de Salas. En buena lógica, la cinta de Fons se vio más que determinada por la estética del Destape. Y son esas variantes las que hicieron de *La hija de Celestina*/TV una *reescritura* del texto base; es decir, «una forma de hipertextualidad consistente en la transposición de un texto dentro de otro que lo repite al tiempo que lo transforma, con una intención seria —y no cómica— que puede ir desde la actualización y la reivindicación a la crítica y la oposición» (Pardo García 2010: 48).

Pero las diferencias entre el texto escrito y el televisivo no solo trajeron consigo un aumento de desnudos y escenas de cama. Como veremos en el siguiente epígrafe, otra lectura se deslizaría por su argumento; hasta el punto de que, gracias a pequeños ajustes, Romero y Fons se las ingeniaron para darle la vuelta al mensaje final del libro.

3 Crimen y castigo: la revisión semántica

3.1 La voz de Salas: el narrador

La peripecia de *La hija de Celestina*/TV viene marcada por un rosario de supresiones, añadidos y traslaciones que se acentúan a medida que avanza el capítulo. En general, la adaptación tiende a acelerar el ritmo, para lo cual Fons se valió de la *voice over* de un narrador. Un recurso que, cuando hablamos de cine o televisión —a día de hoy tanto da—, no goza precisamente de buena prensa.

Se presupone, por lo general, que en una película la narración, el punto de vista, es omnisciente: aunque haya un protagonista, o una voz interna, es la cámara la que cuenta la historia. De ahí que no se suela prestar mucha atención a la figura del narrador extradiegético por parte de la teoría de la adaptación. Y sin embargo, es justo esa voz en tercera persona la que marcará el tono de un relato escrito, y la elección de sus palabras nos hará sentir los hechos narrados de un modo u otro. Pues bien, si un filme pretende ser fiel al espíritu del libro que lo inspiró, ha de atender a ese tono del que hablo; y el camino para lograrlo a menudo pasa por la superposición de una voz (*voice over*) sobre las imágenes creadas por la extradiégesis, o sea, por el director. Así lo explicó Wolf (2001: 62): «la voz *off* establece una distancia entre el relato cinematográfico y un espectador que ve siempre un filme como si ocurriera en tiempo presente [...]. También es cierto que los cineastas buscan recuperar esa "otra voz" ajena a los personajes. Se trata de un intento de literalidad, de que ese espesor de la palabra emule en el filme el efecto que produjo en el lector».

La hija de Celestina/TV, además de por la cámara, está contada por una voz masculina (la del actor Alfredo Mayo) que, al final del capítulo, se identifica con la del novelista barroco: «Y yo, Alonso Jerónimo de Salas Barbadillo, que he narrado esto tal y como sucedió, pido disculpas por los excesos del relato y gratitudes en el caso de que hubiera distraído» (54:45). En ningún momento, sin embargo, dicha instancia pronuncia palabras salidas de la pluma del madrileño. Su intervención sirve, sobre todo, para aligerar la trama, resumirla y esclarecer las oportunas elipsis.

Y a fe que en ocasiones resulta útil. Por ejemplo, este narrador adelanta las estafas de los pícaros, de forma que el público se enfrenta a ellas a sabiendas de lo que va a suceder. Otras veces, en cambio, relata justo lo que estamos viendo en la pantalla y se antoja innecesaria[22]. Es lo que ocurre durante la ejecución de Montúfar (35:54) y el encarcelamiento de Méndez (36:36).

Por otro lado, respeta en todo momento la socarronería con la que Salas retrató las aventuras de los ladrones. Veamos dos ejemplos del autor de *La hija de Celestina*:

> Uno de estos se le arrimó a nuestra Elena, que esperaba a la fiesta junto a la Puerta del Perdón, porque por hacérsela al Ilustrísimo estaba aquel lugar entre los señalados para la carrera. (88)

> [Estos pícaros] mezclábanse al descuido entre la gente y, como padres comunes de bolsas desamparadas, si hallaban alguna huérfana, la recogían con tanta caridad que la hospedaban en su mismo pecho. (89)

De igual modo, el narrador de la adaptación televisiva firma una serie de comentarios jocosos. Por ejemplo, durante la presentación de la protagonista:

> Esta es una historia de pícaros libertinos, de gente de fuste que son también pícaros de jubón para dentro, y donde va a lucir la verdad, el fullero, la comedia humana, la credulidad, y hasta el escarmiento. Ahora mismo se abre la historia en una ciudad castellana que se engalana de fiesta porque el rico hacendado don Rodrigo de Villafañe ha viajado desde Sevilla para casar a su sobrino y heredero universal, don Sancho, con una doncella con más virtud y bolsa que belleza. Esta otra moza que ahora veis aquí se llama Elena y ha venido a esta villa a conseguir… todo lo que caiga en su hermosa faldriquera. El que la sigue ahora con tantas ansias es Antonio de Valladolid, paje de don Rodrigo que ha puesto sus ojos en ella como puso san Juan de la Cruz su fe en el otro mundo, sin reparar en que Elena, a todo imaginar, será miel para moscones y no agua para sedientos. (1:47)[23]

---

22 También los capítulos de *Las pícaras* dedicados a *La lozana andaluza* y *La garduña de Sevilla* cuentan con un narrador. Este recurso era usual en las adaptaciones literarias de TVE y, además de acelerar o dar ritmo a la historia, desempeñaba una función casi instructiva, pues ayudaba a que los espectadores no se perdieran entre los giros del argumento; de ahí que a veces sus comentarios resulten repetitivos. A veces estas voces *off* también aportaban datos extratextuales en un afán pedagógico bastante común en la época. Un buen ejemplo de ello es *El licenciado Vidriera* de Jesús Fernández Santos (1974), que formó parte de la serie *Los libros*, en la cual el narrador suma datos sobre la vida de Cervantes y las muchas versiones que se hicieron del relato de Tomás Rodaja desde la publicación de las *Ejemplares* en 1613.

23 No orillemos tampoco los intertextos áureos que afloran en el guion de Romero y que contribuyen a la ambientación del relato. Nótese, en este caso, la mención a San Juan de la Cruz. Sus tres poemas mayores (*Noche oscura*, *Cántico espiritual* y *Llama de amor viva*) situaron al carmelita en la cumbre de la lírica mística, por lo que la audiencia debió de captar este guiño con facilidad. Además, el parangón del espíritu ladrón de Elena con el ascético comporta cierto humor.

El gracejo de esta voz solo desaparecerá al final, fruto sin duda de la solemne ejecución de Elena, un detalle del todo ausente en el texto base. Salas, siempre a mayor distancia, nunca se conmoverá por el destino de sus criaturas. Y para comprobarlo no hay más que releer el epílogo, en el que la captura de Elena y Perico el Zurdo por el asesinato de Montúfar viene de la mano de un chiste relativo al matarife:

> [Perico] defendíase para no morir diciendo que el oficio de sus pasados y el suyo era matar carneros; y que por muchos que habían acabado hasta entonces en sus manos en vez de castigo se le había dado paga, y que no sabía por qué razón, siendo el difunto mayor carnero que los demás y conocido de todo el mundo por animal de este género, se había de hacer esta particular demostración poniéndole a él en prisiones y condenándole a muerte. (153)

Según vemos, la voz de Salas «se muestra por encima de los personajes y los hace actuar al son de las moralidades que quiere transmitir al lector» (Rodríguez Mansilla 2006: 117). Sin embargo, en *La hija de Celestina*/TV el narrador nunca juzgará a Elena —de hecho, lo sentimos cómplice de sus pillerías— y tampoco desgrana su historia como una lección para que los hombres se alejen de esta clase de mujeres, sino como ejemplo de la hostilidad del mundo. Disculpa, por fin, a la ladrona y hasta empatiza con ella.

Esta discrepancia se vincula de forma directa con la segunda alteración de la transescritura televisiva: la fusión de las tramas de Sancho y Elena, es decir, la aparcería de las bautizadas por Rodríguez Mansilla (2006: 119) como regiones «picaresca» y «caballeresca» del texto de Salas. Ambos planos están representados por Elena y Montúfar y «necesitan de un narrador omnisciente y todopoderoso que, sirviéndose de la tercera persona, contemple al mismo tiempo la andadura de uno y otro y haga posible, a su vez, que el lector pueda contemplarla también» (Rey Hazas 1983: 151).

Por último, repararé en un sucedido del tercer capítulo de *La hija de Celestina*, ligado de nuevo a la instancia narrativa: los tres ladrones huyen en un carruaje después de estafar a Villafañe. Montúfar teme por su libertad y no logra controlar los nervios. Para calmar los ánimos de su compinche y amante, Elena decide contarle entonces su vida de la forma más ortodoxamente picaresca («yo» autodiegético incluido). Este pasaje interrumpe, pues, el relato en tercera persona que domina el resto de la novela, ya que será la mismísima Elena la que nos haga partícipes de sus fortunas y adversidades. Descubriremos así su genealogía vil, ya que se declara hija de una prostituta mora y de un gallego beodo. Este origen sugiere y determina que sus aventuras siguieran un curso también corrupto. Con dicho episodio, además, se incluyen un par de rasgos que sitúan la trama dentro de la «región picaresca», pues el citado cambio a la autodiégesis y la descripción del linaje vergonzante son dos de las claves del género del *Guzmán*, según las caracterizó Rey Hazas (2003: 240)[24]. En la adaptación de Fons, de esta autobiografía solo quedará un breve comentario puesto en boca de Montúfar: después de que Méndez se dirija a él como el «chulo de Elena», este le replica que « ¡Chulo fue su padre y su madre, como usted, alcahueta!» (10:49).

No obstante, como razonaré en el siguiente epígrafe, hay otras modificaciones que afectan a la perspectiva del narrador, la trama y los personajes, con vistas a que el telefilme gane en picardía.

3.2 Dos en la carretera: Elena y Sancho

El argumento de *La hija de Celestina*/TV es bastante fiel al del texto base hasta pasada su primera mitad. Así, tras descartar Madrid y Burgos como destino, los protagonistas se trasladan al sur, donde fingirán ser falsos beatos, enriqueciéndose notablemente. En el capítulo de *Las pícaras*, a diferencia de la novela, no se especifica que sea Sevilla la ciudad elegida para sus fraudes. Solo se nos dirá que Elena y Sancho «se dirigieron [...] hacia Andalucía, que desde el descubrimiento de las Indias, es por donde salía y entraba la riqueza y pensando que la mejor manera de entrar a saco en ella era hacerlo como benefactores de los pobres, esquilmando a los ricos a cambio de recomendarles un buen lugar en el cielo, que es donde los ricos recelan que no lo van a tener fácil» (15:00–15:49). Aunque a finales del siglo XVI en la tierra de María Santísima no había ningún otro puerto tan importante como el hispalense[25], en realidad varios de los exteriores se rodaron en Arcos de la Frontera, como evidencian las escenas delante de la portada de la iglesia de San Pedro. Será aquí donde tendrá su asiento el espectáculo de los falsos devotos, un añadido del guion televisivo. Montúfar actuará como predicador, mientras que Méndez y Elena oficiarán como su madre y su hermana, respectivamente. La farsa solo se tambalea cuando un forastero escucha la perorata de Montúfar, asegura conocer a este trío y hace saltar por los aires

24 Aparte de la genealogía vil, el resto de características que singularizan una obra como «picaresca» son: 1) el viaje como marco argumental; 2) el hampa como telón de fondo; 3) las malas compañías; 4) la verborrea del protagonista; 5) el carácter de autobiografía; 6) vida inconclusa cuando se cierra la narración; 7) justificación del relato por el principio y por el final; 8) punto de vista único sobre la realidad; 9) el protagonista encarna el anti-honor; 10) mendicidad; 11) afán de ascenso social; 12) encuentro con un mundo hostil (Rey Hazas 2003: 240); de las cuales en la «Elena televisiva» solo se registran la uno, la dos, la tres, la nueve, la diez y la once.

25 Ver Cuesta López y Guerra (2005).

su deshonroso pasado. Entonces, el cura del pueblo intercede en favor de los pícaros y Montúfar idea una suerte de hagiografía que les permita salvaguardar su credibilidad: «Mi hermana Elena fue violada y perdida por un gran hombre de la corte. Una ramera se aprovechó de su inocencia y la llevó a su lado. El viejo testamento está lleno de estas cosas. ¡Yo luché contra el infiel en Lepanto, fui cautivo en Argel!» (21:15).

Cabe subrayar que esta biografía inventada es, sin duda, un guiño a la de Miguel de Cervantes. Como sabemos, el autor del *Quijote* combatió al Imperio otomano en la batalla de Lepanto (1571), donde recibió un arcabuzazo que lo privó del uso de su mano izquierda. Asimismo, sería hecho prisionero a su vuelta de Nápoles en la galera Sol y luego retenido como esclavo de Dali Mamí[26]. Está claro que sus andaduras en Argel y Lepanto constituyen dos de los episodios más conocidos de su biografía. Del mismo modo, la vida de Montúfar se completa de la siguiente forma:

> ¡Venid! ¡Os contaré lo que vi en Argel! [...] En tierra de infieles había soldados cautivos atados de pies y manos. Uno de ellos no pudo aguantar más y cayó al suelo. ¿Sabéis quién pasó por allí? ¡La hija del gran Caíd! Y Dios la iluminó. Se acercó a él como la Magdalena a Jesús, y ordenó que le soltaran las ligaduras. Pues bien, le hizo su criado, y al poco tiempo huyeron los dos de Argel, porque el cautivo la convirtió al cristianismo. ¿Sabéis dónde está ella ahora? En el convento de la Merced, en Córdoba. ¿Sabéis qué ha sido de su criado y salvador? Lo tenéis delante de vuestros ojos. ¡Soy yo! ¡Este humilde salvador del señor! (15:54–17:28)

Este fragmento nos recuerda a otro relacionado de nuevo con la vida de Cervantes: *La historia del capitán cautivo*, inserta en los capítulos XXXIX, XL y XLI de la primera parte del *Quijote* (1605). En ella, su protagonista relata cómo fue secuestrado por los moros y confinado en Argel, donde la bella Zoraida lo liberará para escapar con él a Castilla y convertirse al cristianismo[27].

Por otra parte, Montúfar exclama para atraer la atención del público: «¡Dios salva de los naufragios, aflige a los soberbios, alivia a los condenados a galeras, restituye la virginidad a las doncellas violadas!» (16:00). La penúltima de estas obras remite a otro ilustre pícaro del Siglo de Oro: Guzmán de Alfarache, quien terminó sus días como galeote y da noticia de esta situación. Así comenzaba el penúltimo capítulo de su historia: «Galeote soy, rematado me veo, vida tengo que hacer con los de mi suerte, ayudarles debo a las faenas, para comer como ellos. Híceme de la banda de los valientes, de los de Dios es Cristo. Púseme mi calzón

26 Ver Canavaggio (2015).
27 Ver Garcés (2005).

blanco, mi media de color, jubón acuchillado y paño de tocar, que todo me lo enviaba mi dama con esperanzas que aún había de pasar aquel tiempo y había de tener libertad» (Alemán 2012: 729).

Y tampoco las pícaras femeninas se quedarán atrás. Cuando Elena le dice a Méndez que le preocupa que se descubra su farsa religiosa, esta replica: «Ya no eres la putica fina que yo conocí, que le daba vuelta y cientos a la Sietecoñicos, como llamaban a la Lozana» (23:51). Está claro que tal Lozana no es otra que la andaluza Aldonza, si bien ella nunca recibió el apodo que refiere la Méndez, pues «Sietecoñicos» era en realidad un personaje masculino de la obra de Delicado[28].

A su vez, en *La hija de Celestina*/TV, respecto a lo que sucedía en la novela, y tras la denuncia de los criados[29], Elena será la única que sortee el peso de la

---

28 La aparición de Sietecoñicos en *La lozana andaluza* es meramente anecdótica: «AUTOR. ¿Es aquel que viene con el otro Sietecoñicos? LOÇANA. Sí, por mi vida, y su pandero trae. Mil cantares nos dirá el vellaco. ¿Y no miráys, anillos y todo? ¡Muéranse los barueros! SIETECOÑICOS. Mueran por çierto, que muy quexoso vengo de vuestro criado, que no me quiso dar tanticas de blanduras. LOÇANA. ¡Anda, que bueno vienes, borracha! Alcohol y todo. No te los sopiste poner. Calla, que yo te lo adobaré. Si te miras a vn espejo, verás la vna çeja más ancha que la otra. SIETECOÑICOS. ¡Mirá qué norabuena! Algun çiego me querría ver. LOÇANA. Anda, que pareçes a Françisca la Fajarda. Entra, que as de cantar aquel cantar que dixiste quando fuymos a la viña a çená la noche de marras. SIETECOÑICOS. ¿Quál, Vayondina? LOÇANA. Sí, y el otro. SIETECOÑICOS. ¿Quál? ¿Bartolomé del Puerto? LOÇANA. Sí, y el otro. SIETECOÑICOS. Ya, ya. ¿Ferreruelo? LOÇANA. Sí, mas mira que está allí una que presume. SIETECOÑICOS. ¿Quién? ¿La de Toro? Pues razón tiene, puta de Toro y trucha de Duero. LOÇANA. Y la seuillana. SIETECOÑICOS. La seys vezes villana, señores, con perdón» (Delicado 2019: 87–88). Díaz Braco (2019: 20) subraya que Sietecoñicos es «el único personaje homosexual [de la obra] […]. Es calificado de *vellaco* y de *borracha* por Loçana, quien lo insulta mediante este vocativo femenino».

29 He aquí otro eco de la literatura picaresca en el guion de Romero. Durante el último enfrentamiento entre Montúfar y el criado, bautizado como Constancio, el rufián lo acusará de haber «metido las manos en los cofres para ver lo que había» (32:00). Según han estudiado Bonilla Cerezo y Tanganelli (2018: 614) a propósito de *La muerte del avariento* de Andrés Sanz del Castillo (*Mojiganga del gusto*, 1641), estos valiosos contenedores «desde la historiografía de Heródoto llegan a la *Disciplina clericalis* de Pedro Alfonso y pasan a muchos otros textos, entre los que se cuentan el *Cantar de mío Cid* (el engaño sufrido por los logreros judíos Rachel y Vidas) y el propio *Guzmán de Alfarache* (Segunda parte, lib. II, cap. 8)». Ya el joven Lázaro de Tormes tenía la costumbre de hurgar en el arca del cura: «Levanteme muy quedito, y aviendo en el día pensado lo que avía de hazer y dexado un cuchillo viejo, que por allí andava, en parte do le hallase, voyme al triste arcaz, y, por do avía mirado tener menos defensa, le acometí con el cuchillo, que a manera de barreno dél usé. Y como la antiquíssima

autoridad mientras ahorcan a Montúfar y la vieja Méndez da con sus huesos en una de las cárceles de la Inquisición. Después, Elena se reencontrará con don Sancho, con el que tendrá una aventura. Luego de unos días de pasión, el caballero la envía a Madrid, donde deberá esperarlo en casa de Fernanda, una conocida suya. Empero, temerosa de ser descubierta por la justicia, Elena acaba contrayendo matrimonio con un viejo converso que atiende por Pascual (Luis Escobar). En la adaptación proliferan las alusiones a los cristianos nuevos: acusan a los pícaros de haberse fingido beatos, su pasado sale a la luz, los tildan de «herejes» y Montúfar grita: « ¡Piedad, señor, somos conversos!» (20:30). Del mismo modo, cuando Elena se entera de que Pascual es judío, afirmará: «Yo también tengo un ramalazo» (38:37)[30]. En la novela, en cambio, la protagonista era de origen musulmán, y no judío, por parte de madre. Fuera como fuere, las dos Elenas descendían de una mujer conversa.

El marido de Elena procede de la novela de Salas Barbadillo (2008: 149), en la que se daba entrada a «un hidalgo granadino, hombre de tanta calidad que estaban los papeles de su nobleza, ya que no en los archivos de Simancas, en los de la Inquisición de Córdoba [...], que descendía de ciudadanos de Jerusalén y tenía su solar en las montañas de Judea». Aunque permanezca siempre anónimo, en el texto será la principal víctima de los negocios de Montúfar tras su boda con Elena. Ahora bien, en *La hija de Celestina*/TV, Pascual no aportará mayor novedad que la de su nombre, pues su papel resulta idéntico al de Montúfar en la segunda mitad del texto: ya casado con Elena, la prostituye y acaba siendo envenenado por su esposa con un postre de guindas. Pero hay una leve diferencia: aquí la pícara actúa completamente sola, pues, enamorada de don Sancho, no necesita de ningún Perico el Zurdo que la ayude a cumplir con su

---

arca, por ser de tantos años, la hallase sin fuerça y coraçón, antes muy blanda y carcomida, luego se me rindió y consintió en su costado, por mi remedio, un buen agujero» (Ruffinatto 2000: 183). Y también el ruin Sayavedra del *Guzmán de Alfarache* llegará a hacer copias de las llaves que abrían los baúles del protagonista: «Cuando tuve mis baúles bien cerrados y liados, puse las llaves encima de la cama, donde Sayavedra clavó su corazón, porque no deseaba entonces otra ocasión que poderlas haber a las manos para falsarlas. [...] en el ínterin, tuvo Sayavedra lugar de imprimir las llaves todas en unos cabos de velas de cera que andaban rodando por mi aposento –si acaso no es que la trujo en la faltriquera–» (Alemán 2012: 448–449).

30 Recordemos que, a partir de la Reconquista, todos los habitantes de Castilla tuvieron que convertirse al cristianismo (los llamados «cristianos nuevos») so pena de sufrir las iras de la Inquisición. Ver Pérez (2013). De nuevo, la referencia a las cuitas religiosas aún latentes en el siglo XVII contribuyen a la ambientación de la historia.

tarea. Entonces, a pesar del cambio de cónyuge, el destino de Elena permanece inmutable: el determinismo le «pesa [...] más que [a] ninguna otra protagonista, incluso en el tema del matrimonio. Este no es, en Elena, un recurso para ascender económica o socialmente, ni un retiro para normalizar su vida, sino un elemento más de degradación e infamia, como en los pícaros masculinos» (Arredondo 1993: 26).

Con todo, el germen de todos estos desvíos se remonta al íncipit de la peripecia televisiva: cuando Elena y Sancho cruzan sus miradas, la fascinación será mutua. Y este flechazo es fruto de otra importante transformación: la del personaje de Sancho. En este caso, Máximo Valverde encarna a un donjuán mucho más perspicaz que su homólogo novelesco. Aquí no solo será un sujeto muy difícil de engañar, sino que además tiende sus propias trampas. De hecho, siempre que deja partir a Elena lo hace a sabiendas de su verdadera identidad, con el único objetivo de darle caza en cuanto pueda gozarla a su antojo:

> Elena pensó que don Sancho había caído en el garlito y se equivocó: don Sancho conoce a las pendejas de cerca como San Agustín a los conversos y lo que sucede es que está seguro que la encontrará en Madrid, y allí le sacará el placer que solicita y la bolsa de su tío, y le dejará en la almohada un doblón por desperfectos. (14:49)

Es así como Sancho dará con ella disfrazada de hermanita de la caridad. Y enseguida le propondrá huir juntos y dejar atrás a sus colegas de trapacerías. Entre ellos, a pesar de su naturaleza embustera, surge un romance sincero. Por tanto, Elena, el último bastión de resistencia al amor dentro de las pícaras españolas, también se rinde a las armas de Cupido, pues «estas mujeres ingeniosas y astutas no dejan de sucumbir a [...] la pasión» (Arredondo 1993: 27).

Rey Hazas (1983) explicó que, en *La hija de Celestina*, a) «todas las relaciones de [sus] personajes [...] son materialistas y viles» (146); b) Sancho «no es él mismo responsable de sus desafueros, sino el Amor y la naturaleza humana» (144); y c) es «significativo [...] el hecho de que Sancho, caballero y rico, nunca llegue a saber que Elena es una ramera» (150). Estos tres puntos son de veras cruciales, pues de ellos depende la justicia poética del relato. Elena merece la muerte porque es «ella misma la única responsable de sus delitos» (Rey Hazas 1983: 145), una mujer egoísta que solo alberga maldad. Por el contrario, Sancho discurre ciego de amor, y sus decisiones son puro reflejo de la *novella* italiana. El hidalgo, bien juzgado, disfruta de «ciertos matices de indulgencia y comprensión [por parte del narrador] [solo por ser] un rico y linajudo aristócrata» (Rey Hazas 1983: 144). En suma, Sancho es víctima de la tiranía a la que lo ha sometido la fulminante mirada de Elena, una suerte de gorgona a la cual estima tan señorial como noble. Pero al final acabará olvidándose de sus vicios para volver junto a su esposa como un marido reformado. Se comprende, entonces, que la pícara sufra el garrote y que el ahora discreto Sancho retome su vida anterior.

Estos dos personajes, símbolo de dos grupos sociales del todo antagónicos y de sus respectivas tachas, son figuras contrapuestas; de ahí que nunca se entremezclen sus tramas y que también merezcan finales adecuados a su condición. Por ello, «la visión del mundo que ofrece *La hija de Celestina*, a pesar de que su censura sea total y abarque a hidalgos y truhanes, es plenamente conservadora, más aún, defensora de la sociedad estamental y aristocrática, de sus privilegios de clase y de casta, así como de las diferencias éticas y sociales que esta concepción presupone según el abolengo heredado» (Rey Hazas 1983: 147).

Para decirlo de una vez, la propuesta televisiva de Angelino Fons socavó los tres pilares sobre los que se levantaba la cosmovisión y la moraleja de Salas Barbadillo. En primer lugar, los sentimientos de Elena hacia Sancho son verdaderos. Esto queda bien reflejado en su diálogo con Fernanda, la dama a la que la confió el sevillano durante su estancia en Madrid y que resultará ser una antigua colega de la protagonista:

FERNANDA ¡Oh, Elena! No le des más vueltas. Aquí encontrarás el calzado adecuado. Y encima te gustará. Yo me encargaré de que esos zapatos sean de tu medida.

ELENA Ya tengo ese calzado. Lo que quiero es reservarme a Sancho, que pronto llegará a Madrid.

F.: ¡Vaya cambio! ¿Pero en qué clase de mujer te has convertido? ¿Disimular santidad te ha vuelto santa? (38:36)

Esta conversación viene signada por un subtexto erótico cifrado en el uso de frasemas del campo léxico del calzado. «Calzar», en un registro coloquial, significa hoy «tener trato sexual con alguien» (*DRAE*); y no se pierda de vista que Fernanda pretendía que Elena diera con unos «zapatos» de su tamaño, ignorando que ya había encontrado los más oportunos en Sancho, el cual «se acomoda a lo que se desea», a la vez que «se resiste y se opone a sus mañas y artificios»: las dos acepciones que la *Real Academia Española* registra para el modismo «hallar alguien la horma de su zapato». Todo esto sin olvidar tampoco que Lázaro de Tormes confesaba en su 'carta autobiográfica' que un fraile de la merced, «que rompía él más zapatos que todo el convento», le dio «los primeros zapatos que [rompió] en [su] vida» (Anónimo 2011: 68)[31].

---

31 Pedrosa (2013: 100) rastreó la misma fórmula en otros cuentos y novelas, así como en la lírica popular, concluyendo que «la frase acuñada y el concepto de *romper zapatos*, que en el *Lazarillo de Tormes* funcionaban como un tópico formulístico e ideológico de sugerentes resonancias eróticas (al margen de que en ese contexto fueran de signo

En segundo lugar, como ya se ha dicho, Sancho sabrá en todo momento de la condición de Elena, y además no posee mucho mejor fondo que la pícara. Su espíritu libertino se deduce de la siguiente plática con su tío acerca del robo:

DON RODRIGO Ordené que los buscaran y comprobaran si es verdad lo que me dijeron.
SANCHO ¿Nos fiasteis?
D. R.: No.
S.: ¿Y por qué les disteis una bolsa de doblones?
D. R.: Para evitar el escándalo. Era el día de tu boda. Podrían haberse presentado allí. Si tu reputación fuera otra… Pero vuelas detrás de una falda bien rellena.
S.: Igual que usted detrás de un buen asado.
D. R.: ¿Qué dices?
S.: No, no, no. Nada. Nada, tío. Que iré a buscarlos. Traeré a esa putanca de un ronzal para que le den doscientos azotes en las nalgas.
D. R.: Si es como escarmiento, bien. ¡Pero no por otra cosa!
S.: ¿Qué pensáis señor? ¡Por supuesto que será por escarmiento! (11:35)

De modo que el caballero comulga con los deseos de Elena y con su forma de vida, hasta el punto de plantearse dejar a su mujer y huir con ella a las Indias:

ELENA No aguanto más. Trabajo con este tío más que en una casa de citas.
SANCHO Para eso se casó contigo. Ese es más sinvergüenza que Montúfar.
E.: Pues se acabó. […]
S.: ¿Y qué vas a hacer?
E.: Despacharlo para la otra vida.
S.: ¿Qué dices? […] Pues hazlo bien, porque esa gente habla antes de morirse.
E.: No le dará tiempo. Nos iremos a Sevilla. O mejor: a las Indias. Sí, a las Indias.
S.: ¿Con todo el cargamento del viejo?
E.: Con todo. Tú le dejas lo tuyo a tu mujer y con lo mío basta para los dos.
S.: ¿Hablas en serio?
E.: Completamente en serio. (48:29)

Frente a un Sancho que nunca se percata de que la mujer que le ha arrebatado el corazón es la misma que se hiciera con la fortuna de su tío, Angelino Fons se recrea en un noble aficionado al hampa que sabe aprovecharse de los privilegios de su rango y encuentra cierta conexión espiritual con una bella ladrona. Y esto

heterosexual u homosexual, cosa que no hemos logrado discernir del todo) […] se nos revelan, puestos sobre el horizonte de mayor alcance del cuento, de la epopeya, del mito iniciático, como un signo cultural (más aún que literario) de impresionante trascendencia».

es así porque la relación que se traba entre ambos en el capítulo del cineasta madrileño es fundamentalmente sexual, si bien construida sobre una atracción que apela a su complicidad intelectual. Aunque el origen de uno se sitúe en el polo opuesto del otro, sus psiques casan como las piezas de un puzle. Nada queda ya del inocente don Sancho de la novela y nada parece indicar que merezca un castigo menor que el de Elena. Y sin embargo, solo la pícara pondrá su elegante cuello dentro de un collar de hierro.

La benevolencia con la que se describe a los nobles en la obra de Salas, y su completa supresión en la reescritura audiovisual, también se deja sentir sobre el retrato de Rodrigo de Villafañe. En el texto, el tío de Sancho era un anciano sin fuerzas al que conmovían las falsas palabras de los bribones, suscitando así el aprecio del lector:

> Estaba el viejo en éxtasis, y cuando esperaba conocer de dónde traía el origen tan desesperado sentimiento, porque el río de los ojos de Elena, que se había extendido por todo el campo de la cara, sufría ya márgenes y se volvía, como dicen, a la madre, la anciana vieja, que le pareció empezar por donde la compañera acababa, acometió con tanto brío que mal año para lo que la otra había llorado [...]. El miserable oyente humedeció también la cara y, esforzándose para hablarlas, las conjuró por todos los santos del cielo para que, corrigiendo el llanto, le diesen parte de su principio, porque aseguraba, a fe de caballero y honrado montañés, que la menor prenda que por ellas aventuraría sería la hacienda, porque la vida poca que le quedaba con mucha liberalidad la perdería en su servicio. (100)

En el sexto episodio de *Las pícaras*, don Rodrigo se convertirá en cambio en un viejo todavía saludable, huraño, esquivo y que solo se desprende del dinero que le exigen los farsantes para evitar cualquier rumor sobre su familia. Compárese el anterior párrafo de Salas con este diálogo, un tanto absurdo, de la versión televisiva:

PAJE. Señor.
DON RODRIGO. He dicho que no me moleste ahora nadie.
P.: Se han empeñado, señor. Yo no quería...
D.R.: ¿A qué viene tanta urgencia? ¿Se está muriendo alguien?
MÉNDEZ. Se mueren la paz y la virtud de una familia, señor.
D.R.: ¿Y quién asesina tan venerables cosas?
M.: Agárrese a su fe cristiana con mi relato y que Dios le aconseje bien. *(Le besa la mano y él la aparta con desagrado)*
D.R.: Yo **me** agarraré donde quiera cuando la oiga.
M.: La castidad de mi hija fue maltratada por su sobrino
D.R.: ¿Por mi sobrino Sancho? *(Se gira hacia Elena)* ¡Contesta! ¿Fue mi sobrino Sancho?
ELENA. Sí.

D.R.: ¿Y cuántas veces abusó de ti? ¿Una vez o doscientas?
E.: Una vez. Pero toda una noche. Me ató al catre, señor.
M.: Si hubiera sido, señor, doscientas veces por deseo de ella, habría sido con su complacencia, pero toda la noche fue suya.
D.R.: Ya, por eso hice la pregunta: una vez es sorpresa, más de una vez afición. Si la chica estuvo atada toda la noche, no es culpable. (07:50)

Por último, y a resultas del cambio radical que sufre el Sancho televisivo, desaparecen todos los episodios que protagonizaba en la novela. Su trama, entonces, se funde con la de Elena. No existe ya una doble perspectiva de la sociedad —romántica y caballeresca, por un lado, y cruda y picaril, por otro—, sino que, como reflejo de un mundo enfermo, ambas se unen y se igualan en su mezquindad. Está claro que para los responsables de esta cinta la genealogía de los personajes no tenía ninguna importancia como fermento de su calidad humana. Los pícaros son despreciables, pero también lo son los nobles en su hipocresía; y el pueblo llano, ávido de sangre cuando descubre el engaño de los falsos devotos (ver Fig. 9) —en una imagen, por cierto, deudora de aquella otra de *El doctor Frankenstein* (James Whale, 1931) en la que se pedía la cabeza del monstruo (ver Fig. 10)—. En tan renovado enfoque estriban las antítesis entre los protagonistas de la novela y del mediometraje, que se llevarán hasta las últimas consecuencias. Así, el final del capítulo no cambia respecto al texto base, pero sí su sentido dentro de la estructura final: Elena es ajusticiada, condenada a garrote y a ser encubada en el río Manzanares, mientras que Sancho se libra del castigo. Ahora bien, si ambos habían hecho gala de unos principios igual de amorales, lo único que evitará la pena del aristócrata es, justamente, su posición de privilegio. En una España donde todos merecerían la horca, solo los ricos pueden zafarse, lo cual acrecienta aún más la crueldad y la depravación del entorno.

Nos lo confirma la última escena. Elena emprende con parsimonia su camino hacia el cadalso. La hermosa y descarada pícara presenta ahora un aspecto bien distinto: la han rapado, su piel está muy pálida y apagada, la mirada se inclina triste hacia el suelo y nada queda de aquella sonrisa burlona que dominaba su rostro (ver Fig. 11). La apariencia de Elena, junto con la banda sonora, ahora grave y melancólica[32], y el propio texto invitan a compadecernos de la ladrona.

32 Compuesta por Teddy Bautista, «en general, y siendo considerados podríamos exceptuar algunos compases, son composiciones enlatadas, sin una lógica correspondencia a veces, con sonidos sintéticos […] y esmirriadas melodías que parecen rehuir el trasfondo barroco de *Las pícaras* para alojarse en un caos que contradice y anula los fotogramas» (España Arjona 2016: 252). No obstante, en *La hija de Celestina*/TV, sobre todo en las escenas en las que aflora la sinceridad (el idilio entre don Sancho y

Entre el público de la ejecución, se encuentran Sancho y Antonio de Valladolid, que comentan los hechos:

ANTONIO. Señor, esa fue la que robó a vuestro tío. Estoy seguro.
SANCHO. Antes le habían robado otros a ella.
A.: ¿Qué señor?
S.: Se nace con virtud y con inocencia. ¿O no?
A.: Es una ramera. Y una ladrona.
S.: ¿Pero por qué fue todo eso?
A.: Pues como son los bizcos: porque tuercen los ojos.
S.: No seas necio, un bizco nace, una ramera se hace o la hacen.
A.: Esa le dijo a vuestro tío que usted le había quitado la virginidad.
S.: Y no mintió.
A.: ¿Qué decís, señor? ¿A esa le quitó usted la virginidad?
S.: La virginidad no está donde tú te imaginas.
A.: Pero señor, ¿dónde está la virginidad si no en su sitio?
S.: En el corazón. (52:28)

Don Sancho da rienda suelta ahora a un discurso exculpatorio que completará la voz del trasunto televisivo de Salas Barbadillo:

> Y esta ha sido la triste y agitada historia de Elena de la Paz, hija de Celestina, que nació de mala manera y murió en peor trance. Con la mano en el corazón, debo decir que esta ladrona y esta pendeja era buena de sentimientos y no de razón, porque la razón ha sido deformada por el lugar de su nacimiento y las gentes con quienes convivía, y no tuvo cerca personas ejemplares y descubrió que tampoco las había entre las que figuraban en la corte. (52:04)

Casi en paralelo, escucharemos en *voice over* las palabras que Elena le dice al verdugo («Apresuradme la muerte para llegar al Cielo cuanto antes, pues esto es un basurero» [53:56]) y su último pensamiento antes de pasar a mejor vida: «Ay, Dios, que no os he merecido, y tampoco os pusisteis de mi parte para no ser lo que después he sido» (54:16). Dicho suspiro, a caballo entre la confesión y la acrimonia, viene a sustituir al poema que cerraba la novela y cuya autoría Salas Barbadillo (2008: 153) le atribuyó a un poeta toledano «ilustre en escribir epitafios». No obstante, sus versos tenían un evidente cariz cómico del que adolece el colofón del mediometraje:

> Elena soy, y aunque de Grecia el fuego
> no hizo por mi ocasión a Troya ultraje,

Elena y el duro final de la protagonista), la música acaba serenándose, echando mano de acusadas resonancias medievales de carácter nostálgico.

> parecí que era griega en el lenguaje,
> porque yo para todos hablé en griego.
> Huésped, siempre mentí, siempre hice juego,
> de la verdad neguela el vasallaje;
> virtud es vinculada en mi linaje,
> que hasta en esto da muestras de gallego.
> Dos padres virtuosos me engendraron,
> gente de poco gasto en la conciencia,
> padre gallego y africana madre.
> Después de muerta, al agua me arrojaron
> para que se vengase en mi inocencia
> el mayor enemigo de mi padre. (154)

En la adaptación de TVE, estos parlamentos no tenían otra función que la de bosquejar la dualidad «libertad-determinismo» de la pícara, un tema que no asomó entre las líneas de la novela del madrileño y que, sin embargo, constituye un elemento fundamental de la biografía de los rufos, pues «su presencia es la consecuencia lógica de las tensiones y distensiones permanentes entre individuo y sociedad, [una] dicotomía esencial que hace posible la misma picaresca en la novelística moderna» (Zalazar 1991: 68). Recordemos que en la España de los Austrias menores «el matrimonio era el [recurso] más perfecto de integración social» (Soria Mesa 2000: 89)[33], dado que se hacía imposible ascender a la cumbre de toda buena fortuna si uno venía de la cuna de la miseria y la degradación moral. Por eso, la boda de Elena solo sirve para perpetuar su condición de ramera. Así lo argumentó Castro (1960: 118): «en la novela picaresca, el personaje central aparece previamente situado mediante un hereditario determinismo, prensado dentro de una clase moral, de la cual no podrá salvarse. Los actos del pícaro demuestran *a posteriori* que todo acontece como era de esperar, dada su ejecutoria negativa». Pero no nos confundamos: este determinismo no es de sangre, sino social. En palabras de Sancho, «el pícaro no nace: se hace o lo hacen».

Si la visión definitiva del mundo por parte de Salas Barbadillo es «conservadora y moralizadora» (Rey Hazas 1983: 144), Angelino Fons y Emilio Romero nos ofrecieron, en cambio, una versión más amable de Elena de la Paz. La pícara

33 Esto provoca que, cuando la burguesía comienza a enriquecerse y a ganar poder, corra a contraer matrimonio con nobles que ostentaban el título pero habían perdido su poder adquisitivo. Llegados a este punto, «los casamientos entre nobles de sangre e hijas de mercaderes enriquecidos estaban a la orden del día y lo mismo sucedía, sin recato alguno, si estas mujeres tenían origen hebraico» (Soria Mesa 2000: 88).

no es ya la culpable de su destino, sino una víctima más del ambiente en el que ha nacido y se ha criado; el mismo que corrompió cualquier semilla de bondad que hubiera en ella. Las lecturas de estas dos «hijas de Celestina» son totalmente contrapuestas. La novelesca sirve como advertencia moral contra los peligrosos usos de las mujeres de la calle, mientras que la fílmica vierte una crítica hacia la sociedad y las desigualdades que —por qué no— podría extenderse al propio contexto en que se rodó la serie de TVE. Después de todo, los clásicos no solo eran un trampolín para exhibir desnudos, sino también para deslizar mensajes subversivos durante un temprano posfranquismo, cuya modernidad se hallaba aún en mantillas.

En resumidas cuentas, el sexto capítulo de *Las pícaras* constituye, de acuerdo con la taxonomía sancionada por Pardo García (2018: 77), una revisión seria y correctiva respecto al texto base[34]. El cambio fundamental se opera aquí sobre lo que Jaime (2000: 72) denominara la «ética de la obra»[35]. La transformación en este caso no apela tanto al argumento como al mensaje, y esto incidiría también sobre las claves de su picarismo; entendiendo ahora por tales las cuatro enunciadas por Molho (1983: 128–129). Para ser admitido dentro de la dinastía de los pícaros, un personaje debe: a) hablar en primera persona; b) arrastrar un linaje vergonzoso (por parte de ambos progenitores); c) ser «antítesis del honor» y ganarse la vida robando; y d) poner en solfa el código moral de los grupos dominantes. Pues bien, la Elena de Salas Barbadillo tan solo cumple con los requisitos

---

34 «Hemos de tener en cuenta los cambios que tanto las transformaciones formales como las temáticas producen en el sentido o significado de la protoficción, que es el punto de partida de la transescritura, especialmente en la percepción que tenemos de ella e incluso en el valor o función que le atribuimos, al que contemplamos en nuestro modelo bajo la categoría de revisión, en cuanto que implica ver con nuevos ojos el texto modelo o fundador […]. Se trata de establecer la diferencia entre apropiarse de un texto para desarrollar las posibilidades latentes en él y así recuperarlo, homenajearlo o reivindicarlo [*revisión afirmativa* o *sobreescritura*] o hacerlo para demostrar las falsificaciones o excesos en que incurre, y por tanto para criticarlo, cuestionarlo o deslegitimarlo [*revisión correctiva* o *contraescritura*]» (Pardo García 2018: 82).

35 «Ese sentido que transmite la obra, su visión de la vida, del hombre, de la sociedad o del universo, recibirá el nombre de *ética de la obra*, teniendo cuidado de prestarle la acepción muy amplia de visión personal del mundo, de significación que se le da a la existencia cuando se trata de la ausencia de moral o de sentido de la vida. Pero ese mundo y su sentido se originan en un procedimiento que busca expresarse con arte. La obra es, por consiguiente, portadora además de ese proyecto artístico que denominaremos, incluyendo todos los recursos expresivos, *estética de la obra*» (Jaime 2000: 72–73).

b) y c); y ambas lecturas —la del propio autor barroco y la de Angelino Fons— se distancian de la a), toda vez que en ambas asoma un narrador en tercera persona. Por último, la pícara televisiva sí que se entrega a la cualidad d), ya que su biografía se ceba con las injusticias del mundo y los privilegios de los aristócratas frente a los miserables.

4 Conclusiones

La obra cumbre de Salas reconquistó cierta actualidad en España casi cuatro siglos después de su impresión, gracias a *La hija de Celestina*/TV, telefilme que brindaba una perspectiva renovada del Barroco, cuya metamorfosis resumo en siete puntos:

1. El sexto capítulo de *Las pícaras* responde bien al gusto y las necesidades de su contexto de producción. Al calor del cine del Destape, enfatiza la sensualidad y pone el foco sobre los encuentros sexuales de Elena, a la que encarnó Victoria Vera, entonces una *sex symbol* y sin duda el reclamo para el gran público. Y no se olvide que Fons también le añadió pinceladas eróticas a través de símbolos como la manzana, el huevo o la perdiz.
2. La peripecia de Montúfar en la transposición llega a su fin al mismo tiempo que la de Méndez. Esto hace que Elena se mueva a sus anchas a lo largo del episodio y disfrute de su romance con Sancho. El lugar de Montúfar lo ocupará un viejo rico y converso, Pascual, un personaje que encuentra su inspiración en otra de las víctimas de la Elena del texto base. Nótese, además, que prostituye a su esposa y morirá envenenado por unas guindas, al igual que Montúfar en el texto áureo.
3. Sancho pasa aquí de ser un pardillo enamorado a un noble apicarado; se trata de un galán que acaba enamorándose de Elena y comparte sus ideales. Por lo tanto, el narrador tampoco se muestra demasiado indulgente con su proceder. Eso sí, las aventuras que protagonizaba en la novela se reducen a la mínima expresión.
4. Fruto de esta decisión de Romero y Fons, la trama de Sancho se fundirá con la de Elena, con vistas a aquilatar mejor el protagonismo de la pícara, pero también de borrar de un plumazo aquella dualidad del mundo (caballeresca y picaresca) presente en la novela del madrileño.
5. En armonía con dicha metamorfosis de don Sancho, Elena será capaz de amar y se mostrará mucho más honesta que su homónima literaria.

6. A pesar de todas estas divergencias, el final se mantuvo intacto, lo cual despierta en el espectador una inquietante sensación de injusticia que se ve acentuada por el epílogo. Si Sancho y Elena compartían los mismos principios y actuaban con idéntico libertinaje, no parece muy natural que la pícara muera y al donjuán se le otorgue el perdón. El único atenuante de Sancho es, claro está, su pertenencia a la aristocracia, pero no hay posibilidad de redención para los que han nacido en la pobreza.
7. El mundo aparece retratado como un lugar hostil —«un basurero», en palabras de Elena— y la hija de Celestina acabará desintegrándose en su interior. No hay aquí una lección moral categórica, como la que sí se derivaba del texto de Salas, sino una crítica a la inmoralidad del inmediato posfranquismo.

Por último, no estaría de más preguntarse si este no sería el final que Salas Barbadillo hubiera elegido para su primera novela en el caso de haberla escrito en otra época; más todavía al considerar que desde 1612 ninguna otra de sus obras, con la sola excepción de la tardía *El curioso y sabio Alejandro* (1634), comportará «ese propósito moralista que se desprende de *La hija de Celestina*» (Rodríguez Mansilla 2006: 126).

Al fin y al cabo, puede entonces que la adaptación de TVE no esté tan alejada de la novela, pues García Santo-Tomás (2008a: 57) colige del texto de Salas que Elena es

> un personaje marcado desde su infancia. El designio materno es lo verdaderamente relevante, como indica el título, porque Elena no es todavía el personaje literario autónomo que será dos años después cuando, ya famosa, vuelva a la imprenta como *La ingeniosa Elena*. Aquí es simplemente el producto de decisiones pasadas que determinan su vida: es la hija no solo de una celestina, sino de una realidad sin escape donde todas las puertas están cerradas.

Esta y no otra es la realidad que Romero y Fons publicaron en su capítulo. Dentro de un espacio destinado a divertir a la España del posfranquismo, se las supieron arreglar, con apenas un puñado de cambios, para insuflarle nuevos aires a la historia de Elena de la Paz. Nos devolvieron así una imagen más compleja de su ingeniosa protagonista y, de paso, bastante más crítica con el mundo que la había convertido en pícara.

Fig. 1

Fig. 2

Fig. 3

Fig. 4

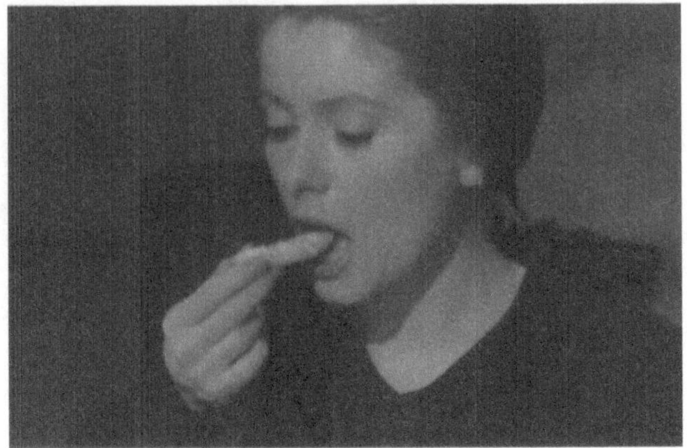

Fig. 5

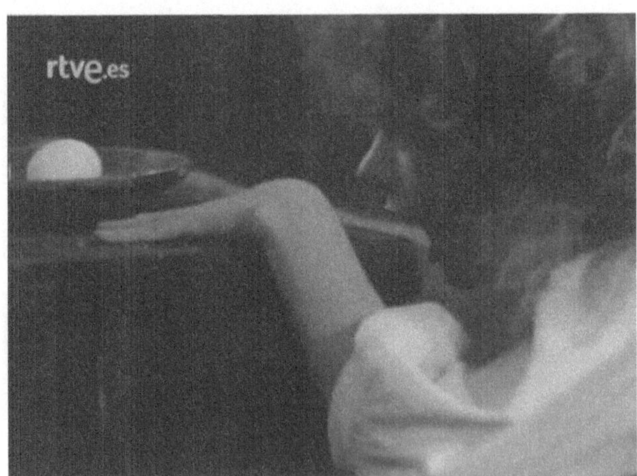

Fig. 6

Fig. 7

Fig. 8

Fig. 9

Fig. 10

Fig. 11

Obras citadas

Alemán, Mateo (2012). *Guzmán de Alfarache*. Luis Gómez Canseco (ed.), Madrid: Real Academia Española/Barcelona: Galaxia Gutenberg-Círculo de Lectores.

Andrade, Marcel Charles (1970). *Una nueva edición de «El subtil cordobés Pedro de Urdemalas» de Salas Barbadillo, que incluye la comedia «El gallardo Escarramán»*. Louisiana State University [dissertation].

Anónimo (2011). *Lazarillo de Tormes*. Francisco Rico (ed.). Madrid: Real Academia Española/Barcelona: Galaxia Gutenberg-Círculo de Lectores.

Aranda Arribas, Victoria (2019). «*La Garduña* al desnudo: Castillo Solórzano en la adaptación televisiva de Lara Polop». *Criticón*, 136, pp. 175–209.

Arredondo, María Soledad (1993). «Pícaras. Mujeres de mal vivir en la narrativa del Siglo de Oro». *Dicenda*, 11, pp. 11–33.

Becerra Díaz, David (2009). «Acercamiento social e ideológico a las jácaras de Quevedo. "Carta del Escarramán a la Méndez"». *La Perinola*, 13, pp. 183–208.

Blanco Aguinaga, Carlos (1983). «Picaresca española, picaresca inglesa: sobre las determinaciones del género». *Edad de Oro*, II, pp. 49–66.

Bonilla Cerezo, Rafael y Tanganelli, Paolo (2018). «Pícaro, a mi pesar: *La muerte del avariento Guzmán de Juan de Dios* de Andrés Sanz del Castillo». *eHumanista*, 38, pp. 587–626.

Brioso Santos, Héctor (1998). *Sevilla en la prosa de ficción del Siglo de Oro*. Sevilla: Diputación de Sevilla.

Cáceres García, Juli (2008). *El destape del macho ibérico: masculinidades disidentes en la comedia sexy (celt)ibérica*. Georgetown University [dissertation].

Canavaggio, Jean (2015). *Cervantes*. Barcelona: Austral.

Castro, Américo (1960). *Hacia Cervantes*. Madrid: Taurus.

Cuesta López, Antonio E. y Guerra, Antonio (2005). *Sevilla, hospital de Indias*. Sevilla: Almuzara.

Delicado, Francisco (2019). *Retrato de la loçana andaluza*. Rocío Díaz Bravo (ed.), Cambridge: The Modern Humanities Research Association.

Díaz Bravo, Rocío (ed.) (2019). «Introducción». En Francisco Delicado, *Retrato de la loçana andaluza*. Cambridge: The Modern Humanities Research Association, pp. 1–26.

España Arjona, Manuel (2016). *La narrativa picaresca en sus adaptaciones televisivas: «El pícaro» (1974) y «Las pícaras» (1983)*. Málaga: Universidad de Málaga [tesis doctoral].

España Arjona, Manuel (2017). *La recepción de la narrativa picaresca en la serie televisiva «El pícaro» (Fernando Fernán-Gómez, 1974)*. La Coruña: Andavira.

García Santo-Tomás, Enrique (2008a). «Introducción». En Alonso Jerónimo de Salas Barbadillo, *La hija de Celestina*. Madrid: Cátedra, pp. 9–58.

García Santo-Tomás, Enrique (2008b). *Modernidad bajo sospecha. Salas Barbadillo y la cultura material del siglo XVII*. Madrid: CSIC.

Garcés, María Antonia (2005). «Las fronteras de la ficción: *La historia del Cautivo* (*Quijote*, I, 37–42)». *Príncipe de Viana*, 236, pp. 619–632.

Gómez Canseco, Luis (2013). «La Sevilla odiada de Mateo Alemán». *Minervae baeticae. Boletín de la Real Academia Sevillana de las Buenas Letras*, 2ª época, 41, pp. 113–123.

Gómez Moreno, Ángel (2000). «La perdiz en la literatura, el folklore y el arte. A propósito de una charla sobre Brunetto Latini». *Cuadernos de Filología Clásica. Estudios Latinos*, n. extraordinario, pp. 85–98.

Jaime, Antoine (2000). *Literatura y cine en España (1975–1995)*. Madrid: Cátedra.

Molho, Maurice (1983). « ¿Qué es picarismo?». *Edad de Oro*, II, pp. 127–135.

Monegal, Antonio (1993). *Luis Buñuel de la literatura al cine: una poética del objeto*. Barcelona: Anthropos.

Monte, Alberto del (1971). *Itinerario de la novela picaresca española*. Barcelona: Lumen.

Monterde, José Enrique (1993). *Veinte años de cine español (1973–1982)*. Barcelona: Paidós.

Pardo García, Pedro Javier (2010). «Teoría y práctica de la reescritura filmoliteraria (a propósito de las reescrituras de *The Turn of the Screw*)». En José

Antonio Pérez Bowie y Pedro Javier Pardo García (ed.), *Reescrituras fílmicas: nuevos territorios de la adaptación*. Salamanca: Universidad de Salamanca, pp. 45–102.

Pardo García, Pedro Javier (2018). «De la transescritura a la transmedialidad: poética de la ficción transmedia». En Antonio Jesús Gil González y Pedro Javier Pardo García (ed.), *Adaptación 2.0. Estudios comparados sobre intermedialidad*. Binges: Orbis Tertius, pp. 41–92.

Pedrosa, José Manuel (2013), «Los zapatos rotos del *Lazarillo de Tormes*». *Analecta Malacitana*, 36, pp. 101–134.

Piqueras Flores, Manuel (2015). «De *La hija de Celestina* a *La ingeniosa Elena*: estructura narrativa, género literario e interpolación». *Edad de Oro*, 34, pp. 187–200.

Pérez, Joseph (2013). *Historia de una tragedia. La expulsión de los judíos de España*. Barcelona: Crítica.

Pérez Rubio, Pablo y Hernández Ruiz, Javier (2005). «Esperanzas, compromisos y desencantos. El cine durante la transición española (1973–1983)». En José Luis Castro de Paz (ed.), *La nueva memoria. Historia(s) del cine español (1939–2000)*. A Coruña: Vía Láctea, pp. 178–253.

Ponce, José María (2004). *El destape nacional. Crónicas del desnudo en la Transición*. Barcelona: Glénat.

Rey Hazas, Antonio (1983). «Novela picaresca y novela cortesana: *La hija de Celestina* de Salas Barbadillo». *Edad de Oro*, 2, pp. 137–156.

Rey Hazas, Antonio (2003). *Deslindes de la novela picaresca*. Málaga: Universidad de Málaga.

Rico, Francisco (1970). *La novela picaresca y el punto de vista*. Barcelona: Seix Barral.

Rodríguez, Juan Carlos (2001). *La literatura del pobre*. Granada: Comares.

Rodríguez Mansilla, Fernando (2006). «Quien bien ata, bien desata: *La hija de Celestina* de Salas Barbadillo». *eHumanista*, 6, pp. 114–129.

Ruffinatto, Aldo (2000). *Las dos caras del Lazarillo. Texto y mensaje*. Madrid: Castalia.

Salas Barbadillo, Alonso Jerónimo de (2008). *La hija de Celestina*. Enrique García Santo-Tomás (ed.), Madrid: Cátedra.

Soria Mesa, Enrique (2000). *El cambio inmóvil. Transformaciones y permanencias de una élite al poder (Córdoba, ss. XVI-XIX)*. Córdoba: Ayuntamiento de Córdoba.

Suárez, José Carlos (2016). «La transición como un espacio de creación: cine, música y pintura (entre movidas anduvo el juego)». En Alberto Reig Tapias y Josep Sánchez Cervelló (coord.), *Transiciones en el mundo contemporáneo*. Tarragona: Universitat Rovira i Virgili - UNAM, pp. 603–631.

Vanoye, François (1996). *Guiones modelo y modelos de guion*. Barcelona: Paidós.

Wolf, Sergio (2001). *Literatura y cine. Ritos del pasaje*. Barcelona: Paidós.

Ynduráin, Domingo (1983). «Enamorarse de oídas». En Emilio Alarcos Llorach *et al*. (ed.), *Serta Philologica. F. Lázaro Carreter. Estudios de literatura y crítica textual*, vol. II. Madrid: Cátedra, pp. 589–603.

Zalazar, Daniel Eduardo (1991). «Libertad y determinismo en la novela picaresca española». *Cuadernos Hispanoamericanos*, 301, pp. 47–68.

Giulia Giorgi / Ferrara

Del *Juez de los divorcios* de Cervantes al *Descasamentero* de Salas Barbadillo: parejas lingüísticamente desparejadas en el entremés barroco

Resumen: Este trabajo se propone demostrar cómo las parejas que desfilan por los entremeses *El juez de los divorcios* de Miguel de Cervantes y *El descasamentero* de Alonso Jerónimo de Salas Barbadillo resultan 'desparejadas' incluso desde el punto de vista lingüístico, ya que se sirven de códigos distintos y, a menudo, incompatibles. El fallo definitivo del tribunal, muy distinto en las dos obras, se limitaría pues a ratificar una condición que, *de facto*, ya subsiste en cada matrimonio.

Palabras clave: Cervantes, Salas Barbadillo, entremés, Siglo de Oro, códigos lingüísticos

Abstract: This contribution aims to demonstrate how the married couples that appear in the *entremeses El juez de los divorcios* by Miguel de Cervantes and *El descasamentero* by Alonso Jerónimo de Salas Barbadillo are 'uncoupled' even from a linguistic point of view, since they use different and often incompatible linguistic codes. The final judgment of the court, very different in the two dramas, seems to ratify a condition that, *de facto*, already subsists in each marriage.

Keywords: Cervantes, Salas Barbadillo, Entremés, Siglo de Oro, Linguistic Codes

La importancia del entremés en la configuración de la fiesta teatral barroca (Huerta Calvo 1986) ha sido objeto de estudio de múltiples contribuciones, tanto acerca de sus orígenes cuanto de las fundamentales y novedosas aportaciones cervantinas, los personajes folklóricos y pintorescos propios de este género, o su función prevalentemente lúdica[1]. Entre los temas desarrollados en dichas piezas breves, el motivo de las relaciones amorosas —a menudo infelices— parece

1 La bibliografía sobre este asunto es muy extensa. Se remite, entre otros, a Asensio (1971; 1987), Lázaro Carreter (1974), Huerta Calvo (1983b; 1988; 1995; 2001), García Lorenzo (1988), Vitse (1988), Granja (1994), Martínez López (1997), Chevalier (1999) y Arellano (1995).

predominar, ya que se pueden abordar desde varias perspectivas. En opinión de Fernández Oblanca (1992: 280), las principales serían «hostilidad manifiesta e insoportable entre los cónyuges, apetencia y voracidad sexual, mostrada frecuentemente por las figuras femeninas [...], manifiesta imposibilidad por parte de las mujeres a la hora de entender un sentimiento amoroso desgajado de dotes, regalos o cualquier tipo de prestación "contante y sonante", etc.». Incluso en las piezas que no tratan especialmente de ello menudean alusiones al matrimonio, delineado con tintes sumamente caricaturescos —como en el *Tribunal de los majaderos* y *El comisario contra los mal gustos* de Salas Barbadillo (1620). En efecto, en los dos entremeses que vamos a examinar se ofrece un cuadro asaz negativo de la institución conyugal. Por otra parte, no hay que olvidar que las parejas infelices son materia común en la producción narrativa y dramática de la Edad de Oro. Como evidenció López Martínez (2015: 289–322), a la hora de rastrear las fuentes del *Juez de los divorcios*, los malcasados aparecían ya en la *Farsa de la Costanza* de Cristóbal de Castillejo, escrita supuestamente en el primer tercio del siglo XVI —donde el motivo de la contienda entre los consortes es la diferencia de edad—, pasando por el *Arcipreste de Talavera*, el *Relox de los príncipes* de Antonio de Guevara y, obviamente, varios pasos de Lope de Rueda[2].

Quiero consagrar este breve estudio, más que a analizar los vínculos textuales entre las dos piezas[3] —asunto de limitado interés, ya que el género entremesil suele fundarse en elementos tradicionales: descripción de burlas, personajes estereotipados y por lo general populares, preeminencia del diálogo, el *delectare* como función prioritaria—, a un aspecto al que no se ha concedido demasiada atención: la lengua del entremés y la gran importancia que adquiere —acompañada de una quinésica muy acentuada— en las piececitas de carácter burlesco que mediaban entre las jornadas de las comedias[4]. Concretamente, aspiro a demostrar cómo las parejas en los entremeses *El juez de los divorcios* y *El descasamentero* resultan 'desparejadas' incluso desde el punto de vista lingüístico, ya que se sirven de códigos distintos y, a menudo, incompatibles. La sentencia final del juez —que, como veremos, resulta de signo opuesto en las dos obras— solo ratifica una condición que, *de facto*, ya subsiste en cada matrimonio.

---

2 Ver también Rolfes (2014) y Tabor Quintanar (2017).

3 No hay que olvidar la estrecha relación de amistad y el aprecio mutuo que unía a estos dos ingenios de las letras áureas; como se ha señalado, en la producción salasiana se vislumbran innumerables ecos cervantinos. Ver Caus (1974–1975), Manukyan (2012: 280–284) y López Martínez (2015).

4 Sobre el lenguaje equívoco y polisémico de los entremeses resultan imprescindibles los estudios de Huerta Calvo (1983a) y Senabre (1988).

1 *El juez de los divorcios*, o del «peor concierto»

El juez de los divorcios, publicado en 1615 en la colección *Ocho comedias y ocho entremeses*, se configura como un desfile de personajes que acuden a un magistrado y a dos oficiales (un procurador y un escribano) para solicitar el divorcio, alegando sus oportunas motivaciones. De forma un punto inusual, dicho entremés se centra principalmente en los diálogos y la acción resulta muy escasa[5]; falta incluso la descripción de los lugares en que se desarrollan las distintas vicisitudes, ya que, como razonó Chiappini (2001: 79), el tribunal se construye tan solo mediante la acción del togado de sentarse en una silla; una silla que podría ser una cualquiera, si Mariana, la primera mujer que pisa las tablas, no la definiese como «la silla de su audiencia» (61)[6], confiriendo a este gesto, aparentemente banal, un significado jurídico[7].

Las *dramatis personae* del texto cervantino son figuras estereotipadas, típicas del género[8]: el anciano casado con una joven, el soldado vago, el cirujano, el ganapán, personajes bien conocidos por el público, puesto que son representantes de

5 Se remite a Sáenz (2004). A propósito de la preeminencia del diálogo en las piezas breves cervantinas, ver también, entre otros, Bustos Tovar (1996) y Maestro (1998). En opinión de don Eugenio Asensio (1987: 18), se configuraría como una «pieza estática sin protagonista ni desenlace»; más concretamente, una obra «sin anécdota, ni encadenamiento motivado de sucesos, en la cual desfila una serie de personajes colocados en una situación común frente a la que reaccionan de modos diferentes revelando su diversidad y acentuando sus contrastes. La común situación y la presencia de un juez o árbitro, ya individual, ya colectivo, les presta una apariencia de unidad». De interés resulta también el estudio de Kirschner (1999) sobre las acotaciones escénicas, que se centran especialmente en el vestuario de los personajes.

6 Las citas de la pieza cervantina proceden de la edición a cargo de Asensio (Cervantes 1987). Cada porción textual va acompañada por el número de página correspondiente en dicha edición.

7 Al estudiar el tratamiento escénico en los entremeses cervantinos, González (2015: 151) define *El juez de los divorcios* como una pieza en que «la espacialidad es claramente secundaria», añadiendo que «el espacio dramático es indeterminado, aunque por lógica se supone que es verosímil y convencional la situación espacial del juez personaje en torno al cual se desarrollará la trama. Lo único que hay que hacer es jerarquizar la espacialidad del juez, lo cual escénicamente se logra con la presencia de la silla en la cual se sienta y desde la que entra en contacto con la galería de personajes que vienen en busca del divorcio y que desfilan ante él con diálogos ingeniosos».

8 Ver Miguel y Canuto (1990).

la sociedad de la época —y por eso se ha querido entrever un costumbrismo *ante litteram* en dichos textos[9]—.

La primera pareja está formada por Mariana y el «Vejete» —nótese que a lo largo de la pieza nunca se mencionan los nombres de los personajes masculinos, a los que solo se alude indicando sus profesiones o un rasgo identificativo—: la relación enfermiza que se relata, común por aquel entonces, aparece en varias obras, y no solo dramáticas, del Barroco[10]. Mariana, tras veintidós años con el vejete, se queja de las condiciones de salud de su anciano marido, aduciendo numerosas motivaciones para el divorcio; motivaciones que, sin embargo, resultan poco relevantes para el juez, el cual, citando las palabras de Pilatos cuando se negó a sentenciar a Jesús, no permite la ruptura del sacramento: «yo no puedo hacer este divorcio, *quia nullam invenio causam*» (65). El personaje femenino entra en escena pidiendo a gritos el divorcio («¡Divorcio, divorcio y más divorcio, y otras mil veces divorcio!», 62); por su parte, el anciano —definido, en un *climax* sepulcral, como «viejo», «espuerta de huesos» y «esta anotomía» (62)— escoge el silencio: son escasas sus réplicas, por medio de las cuales intenta calmar a su consorte acudiendo a una metáfora cristológica para que baje la voz («habla paso, por la pasión que Dios pasó; mira que tienes atronada a toda la vecindad con tus gritos y, pues tienes delante al señor juez, con menos voces le puedes informar de tu justicia», 61). La misma súplica de guardar silencio la reitera el juez en varias ocasiones («bajad la voz y enjugad las lágrimas», 62; «callad, callad [...] mujer de bien», 64). Sin embargo, la mujer no puede dominar su ira y, entre gritos y lágrimas, pronuncia un discurso grandilocuente sobre la iniquidad del orden matrimonial y, haciéndose portavoz de sus iguales en la misma condición, sugiere que se conviertan las nupcias en una suerte de contrato de arrendamiento: «En los reinos y en las repúblicas bien ordenadas, había de ser limitado el tiempo de los matrimonios, y de tres en tres años se habían de deshacer, o confirmarse de nuevo, como cosas de arrendamiento, y que no hayan de durar toda la vida, con perpetuo dolor de entrambas partes» (62).

A la plétora de oraciones exclamativas (el ya citado «¡Señor, divorcio, divorcio y más divorcio, y otras mil veces divorcios!», 62), interrogaciones —principalmente

---

9 A este propósito merece la pena citar a Fernández Oblanca (1992: 59), quien, en la línea de Díez Borque (1978: 277–278), escribe: «Con todas las reservas que queramos, parece admitirse por la mayoría de los estudiosos del género su carácter costumbrista y un cierto realismo que posibilitaría su utilización como fuente de documentación y como reflejo —directo o invertido— de la realidad en que se ambienta». Ver también Sáenz (2004).

10 Se remite a Dartai-Maranzana (2011) y Santonja Hernández (2015).

retóricas— («¿Hacienda vuestra? y ¿qué hacienda tenéis vos, que no la hayáis ganado con la que llevastes en mi dote?», 64) y formas imperativas en boca de la mujer —los imperativos abundan en sus intervenciones: «Vuesa merced, señor juez, me descase» (62); «mire, mire los surcos que tengo por este rostro» (62); «déjeme vuesa merced llorar» (62)— se contrapone el formalismo cortés del vejete, expresado mediante el condicional: «Si fuese posible, recibiría gran merced que vuesa merced me la hiciese de despenarme» (64). El pobre viejo, consciente de su situación y quizá cansado de que su mujer airee sus trapos sucios, acepta remisamente el divorcio, única posibilidad de salvarse de una situación de muerte en vida («va para dos años que cada día me va dando vaivenes y empujones hacia la sepultura», 63; y poco después, «yo soy el que muero en su poder, y ella es la que vive en el mío», 63), decantándose por un silencio total. Su propuesta es la de encerrarse los dos en un monasterio —o mejor, en dos distintos: «ella en un monesterio, y yo en otro» (64)— y «vivir en paz y en servicio de Dios» (64). La resolución de Mariana es bien distinta, y empleando de nuevo un recio imperativo, afirma: «encerraos vos [...] que ni tenéis ojos con que ver, ni oídos con que oír, ni pies con que andar, ni mano con que tocar» (65). En resumen, la primera pareja cervantina contrapone dos mundos lingüísticos muy distintos, que se podrían resumir en el 'gritar' y en el 'callar'. Ni Mariana ni el vejete, aunque empleando una retórica bien distinta, lograrán convencer al juez, el cual, como vimos, no otorga el divorcio.

El 'callar' pertenece también a la segunda pareja del entremés: en este caso, doña Guiomar sale a la escena apostrofando a su marido, soldado-poeta, con palabras nada elogiosas. Inicialmente, solo lo llama «deste» (65), convirtiendo al hombre en un mero sintagma preposicional, y sucesivamente emplea vocablos muy evocativos como «leño» (65) y «estatua» (66). La comicidad de la escena queda acentuada por la intervención de Mariana, que establece una correlación entre su condición y la de doña Guiomar, aludiendo a la impotencia de su marido, y también a la del soldado. Tras una larga enumeración de los defectos del consorte y de su acciones[11], entre las cuales el vicio más aborrecible se coloca al final («da en ser poeta, como si fuese oficio con quien no estuviese vinculada

11 La rutina del soldado-poeta prevé una serie de actividades colocadas en una sucesión temporal bastante rigurosa: «Las mañanas se le pasan en oír misa y en estarse en la puerta de Guadalajara murmurando, sabiendo nuevas, diciendo y escuchando mentiras; y las tardes, y aun las mañanas también, se va de casa en casa de juego [...]. A las dos de la tarde viene a comer, sin que le hayan dado un real de barato [...]; vuélvese a ir; vuelve a media noche; cena si lo halla; y si no, santíguase, bosteza y acuéstase; y en toda la noche no sosiega, dando vueltas» (66).

la necesidad del mundo», 66), el soldado-poeta —figura en que se ha querido ver un *alter ego* del alcalaíno (Atienza 2004: 204)— intenta justificarse alegando una serie de motivos que le impiden trabajar y culpando de dicha pena a su condición de hombre casado. En este largo parlamento, describe una vida ficticia, soñada, en la que, como un nuevo Quijote, podría ganar dinero gracias a sus hazañas gloriosas y a su hidalguía. La característica sintáctica más relevante es la acumulación de oraciones coordinadas copulativas unidas por la conjunción «y» en una intervención que, en opinión de Asensio (1987: 40), «encajaría mejor en una novela»:

> Mi señora doña Guiomar, en todo cuanto ha dicho, no ha salido de los límites de la razón; y, si yo no la tuviera en lo que hago, como ella la tiene en lo que dice, ya había yo de haber procurado algún favor de palillos, [...], y procurar verme, como se ven otros hombrecitos aguditos y bulliciosos, con una vara en las manos, y sobre una mula de alquiler pequeña, seca y maliciosa, sin mozo de mulas que le acompañe [...]; sus alforjitas a las ancas, en la una un cuello y una camisa, y en la otra su medio queso, y su pan y su bota; [...] y, con una comisión y aun comezón en el seno, sale por esa Puente Toledana raspahilando [...], y, a cabo de pocos días, envía a su casa algún pernil de tocino, y algunas varas de lienzo crudo; [...] y con esto sustenta su casa como el pecador mejor puede. (66–67)

Para paliar el hambre y las estrecheces económicas de la familia, Guiomar alude a la posibilidad de 'remediarla' de maneras ilícitas, pero añade que no puede hacerlo, ya que es una mujer de bien. Refiriéndose a su viciosa criada como ejemplo que no hay que seguir, el soldado enumera una serie de peculiaridades que se deberían rechazar en una dueña («rostrituerta, enojada, celosa, pensativa, manirrota, dormilona, perezosa, pendenciera, gruñidora», 68 —recuérdese este último atributo, porque volverá a aparecer en Salas—), peculiaridades que, sin embargo, no adornan a su mujer («ninguna destas tiene mi señora», 68). Por eso, confesando sus deficiencias con una *enumeratio* paralela a la que acaba de pronunciar («confieso que yo soy el leño, el inhábil, el dejado y el perezoso»[12], 68), el soldado acepta el divorcio. Nótese que, en este caso, el 'silencio' remiso del marido es un artificio; en un aparte al principio del diálogo, declara su estrategia defensiva: «no defenderme, ni contradecir a esta mujer» (65), para obtener un divorcio que su mujer pide a gritos, y él... callando. Curiosamente, el tribunal no

12 Nótese el empleo, por parte del soldado, de adjetivos nominalizados mediante el artículo «el»: de esta forma el personaje se está incluyendo a sí mismo en el significado de cada adjetivo, no se trata simplemente de una lista de epítetos (como los que se atribuyen a la criada).

hace caso a su demanda, despachándolos rápidamente con el imperativo «Sosiéguense» (69), y pasando a ocuparse de otro pleito.

Sigue otro matrimonio infeliz: el de Aldonza de Minjaca y el cirujano (que se finge médico). Probablemente, en la pelea de esta pareja emerge con más nervio la importancia del lenguaje, ya que se configura como una feroz competición verbal. Si el marido declara cuatro causas —jurídicamente inadmisibles— para disolver las nupcias («La primera, porque no la puedo ver más que a todos los diablos; la segunda, por lo que ella se sabe; la tercera, por lo que yo me callo; la cuarta porque no me lleven los demonios, cuando desta vida vaya, si he de durar en su compañía hasta mi muerte», 69)[13], la mujer replica declarándole sus cuatrocientas motivaciones[14], hasta que la ataja el juez, quien decide poner a prueba a las partes y aplazar la sentencia. Lamentablemente, Cervantes no le dedica mucho tiempo a este matrimonio, en el que —un caso único entre los que venimos glosando— parece existir cierta afinidad lingüística: ambos personajes hablan la misma lengua y sostienen con firmeza el enfrentamiento dialéctico. La poética de la ira (Atienza 2004: 205), motor de la solicitud de los desposados —pero, quizá, también del propio matrimonio—, se refleja en los múltiples juegos de palabras que dominan las sucesivas intervenciones de los cónyuges y sobre todo en la protesta final del cirujano, que resume emblemáticamente sus cuatro razones… y las cuatrocientas de su mujer: «¿Qué más pruebas, sino que yo no quiero morir con ella, ni ella gusta de vivir conmigo?» (70). Tampoco esta última declaración convence al juez, quien afirma: «Si eso bastase para descasarse los casados, infinitísimos sacudirían de sus hombros el yugo del matrimonio»[15] (70).

---

13 Sobre esta serie enumerativa ver King (2011: 655), quien alude a este fragmento de *El juez de los divorcios* para subrayar su valor retórico, ya que permite aclarar mejor los conceptos: «After listening to a number of divorce cases in which the judge repeatedly instructs litigants to stop telling lenghty stories and get to the point of their claims —and after rejecting every case he has heard— the surgeon decides to bypass these pitfalls and begins his case with his allegations». La serie enumerativa hace hincapié en elementos que pasarían desapercibidos sin este orden numérico: «the thoughts expressed by the surgeon would seem haphazard in the absence of these D[iscourse] M[arkers]».

14 «La primera, porque, cada vez que le veo, hago cuenta que veo al mismo Lucifer; la segunda, porque fui engañada cuando con él me casé […]; la tercera, porque tiene celos del sol que me toca; la cuarta, que, como no le puedo ver, querría estar apartada dél dos millones de leguas» (69).

15 Nótese el efecto hiperbólico que resulta del empleo del superlativo aplicado a un adjetivo calificativo que no admite grado, como «infinito».

Cierra el desfile un ganapán, que, durante una bacanal, prometió casarse con una prostituta, a la que sacó de la calle y convirtió en placera. En la acusación del marido, además de gritona (otra vez, el campo semántico del verbo «gritar»), la mujer luce un carácter colérico y pelea en toda ocasión por motivos un tanto baladíes. No obstante, sin la respuesta de su esposa, no podemos confiar del todo en las palabras del marido y tampoco evaluar la consonancia o la disonancia de su lenguaje. Lo que sí cabe evidenciar en la presentación de este personaje es el empleo de nexos adversativos y disyuntivos a fin de justificar su conducta: «ganapán soy» —con anticipación del sustantivo, para enfatizarlo— «pero cristiano viejo y hombre de bien» (70); «alguna vez me tomo del vino, o él me toma a mí, que es lo más cierto» (70).

Al final de la pieza, se descubre que todos los personajes que acudieron al tribunal se hallan todavía en escena, sin que se haya dictado sentencia alguna. La audiencia se cierra rápidamente y sin haber hecho justicia; el juez quiere pruebas materiales para fallar algo que *de facto* se antoja evidente (sobre todo en las ocasiones en que parece cierta la impotencia del marido, causa —casi la única en el Siglo de Oro— para obtener el divorcio). El tribunal se cierra de forma grotesca: a la rabia y decepción de los malcasados se contrapone un canto de músicos a favor del matrimonio, o mejor, del «peor concierto»[16]: «tiene esta opinión Amor, que es el sabio más experto: que vale el peor concierto, más que el divorcio mejor» (72).

Como se desprende de este rápido análisis del entremés cervantino, las quejas de las mujeres son casi idénticas («insatisfacción sexual, expectativas frustradas frente al dinero o el status, falta de paz doméstica, y simplemente odio acumulado durante años», Atienza 2004: 206) y los sujetos femeninos se caracterizan por un continuo 'gritar' y su rosario de improperios; por su parte, los personajes masculinos son menos histriónicos, menos teatrales en sus réplicas; prefieren callar y sufrir, y aceptar un divorcio que los libre de una condición desastrada. Distinto es el caso del cirujano, cuya habilidad retórica lo empuja a seguir el debate con Aldonza, rebelándose frente al silencio en que pretende confinarlo su mujer.

16 No queremos volver sobre las distintas —y un tanto discrepantes— interpretaciones del final de la pieza cervantina y la postura ideológica del alcalaíno hacia el matrimonio (y el divorcio). Remitimos a las principales contribuciones sobre el asunto: Agostini (1964), Bataillon (1964), Rozenblat (1973), Randel (1982), Restrepo-Gautier (1995-1997). Sobre las posibles lecturas de corte jurídico del entremés, ver las contribuciones de Vivó de Undabarrena (1997), Atienza (2004) y Castán Vázquez (2013).

2 *El descasamentero*, o de la «comisión eterna de descasar»

Siete años más tarde, en su obra *Fiestas de la boda de la incasable malcasada* (1622), Salas insertaba un entremés en prosa, *El descasamentero*, que, en la línea de Cervantes, presenta a varias parejas pidiendo el divorcio. Dicha obra, definida por Piqueras Flores (2016; 2017) como una «colección de metaficciones», fruto de su carácter multigenérico, se abre con una larga narración —con función de *cornice*— relativa a las vicisitudes de Dorotea, dama presuntuosa, altiva pero también dotada de «agudeza de ingenio y viveza de espíritu grandísimo»[17] (4v), y no demasiado hermosa («tuvo algunas prendas de hermosura en el rostro que la hicieron, ya que no perfecta, agradable», 4v). Su condición esquiva se evidencia en la manera en que trata a sus pretendientes; entre ellos, Salas describe a don Luis y a don Fernando, primos y amigos entre sí. El extraño *ménage à trois*, propiciado por una larga serie de equívocos, termina con la boda de Fernando con otra dama, Marcela. En ocasión de los festejos de este casorio, Dorotea conoce a los hermanos de Marcela, recreando de nuevo la situación inicial: ante la necesidad de elegir un esposo por la promesa que había hecho a su madre, Dorotea escoge al hombre menos fuerte («un hombre sin espíritu ni acciones propias, tan rendido a las opiniones ajenas que le gobernaban sus criados», 37r-v) y el otro, don Lope, más vigoroso y decepcionado por la elección de la dama, se encargará de las fiestas nupciales. Para ridiculizar a la pareja, Lope la invita a comer y organiza de paso una representación teatral que se abre con *El descasamentero*, una de las «comedias brevecitas», así las llama el autor, que acompañan los festejos.

El entremés, que curiosamente no se recopiló en la colección editada por Cotarelo y Mori[18] (1911) ni en el *Itinerario del entremés* de don Eugenio Asensio (1971) —quizá por su gran extensión—, muestra sin indulgencia alguna la unión marital como algo profundamente negativo, un vicio de la sociedad. Los malcasados —a diferencia de la pieza del alcalaíno, suele ser uno de los cónyuges el que pide el divorcio, y no la pareja— acuden a un tribunal enviado por Apolo, constituido por un comisario, un abogado y un ministro de justicia que examinan quejas y emiten licencias para romper lazos nupciales. La distinta naturaleza del juzgado, basado en una legislación que nada tiene que ver con la vigente durante el Barroco, posibilita los divorcios. Lo que resulta singular, sin embargo,

17 Las citas de la pieza salasiana proceden de la *princeps* de 1622. Cada porción textual va acompañada por el número del folio correspondiente en dicha edición

18 La colección recopila los otros entremeses contenidos en *Fiestas de la boda de la incasable malcasada*; a saber, *El comisario contra los mal gustos*, *El remendón de la naturaleza*, *El cocinero del amor*, *Las aventureras de la corte*, *El malcontentadizo.*

es que ante este tribunal «mitológico» desfilen hombres y mujeres del siglo XVII; no se da, pues, ningún tipo de cambio respecto a los otros entremeses salasianos, ambientados en la época del madrileño. Más aún, en una oportunidad se alude concretamente al año de 1610, como fecha en la que tiene lugar la vista[19]: no cabe duda, pues, sobre la contemporaneidad de los hechos. Es decir, el lector sabe que lo que está leyendo es ficción, pero reconoce elementos muy comunes por aquellos días: la insólita mezcla entre realidad y ficción quiebra las pautas de verosimilitud que suelen caracterizar las obras del tiempo de los Austrias menores (aunque no tanto, en efecto, las obras dramáticas)[20].

Adentrándonos en la obra que nos ocupa, diríase que, en general, son los maridos los más quejosos —en Cervantes, como vimos, eran las mujeres— y se profundiza más en el carácter de los personajes, sobre todo en los femeninos. Representantes de aficiones desmesuradas, más que de vicios, a las figuras femeninas que toman las tablas —o a las que simplemente se las evoca, pues en la mayoría de los casos se habla de ellas *in absentia*— se las critica de forma tajante, excepción hecha de la última mujer: la poetisa. Los matrimonios descritos por Salas, de hecho, no se querellan solo por asuntos, por así decir, 'tradicionales' en el género entremesil: verbigracia, la diferencia de edad o la impotencia del marido, sino por la desigualdad intelectual, la glotonería e incluso el amor extremo hacia los perros. Salas otorga además un diferente protagonismo a los personajes masculinos: si en la pieza del alcalaíno los maridos resultaban algo remisos, silenciosos y a merced de las veleidades de sus mujeres, en *El descasamentero* impulsan la narración.

Antes de dar comienzo a la audiencia, el juez y los ministros se disponen para asistir a la procesión de parejas malcasadas, esperándose gran número de peticiones, ya que, como afirma Lucino, «los más de los casados desean salir

19 Dorotea afirma haber contraído el matrimonio en el año 1600 y, poco después, aludiendo al esposo, afirma: «pero si ha diez años que vive en el estado de marido no podemos llamarle maridón» (50r).

20 Por otra parte, no es la única vez que nuestro autor se valdrá de un tribunal parnasiano: también en la segunda parte de *El caballero puntual* (en la sátira «El curioso») y en las *Coronas de Parnaso* se asiste a un desfile jurídico de esta naturaleza. En la sátira, intercalada en los capítulos 6, 7 y 8 de la segunda parte del *Caballero puntual*, Salas describe un tribunal compuesto por Garcilaso, Boscán, Figueroa, Liñán y Cervantes, que ocupa su centro, ante el cual se presenta una larga serie de personajes, como la Interesable, el Aparente, el Afeminado, el Artificioso, etc. Para investigar las fuentes —especialmente italianas— de este recurso narrativo, se remite a López Martínez (2016: 122–124; 128–130).

a la libertad» (44r). En virtud de esta aserción, el ministro declara eufórico su decisión de suspender el oficio de casamentero durante tres años, «porque si ellos prosiguen casando, por muchos que nosotros descasemos, será comisión eterna» (44v). La crítica feroz a los casamenteros prosigue a lo largo de toda la pieza, pues, en opinión del juez, «son los que más se oponen a [su] comisión» (44v). En la línea de Mariana, la primera mujer del drama cervantino, el togado estigmatiza aquí el vínculo marital, cebándose incluso con la profesión que lo instauró: «¿Cómo han consentido las repúblicas este modo de ocupación en los hombres siendo ejercitado no en su servicio sino en su daño manifiesto?» (44v).

Germano, el juez de los divorcios salasiano, amonesta a sus colaboradores, preparándose a escuchar los pleitos de los malcasados, afirmando: «Procurad que nuestro tribunal sea pacífico y quieto» (45r). Salas aprovecha esta advertencia para insertar la primera pulla a las mujeres, retomando un cliché típico del género entremesil; es decir, el griterío de las dueñas —ya descrito en la obra cervantina—: «tribunal donde han de ser oídas mujeres, y mujeres malcasadas, estruendo espera y tumultuosos escándalos; o vuestra señoría renuncie su comisión en hombre más paciente de oídos o se prevenga a que se los han de taladrar gritos y alaridos femeniles» (45r-v). La invectiva misógina se reitera en las sucesivas réplicas del juez y su ministro:

Germano: Bueno, bueno, ¿para qué se hicieron las mordazas, ministro?
Ministro: Pues, ¿puédesele cerrar la boca a quien viene a pedir justicia?
Germano: Gritar no es pedir justicia.
Ministro: Así la piden siempre las mujeres. (45v)

En efecto, las primeras voces que se oyen «son sin duda de alguna mujer desconsolada» (47r). La primera que se presenta ante el tribunal es Dorotea, cuyo atributo peculiar es el uso de una prosa gongorina, tan ampulosa como esotérica, que despierta la curiosidad de la audiencia. De hecho, la dama no se expresa como esperaba el tribunal, dado que es rubia: «en mi vida he visto pelo rubio tan bachiller» (48v), afirma el ministro; y prosigue: «al fin, no se encierra toda la majadería, como algunos piensan, en el dorado cabello» (48v). La mujer toma la palabra para alabar al tribunal, tildándolo de «casa de piedad», ya que allí «se ejercitan misericordias» (48r); o sea, 'se descasa'. La alusión de Lucino a las Musas, que posibilitan las acertadas elecciones de Germano, suscita un apasionado encarecimiento de su inmenso poder: empleando un agudo silogismo, Dorotea describe la potencia de las Musas —«todas las cosas ponen en medida y consonancia» (48r) y «por acordar al mundo, tratan de descasalle, pretendiendo reducirle a más unión con desunille» (48v)—; o sea, se refuta por completo el desenlace un tanto optimista del entremés cervantino, afirmando justo su reverso: es la desunión —y no el concierto— la que propicia, paradójicamente, la armonía universal. La actitud de la rubia bachillera inclina al tribunal a escucharla con mayor interés («prestemos la atención, que ya se arroja con tan buena gracia que hace airosa la querella y apacible el enojo», 48v). En efecto, Dorotea —nótese el nombre parlante[21] que alude a su cabello y también la coincidencia onomástica con la protagonista del volumen salasiano— afirma: «soy una mujer más dorada en los pensamientos que en los cabellos» (48v). Tras una personal *descriptio puellae* que recupera los tradicionales motivos petrarquistas y deja entrever continuos guiños al estilo culto —«en la carne cristalina, en el talle dispuesta y, al fin, en el alma tan aliñada y crespa que rompe galas de agudezas y elegancias, de que tiene recámara copiosa y fértil» (48v-49r)—, la malcasada alaba su singular inteligencia —«mis fantasías no son elevaciones comunes; mis caprichos, compañeros de las estrellas, ambiciosos de más luz, pleitean el mayorazgo de las esferas» (49r)— y da fe de su infeliz condición: casada a los dieciséis años con un caballero «más amante de [su] dote que de [su] hermosura» (49r), ha sufrido maltrato y ahora, tras una década a su lado, quiere el divorcio. Curiosamente, como a la hora de las bodas los dos habían establecido una serie de condiciones que otorgaban gran libertad a la mujer, el juez manda buscar antes al casamentero Roberto, responsable de ese himeneo, y solo sucesivamente al marido. La capitulación 29 —cifra que nos hace intuir una lista bien nutrida de cláusulas— permite la solución *de iure* del caso, certificando que «porque la dicha doña Dorotea [...] es sujeto capaz de gobernarse a sí propia, es mi voluntad ceder la potestad que me tocaba tener sobre ella en ella misma, y quiero que la goce y posea como yo propio pudiera» (51r). Cabe subrayar el uso que el autor de las *Fiestas* hace del lenguaje jurídico: desviándose del tribunal cervantino —supuestamente real—, la audiencia salasiana, si bien parnasiana, parece conocer mejor la legislación y sabe utilizar convenientemente la jerga específica, remitiendo en cada ocasión a los «registros matrimoniales», «conciertos capitulares» y «capitulaciones».

El marido de Dorotea, don Mauricio —Salas, al contrario que Cervantes, nombra a las figuras masculinas— acude al tribunal solo al final del procedimiento; su entrada en escena es mucho menos briosa que la de su mujer, declarando su condición con la repetición del pronombre personal: «yo soy el miserable don Mauricio; yo el que padece achaques y sobresaltos de

21 Sobre el concepto de nombre parlante y la recuperación de dicho recurso clásico en el teatro siglodorista, se remite a Hernández González (2017). Ver también Calero Fernández (1992).

coronación» (51r). Las intervenciones de Mauricio son muy pocas, de veras lacónicas y se limitan a confirmar la voluntad de anular el matrimonio; al contrario que Dorotea, no logra engalanar la realidad con agudezas y conceptos, sino que la declara de forma mucho más pedestre: «temo ser coronado por mi esposa» (51r). Parece evidente la desigualdad de sus códigos lingüísticos, de modo que la separación determinada por el juez revalida una condición ya incuestionablemente clara.

Salas nos presenta el siguiente caso por medio de una voz fuera de campo: «ténganle a ese marido emperrado, detengan a ese rabioso» (52v). Dos adjetivos —emperrado y rabioso— anticipan el *leitmotiv* de la siguiente rencilla. El «rabioso» —y no solo desde el punto de vista anímico— es Fabio, marido de Angélica —«y no la bella», precisa el Ministro (55r)—, que se queja de su consorte tras apenas un mes de convivencia; con una implacable *enumeratio* de sus defectos («mozuela toda melindres y toda embustes, fingida en sus palabras, remontada en sus pensamientos, inventora de tocados, trajinadora de coches», 53r), llega por último a declarar la causa principal de su solicitud; o sea, su morbosa afición por los perros. Es tan «emperrada» —ella también— en su gusto que «sustenta media docena de perrillos falderos» (53r), consintiéndoles que coman a su mesa y duerman en su cama[22]. El cuento de la pérdida de uno de esos canes y la desesperación que produce en la mujer decreta su completa 'animalización'[23]: Angélica, ya no habla, sino que ladra («ladró más que pudiera el perro perdido», 53v); no riñe, sino que escupe «a la cara algunos atrevimientos» (53v). Se convierte en una «canícula esposa» (54r) y va acompañada por una chusma «emperrada» —otra vez este adjetivo— y «faldera» (54r). Cuando el ministro va a buscar a la dama y

22 La sátira contra las damas con perros es un tema que aflora a menudo en la producción salasiana. En el epigrama 50, «A una dama amiga de perros y afeites», insertado en *El caballero puntual* podemos leer: «Doña Ana, el verte besar/esos perrillos me enfada,/ que dama tan emperrada/muy cerca está de ladrar./Dame admiración tu trato,/y aunque me admiro, no yerro,/si en tu mano traes un perro/y en tu cara la del gato» (Salas Barbadillo 2016: 112). Se remite a López Martínez (2016: 195–196). Ver también la novelita «La dama del perro muerto», en *Corrección de vicios* (1615).

23 En realidad, también el marido parece mostrar actitudes perrunas («parece que hacéis unas mudanzas de guineo con las espaldas» [54r], le dice Germano) y, con vergüenza, confiesa: «Acostaba mi mujer en nuestra cama un perrillo y yo, aunque tenía indicios de que estaba sarnoso, me hacía desentendido del pegajoso achaque, hasta que le tuve tan dentro de mí que, lleno de unos granos tan negros como glotones, sentí comerme de la sarna perruna, contra quien, aunque he prevenido muchas defensas, no me han valido, causa de que esté ante Vuestra Señoría con poca decencia» (54v).

regresa con ella al tribunal, la define como «aperreada y aperreadora» (55r), jugando nuevamente con la isotopía canina. Angélica habla con sus falderillos «en lenguaje de requiebros» (55r); en cambio, los miembros del tribunal le impetran que hable poco y despacio, hasta silenciarla del todo. La reacción de la mujer es otra vez animalesca («se muerde y se despedaza», 55v) y poco después abandona el tribunal para volver a sus perrillos, dejados al cuidado de una criada. Es evidente la distancia lingüística entre los cónyuges, ya que la mujer parece haber perdido incluso el uso del habla y el juez Germano no tiene otro remedio que descasar a Fabio de su «gruñidora esposa».

Siguen otros casos bastante peliagudos: la acusación de Claudio a un casamentero, culpable de haber saboteado sus bodas con una dama, convenciéndola de la oportunidad de que se casara con otro hombre; la pareja compuesta por Ardenio, sastre cojo, y Marina, en graves dificultades económicas a causa de su numerosa prole; y Conrado, cuya mujer frívola, manirrota y obsesionada por los afeites está despilfarrando el patrimonio familiar para sustentar su «cara glotona» (66v). Si en el caso de Claudio y de Ardenio-Marina no se señalan peculiaridades lingüísticas dignas de mención, sí merece la pena detenerse en los intercambios entre Conrado y el tribunal. De hecho, la expresión «cara glotona» llama la atención de los responsables de dictar sentencia, que piden explicaciones al pobre —en más de un sentido— marido, que afirma: «¿No es cara glotona la que me ha comido muchas gallinas e infinita suma de piernas de carnero, una cantidad espantosa de huevos frescos, larga copia de manos de carnero negras? Pues, de todas estas cosas destiladas por alquitara, y otras muchas que no refiero, hace una agua tan clarona, que la pone el rostro más transparente que una hoja de aquellas que con más primor labran los toledanos artífices» (67r). Y sigue: «Lo más del año sustenta una cabra con cebada porque, ordeñándola, se sirve de su leche para semejantes destilaciones, de modo que su cara como criatura mama leche y como persona traga y engulle varios manjares; que soy tan infeliz que a otros maridos las caras de sus mujeres les ganan de comer, y a mí la mía me come lo que yo gano» (67r-v).

Tras esta descripción del estado en que vive Conrado, Germano prorrumpe diciendo: «se me rompe el corazón de lástima de ver a este miserable marido [...] que ha muchos años que murió y que él piensa que vive» (68r) y, junto a Lucino y el ministro, propone varios epitafios fúnebres que describen jocosamente la condición del hombre. El tribunal, pues, parece convertirse temporáneamente en una academia —ambiente muy conocido por Salas Barbadillo—, dejando de un lado las cuestiones jurídicas de su competencia y satirizando implacablemente la mísera circunstancia de Conrado[24]. El hombre, sin embargo, tras escuchar entre divertido y desesperado los poemas que declara la autoridad competente[25], inventa otros dos, obteniendo así del juez la concesión del divorcio: «¡Excelentísimo, agudo, propio y significativo! Imposible es que un hombre de tan sazonados chistes esté muerto; pero, porque no llegue a semejante estado y perdamos en él un varón que puede ser honesto juglar de la república, quiero conceder con su ruego. Y así os mando, ministro mío, que [...] le pongáis en libertad» (74r). Evidentemente, no se puede examinar el estilo de la mujer, pues no aparece nunca en escena, pero parece claro cómo la dialéctica brillante y aguda del marido poco (o nada) encaja con el superficial «rostro brillante» de su consorte, fruto de los raros y costosos cosméticos que prepara ella misma.

La última pareja desparejada está compuesta por Medoro y la «poetisa»; el hombre llega a la audiencia buscando al «redentor de cautivos» (75v), el ministro precisa que «aquí no está el redentor de cautivos, sino el descasamentero parnasista» (75v), y el primero replica que no encuentra diferencias entre los dos títulos, ya que «caminan a un fin» (75v). La reacción del ministro nos anticipa el asunto principal de la contienda, exclamando: «¡Qué bachiller que viene!» (75v). Refiriéndose a un célebre refrán, Medoro afirma ser bachiller «por ser la parte de que cojea [su] mujer y la que [le] hace venir a tratar de descasar[se]» (75v). En efecto, el marido empieza a describir a su mujer, delineando una serie de rasgos entre lo positivo y negativo: «es una bachillera fantástica, rodeada siempre de varios libros y tan presumida que pretende llamarse estudiosa» (76r); y sucesivamente, «se ocupa en estos días en estudiar la astrología y todo su lenguaje es si se miran los planetas de aspecto trino, sextil o cuadrado, si están cadentes, si directos, si retrógrados, cuál está en su casa, cuál en su gozo, cuál en su triplidad, y al fin habla muchas cosas de estas a montón, sin saberlas con orden ni fundamento» (76r-v). Obsérvese que Medoro está empezando nuevamente a 'cojear', ya que hace suyos los tecnicismos que oye a su sabia esposa. Pero hay

24 Dejo para otra ocasión un estudio pormenorizado de esta parte de la pieza salasiana, ya que resulta de gran interés por su clara vinculación con el modelo del certamen poético.

25 Como botón de muestra, ver tan solo un par de estos epitafios: «Conrado está aquí, la espada/mortal redimió sus daños,/hombre que sufrió veinte años/a una mujer afeitada./Huésped, con voz lastimosa/llora por este afligido/pues murió de ser marido,/que es la muerte más rabiosa» (69r); «Un mártir de maridaje/duerme en esta losa fría,/tal que, aún viviendo, dormía/sujeto a perpetuo ultraje./En sus trabajos mostró/grande constancia y firmeza./No le dolió la cabeza,/aunque mucho le pesó» (69v-70r). Ver también los epitafios en *Coronas del Parnaso y platos de las musas* (1635).

más: la «bachillera fantástica» también escribe poemas satíricos «libres y universales» (77r): uno dedicado a su marido, donde se lo pinta como «todo majadero», «ignorante», hombre que «los libros aborrece», «siempre glotón y nunca satisfecho» y que «juzga a las ciencias por ofensas» (78r). Tras alabar a la «madama poetisa», Germano nota cómo Medoro sigue 'cojeando', ya que refiere los versos «con buen aire» (78r), pese a convertirse en «pregonero de [sus] desprecios» (77r). La sátira despierta la curiosidad del juez, quien envía a su ministro en busca de «una mujer tan admirable» (79r). En su tentativa de librarse de la poetisa consorte, Medoro cita un par de glosas que su mujer ha escrito sobre unos conceptos difíciles: lo paradójico de la actitud del marido es que, pensando censurar las dotes de su mujer, las encarece involuntariamente («escuchad y veréis cómo la glosa le dispone tan claro que vuelve la noche en día», 80r). La poetisa no se presenta ante el tribunal, pero envía a don Germano un soneto que clausura el pleito. Aunque no podamos 'escuchar su voz', sí nos facultan para estudiar su *usus dicendi* las palabras de Medoro, el cual, como ya he comentado, parece adaptarse al lenguaje de su mujer: aun no queriendo modificar sus hábitos culinarios y utilizando todavía las estanterías como despensas, parece heredar modelos lingüísticos más cultos, como si la inteligencia de su mujer le llegase por ósmosis. En resumidas cuentas, el divorcio, solicitado por Medoro, beneficia más a la poetisa que, por otra parte, «se ríe de este tribunal y de todos los que le administran» (80v). La mujer, de hecho, parece contentarse con la condición en la que vive, pasando olímpicamente de las malas costumbres del marido, que satiriza y sublima poéticamente. La cultura, parece decirnos el autor, es una forma de salvarse de las dificultades matrimoniales, y el insulto, típica salida de estos entremeses, se convierte en una forma de arte.

En conclusión, lo que emerge de este cotejo de ambos entremeses es una diferente consideración de los personajes y sus peculiaridades: Cervantes pone en escena a figuras típicas del teatro burlesco de la época, poco desarrollados desde el punto de vista caracterial y expresiones de un lenguaje en esencia popular. Los diálogos se construyen sobre una poética de la ira caracterizada por el largo empleo de insultos, pullas y vocablos malsonantes. Los polos entre los cuales discurren las vicisitudes de cada pareja suelen ser el 'gritar' femenino y el 'callar' masculino, con pocas excepciones. Por el contrario, Salas Barbadillo coloca sus personajes en un contexto cortesano, lo cual universaliza la consideración de las cuitas matrimoniales: no se trata, pues, de un fenómeno que se señala tan solo en las clases sociales populares, sino que atañe también a los cortesanos. Las *dramatis personae* de la pieza salasiana resultan mejor descritas, más profundizadas desde el punto de vista caracterial y lingüístico y decididamente más interesantes. A la simple oposición entre 'gritar' y 'callar', Salas añade otros y más sofisticados géneros de comunicación: la 'bachillería rubia' de Dorotea, el 'ladrar' de Angélica, la amarga autoironía de Conrado, la sátira sabia de la poetisa. Sea como fuere, la separación lingüística —que conlleva una intrínseca incomprensión entre los cónyuges— parece configurarse como una motivación más para pedir el divorcio; el tribunal cervantino, sin embargo, suele acallar uno de ellos; reduciéndolo al silencio, prefiere no escuchar los 'gritos' y aplazar *sine die* una posible resolución. En cambio, el tribunal parnasiano otorga el divorcio a todos y cada uno de los querellantes, simpatizando con muchos de los malcasados y criticando rotundamente el oficio de casamentero. Al rebatir el principio cervantino del «peor concierto», Salas aprueba el refrán de «cada oveja con su pareja», que en su obrita no siempre 'balan' de la misma manera.

Obras citadas

Agostini, Amelia (1964). «El teatro cómico de Cervantes». *Boletín de la Real Academia Española*, 44, pp. 475–540.

Arellano, Ignacio (1995). *Historia del teatro español del siglo XVII*. Madrid: Cátedra.

Asensio, Eugenio (1971). *Itinerario del entremés*. Madrid: Gredos.

Asensio, Eugenio (ed.) (1987). «Introducción crítica». En Miguel de Cervantes, *Entremeses*. Madrid: Castalia, pp. 7–49.

Atienza, Belén (2004). «El juez, el dramaturgo y el relojero: justicia y lectura como ciencias inexactas en *El juez de los divorcios* de Cervantes». *Bulletin of the Comediantes*, 52, 2, pp. 193–217.

Bataillon, Marcel (ed.) (1964). «Cervantes y el matrimonio cristiano». En *Varia lección de clásicos españoles*. Madrid: Gredos, pp. 238–255.

Bustos Tovar, José Jesús de (1996). «La construcción del diálogo en los entremeses cervantinos». En José Juan Berbel Rodríguez (ed.), *El torno al teatro del Siglo de Oro. Actas de las Jornadas XII-XIII celebradas en Almería*. Almería: Instituto de Estudios Almerienses, pp. 275–290.

Calero Fernández, María Ángeles (1992). «Nombres parlantes femeninos en la onomástica paremiológica española». En Manuel Ariza Viguera (ed.), *Actas del II Congreso Internacional de Historia de la Lengua Española*. Vol. 2. Madrid: Pabellón de España, pp. 907–918.

Castán Vázquez, José María (2013). «El derecho matrimonial en los entremeses de Cervantes». *Revista General de Derecho Canónico y Derecho Eclesiástico del Estado*, 32, pp. 1–9.

Caus, Francisco A. (1974–1975). «Ecos cervantinos en la obra de Salas Barbadillo». *Anales cervantinos*, 13–14, pp. 165–168.

Chevalier, Maxime (ed.) (1999). «Sobre el entremés cervantino». En *Cuento tradicional, cultura, literatura (siglos XVI-XVII)*. Salamanca: Universidad de Salamanca, pp. 99–103.

Chiappini, Gaetano (2001). «Umanità e comico nel *Juez de los divorcios* di Miguel de Cervantes». En Antonella Gallo *et al.* (ed.), *Per ridere. Il comico nei secoli d'oro*. Firenze: Alinea, pp. 79–108.

Dartai-Maranzana, Nathalie (2011). «La figura del viejo en los *Entremeses* de Cervantes: entre estereotipo y originalidad». En Nathalie Dartai-Maranzana (ed.), *De la caduca edad cansada. Discursos y representaciones de la vejez en la España de los siglos XVI y XVII*. Lyon: PU Saint Étienne, pp. 239–255.

Díez Borque, José María (1978). *Sociedad y teatro en la España de Lope de Vega*. Barcelona: Antoni Bosch Editor.

Fernández Oblanca, Justo (1992). *Literatura y sociedad en los entremeses del siglo XVII*. Oviedo: Universidad de Oviedo.

García Lorenzo, Luciano (1988). *Los géneros menores en el teatro español del Siglo de Oro*. Madrid: Ministerio de Cultura.

González, Aurelio (2015). «El espacio y la representación en los entremeses de Cervantes». *Cuadernos AISPI*, 5, pp. 147–170.

Granja, Agustín de la (1994). «El entremés: la larga risa de un teatro breve». En Ignacio Arellano y Víctor García Ruiz (ed.), *Del horror a la risa*. Kassel: Reichenberger, pp. 161–189.

Hernández González, Laura (2017). «De los nombres de Calderón. Reflexiones acerca de la antroponimia calderoniana». En Anna Bognolo *et al.* (ed.), *Serenísima palabra. Actas del X Congreso de la Asociación Internacional Siglo de Oro* (Venecia, 14–18 de julio de 2014). Venezia: Edizioni Ca' Foscari, pp. 579–588.

Huerta Calvo, Javier (1983a). «Cómico y femenil bureo (Del amor y de las mujeres en los entremeses del Siglo de Oro». *Criticón*, 24, pp. 5–68.

Huerta Calvo, Javier (1983b). «Los géneros teatrales menores en el Siglo de Oro». En AA.VV., *El teatro menor en España a partir del Siglo XVI. Actas del Coloquio celebrado en Madrid, 20–22 de mayo de 1982*. Madrid: CSIC, pp. 23–62.

Huerta Calvo, Javier (1986). «Anatomía de una fiesta teatral barroca. Reyes como bufones». En José María Díez Borque (ed.), *Teatro y fiesta en el Barroco. España e Iberoamérica*. Barcelona: Serbal, pp. 115–136.

Huerta Calvo, Javier (1988). «Poética de los géneros menores». En Luciano García Lorenzo (ed.), *Los géneros menores en el teatro español del Siglo de Oro*. Madrid: Ministerio de Cultura, pp. 15–32.

Huerta Calvo, Javier (1995). *El nuevo mundo de la risa*. Palma de Mallorca: Olañeta.

Huerta Calvo, Javier (2001). *El teatro breve en la Edad de Oro*. Madrid: Ediciones del Laberinto.

King, Jeremy (2011). «Structuring Conversation: Discourse Markers in Cervantes's *Entremeses*». *Hispania*, 94, 4, pp. 648–662.

Kirschner, Teresa J. (1999). «Cervantes, director de sus entremeses». En Catherine Poupeney Hart, Alfredo Hermenegildo y César Oliva Olivares (ed.), *Cervantes y la puesta en escena de la sociedad de su tiempo*. Murcia: Servicio de Publicaciones de la Universidad de Murcia, pp. 159–184.

Lázaro Carreter, Fernando (ed.) (1974). «El *Arte nuevo* (vs. 64–73) y el término *entremés*». En *Estilo barroco y personalidad creadora*. Madrid: Cátedra, pp. 187–201.

López Martínez, José Enrique (2015). «El entremés de *El juez de los divorcios* y otros infelicísimos malcasados». *Anales cervantinos*, 47, pp. 289–322.

López Martínez, José Enrique (ed.) (2016). «Introducción». En Alonso Jerónimo de Salas Barbadillo, *El caballero puntual*. Madrid: Real Academia Española/ Centro para la Edición de los Clásicos Españoles.

Maestro, Jesús G. (1998), «Construcción e interpretación del diálogo en los *Entremeses* de Miguel de Cervantes». En Antonio Pablo Bernat Vistarini (ed.), *Actas del III Congreso Internacional de la Asociación de Cervantistas*. Palma: Universitat de les Illes Balears, pp. 591–610.

Martínez López, María José (1997). *El entremés: radiografía de un género*. Toulouse: Presses Universitaires du Midi.

Manukyan, Armine (2012). «Salas Barbadillo entre sus contemporáneos: sus gustos literarios e influencias». En Carlos Mata Induráin y Adrián J. Sáez (ed.), *«Scripta manent». Actas del I Congreso Internacional Jóvenes Investigadores Siglo de Oro*. Pamplona: Servicio de Publicaciones de la Universidad de Navarra, pp. 279–295.

Miguel y Canuto, Juan Carlos de (1990). «Los moldes de la tradición oral en los personajes y antropónimos de los entremeses cervantinos». En AA.VV., *Actas del II Coloquio Internacional de la Asociación de Cervantistas* (Alcalá de Henares, 6–9 noviembre 1989). Barcelona: Anthropos, pp. 695–708.

Piqueras Flores, Manuel (2016). «Alonso J. de Salas Barbadillo y las colecciones de metaficciones áureas». *Castilla*, 7, pp. 794–811.

Piqueras Flores, Manuel (2017). «De las colecciones de novelas cortas a las colecciones de metaficciones, un análisis de *Fiestas de la boda de la incasable malcasada* de Salas Barbadillo». *eHumanista*, 35, pp. 454–474.

Randel, Mary Gaylord (1982). «The Orden in the Court: Cervantes's entremés *El juez de los divorcios*». *Bulletin of the Comediantes*, 34, 1, pp. 83–95.

Restrepo-Gautier, Pablo (1995–1997). «“Y así, a todos os recibo a pruebas”: risa e ideología en *El juez de los divorcios* de Cervantes». *Anales Cervantinos*, 33, pp. 229–245.

Rolfes, Anne (2014). «Matrimonio y locura en los entremeses cervantinos». En Emilio Martínez Mata y María Fernández Ferreiro (ed.), *Comentarios a Cervantes. Actas selectas del VIII Congreso Internacional de la Asociación de Cervantistas* (Oviedo, 11–15 de junio de 2012). Madrid: Fundación María Cristina Masaveu Peterson, pp. 1016–1026.

Rozenblat, William (1973). «¿Por qué escribió Cervantes *El juez de los divorcios*?». *Anales Cervantinos*, 12, pp. 129–134.

Sáenz, María Ascensión (2004). «El *Juez de los divorcios* o la institución matrimonial en entredicho(s)». En Francisco Domínguez Matito y María Luisa Lobato López (ed.), *Memoria de la palabra. Actas del VI Congreso de la Asociación Internacional Siglo de Oro* (Burgos-La Rioja, 15–19 de julio de 2002), vol. II, Madrid/Frankfurt a.M.: Iberoamericana/Vervuert, pp. 1569–1576.

Salas Barbadillo, Alonso Jerónimo de (1620). *Casa del placer honesto.* Madrid: Viuda de Cosme Delgado.

Salas Barbadillo, Alonso Jerónimo de (1622). *Fiestas de la boda de la incasable malcasada.* Madrid: Viuda de Cosme Delgado.

Salas Barbadillo, Alonso Jerónimo de (1635). *Coronas del Parnaso y platos de la Musas.* Madrid: Imprenta del Reino.

Salas Barbadillo, Alonso Jerónimo de (2016). *El caballero puntual.* Enrique López Martínez (ed.), Madrid: Real Academia Española/Centro para la Edición de Clásicos Españoles.

Santonja Hernández, Pedro (2015). «La situación de las mujeres y el matrimonio en la Edad Media y en los siglos XVI y XVII». *Cuadernos para Investigación de la Literatura Hispánica*, 40, pp. 263–328.

Senabre, Ricardo (1988). «El lenguaje de los géneros menores». En Luciano García Lorenzo (ed.), *Los géneros menores en el teatro español del Siglo de Oro.* Madrid: Ministerio de Cultura, pp. 131–148.

Tabor Quintanar, María José (2017). «*El juez de los divorcios* de Cervantes y *El marido pantasma* de Quevedo: estudio comparativo de dos entremeses sobre el matrimonio». *Castilla*, 8, pp. 114–134.

Vitse, Marc (1988). «Burla e ideología en los entremeses». En Luciano García Lorenzo (ed.), *Los géneros menores en el teatro español del Siglo de Oro.* Madrid: Ministerio de Cultura, pp. 163–176.

Vivó de Undabarrena, Enrique (1997). «El teatro de Cervantes y su casuística matrimonial». *Boletín de la Facultad de Derecho*, 12, pp. 183–257.

José Enrique Laplana Gil / Zaragoza

Lo que va de Momo a Momo: Salas Barbadillo y su *Estafeta*

Resumen: El presente trabajo se centra en *La estafeta del dios Momo* de Salas Barbadillo, publicada en 1627, tras cuatro años de silencio editorial. En él se estudian, ubicándolas en su contexto genérico, las distintas tipologías epistolares utilizadas por Salas, entre las que destacan las epístolas jocosas, caracterizadas por el constante ejercicio de la agudeza verbal. Dado que Momo es remitente desde el Parnaso de estas epístolas, se compara su presencia en *La estafeta* con otras obras del madrileño en las que también aparecen Momo y el marco alegórico parnasiano.

Palabras clave: Salas Barbadillo, *La estafeta del dios Momo*, epístola jocosa, Momo, Parnaso

Abstract: The present article is focused on *La estafeta del dios Momo* by Salas Barbadillo, published in 1627 after four years of editorial absence. In our essay, the various epistolary typologies used by Salas are studied in their generic context, among which the jocular epistles stand out, defined by the constant use of verbal wit. Given that Momo forwards these epistles from Parnassus, his presence in *La estafeta* is compared with other works in which Momo and the Parnassian allegorical frame also make an appearance.

Key words: Salas Barbadillo, *La Estafeta del Dios Momo*, Jocular Epistle, Momo, Parnassus

Publicada en 1627, *La estafeta del dios Momo* supone la vuelta de Salas Barbadillo a las prensas tras los cuatro años de silencio que siguieron a la gran explosión creativa y editorial, con un total de trece obras publicadas, desarrollada entre 1618 y 1623. Como es sabido, las razones que pudieron llevar a este repentino silencio editorial no están claras del todo y forman parte de las zonas oscuras de la biografía del madrileño. Se han apuntado diversas circunstancias que podrían explicarlo: algunas ajenas a Salas, como la caída en desgracia de los hermanos Fiesco, dedicatarios de varias de sus obras, y otras de carácter personal, como sus apuros económicos[1] o su sordera, que debía de ser ya muy severa en 1627, pues en *La estafeta* se halla un soneto de Martín de Figueredo «Al autor, habiendo

1 Salas Barbadillo fue desde 1624 ujier de saleta de la reina Isabel de Borbón, cargo destacado en la portada de *La estafeta* al presentarse como «criado de su Majestad».

ensordecido»[2]. A ellas cabe añadir además otra puramente editorial que, pese a ser bien conocida gracias a Jaime Moll (1997 y 2001), quizá no ha sido suficientemente resaltada. La ausencia de nuevas publicaciones de Salas Barbadillo tras *Don Diego de noche*, de 1623, coincide con el abandono del oficio de librero y editor de Andrés de Carrasquilla, quien había financiado la edición de hasta doce (entre primeras y segundas ediciones) de los libros publicados por Salas Barbadillo entre 1618 y 1623: todos excepto las *Rimas castellanas* (1618) publicadas por Salas a su costa, y *El subtil cordobés Pedro de Urdemalas* y *El caballero perfecto*, ambas de 1620 y editadas por Alonso Pérez, quien pagó a Salas 500 reales por el privilegio para su edición (Moll 2001: 474)[3]. La desaparición del mercado editorial de Andrés de Carrasquilla, su editor casi en exclusiva en sus años más prolíficos, sumada al indudable impacto que supuso la decisión de la Junta de Reformación el 6 de marzo de 1625 de suspender las licencias para imprimir libros de «comedias, novelas ni otros de este género» (Moll 1974), dando de lleno, por tanto, en el núcleo central de la producción literaria de Salas Barbadillo, fueron sin duda factores determinantes para explicar, junto a otras circunstancias, la ausencia de nuevas publicaciones entre 1623 y 1627.

De hecho, en *La estafeta del dios Momo* hallamos, por una parte, la elección de un modelo literario no novelístico, la epístola entre satírica y jocosa, que esquiva la prohibición de 1625, y, por otra parte, encontramos otro miembro de la familia Carrasquilla como editor que financia la publicación. Esta corrió a cargo del hermano menor de Andrés, Juan, editor también de las *Obras en verso del Homero español, que recogió Juan López de Vicuña* (Moll 1997). Juan

---

Respecto a las circunstancias mencionadas, puede verse la introducción de López Martínez a *El caballero puntual* (Salas Barbadillo 2016: 22*-25*).

2 Este soneto figura al final del texto (171), y en él se dice que su sordera «prevención de los astros fue piadosa» para que no oyese los aplausos de la fama y continuase escribiendo. Es importante destacar que los preliminares constan de dos cuadernillos de ocho hojas cada uno, pero es probable que la extensión de algunos textos (la dedicatoria a Paravicino y el elogio de Gabriel Bocángel al autor), haya causado el desplazamiento de parte de su contenido a las dos últimas hojas del cuadernillo final (Y), donde aparecen el soneto citado, cuatro décimas, y una «Advertencia a los bien afectos del autor» que incluye el listado de las obras, diecisiete en total, publicadas por Salas. Ninguno de estos elementos, ni tampoco de los preliminares de la obra, fueron incluidos en la edición de *La estafeta del dios Momo* de Alfredo Rodríguez (1968), por la que citaré; cuando me refiera a ellos lo haré a partir del ejemplar R/1140 de la BNE.

3 Aunque Cayuela (2013) considera que estas dos últimas obras, junto a *El sagaz Estacio* y la *Escuela de Celestina*, se publicaron a costa de Salas, el estudio de Moll (2001) demuestra que la edición corrió a cargo de Alonso Pérez y Andrés de Carrasquilla.

publicó *La estafeta* con la misma marca editorial que había utilizado su hermano Andrés en otras obras de Salas, lo que sin duda otorgaba al libro un claro indicio de continuidad y autenticidad en la trayectoria literaria del madrileño. Juan de Carrasquilla además escribió una décima en elogio del autor (172 s/n)[4]. Y no solo el apellido del editor y su marca en la portada (en realidad la de su hermano) eran los habituales de las últimas obras de Salas Barbadillo[5], sino que también el título marcaba una línea de continuidad fácilmente perceptible por los lectores «afectos al autor», porque ni las cartas, ni Momo, ni el Parnaso desde donde se remiten, eran una novedad en sus obras.

La estafeta del dios Momo consta de tres elementos, en buena medida independientes entre sí: un breve relato mitológico entre lucianesco y parnasiano que sirve como marco introductor del conjunto de epístolas y reaparece al final del texto, en un breve párrafo donde se sugiere una posible continuación que, efectivamente, tendrá lugar en las *Coronas del Parnaso*; una «Novela jocosa» titulada *El ladrón convertido a ventero*, insertada a modo de yuxtaposición entre las cartas XXI y XXII, sin ningún nexo de unión con el resto de la obra, y que en realidad es una jácara en prosa en todo equivalente a la «novela jacaranda» titulada *Los desposados disciplinantes* que constituye el cuarto plato de las *Coronas del Parnaso y platos de las musas*, como puso de relieve Arnaud (1979: 669–682); y, por último, sesenta y cuatro epístolas, burlescas en su mayoría, serias las menos, que firman respectivamente Momo y Montano, alternando burlas y veras como nuevos Demócrito y Heráclito[6]. Cada uno de estos tres elementos requiere un análisis independiente, pues el marco metaficcional, por decirlo con la terminología utilizada por Piqueras Flores (2018), es tan endeble que quiebra. Por esa razón, me centraré primero en el estudio de las cartas, a las que dedicaré mayor atención, para pasar a tratar después muy brevemente de la novela jacarandina y finalizar con el análisis de la figura de Momo en el contexto del breve relato parnasiano del inicio y en comparación con su presencia en otras obras de Salas Barbadillo.

---

4 También su hermano Andrés había dedicado una décima a Salas en los preliminares de *La sabia Flora malsabidilla* en 1621.

5 No ocurre lo mismo con el lugar de venta, pues los libros editados por Andrés de Carrasquilla se vendían en Palacio y en la calle Mayor, mientras que *La estafeta* se anuncia a la venta en la Torre de Santa Cruz.

6 Salas Barbadillo es uno de los ejemplos destacados por Close (2006: 126–130) de «la división inviolable entre jocosidad y seriedad» en los primeros decenios del siglo XVII, de la que se apartan tanto Cervantes como Mateo Alemán. Para Heráclito y Demócrito como paradigma de la mezcla tragicómica, puede verse Egido (1998).

Como ya he indicado, los aficionados de Salas no se debieron de sorprender al encontrarse con Momo, ni con una estafeta, que no es otra cosa que «el correo ordinario de un lugar a otro, que va por la posta» (*Aut.*). Ya entre las aventuras segunda y tercera de *Don Diego de noche* había publicado Salas un epistolario, explícitamente adjetivado como «jocoso», dividido en dos partes, con treinta y una cartas (Salas Barbadillo 2013: 161–201). Con posterioridad a *La estafeta*, Salas publicará otras dos series de epístolas en los platos sexto y octavo de las póstumas *Coronas del Parnaso* (publicadas en 1635 pero con privilegio de 1630), que suman un total de otras treinta y una cartas[7], aunque no las firma el maldiciente diosecillo, como había prometido Salas al final de *La estafeta*[8].

«Lettres pour rire» denomina Arnaud (1979: 627–667) el conjunto del epistolario de Salas Barbadillo, ciento veintiséis cartas divididas en tres obras. Pero, como él mismo advierte y ya hemos apuntado, no todas son jocosas y para reír, sino que hay un total de diecinueve epístolas, dieciséis en *La estafeta* y tres en las *Coronas*, que son serias y están dirigidas a amigos y personajes ilustres. Conviene, por tanto, atender a esta distinción, pues responde a las distintas tipologías epistolares establecidas y descritas en los distintos manuales del arte epistolar que surgieron en la Europa del Humanismo, suplantando las formulares *artes dictaminis* medievales. También conviene, en este punto, advertir de las diferencias que presentan los tres epistolarios en lo concerniente a sus remitentes y destinatarios. Siendo la epístola, como ya advirtiera Cicerón, una conversación entre ausentes, amigos o parientes en el caso de las calificadas como familiares[9], es preciso atender al emisor y al receptor de la misiva, que además se desdoblan al convertirse la epístola en un género literario que supera los estrictos límites de

7 Ambos platos de las *Coronas* están dedicados a dos escritores que habían colaborado en *La estafeta* con sendos elogios: Gabriel Bocángel, autor de un largo «Elogio en honor» en los preliminares, y José de Valdivielso, quien había aprobado esta y otras obras del autor, pero que en *La estafeta* fue más allá del formulismo administrativo habitual, convirtiendo la aprobación en «forzoso panegírico fertilísimo de las alabanzas de su dueño».

8 «Estas son las epístolas del malsín Momo que pudo recoger la curiosidad del filósofo Montano, porque las más las escondieron sus dueños, huyendo de ser el blanco de la risa pública. Bien sé yo que Momo dejó originales de todas, y acudiendo a él no se excusará a nuestro ruego y podrá que vuelvan tan aumentadas que la diligencia de habérselas escondido será para mayor afrenta y castigo de los que se valieron de esta treta, tan en daño de los lectores de buen gusto» (Salas Barbadillo 1968: 204).

9 Pueden verse, a este respecto, por extenso, Ynduráin (1988), Trueba (1996), Guillén (2000) y Gonzalo Pontón (2002), y recuérdense las definiciones, casi idénticas, de Erasmo y Vives en su respectivas *De conscribendis epistolis*.

la comunicación privada, como estudió Claudio Guillén (1997 y 1998). Hay que contar con el «escritor empírico», autor real de la carta, con el «yo textual» que toma la voz y utiliza la primera persona, y que puede coincidir o no con el anterior; y, en el lado del receptor, el «tú textual», el personaje al que se dirige la carta, y el «receptor empírico» que la lee, que puede ser el mismo al que va dirigida cuando se trata de una persona real, y se convierte en el conjunto de «receptores empíricos» formado por todos los lectores al traspasar esta el ámbito privado y difundirse públicamente.

Si el escritor empírico es Salas en todos los casos, el yo textual difiere en los tres epistolarios: en el primero parece ser el estrafalario figurón narrativo don Diego de noche, aunque su autoría no se indique explícitamente (Salas Barbadillo 2013: 159). En *La estafeta*, como ya hemos visto, el «yo textual» es doble. En una parte de las cartas, aquellas escritas «en seso» (como diría Lope en su *Tomé de Burguillos*), el «yo textual» que firma las epístolas es Montano, quien figura como amigo del editor de la obra que sería el propio Salas, en un cervantino juego de identidades: «Las que se publicaron recopiló un amigo curioso, su nombre es el ingenioso Montano, que me las dio para que las estampase (como lo hago) con algunas pocas suyas, bien que de diferente materia» (Salas Barbadillo 1968: 25). Pero el grueso de las cartas de *La estafeta*, que corresponde a las jocosas y burlescas, están firmadas por el maldiciente Momo. En las *Coronas del Parnaso*, por el contrario, no existe ningún yo textual explícito e identificable, ni para las cartas jocosas ni para las serias.

Por lo que respecta a los destinatarios y receptores, en todos los casos existe un «tú textual» explícito, pero estos pueden subdividirse en dos bloques claramente diferenciados: por una parte están los destinatarios de las cartas jocosas y por otro los del epistolario serio. Centrándonos ahora en el jocoso, hay que decir que en *Don Diego de noche*, con todas las cartas de donaire, el «tú textual» suele carecer de nombre, salvo en muy contadas ocasiones en las que predominan nombres comunes y vulgares (Federico, Cleonardo, Mencía, María, Cosme, Lucino y Roque), y la identificación se limita a mencionar a un indeterminado «amigo» o al oficio del destinatario, en su mayoría correspondientes con los habituales blancos de la sátira (lavandera, tabernero, cirujano, hechicera, sacristán, corchete, sacamuelas). En *La estafeta* y en las *Coronas del Parnaso*, sin embargo, se introduce una variación: el nombre del destinatario es sistemáticamente de raigambre latinizante (Fideno, Corbulo, Melampo, Sergesto, Paladio, Coribante, etc.) y recuerda de inmediato a los destinatarios de múltiples epigramas y epístolas poéticas de nuestro Siglo de Oro, género este último en el que desde Horacio, como es bien sabido, suelen darse la mano la reflexión filosófica y la sátira de vicios y costumbres.

Tanto la construcción ficticia del «yo textual», sea este Don Diego, Momo o el indeterminado remitente de las *Coronas del Parnaso*, como del «tú textual» a quien van destinadas, sean imprecisos «amigos» y oficiales varios en *Don Diego de noche* o nombres latinizados en *La estafeta* y las *Coronas*, destacan por carecer de la personalidad propia y de la subjetividad que les correspondería como los personajes literarios que realmente son al aparecer en un epistolario ficticio concebido para su difusión pública. De hecho, uno de los rasgos más característicos del epistolario jocoso de Salas, en su conjunto, es la ausencia de las marcas convencionales del género entendido como cauce de comunicación, según lo caracteriza Claudio Guillén, entre personas ausentes unidas por vínculos de parentesco, amistad o conveniencia social. No hay en las cartas jocosas, en general, indicios que desvelen la familiaridad ni la amistad entre corresponsales, no hay motivo para escribir la carta, no se espera respuesta ni se responde a una previa, no se pide nada ni se informa de nada, no hay ubicación espacial ni temporal, ni siquiera salutación o despedida, y lo único que queda, al menos en *La estafeta*, es la mención del destinatario en la cabecera y la firma del remitente al final[10].

Pese a que el propio Momo en *La estafeta* se presenta como «amigo y familiar» (Salas Barbadillo 1968: 23) de sus corresponsales, lo cierto es que las cartas jocosas en nada desarrollan unas mínimas marcas de epistolaridad. Esto no debe considerarse un demérito de Salas, sino una circunstancia vinculada con la evolución de este subgénero epistolar en España. Ya Cicerón en sus *Familiares* (II, 4) advertía de que en realidad las cartas podían dividirse en dos únicos géneros: «*Reliqua sunt epistularum genera duo, quae me magno opere delectant, unum familiare et iocosum, alterum severum et grave*» (Pontón 2002: 188–192). La recuperación humanística del género epistolar, superando la rigidez formular del *ars dictaminis* medieval, no dejó de atender, entre sus diversas modalidades, a la *epistola iocosa*, una de las veinte que describió por ejemplo Francesco Negri en su *De modo epistolandi* de 1487 (Pontón 2002: 83–85). En un principio las burlas y las cosas jocosas, generalmente el relato de un hecho gracioso[11], eran un ingrediente más en el distendido, amplio y variado registro de la carta familiar, nota de sal y de humor alternado con las veras, en su caso, de las reflexiones morales

10 Estos dos últimos elementos son los únicos signos imprescindibles de la escritura epistolar, según Constable (1976: 17).

11 Acontecido al propio autor de la carta («*de se*») o a otra persona («*de alio*»), como indica Negri: «*aliquam rem vel ridiculam vel iocosam quem nobis acciderit*» (Pontón 2002: 210).

o políticas: así se halla en las *Letras* de Fernando de Pulgar (Gómez Moreno 1994: 190–191 y Pontón 2002: 198–210).

Fue el médico converso Francisco López de Villalobos quien primero redactó epístolas decididamente jocosas, diez latinas con «*hystorias lepidas atque facetas*» publicadas a modo de descanso tras sus *Congressiones* (1514), y luego otras muchas, ya en castellano, en el resto de su epistolario, donde junto a unas pocas epístolas serias hay muchas otras plagadas de disparates, chismes, rumores y noticias de la corte, preguntas ingeniosas, parodias, e incluso abundantes casos en los que se moteja de linaje, pese a su condición de converso (Baranda 2012). En el mismo ámbito temporal y cortesano se desenvuelve el epistolario, necesariamente jocoso por su oficio, de Francesillo de Zúñiga, el gran apodador al que incluso las damas pedían por carta apodos para las recién llegadas a palacio[12]. La singularidad personal de Villalobos y don Francés ha permitido que sus cartas se vinculen con la llamada literatura bufonesca o «del loco» (Márquez Villanueva 1986 y Bouza 2001), pero conviene resaltar la constancia que tenemos del placer y la risa que provocaba su difusión pública a través de la lectura colectiva, formando parte de las diversiones de caballeros y damas que sabemos aficionados a motejar, apodar y entretenerse con juguetes de ingenio basados en la agudeza, como estudió con magistral perspicacia Maxime Chevalier en su libro *Quevedo y su tiempo: la agudeza verbal* (1992), fundamental para cuanto vamos tratando. La carta jocosa también figura entre las *Familiares* del obispo de Mondoñedo, encabezadas precisamente por una de ellas, «Para don Enrique Enríquez, en la cual el auctor le responde a muchas demandas graciosas» (I, 1), aunque en general fray Antonio (en quien también pueden apreciarse ciertos resabios bufonescos), además de evitar las desvergüenzas y libertades de Villalobos o don Francés, suele optar por un humor más templado, esparciendo la ironía y las bromas en cartas que tratan de otros múltiples asuntos, mezclando burlas y veras.

Sin detenernos en la peculiaridad epistolar del *Lazarillo*, las epístolas jocosas, presentes incluso en los manuales epistolares como el de Gaspar de Texeda en 1549 (Chevalier 1992: 84), reaparecen muy ocasionalmente en la segunda mitad del siglo XVI, según muestran la «Carta del Bachiller de Arcadia al Capitán Salazar» y la correspondiente respuesta, atribuidas a Diego Hurtado de Mendoza (Varo Zafra 2010), o las cartas de Eugenio de Salazar (Alonso Miguel 1984),

12 Así consta en una *Carta de las damas [de la reina Leonor] a don Francés*, que es todo un ejercicio de ingenio chistoso por parte de las damas: «Quatro o cinco damas nuevas que tenemos vos requieren que las apodéis»; como cabe esperar, tan «muy ociosas señoras» recibieron su apodo en la respuesta de don Francés.

pero parecen ir diluyéndose entre las múltiples modalidades y prácticas epistolares de nuestro Siglo de Oro. La carta aguda, a la que se sumarán la no menos risible carta del bobo y las necedades epistolares en sobrescritos, como las que figuran en la *Floresta española* (VI, v) de Santa Cruz, reaparecerá sin embargo con fuerza durante la imparable eclosión de comicidad que se vivió en todos los géneros literarios durante el reinado de Felipe III (Close 2000 y 2006). Frente a la extraordinaria presencia y difusión de la carta seria, generalmente amorosa, en el ámbito de las narraciones sentimentales, caballerescas, pastoriles o moriscas, donde su interpolación llegó a ser una convención (Guillén 2000: 104–105), encontramos, en primer lugar, epístolas jocosas constituidas como parodia de estas. Así ocurre, por ejemplo, en la Primera Parte del *Quijote*, en la célebre carta de don Quijote a Dulcinea que tanto admirara Pedro Salinas (1967).

Es importante señalar aquí que, antes de la publicación de la Segunda Parte del *Quijote*, ya Salas Barbadillo, siempre atento a las novedades narrativas cervantinas, llevó a cabo su primer ensayo en la epístola jocosa al introducir en la Primera Parte de *El caballero puntual* (Salas Barbadillo 2016: 71–77) dos cartas ridículas entre el mismísimo don Quijote y don Juan de Toledo, escritas en realidad por un oculto «ingenio natural de Madrid» para escarnio del Puntual con su difusión pública. Don Quijote pide consejo al Puntual sobre cómo comportarse en la corte y este le responde con una parodia de las famosas cartas de guía y aviso para los forasteros que allí acuden, y que, por su contenido, además, entronca con la festiva *Vida de la corte* de Quevedo, texto que se presenta formalmente como una carta a un amigo.

Terreno especialmente propicio para el desarrollo de la carta jocosa fue el ámbito rufianesco, prostibulario y carcelario, con un ejemplo extraordinario en la *Relación de la cárcel de Sevilla* de Cristóbal de Chaves que exploró con detalle Monique Joly (1980 y 1985), y que posteriormente se trasladaría al terreno de la poesía germanesca y de la jácara, algunos de cuyos modelos más eximios, debidos a Quevedo, como es bien sabido, son cartas, como la *Carta de Escarramán a la Méndez* o la *Carta de Perala a Lampuga, su bravo*, con sus respectivas respuestas. También Guzmán, ya preso, incluyó en su autobiografía como «entretenimiento» la carta que le envió la esclava con la que había estado amancebado (*Guzmán de Alfarache*, II, III, vii)[13]. Otras cartas jocosas en el ámbito picaresco

---

13 «Y en el rigor de mi prisión, habiéndome sentenciado el teniente a galeras, me envió una carta, que, por ser donosa, me pareció hacer memoria de ella, y porque también es bien aflojar a el arco la cuerda, contando algo que sea de entretenimiento» (Alemán 2012: 725).

son cruzadas por Pablos y su tío el verdugo en *El Buscón*, lo que nos devuelve otra vez a Quevedo. Sin duda don Francisco es una figura clave en el desarrollo de la carta jocosa, pues, al margen de los textos ya citados, destacó por la creación de numerosísimas cartas festivas, algunas firmadas por sí mismo y otras por personajes literarios, chorreantes de ingenio, agudeza y equívocos, que forman parte de la serie de subgéneros festivos cultivados por el madrileño, y que pueden equipararse al pronóstico perogrullesco, el centón de refranes o frases hechas, o a la premática jocosa, entre otros. Recuérdense, por ejemplo, las cartas destinadas a personajes de la corte para su regocijo, como la *Carta de las calidades de un casamiento* a la duquesa de Olivares o la dirigida al marqués de la Velada sobre la jornada de Felipe IV a Sevilla en 1624[14]. También contamos con otras cartas jocosas quevedianas de gran éxito y difusión, como la *Carta a una monja*, la *Carta a la rectora del Colegio de las Vírgenes*, la *Carta de un cornudo a otro* que es *El siglo del cuerno*, o las famosísimas *Cartas del caballero de la Tenaza*. En este variado contexto de cartas graciosas, donde sobresale por encima de todo el modelo quevedesco y su fuerte vinculación con la agudeza verbal, es donde cabe situar el epistolario jocoso de Salas Barbadillo[15].

Siempre atento a las novedades literarias y propenso a la experimentación e hibridación genéricas, Salas se convirtió casi en el único autor en cultivar la carta jocosa en la década de 1620–1630[16]. Para su elaboración, como veíamos, Salas prescindió de todas las marcas convencionales del género epistolar y su característica *dispositio* retórica, eliminando de paso cualquier elemento de carácter narrativo (Laplana 2010). Difuminó los rasgos del «yo» y del «tú textual», haciendo totalmente indiferente e intercambiable la figura del emisor y convirtiendo a los destinatarios en personajes huecos, en un retablo guiñolesco, mera dimensión lúdica del lenguaje[17]. En suma, hizo de las cartas jocosas un ejercicio ingenioso que busca provocar la risa del lector a través de la agudeza, esencialmente verbal. En este sentido, en *La estafeta*, y en el conjunto de sus

14 Salas Barbadillo aludió a este mismo viaje en la carta 34 de *La estafeta*, donde incluyó unas cortesanas octavas en las que retrata «los afectos y sentimientos de la Reina nuestra señora en esta ausencia».

15 Chevalier (1992: 208) las juzga severamente, considerándolas «prosa quevedesca diluida».

16 No falta alguna epístola graciosa entre las *Cartas Filológicas* de Cascales, como la carta «Contra los bermejos» (II, 1), aunque el humor del murciano aquí se aparta de las agudezas que, sin embargo, sí predominan en sus epigramas (II, 10), «cuya materia es por la mayor parte jocosa», como los de Salas.

17 Como los personajes del *Buscón*, tal y como los caracterizó Egido (1978).

epístolas jocosas, llama poderosamente la atención cómo siempre busca Salas Barbadillo justificar su envío en una «circunstancia especial» que rodea accidentalmente (como *adiunctum*) al destinatario y que permitirá en el texto establecer los términos de comparación, las exageraciones, disonancias, paradojas o cualquier otro procedimiento conceptuoso que alcanza la agudeza gracias a estas «contingencias extraordinarias» que Gracián, por ejemplo, alababa en Marcial (Egido 2000a). Veamos simplemente los epígrafes de algunas:

2. A Corbulo, arbitrista preso en la cárcel pública por casado tres veces.
5. A Sergesto, que habiendo estado algunos años en las Indias, cuando volvió halló muerta a su mujer.
6. A Renato, cantor famoso y pescador de caña.
7. A doña Fili, dama interesable, muy amiga de salir al campo en todos los tiempos.
19. A Felicio, cortesano solícito, tuerto y enamorado.
25. A Rufino, corcovado por la naturaleza y por el arte maestro de danzar.
33. A un arriero morisco, encargándole traiga con cuidado doce perniles.
52. A doña Talía, dama feísima y poeta, que en una fiesta de cohetes le quemaron un manto, y no escarmentada volvió otro año y se abrasó el rostro.
61. A Federico, barbero por oficio, músico por entretenimiento y casamentero por entrambos títulos.
64. A Marfilio, pobre mendigo y tahúr obstinado.

Salas despliega las múltiples correspondencias asociadas a estas circunstancias especiales a través de una redacción basada en la sucesión de conceptos jocosos, entre los que destacan los equívocos, que son, como indica Gracián, «más aptos para sátiras y cosas burlescas que para lo serio y prudente» (*Agudeza*, Discurso XXXIII). Me parece también destacable advertir que el discurso suele organizarse en una sucesión de oraciones, con total autonomía sintáctica y semántica, en las que se desarrolla una agudeza más o menos ingeniosa, al modo de las cuartetas autónomas de muchos romances satírico-burlescos, y que podrían suprimirse o incrementarse sin que el conjunto de la carta resultase afectado.

Por todo ello, las cartas jocosas de *La estafeta* se relacionan temática y estilísticamente con otros géneros en los que se combinan burla, agudeza y brevedad, y que el propio Salas cultivó con profusión, como los epitafios y epigramas jocosos[18]. Muestra de esta cercanía es que, de hecho, siete cartas de *La estafeta* (20, 22, 25, 32, 56, 57, 59) finalicen con otros tantos epitafios humorísticos (también hay

18 Los publicó todos juntos Arnaud (1981a y 1981b).

uno serio en la 4), en los que resulta difícil decidir si estos fueron escritos para rematar la carta o la carta lo fue para insertar un epitafio previamente escrito. Es, simplemente, un ejemplo más de hibridación genérica, que se prolonga con la presencia de romances sin relación alguna con la carta en que figuran (37 y 46) o con la inclusión de un «Discursillo» contra una prostituta, que sería mejor denominar invectiva, no escrito por Momo, sino por «un curioso y amigo de todos» (Carta 38). También es muy significativo en este sentido el caso de la 61, donde se incluye, como contraste al «honrado» oficio de casamentero de un barbero, un poema contra un médico alcahuete sin duda escrito por Salas para una academia: «no se han olvidado de castigarle los ingenios académicos, y yo, entre ellos, más por obediencia que por elección, le contribuí estos versillos» (Salas Barbadillo 1968: 197)[19].

Estas cartas jocosas de Salas son un nuevo marco genérico en el que dar rienda suelta a su característica vena satírico-burlesca, y por ello los temas, los personajes y el estilo no solo evocan otras obras suyas, sino también los poemas jocosos sobre asuntos predeterminados, tantas veces extravagantes, tan característicos de la poesía académica y de los certámenes[20], y sobre todo el conjunto de obras poéticas, prosísticas y teatrales, de carácter jocoso que convirtieron la agudeza de ingenio, y en particular la agudeza verbal, en eje vertebrador del discurso. Largo es el debate, como es bien sabido, acerca de cuánto tienen estas obras de intencionalidad moral y cuánto de ejercicio pura y llanamente risible. Desde mi punto de vista, predomina en estas cartas el componente puramente jocoso[21],

19 Los versos finales del poema, escrito en endecasílabos blancos con pareados, recalcan explícitamente su condición académica: «adiós, fecha en Madrid, y en la academia,/ academia y jardín competidores,/más la academia en todas partes es flores» (Salas Barbadillo 1968: 200).

20 Son muy interesantes a este respecto los versos de Álvaro Cubillo de Aragón en *El enano de las Musas,* en una carta poética del autor a un amigo, nuevo en la corte, dándole algunos consejos: «Si en Academia alguna te hallares,/donde ya por costumbre recibida/algún señor presida,/obedece el asunto, y no repares/en que sátira sea:/que como se usa allí de impersonales,/ya pintando una vieja, ya una fea,/un miserable, un calvo, un antojado,/y en esta acción lucida/no se tira a ventana conocida,/puedes, sin que tu pluma desmerezca,/decir cuanto al ingenio se le ofrezca.» (Cubillo de Aragón 1654: 46).

21 No opina lo mismo García Santo-Tomás (2008: 114) en las sugerentes páginas que dedicó a *La estafeta* (2008: 104–114).

pese a la insistencia que en los preliminares de la obra se otorga al provecho de los escritos de entretenimiento[22].

La mayoría se remiten a miembros de las clases bajas, «gente civil» excluida de los principios de «calidad, ingenio, letras y virtud» (Salas Barbadillo 1968: 23–24), convertida en objeto de risa que no merece la más mínima compasión o rasgo de humanidad. Sus vicios y necedades se contemplan «desde una perspectiva de jocosa y distanciada ironía, rayana en el sarcasmo, diseñada para poner bien de relieve su aberración» (Close 2006: 130), pero también figuran entre los corresponsales de Momo miembros de los bajos estamentos nobiliarios que, como advirtió Vitse (1980), pretenden usurpar una posición que no les corresponde o adoptan actitudes ridículas y extravagantes en su comportamiento o vestuario que recuerdan inevitablemente a los protagonistas de otros relatos de Salas. Aparte del eco cervantino de la carta 8 («A Paladio, pobre y desvanecido hidalgo, residente en una aldea, continuo cazador de liebres y gran lector de libros de caballerías»), encontramos a un «hidalgote intruso a caballero» que usa cortesías inapropiadas o a un músico presuntuoso con aspiraciones a un hábito, ambos tocados de las «tentaciones de la vanidad», o a caballeros víctimas de la «tentación de la sensualidad» (Vitse 1980: 31), que también causan hilaridad por su estrafalaria vestimenta, como el amante ridículo que parece «figura de entremés» (carta 50)[23]. Tampoco faltan epístolas que aplican la misma receta en el campo literario, pues Momo se revuelve contra quienes pretenden usurpar el cetro poético desde el ínfimo lugar social que corresponde a un zapatero o a un coplero de ciego[24]. En ellas, sin embargo, sigue predominando el componente lúdico y la sucesión de agudezas verbales por encima de la censura moral, lo que hace de

22 Se alude a esta cuestión en los preliminares, a veces con notable reiteración: en las aprobaciones de Valdivielso, en el elogio de Gabriel Bocángel, y, sobre todo, en la dedicatoria de Salas a Paravicino cuando intenta justificar que una obra de entretenimiento, como la suya, se dedique a un religioso.

23 Carta 13: «A Fauno, hidalgote intruso a caballero, que de muy vano era muy cortés»; carta 17: «A un músico, mecánico en las costumbres y en la presunción caballero vanísimo»; carta 43: «A Feniso, caballero por la sangre y amante por la inclinación»; Carta 50: «A don Melibeo, caballero y amante ridículo, por sus peregrinos caprichos».

24 Cartas 10 y 47, claro anticipo del papel de copleros y sastres entre los poetas ramplones que dirigen una armada contra Apolo en las *Coronas del Parnaso*. También hay una carta contra un mal comediógrafo al que se insta a aprender de Lope (carta 59) y dos dirigidas a actores: uno encumbrado que por vanidad quiere dejar su oficio (carta 45) y un gracioso al que da un paradójico pésame-parabién «en la muerte de su mujer, que sobre ser con extremo vieja, gorda y fea, tenía otras faltas» (carta 56).

estas cartas una sucesión de ejercicios de ingenio a los que creo que les falta el picante, la malicia y la chispa donosa de otras obras.

Muy distinto es el caso de las epístolas serias. En ellas no solo cambia el «yo textual» que representa el académico nombre de Montano, tras el que a veces se trasparenta nítidamente Salas Barbadillo, sino también el estilo, los temas y la configuración retórica. Frente a la agudeza y el vituperio, predomina el estilo elevado, aunque con moderación, propio del encomio y del panegírico que se destina, primordialmente, a miembros de las clases superiores y a amigos de afanes literarios, como en las dedicatorias de las *Coronas del Parnaso* (Cayuela 2013), sin que falte el afectado servilismo tan característico en este tipo de escritos. De hecho, muchas de las cartas podrían asimilarse a epístolas dedicatorias en las que quiere destacarse públicamente, a través de la imprenta, la condición de patronos o protectores de sus destinatarios (Pontón 2002: 28–29), sistemáticamente presentados como personas con altas prendas de sangre, virtud y estudios. No creo que se trate, como dice Arnaud (1979: 646) de «vraies lettres, effectivement envoyées», sino de un ejercicio, con excepciones, de lisonjera búsqueda de protección y afianzamiento cortesano en las cartas dirigidas a nobles y personas de la alta administración, y de reconocimiento personal como miembro de la república literaria en las cartas a otros escritores amigos. En algunos casos, toda la carta es un elogio directo al destinatario[25], y en otros se hace de modo indirecto, al remitir a un caballero el pésame por la muerte de un tercero a quien se elogia (carta 4), o al advertir a un desconocido amigo que parte de viaje de que en el lugar hacia el que se dirige (Santiago, Nápoles) podrá contar con la protección de una determinada persona, que es en realidad a quien se quiere ensalzar (cartas 9 y 14)[26]. Quizá la más explícitamente vinculada con los afanes cortesanos de Salas es la 34, dirigida a don Francisco Dionis de Mendoza, hijo del V marqués de Cañete que había sido pupilo de Salas entre 1618 y 1623, y que moriría poco después siendo todavía un niño, ya que en ella se unen epistolarmente el agradecimiento por la protección, ya finalizada, del marqués y la nueva condición de Salas como servidor de la reina en palacio.

25 Como en el caso de la carta 54, ejemplo de epístola gratulatoria que da el parabién a fray Ángel Manrique, cisterciense, por su nombramiento como general de su orden, cargo que ocupó entre 1626 y 1629.

26 En la carta 24 («A don Carlos, caballero nobilísimo, prudente y virtuoso, recién venido a Sevilla de las Indias, donde tuvo un gran gobierno») no se mencionan ni los apellidos ni el gobierno del destinatario, por lo que es posible, ya que se incluye un encendido elogio a la familia Guzmán y a los duques de Medina Sidonia, que se trate de un elogio indirecto a Olivares.

Otras cartas se alejan de las convenciones cortesanas y muestran su habilidad en el uso de distintas tipologías epistolares, como puede apreciarse en las cartas número 42, consolatoria, y 58, invectiva o de reprensión[27]. Por lo que respecta a las que tratan de asuntos literarios y ponderan las obras de otros escritores, encontramos entre ellas una epístola exhortatoria al estudio de las letras (carta 18)[28], pero en su mayoría son cartas para elogiar las obras de otros escritores amigos, a veces con la excusa de enviar sus libros a una tercera persona[29]. Especial interés revisten, por último, otras dos en las que Salas defiende, a veces con un notable aparato teórico y erudito, obras de escritores que habían suscitado diversas polémicas, como Tomás Tamayo de Vargas y Hortensio Félix Paravicino[30], y la que dedica a exponer su propia teoría sobre la libertad del escritor para emplear diversos estilos como principio rector del ejercicio literario, principio que el propio Salas llevó a la práctica en sus obras y que en buena medida explica su renuencia a participar en las enconadas guerras y banderías literarias de la época[31].

La novela jocosa *El ladrón convertido en ventero* es un novedoso ensayo de Salas Barbadillo, prolongado en las *Coronas del Parnaso* con la «novela jacaranda» *Los desposados disciplinantes*, de llevar al terreno de la narración en prosa

---

27 Carta 42: «A Riselo, dásele el pésame por habérsele muerto de dos hijos muy niños el que más quería»; carta 58 «A un caballero andaluz, aconsejándole obediencia y respeto paternal y reprehendiéndole el descuido que en esto ha tenido».

28 Carta 18: «A don Claudio, noble por la sangre, español por la naturaleza, grande por el ingenio y por los estudios, y humilde por la fortuna». Cascales, por su parte, escribió una carta no exhortatoria, sino contraria al estudio de las letras, pero como mero ejercicio de ingenio (*Cartas filológicas*, I, 2, «Contra las letras y todo género de artes y ciencias. Prueba de ingenio»).

29 Es lo que ocurre en la carta 16, en la que se anuncia el envío de las obras de Gabriel Bocángel, Gabriel del Corral y Juan Pérez de Montalbán, y en la 60, en la que también se manda para la librería de otro amigo una obra de Paravicino.

30 La carta 36 es sin duda una defensa indirecta de Tomás Tamayo de Vargas contra Pedro Mantuano, quien, como Mauricio (curiosamente apodado «vil Momo» y «necio malsín»), había convertido en «su principal asunto sacar al público ignorancias ajenas». La larguísima carta 53 («Al reverendísimo señor don fray Juan Bravo de Laguna, obispo de Ugento»), además de un elogio del destinatario, es una defensa de la nueva manera de predicar de Paravicino, una predicación culta que tuvo muchos detractores; recuérdese que *La estafeta* está dedicada al gran predicador trinitario.

31 Es la carta 27 («A un poeta que, desnudo de erudición y natural, pretendía ser legislador en los estilos de la poesía»), puntualmente resaltada por muchos estudiosos de la obra de Salas Barbadillo.

la jácara, con sus protagonistas, aventuras y estilo característicos, como había hecho con anterioridad en el teatro con *El gallardo Escarramán*, insertado en *El subtil cordobés Pedro de Urdemalas* (1620). Su carácter explícitamente jocoso nos devuelve, como en las cartas de Momo, al estilo humilde, los chistes ingeniosos y el predominio de la agudeza verbal, tanto en la prosa como en las tres jácaras en verso que se incluyen en el relato. Abre con esta narración Salas Barbadillo un nuevo camino para la jácara[32], que sin embargo se agosta en sí mismo y carecerá de continuidad, como un ejemplo más del «Triunfo y naufragio de la jácara aguda» que describió Chevalier (1992: 171–183).

Nos queda por tratar de Momo, para cuya presencia en la literatura española es fundamental el documentadísimo trabajo de Egido (2000b)[33], y su residencia en el Parnaso, desde donde remite las cartas que dan título a *La estafeta*. El libro de Salas comienza, como ya he indicado, con un breve relato mitológico, centrado en la figura de Momo, que sirve como marco introductor del conjunto de epístolas. Este relato combina la tradición lucianesca, al presentar a Momo como «fiscal de las acciones de los más superiores dioses» y como «aquel que se atrevió a mirar con ceño las obras más perfectas de la naturaleza», que remiten, respectivamente, a los diálogos *La asamblea de los dioses* y *Hermotino* de Luciano, con la tradición de los viajes al Parnaso y la recreación de la corte de Apolo que tanto juego dieron a los escritores y las academias españolas siguiendo las huellas de Caporali y Boccalini. El relato es tan breve como sencillo. Momo, expulsado por Júpiter del cielo, se refugia en el reino de Neptuno, del que también es arrojado hacia el infierno; allí le acoge Plutón, pero Momo reincide en su natural condición de murmurador, y tiene que huir, llegando por fin al Parnaso, reino y corte de Apolo. Cansado de no hallar entre tantos sabios y virtuosos a quien reprender e injuriar, pide licencia a Apolo para dar «una vuelta a todas las provincias de la tierra» (Salas Barbadillo 1968: 22), y, tras regresar de su viaje, cuenta que la provincia que más le había admirado es España, a la que se dedica un encendido elogio; sin embargo, como entre la «gente civil» advirtió errores que provocan la risa, pide permiso a Apolo para enviar a España una estafeta para «darles advertencias» (Salas Barbadillo 1968: 24), como efectivamente hace tras someter

---

32 El notable trabajo de Mª Luisa Lobato (2014) no toma en consideración las dos narraciones jacarandas de Salas, aunque sí se ocupa de *El gallardo Escarramán*.

33 En este trabajo se repasa la figura del diosecillo maldiciente en la Antigüedad, en el Humanismo y en la literatura hispánica hasta Baltasar Gracián, incluyendo a Salas Barbadillo (Egido 2000b: 62).

sus cartas a la censura previa de Apolo[34]. Así comienza el epistolario de Momo, que recopilaría Montano, de quien también se añaden algunas cartas serias para estamparse junto a las del maldiciente diosecillo.

Como indicaba al inicio de estas páginas, ni Momo, ni el Parnaso donde reside eran una novedad en la obra de Salas. Ya en su pionero estudio sobre Boccalini y sus *Avisos del Parnaso* en España, Williams (1946: 41–47) le dedicó una atención especial, considerándolo uno de los primeros y más constantes seguidores de Boccalini (Williams 1946: 41), pese al resquemor que causó el italiano por su marcado antiespañolismo político. Sin embargo, Momo no aparece en el Parnaso de Boccalini y su inclusión en este ámbito alegórico y mitológico tan habitual en la sátira menipea parece ser una innovación de Salas. Ya en la Segunda Parte de *El caballero puntual* (II, 6–8) incluyó Salas una narración alegórica en primera persona, «El curioso», en la que se cuenta el establecimiento de varios tribunales en el Parnaso, uno por cada nación, con jueces «de residencia del vulgo» para la «reformación de costumbres». El tribunal español cuenta con Garcilaso, Boscán y Figueroa como jueces, Liñán como fiscal y Cervantes como relator. El relato se convierte, por tanto, en una sucesión de figuras sometidas a juicio por sus vicios y defectos, siguiendo uno de los patrones más frecuentes en la sátira de costumbres. Entre los acusados, cuyo nombre es indicio del vicio correspondiente, se hallan la Interesable, el Aparente, el Artificioso, el Censor lego, Buenas Manos, el Mayordomo Lisonjero, la dama Vanidosa, el Privado y los Genoveses. Para el asunto que nos ocupa, el personaje más relevante es el llamado «Censor lego», que es un ignorante que se dedica a criticar y vilipendiar las obras de los maestros, en particular sermones y comedias. Es importante porque, en lugar de ser condenado, es premiado con un sueldo público, según decreta el tribunal: «El Censor lego se quede en el Parnaso y tire gajes de la cámara de Apolo, con título de maldiciente público, porque más errores y liviandades reprime en una república en la gente noble una lengua desenfrenada que la severidad de las leyes» (Salas Barbadillo 2016: 225).

Este personaje, en su caracterización como maldiciente y en su función de censor de errores y liviandades, es un claro antecedente de Momo, que sí figura

34 Apolo prohíbe en primer lugar a Momo que escriba cartas a «personas insignes», y, posteriormente, se procede a la censura de las escritas antes de autorizar su despacho: «Apolo […] cometió su examen a diferentes censores, que habiéndole condenado la mayor parte de las cartas, le permitieron el despacho de la estafeta con algunas pocas» (Salas Barbadillo 1968: 24–25). Esta censura previa evidencia la propia autocensura de Salas Barbadillo, circunstancia habitual en la literatura cómica, como ha estudiado Close (2003a y 2003b).

como personaje parnasiano en el siguiente relato boccalinesco de Salas, incluido al final de la aventura tercera de *Don Diego de noche*. Este texto es en mi opinión el más mordaz e irreverente de cuantos Salas ambientó en la sátira menipea parnasiana, y donde más resalta la figura de Momo. Tiene una estructura tripartita. En la primera parte se describe, bajo una máscara mitológica, la corrupción política que provoca la ausencia de un monarca, en este caso Apolo, de sus obligaciones como gobernante. La segunda parte es una singular imitación de uno de los *Avisos* de Boccalini más famosos, la «Reforma General del Universo» (I, 77) que se encarga a los más destacados filósofos y políticos y, al final, queda en agua de borrajas. En *Don Diego de noche* Apolo decide instaurar un tribunal en los confines del Parnaso para reformar los vicios del mundo, contando con Séneca como juez, Momo como fiscal y Cicerón como abogado defensor. Es Momo, por tanto, quien establece las acusaciones y delata abusos, algunos de trascendencia política, como el problema agrario que enfrenta a propietarios de la tierra y arrendadores, otros de controversia literaria, como el de la licitud de las representaciones teatrales, y algunos más cercanos a la sátira de figuras y tipos ridículos o moralmente reprobables, como los alquimistas, los remendones de la naturaleza, o los maridos cornudos y consentidores[35]. Al final, las acusaciones de Momo se desestiman y la reforma queda en nada, pero el contraste entre los argumentos del fiscal y el abogado defensor, y los tejemanejes de los acusados para librarse de la condena, ofrecen una perspectiva satírica punzante e incisiva. La tercera parte del relato consiste en una serie de proposiciones ridículas dirigida al tribunal por un hombre que se presenta a sí mismo como «procurador general del mundo» (Salas Barbadillo 2013: 263), en la que Salas vuelve a mostrar la libertad con la que hibrida géneros y modelos literarios, pues se trata, en buena medida, de una premática jocosa, que será desestimada por Momo, glosando en los márgenes las peticiones para ridiculizarlas.

Sin duda los aficionados a las obras y el ingenio de Salas, al ver publicado tras cuatro años un nuevo libro titulado *La estafeta del dios Momo*, esperarían un conjunto de cartas satíricas que prolongaran los antecedentes de sus obras anteriores, en particular si recordamos que el artificio alegórico de Boccalini es rigurosamente epistolar, ya que cartas y avisos, como los de Barrionuevo o Pellicer, son en buena medida sinónimos, al ser los avisos cartas con información de carácter político o histórico de lo que acontecía en un determinado lugar,

35 La más peculiar e inopinada diatriba del fiscal Momo es la que ataca, en el mundo vegetal, a los álamos por su inutilidad, que será desestimada por la encendida defensa que hace de ellos un ruiseñor.

preferentemente una corte[36]. Sin embargo, Salas renunció a proseguir la sátira de los relatos parnasianos incluidos en *El caballero puntual* y *Don Diego de noche* y se limitó a incrementar el caudal de cartas jocosas de sus obras anteriores con Momo como remitente. Con ello, Momo perdió toda la potencialidad irreverente y mordaz que su figura había adquirido en la obra de Luciano, Leon Battista Alberti y sus imitadores durante el Humanismo, convirtiéndose en sombra de lo que fue y mero nombre hueco para convocar la risa de los lectores. Muy lejos queda la malicia crítica de Boccalini en sus *Avisos* y más todavía la descarnada censura de Baltasar Gracián en *El Criticón*, donde no salen bien parados ni rey ni roque, e incluso el mismo Momo recibe su correspondiente correctivo en la crisi XI de la Segunda Parte («El tejado de vidro y Momo tirando piedras»)[37]. Es lo que va de Momo a Momo.

Obras citadas

Alemán, Mateo (2012). *Guzmán de Alfarache*. Luis Gómez Canseco (ed.), Madrid: Real Academia Española

Alonso Miguel, Álvaro (1984). «Acerca de las cartas de Eugenio de Salazar». *Revista de Filología Española*, LXIV, pp. 147–160.

Arnaud, Emile (1979). *La vie et l'oeuvre de Alonso Jerónimo de Salas Barbadillo: contribution à l'étude du roman en Espagne au début du XVIIe siècle* (Vol. 2). Université de Toulouse-Le Mirail.

Arnaud, Émile (1981a). «Alonso Jerónimo de Salas Barbadillo: epigramas». *Criticón*, 13, pp. 29–86.

Arnaud, Émile (1981b). «Alonso Jerónimo de Salas Barbadillo: epitafios y seguidillas». *Criticón*, 14, pp. 5–42.

Baranda, Consolación (2012). «Las cartas de Francisco López de Villalobos: redes sociales, origen converso y solidaridad vertical». *Librosdelacorte.es*, 5, 4, pp. 9–30. Consultado el 15-07-2019, https://revistas.uam.es/librosdelacorte/article/viewFile/8296/8631.

36 Cabe recordar, en este sentido, que quien más se acercó al modelo de los *Avisos* de Boccalini fue Matías de los Reyes en *El curial del Parnaso* (Madrid, viuda de Cosme Delgado, 1624); de hecho, hasta tal punto se acercó, que cayó en el plagio (Williams 1946: 49–50).

37 Recuérdese que para Lorenzo Mateu y Sanz, en su malévola *Crítica de refección* (Valencia, 1658) contra *El Criticón*, Gracián se había retratado a sí mismo en la descripción de Momo. Para la singularidad del Momo graciano, que rompe los moldes de la tradición literaria anterior, ver por extenso Egido (2000b: 76–84).

Bouza, Fernando (2001), *Corre manuscrito. Una historia cultural del Siglo de Oro*. Madrid: Marcial Pons.

Cayuela, Anne (2013). «*Coronas del Parnaso y platos de las musas* de Alonso Jerónimo de Salas Barbadillo. Una miscelánea polisinodal bajo el reinado de Felipe IV». En María Soledad Arredondo (coord.), *Géneros híbridos y libros mixtos en el Siglo de Oro*, *Mélanges de la Casa de Velázquez*, 43, 2, pp. 69–94.

Chevalier, Maxime (1992). *Quevedo y su tiempo: la agudeza verbal*. Barcelona: Crítica.

Close, Anthony (2000). *Cervantes and the Comic Mind of his Age*. Oxford: Oxford University Press.

Close, Anthony (2003a). «Lo cómico y la censura en el Siglo de Oro». En María Luisa Lobato y Francisco Domínguez Matito (ed.), *Memoria de la palabra. Actas del VI Congreso de la Asociación Internacional Siglo de Oro*. Madrid/Frankfurt a.M.: Iberoamericana/Vervuert, pp. 27–38.

Close, Anthony (2003b). «Lo cómico y la censura en el Siglo de Oro, II». *Bulletin Hispanique*, 105, 2, pp. 271–301.

Close, Anthony (2006). «La dicotomía burlas/veras como principio estructurante de las novelas cómicas del Siglo de Oro». En Victoriano Roncero e Ignacio Arellano (ed.), *Demócrito áureo. Los códigos de la risa en el Siglo de Oro*. Sevilla: Renacimiento, pp. 113–142.

Constable, Giles (1976). *Letters and Letter-Collections*. Turnhout: Brepols.

Cubillo de Aragón, Álvaro (1654). *El enano de las Musas. Comedias y obras diversas con un poema de las cortes del león y del águila acerca del búho gallego*. Madrid: María de Quiñones.

Egido, Aurora (1978). «Retablo carnavalesco del Buscón don Pablos». *Hispanic Review*, 46, 2, pp. 173–197.

Egido, Aurora (1998). «Heráclito y Demócrito. Imágenes de la mezcla tragicómica». En Christoph Strosetzki (ed.), *Teatro español del Siglo de oro: teoría y práctica*. Madrid/Frankfurt a.M.: Iberoamericana/Vervuert, pp. 68–101.

Egido, Aurora (ed.) (2000a). «La "circunstancia especial" en la *Agudeza*». En *Las caras de la prudencia y Baltasar Gracián*. Madrid: Castalia, pp. 27–47.

Egido, Aurora (ed.) (2000b). «La historia de Momo y la ventana del pecho». En *Las caras de la prudencia y Baltasar Gracián*. Madrid: Castalia, pp. 49–90.

García Santo-Tomás, Enrique (2008). *Modernidad bajo sospecha. Salas Barbadillo y la cultura material del siglo XVII*. Madrid: CSIC.

Gómez Moreno, Ángel (1994). *España y la Italia de los humanistas*. Madrid: Gredos.

Guillén, Claudio (1997). «El pacto epistolar: las cartas como ficciones». *Revista de Occidente*, 197, pp. 76–97.

Guillén, Claudio (1998). *Múltiples moradas*. Barcelona: Tusquets.

Guillén, Claudio (2000). «Para el estudio de la carta en el Renacimiento». En Begoña López Bueno (ed.), *La epístola. V Encuentro Internacional sobre Poesía del Siglo de Oro*. Sevilla: Universidad de Sevilla, pp. 101–127.

Joly, Monique (1980). «De rufianes, prostitutas y otra carne de horca». *Nueva Revista de Filología Hispánica*, XXIX, 1, pp. 1–35.

Joly, Monique y Sylvia Roubaud (1985). «Cartas son cartas. Apuntes sobre la carta fuera del género epistolar». *Criticón*, 30, pp. 103–125.

Laplana Gil, José Enrique (2010). «De Cervantes y Gracián: El ingenioso Licenciado Vidriera». En María Carmen Marín (ed.), *Cervantes en el espejo del tiempo*. Zaragoza: Prensas Universitarias de Zaragoza, pp. 209–229.

Lobato, María Luisa (2014). *La jácara en el Siglo de Oro. Literatura en los márgenes*. Madrid/Frankfurt a.M.: Iberoamericana/Vervuert.

Márquez Villanueva, Francisco (1986). «Literatura bufonesca o "del loco"». *Nueva Revista de Filología Hispánica*, XXXIV, 2, pp. 501–528.

Moll, Jaime (1974). «Diez años sin licencias para imprimir comedias y novelas en los reinos de Castilla (1625–1634)». *Boletín de la Real Academia Española*, LIV, pp. 97–104.

Moll, Jaime (1997). «Notas sobre *Las obras en verso del Homero español*». *Voz y letra*, VIII, 1, pp. 29–35.

Moll, Jaime (2001). «Análisis editorial de las obras de Salas Barbadillo». En Isabel Lozano Renieblas y Juan Carlos Mercado (ed.), *Silva: Studia Philologica in Honorem Isaías Lerner*. Madrid: Castalia, pp. 471–478.

Piqueras Flores, Manuel (2018). *Salas Barbadillo y las colecciones de metaficciones*. Vigo: Academia del Hispanismo.

Pontón Gijón, Gonzalo (2002). *Correspondencias. Los orígenes del arte epistolar en España*. Madrid: Biblioteca Nueva.

Reyes, Matías de los (1624). *El curial del Parnaso*. Madrid: Viuda de Cosme Delgado.

Salas Barbadillo, Alonso Jerónimo (1635). *Coronas del Parnaso y platos de las Musas*. Madrid: Imprenta del Reino.

Salas Barbadillo, Alonso Jerónimo (1968). *La estafeta del dios Momo*. Alfredo Rodríguez (ed.), Nueva York: Las Américas Publishing Company.

Salas Barbadillo, Alonso Jerónimo (2013). *Don Diego de noche*, Enrique García Santo-Tomás (ed.), Madrid: Cátedra.

Salas Barbadillo, Alonso Jerónimo de (2016). *El caballero puntual*. Enrique López Martínez (ed.), Madrid: Real Academia Española/Centro para la Edición de Clásicos Españoles.

Salinas, Pedro (ed.) (1967). «La mejor carta de amores de la literatura española». En *Ensayos de literatura hispánica*. Madrid: Aguilar, pp. 116–148.

Trueba Lawand, Jamile (1996). *El arte epistolar en el Renacimiento español*. London: Tamesis.

Varo Zafra, Juan (2010). «Diego Hurtado de Mendoza y las "Cartas de los bachilleres"». *Castilla*, 1, pp. 433–472.

Vitse, Marc (1980). «Salas Barbadillo y Góngora: burla e ideario de la Castilla de Felipe III». *Criticón*, 11, pp. 5–42.

Williams, Robert H. (1946). *Boccalini in Spain*. Menasha (Wisconsin): George Banta Publishing Company.

Ynduráin, Domingo (1988). «Las cartas en prosa en el Renacimiento». En Víctor García de la Concha (ed.), *Literatura en la época del Emperador (Academia Literaria Renacentista, V-VII)*. Salamanca: Universidad, pp. 53–80.

Leonardo Coppola / Pescara

Salas Barbadillo y el quehacer grotesco: «Las líneas de este pincel y los renglones de esta pluma» en *El curioso y sabio Alejandro, juez y fiscal de vidas ajenas* (1634)

Resumen: Este trabajo se aproxima a la escritura de *El curioso y sabio Alejandro, juez y fiscal de vidas ajenas* (1634), de Alonso Jerónimo de Salas Barbadillo, a partir del empleo de la pintura en el contexto de su prosa de ficción. Se analizará cómo Salas refuerza visualmente la situación social en tiempos de crisis a través de la exhibición de retratos chocantes. Este mundo grotesco está representado tanto en las figuras/imágenes, que constituyen la ficción de la galería-marco, como en los epítomes, cuyo fin era que el lector recreara en su memoria el precepto moral que la descripción literaria transmite para paliar la falta de grabados en el libro.

Palabras clave: Salas Barbadillo, Quevedo, *Sueños*, El Bosco, grotesco, pintura, novela corta

Abstract: This study analyzes the writing of *El curioso y sabio Alejandro, juez y fiscal de vidas ajenas* (1634), by Alonso Jerónimo de Salas Barbadillo, focusing on the use of painting in the context of his fictional prose. It will be studied how Salas visually reinforces the social situation in times of crisis through the exhibition of shocking portraits. This grotesque world is represented both in the figures/images, which constitute the fiction of the gallery-frame, and in the epitomes, whose purpose was for the reader to recreate in his memory the moral precept that the literary description transmits in order to compensate for the lack of pictures in the book.

Key words: Salas Barbadillo, Quevedo, *Sueños*, El Bosco, Grotesque, Painting, Short Novel

1 Introducción

La última obra que vio la luz durante la vida de Salas Barbadillo, *El curioso y sabio Alejandro, juez y fiscal de vidas ajenas* (1634), está formada por «seis retratos artístico-morales» (García Santo-Tomás 2008: 192), que son «seis novelas cortas de carácter ejemplar», como las definiera Rey Hazas (1986: 37)[1]. Constituyen

1 Brownstein (1974: 165) solo cuenta cinco.

un estudio minucioso de las vidas pervertidas, aparentes y frívolas de los personajes de la villa madrileña en la que Salas vivió bajo el reinado de los Austrias menores. El madrileño publica estas biografías tanto en los imaginados cuadros que cuelgan en la ficción de la galería-marco del caballero Alejandro como en las narraciones breves que, acompañando a las pinturas, exhiben la constancia material barroca de la urbe cortesana[2].

Tanto aquí como en todas sus colecciones, comedias y misceláneas, la sátira continúa siendo su elemento preferido. Sin embargo, en esta obra el hilo conductor de las narraciones breves lo encarna la galería artística que alberga la colección de pinturas de Alejandro, sin duda el elemento innovador de Salas (ver Rey Hazas 1986: 37). Los seis cuadros imaginados esbozan, pues, un marco unificador, una galería de personajes monomaníacos, que anula la mera yuxtaposición de historias satíricas aparentemente dispares que componen la obra[3]. Mediante este interés artístico, Salas ensalza las virtudes literarias y pictóricas de Alejandro para alumbrar un ideal, una reprensión moral a través de los contraejemplos de sus extravagantes personajes, custodiados en una morada que hace alarde de figuras de rasgos grotescos, como intentaremos mostrar en estas páginas. De esta manera, lo pintoresco, según recuerda Maravall (2012: 399–400), servirá «para calificar elogiosamente aquello que merece ser tratado por la pintura o que efectivamente está tratado al modo de la misma, por otras artes o por la literatura».

2 Salas Barbadillo y la eficacia de la pintura

Es de sobra sabido que el Siglo de Oro no solo fue tal para las letras, sino también para la pintura. En este sentido, igualmente constituirían un ejemplo las constantes referencias a las artes visuales que Salas hace en sus obras —quizás alimentado por sus problemas de oído, que lo llevaron a la sordera[4]— y que culminan en un verdadero desfile de retratos que exhibe en la ficción-marco de *El curioso y sabio Alejandro*. Según reconoce también López Martínez (2016: 30*), Salas mostró su interés pictórico hasta involucrarse en los pleitos en defensa de

2 Ver Peyton (1973: 117–122), Alvar Ezquerra (1989), García Santo-Tomás (2008) y Piqueras Flores (2016a: 33–46).

3 Sobre este tema señalamos una reciente contribución nuestra (Coppola 2020). A propósito de la estructura de las demás colecciones de Salas Barbadillo, remitimos a los trabajos de Piqueras Flores (2015, 2016b, 2016c y 2018).

4 A este propósito, ya en *La estafeta del dios Momo* (1627) se manifestaba la pérdida de su oído en un soneto de Martín de Figueredo «Al autor, habiendo ensordecido».

la pintura[5]. En este contexto, apoyó, de hecho, a poetas insignes como Lope de Vega, Jáuregui y Valdivielso[6]. Salas lo deja claro cuando parafrasea en el «Plato noveno» de *Coronas del Parnaso y platos de las musas* (1635), dedicado al licenciado Juan Buitrón, los *Discursos apologéticos*, en los que su teorizador «defendió la hidalguía de la pintura [...] cuando injustamente pretendieron manchar y escurecer las luzes y resplandores de su generosa nobleza» (Salas Barbadillo 1635: 251r)[7]. El apoyo que Salas Barbadillo brinda al arte visual será una constante a lo largo de su producción. Es más, ya en la «Epístola decimocuarta. A un pintor que solía alegrarse con el vino» de *Don Diego de noche* (1623), el madrileño declaraba: «No piense V.m. que desprecio el arte, que le venero como a sagrado» (Salas Barbadillo 1623: 35r), lo cual lo llevó unos pocos años después, en *La Estafeta del dios Momo* (1627), a reciclar el tópico horaciano del *ut pictura poesis*: «a dos oficios les permitimos ser Poetas, que son Pintores y plateros: a los pintores, porque la poesía es pintura que habla, y la pintura poesía muda» (Salas Barbadillo 1627: 246r), consolidado definitivamente en su obra póstuma *Coronas del Parnaso*: «la pintura es poesía muda, y la poesía pintura con habla» (Salas Barbadillo 1635: 250v)[8].

La atención a la pintura, que, como acabamos de notar, ocupa un espacio considerable en su corpus, lo lleva en *El curioso y sabio Alejandro* a encomendarse definitivamente «al pincel y arte de la pluma» (Salas Barbadillo 1847: 1). A través de los dos ingenios se ofrecen, pues, «retratos fieles de los semblantes de aquellos que ocuparon su especulación» —la de la atenta observación del caballero Alejandro— en la «singular estudiosidad del conocimiento de los afectos y pasiones humanas», añadiendo «a ella breves epítomes de las vidas de sus originales» (Salas Barbadillo 1847: 1). Se reúnen, por ende, la imaginería barroca de las artes visuales con los breves relatos narrativos «originales» y juntos alcanzan

---

5 En el siglo XVII los pintores entablaron varios pleitos para defenderse de las pretensiones de la Hacienda del Reino que les exigía el pago de alcabalas, al igual que a los demás oficios intelectuales (ver Portús Pérez 1999).

6 En el *Memorial informativo por los profesores de la pintura* (Madrid: Juan Sánchez 1629), contenido en los *Diálogos de la pintura* (Madrid: Francisco Martínez 1633), de Vincencio Carducho, escrito por seis literatos, entre ellos Lope de Vega, Jáuregui y Valdivielso, se defiende la libertad de la pintura como arte. Ver al respecto el reciente volumen coordinado por Sánchez Jiménez y Sáez (2018).

7 Ver también Cayuela (2013) y López Martínez (2016: 30*).

8 Más detalles sobre *Coronas del Parnaso y platos de las musas* en relación con el arte pictórica se ofrecen en Cayuela (2013).

una función «ni mucho menos desprovista de una ética concreta» (García Santo-Tomás 2008: 125), de donde se desprende el propósito moralista de la obra.

Ahora bien, por su eficacia visiva e inmediata, la pintura mueve los resortes del ánimo (Maravall 2012: 401) y es capaz de influir sobre el comportamiento. Sirviéndose de la idea barroca propugnada por los escritores de la época, según la cual la «fuerza de la pintura está en su posibilidad de captar la vida» (Maravall 2012: 402), cada narración llevará consigo la mención de «vida» en el título. Lo que les interesa a los prosistas como Salas es, por tanto, la «dramática y cambiante esfera de la vida» (Maravall 2012: 402), como testimonian las inscripciones de los retratos, cuyas «epístolas ampliadas» (Senzier 1978: 1117) excavan narrativamente en la crónica diaria de la época captada por las representaciones pictóricas. Al lado de su posible fuente joviana (Soria Ortega 1981: 140), *El curioso y sabio Alejandro* se estructura, como veremos en seguida, en torno a la perfecta conexión entre pintura y escritura. El autor de los retratos/epítomes se entrega a «las líneas de este pincel y los renglones de esta pluma» (Salas Barbadillo 1847: 12) para dejar claro, desde los primeros párrafos, que los retratos tienen la función de dar a conocer, mediante cuadros custodiados en una casa-museo, a unos personajes que, aunque depravados, son dignos de ser recordados y cuyos textos biográficos contemporáneos suponen una parodia de las imágenes pintadas[9].

Partiendo de la relación entre texto y pinturas aludidas en el marco-ficción de *El Curioso y sabio Alejandro*, Salas Barbadillo parece acercarse al género literario-artístico del emblema, toda vez que la estructura de cada historia se compone de los tres elementos que forman el género de las empresas: una figura o *res picta* (presente en la ficción, pero ausente tipográficamente del libro), un título o *inscriptio* y un texto explicativo, en este caso en prosa, que desvela el significado de la pintura y del título. Nos vamos acercando inevitablemente al *Emblematum liber* de Andrea Alciato. Publicado en Augsburgo en 1531, el impresor Steyner consideró apropiado añadir a cada uno de los noventa y nueve epigramas del humanista italiano una figura o imagen, por lo que encargó a Jörg Breu la realización de los grabados que acompañan a los poemas. Esta relación de texto e imagen tanto en la versión latina de los emblemas de Alciato como en la traducción española de Daza Pinciano (1549), cuya edición también asoció los grabados a cada uno de los epigramas, dio con una afortunada combinación de literatura y pintura que la convirtió en una de las obras más influyentes del Renacimiento y el

9 Sobre escrituras biográficas en la Edad Moderna, ver Núñez Rivera y Díaz Rosales (2018).

Barroco europeos (ver Alciato 2003). Según confirma la crítica, Andrea Alciato, que solo quería consagrar sus poemas como obra poética y fuente literaria, se despreocupaba por completo de los grabados y no contaba con que se incluyeran esas figuras junto con sus versos. Aunque, según refiere Ureña Bracero (2001: 450), los grabados le robaban parte de su autoridad, interfiriendo tanto que «la imagen estandarizada, "canonizada", del grabado arrebata a los textos gran parte de su potencial creativo», el estudioso acabó por reconocer no solo la aceptación por parte del jurisconsulto italiano de la combinación de la palabra con la imagen, sino también su inclusión. Si bien muchos pintores se sirvieron de los emblemas de Alciato trasladando sus versos al arte pictórica (ver Zafra 2010), alejándolo, de esa forma, de su función principal, que es la literaria, Salas Barbadillo invierte su recepción, devolviendo a la literatura la primaria autoridad que le había atribuido el jurista lombardo: el componente literario expresado en los comentarios expositivos de los epítomes sugiere al lector las imágenes exhibidas en la galería-marco y ausentes en el libro.

Volvamos por un momento al posible modelo arquitectónico del que pudo beber Salas: Paulo Jovio. El jurista Gaspar de Baeza publica en 1568 en Granada los *Elogios o vidas breues, de los Caualleros antiguos y modernos, Illustres en valor de guerra, que están al biuo pintados en el Museo de Paulo Iouio*[10]. Se trata de la traducción castellana de la edición en latín del *Elogia virorum bellica virtute illustrium supposita quae apud Musaeum spectantur. Volumen digestum est in septem libros* (Florentiae, In officina Torrentini Dvcalis Typographi, 1551). En ella, el humanista italiano describía y comentaba atrevidamente inciertos retratos de hombres de guerra. Sin embargo, Baeza solo tradujo la parte de las figuras bélicas, sin ocuparse de la edición veneciana anterior de 1546, la cual, en cambio, trata de los letrados: *Elogia veris clarorum virorum imaginibus apposita quae in Musaeo comi spectantur* (ver Byrne 2010). Sea como fuere, todas las figuras ilustres descritas por el humanista italiano, que bebía de fuentes literarias —como los epigramas de Marullo— y de su misma memoria (Klinger 1991: 209–212), se presentaban como pinturas colocadas en las paredes de su galería. Se trata de la casa-museo que Paulo Jovio poseía en el lago de Como, donde coleccionaba cuadros acompañados por unos elogios que ofrecían una visión global del mundo contemporáneo, con el cual había que relacionarse con atención y cuidado (Soria Ortega 1981: 139)[11].

10 El ejemplar (R/28007) puede consultarse en la Biblioteca Nacional de España.

11 Sobre el museo joviano, ver Rovelli (1928).

Como indica Byrne (2010: 80) a propósito de la figura del cardenal Egidio Viterbo, haciendo suyas las palabras de Zimmermann (1995: 206–207), Jovio quería que sus *Elogios* enseñaran «a rounded picture of the actual human character, not an idealized exemplum. [...] Thus, even if Giovio had no proof that the cardinal inhaled fumes of smoldering straw, the tale would have illustrated the streak of hypocrisy in his overly severe bearing». En una aplicación de estas ideas al texto del madrileño, al igual que sucedía con los *Elogios* jovianos, podemos considerar los seis casos que encontramos en *El curioso y sabio Alejandro* como contraejemplos biográficos que sirven de reprensión moral. Es así como, después de Alciato, también el modelo narrativo de otro humanista italiano pudo servir a la sátira de vicios y costumbres falaces que se dibujan en los últimos «relatos breves» de Salas Barbadillo (López Martínez 2014: 9–10). Cada epítome descriptivo de los cuadros muestra un tema satírico concreto que clasifica la actitud depravada del ridículo personaje enajenado y vicioso de la narración, recurrente móvil representativo en toda la producción de Salas; una idea que, como recoge López Martínez (2014: 10 n. 24 y 2016: 177*), ya había aparecido en el prólogo de *El cortesano descortés* (1621):

> Pocos hombres son, ¡oh, carísimo vulgo!, los que se libran de pasiones graves y molestas en el juicio, porque los más viven sujetos a turbar con algún singular frenesí el entendimiento, y estos se distinguen con tanta variedad cuanta es la que tienen los hombres en su modo de sentir y apetecer, que esta la juzgo infinita. Yo, deseoso de su salud, bien que en este deseo demasiadamente atrevido, he querido curarte alguna parte de estos achaques, con proponerte debajo de fábula gustosa las figuras de aquellos que, por este o por aquel camino, se hacen ridículos en la República y aun muchas veces odiosos y despreciables, y no me he descuidado de seguir este intento en el asunto del libro que va despeñado a tus manos, que siendo vulgo bien podré decir que, con llegar a ellas, se despeña. (Uhagón 1894: 10–11 *apud* López Martínez 2014: 10 n. 24)

Según registra Soria Ortega (1981: 137), Croce (1951: 308) piensa que Jovio debe de ser considerado como «coleccionista» y hombre curioso. Es evidente, entonces, cómo el interés tanto de su galería de retratos como de sus vidas estudiadas y descritas con detalle hacen del historiador la base literaria del personaje que interesaba a Salas como dueño de un marco acogedor. El madrileño, como Jovio, que «había hecho escribir en rótulos de pergamino colgados de sus retratos» (Soria Ortega 1981:138), no quiere ofrecer una historia de su sociedad *stricto sensu*, sino una recopilación del horizonte humano de su tiempo, que cree necesario de ser destacado, custodiado y perpetuado en el futuro. Con esto en mente, el desfile de los seis personajes pintados y descritos, «Panza Dichosa», «El majadero pulido», «El pleiteante moledor y tramposo», «Mala lengua, malos pies y malas manos», «El camaleón cortesano» y «El tramoyero ridículo», forman la que para

García Santo-Tomás (2008: 153) aparece como una «“tienda portátil” que tan fielmente ilustra las preocupaciones, seducciones, decepciones, adicciones e idolatrías de estos nuevos fetiches barrocos».

Ante tales figuras, como Jovio en los *Elogios* y Cervantes en el *Quijote* (Byrne 2010: 80), Salas emprende cada epítome con un demostrativo que relaciona el retrato con su oportuno texto narrativo[12]. El narrador llama así la atención del observador ya con la presentación del primer «malvado varón», mejor conocido por el apodo de «Panza dichosa»: «este que ves, ¡oh lector curioso!, fue un bárbaro idólatra de su vientre. [...] Este hizo que los años más fecundos y pródigos pareciesen estériles y mezquinos [...] este, pues, que ahora embaraza nuestra narración, [...] este [...], entorpecido de una gula vilísima y carnicera» (Salas Barbadillo 1847: 3). Lo mismo puede decirse del «ridículo varón»: «este que miras y esto que lees, a un mismo tiempo fue la risa común de los pueblos, gozo y aumento de los mercaderes y sastres». La descripción visual del personaje, «las líneas de su semblante», como deja claro el visitante de la galería antes de pasar al relato, «no me pareció [...] que desmentían aquel ridículo renombre» de «Majadero pulido» (Salas Barbadillo 1847: 7). Siguiendo con la biografía del «pleiteante moledor y tramposo», «este [el varón infeliz y perverso] fue un trasgo en los tribunales de los jueces y una pulga en los oficios de los escribanos criminales», hecho que aclara visualmente la «tan vocinglera pintura» (Salas Barbadillo 1847: 15) que exhibe a un personaje «tan pequeño y negro» (Salas Barbadillo 1847: 12). La presentación de «Mala lengua, malos pies y malas manos», en cambio, es «sobra y trasto» de «este tal, que quiso adquirir con arte un don; [...] este vendió la mercaduría que jamás tuvo; este hizo oficio la conversación; [...] este fue de aquellos que se llaman locos» (Salas Barbadillo 1847: 23). En último lugar, mediante la insistencia del demostrativo, también en el «camaleón cortesano» el autor mantiene viva la atención visual directa del visitante de la galería, cifrada, según quiere Salas, en el retrato pintado a través de su mirada: «Este que miras tan multiplicado de rostros y tan varios, sutilísimo lector, tuvo aun mayor número de corazones que de semblantes, con más distinta y más peregrina variedad» (Salas Barbadillo 1847: 30). Con todo, son los adjetivos de los detalles del rostro y, en

12 Byrne (2010: 80) lo deja claro al presentar el fragmento descriptivo del caballero manchego: «Éste que veis aquí, de rostro aguileño, de cabello castaño, frente lisa y desembarazada, etc.», del soneto dedicado a Dulcinea: «Ésta que veis de rostro amondongado,/alta de pechos y ademán brioso» (DQ, I, 451, vv.1–2) y de los versos dirigidos a Sancho: «Sancho Panza es aquéste, en cuerpo chico/pero grande en valor, ¡milagro estraño!» (DQ, I, 453, vv.1–2). Sobre la presencia de Cervantes en los personajes de Salas, remitimos a Caus (1974–1975).

general, de todo el cuerpo, también individualizados por Salas, los que promueven, según reconoce Maravall (2012: 109), «el gran desenvolvimiento en el siglo barroco de los estudios de fisiognómica», donde cada defecto físico corresponde a la corrupción del ánimo humano. De esa manera, tanto en la relación estudiada por Byrne (2010: 83 n. 8) entre Cervantes y Jovio, como, según constamos nosotros, en *El curioso y sabio Alejandro*, el uso de demostrativos que enfatizan la adjetivación contrahecha de cada retratado sirve «to integrate the literary and visual components of the biographies and to heighten the reader's awareness of the portrait» (Klinger 1991: 209)[13].

3 El gusto grotesco de los componentes literarios y visuales

Fijémonos ahora más concretamente en los recursos literarios y artísticos que ya en la presentación antes declarada parecen adelantarnos una inclinación hacia lo amorfo, lo cual nos acercará a otras fuentes de inspiración. Sin dilatarnos mucho, es incuestionable remarcar por un momento la influencia quevedesca en la producción de Salas[14]. Fiel a las modas literarias de la época, el madrileño traslada a sus textos motivos satírico-burlesco, tópicos, vicios y personajes falaces de aquel siglo que guardaban un parecido con los de la pluma de Quevedo, lo que ha llevado a López Martínez (2016: 28*) a aproximar, sobre todo a propósito de las «descripciones grotescas», nuestra obrita a los *Sueños* del maestro satírico[15].

Cierto es que la asociación de los retratos con los epítomes nos obliga a considerar la declaración final que Quevedo hace al acabar el *Sueño del Juicio* (J357–359): «V. Señoría [...] verá que por ver las cosas como las ve, las espera

---

13 De la misma manera, en el conjunto de epístolas de *La estafeta del dios Momo*, caracterizadas por una sátira de figuras y tipos ridículos: «Oye, que a tu ojo tuerto este solo le viene derecho, borrón y mal borrado», «en el cuerpo tuerto, como lo verifica la nube del ojo» (Salas Barbadillo 1627: 105 y 107). Asimismo, en la Epístola LVI asistimos a la descripción ridícula que se ofrece «a un representante, que hacía el papel de gracioso en la comedia, en la muerte de su mujer, que, sobre ser con extremo vieja, gorda y fea, tenía otras faltas» (Salas Barbadillo 1627: 286).

14 Sobre la presencia de Quevedo en Salas Barbadillo remitimos a Herrero-García (1928), LaGrone (1942), Asensio (1965: 97), Navarro Durán (2007: III, LXII-LXXII), García Santo-Tomás (2008: 21–22) y Manukyan (2012: 289–293). A propósito de la perspectiva satírica en los *Sueños*, como espectáculo grotesco y oculto, ver Blanco (1998).

15 Los *Sueños* de Quevedo también tuvieron, según la opinión de LaGrone (1942: 234), un papel fundamental en la realización del personaje de «Boca de todas verdades», moralista extravagante de *Corrección de vicios*. Sobre este texto señalamos la reciente edición crítica de David González Ramírez y Manuel Piqueras Flores (Salas Barbadillo 2019).

como las digo» (Quevedo 1993: I, 139). El discurso que Crosby (1993: II, 1028–1029) mantiene a propósito de la declaración quevedesca, donde se relaciona la observación del mundo del narrador con la representación literaria, puede con razón acomodarse al texto que nos ocupa. Si para Quevedo la verdad es invisible (Crosby 1993: II, 1028), en el sentido que su apariencia puede traicionar, Salas, conforme a la cultura de los autores barrocos, desconfía de la exclusiva capacidad, a veces engañadora, de los ojos. Como reconoce Brioso Santos (2003: 129), «la hipocresía, el cinismo y el pragmatismo [...] previenen contra el engaño de los ojos, leitmotiv característico del XVII». Por estas razones, se ofrecen pinturas que intentan mostrar y describir las imágenes como él las percibía y entendía. El resultado es, claro está, dar «una representación literaria de la verdad» (Crosby 1993: II, 1029) que se traduce en revelar las cosas como las vemos [retratos] y decimos [epítomes]. La lectura de los textos narrativos adjuntos a los cuadros de la galería de Salas debe, pues, llevar al lector, al socaire de Quevedo, «a ver la realidad a su manera (*ver las cosas como las ve*), y [...] también a esperarlas en la manera en la que el autor las ha representado (*las espera como las digo*)» (Crosby 1993: II, 1029). En Salas, este asunto destaca en la ficción del marco al observar la combinación de cuadros y epítomes, que refuerza la economía de la obra: los primeros animan el discurso con la risa, la cual es inmediatamente frenada por los epítomes que la reducen a juicio por ser, como reconoce el autor desde el principio, «más erudición que malicia; porque aún esta [la risa], de malicia sospechosa, se pasaba a ser advertencia utilísima» (Salas Barbadillo 1847: 2). En efecto, al entrar en «aquellos defendidos umbrales» (Salas Barbadillo 1847: 2), de repente al observador

> acometió (sin permitirme defensa) un gran tropel de carcajadas violentas, que para darles garrote y ahogarlas, tuve necesidad de una y otra repetida mordedura de pañuelo; [...] risadas más inteligibles, tan inteligibles, tanto, tanto, que parecieron risadas castellanas, no cultas; y aunque procuré recogerlas, y retirarlas, ellas travesearon largo tiempo más juguetonas de lo que yo quisiera». (Salas Barbadillo 1847: 3)

El motivo desencadenante de la excesiva alegría del visitante es «lo disforme del vientre» del malvado varón. La carcajada de Salas ante la primera imagen de la galería parece reproducir la reacción que Quevedo tuvo en el *Sueño del Juicio* (J34 y J354–355): «Diome risa ver la diversidad de figuras» y «Diome tanta risa ver esto que me despertaron las carcajadas, y fue mucho quedar de tan triste sueño más alegre que espantoso» (Quevedo 1993: I, 132 y 139). Lo mismo le ocurre en el *Sueño de la Muerte* (M238–239) al encontrarse con la Defunción. Su «tan extraño ajuar y tan disparatada compostura» (Quevedo 1993: I, 222) provocan hilaridad, la misma que produjera por el amorfo estómago de la primera figura expuesta que suscita la risotada de Salas. La interpretación humorística quevedesca hace que del «tan triste sueño» saliese «más alegre que espantado» (Quevedo 1993: I, 139), porque «el autor de sátira procura fomentar la risa» (Crosby 1993: II, 944), en este caso alimentándose de la inagotable fuente de las imperfecciones ajenas, no tanto para alegrar el tiempo libre sino para interpretarse como enseñanza moral[16].

Sin embargo, nuestro autor, que pone debajo de cada inscripción un subtítulo que a menudo es de advertencia —«Escríbese para ser oída, no imitada» o «hallarás tanto desengaño como lástima» (Salas Barbadillo 1847: 3 y 12) —, vuelve a la risa provocada esta vez por la biografía del «ridículo varón»: «Propónese más para la compasión que para la risa» (Salas Barbadillo 1847: 7), lo que nos lleva a reconocer otra similitud con las palabras de Quevedo: «Ryérome si no me lastimara a otra parte el afán» (J50) (Quevedo 1993: I, 132). Si bien «ocio y risa definen el marco y el blanco de la burla auténtica» (Vitse 1980: 63), Salas constató ya en *El necio bien afortunado* que «la demasiada alegría afemina los ánimos y [...] es indigna de un varón prudente y sabio» (Uhagón 1894: 169).

Dicho esto, y retomando el análisis de Croce a propósito de los *Elogios* de Jovio, pero llevándolo a nuestro objeto de estudio, notamos que las conductas humanas representan más bien unas anécdotas necesarias para el desarrollo del espíritu del hombre (Soria Ortega 1981: 137) y dignas, por lo tanto, para la formación del «varón prudente y sabio» (Uhagón 1894: 169). La parte literaria anexa a los retratos no pretende embellecer, humorizar o imitar las pinturas. Cada retrato despliega, pues, en su parte inferior una hoja de papel que contiene los epítomes. Se trata de un recurso habitual que los autores retoman de la historia de la pintura, donde en esos espacios se solía alojar la firma del pintor. Alejandro, detrás del cual se esconde el autor, utiliza esta porción para certificar al observador la originalidad de sus personajes a través de una descripción literaria de la pintura todavía más verídica. Salas devuelve pues la atención y la autoridad que los grabados le quitaban a los epigramas de los emblemas de Alciato. El objetivo es analizarlos, investigarlos, estudiarlos como espejo de la realidad, que aparece deformada según una manera 'esperpéntica' de lo real que aparece en los cuadros trocado en lo feo y lo amorfo; véase «el retrato de un hombre monstruo, singularísimo por lo disforme de su vientre» (Salas Barbadillo 1847: 2). Mientras Paolo Jovio abordaba figuras principales y heroicas, Salas se fija en su grotesca gente madrileña, cuyo retrato se convierte en un «testimonio de psicología, objeto de

16 A este propósito puede verse «Sátira moralizante» y «Comicidad de la situación ultraterrena», en Nolting-Hauff (1974: 161–163 y 266–271), y Ziomek (1983).

observación para conocimiento de lo humano, profundo y multiforme» (Maravall 2012: 404). El estudio de nuestro autor sirve, de esta forma, para desenmascarar la superficie de las apariencias en su lado más malvado y oscuro.

Con el objetivo de retener en la memoria del observador la imagen exhibida, Salas insiste en la eficacia del arte visual por la capacidad directa de llamar la atención de la masa (ver Maravall 2012: 393–396), un factor que ya hemos analizado a propósito de la función óptica remarcada por todos los pasajes que favorecen el enlace de una historia a otra en la ficción de la galería-marco de Alejandro (ver Coppola 2020: 201–202). Considerando, según la idea de Suárez de Figueroa, que «ojos y oídos, son puertas de acceso válidas para el conocimiento de las cosas» (*Varias noticias importantes a la humana comunicación*, 244 *apud* Maravall 2012: 395), y siendo el barroco la cultura «de la imagen sensible» (Maravall 2012: 393)[17], Salas va en busca de materiales de difusión y de acción eficaces sobre la multitud que solo pueden obtenerse a través de elementos visuales. Nos hallamos, por decirlo así, ante la misma declaración avanzada por Maravall: «no se intenta conceptualizar la imagen, sino dar el concepto hecho imagen» (Argan 1964: 23 *apud* Maravall 2012: 393)[18]. Es más, en la Epístola XIV de *Coronas del Parnaso* Salas declara: «yo no me atreva a discurrir al honor de esta arte nobilísima y sagrada, solo horrible a los herejes blasfemos, que huyen de levantar el ánimo (por medio del sentido de la vista con las Imagines y Retratos) a la contemplación de las celestiales hermosuras» (Salas Barbadillo 1635: 245v). Aplicando la idea de la combinación de los textos de Alciato con los grabados del editor Steyner, a través de la fusión de los dos soportes que caracterizaban el pensamiento de aquel momento, pintura y poesía (como cualquier práctica literaria), Salas aprovecha la poderosa función social que ejercía la imagen sobre la «ruda plebe» (Salas Barbadillo, 1847: 35) que no sabía leer o escribir. Por esta razón, deja claro desde el principio de la narración de «Panza dichosa» que «escríbese para ser oída» (Salas Barbadillo 1847: 3). Para dirigirse al lector hace falta que literatura y pintura se acompañen, de suerte que «la esencia intelectual» de la primera necesita ser guarnecida «de aquellos elementos sensibles que la graben indeleblemente en la imaginación» (Maravall 2012: 394) de la segunda, y que, como ya hemos intuido por las siniestras imágenes fisiognómicas anteriormente presentadas, no tienen que relacionarse con la hermosura o alivio. Entre las varias citas sobre la pintura toma relevancia el gusto por asociarse a la verdad y distanciarse de la falsedad de un retrato siempre hermoso. Este hecho

17 Ver Rodríguez de la Flor Adánez (2002).

18 Ver asimismo Rodríguez de la Flor Adánez (1995).

se percibe en los tercetos del soneto de «La Alegoría del loco que pinta Horacio», contenido en *El necio bien afortunado* (1621):

> Deja, Cintia, al engaño los pinceles
> que apacible te fingen a mis males:
> miente dureza atroz, miente blandura,
>
> que no falsos serán, sino fieles,
> pues hurta cuando son los bienes tales
> a la verdad efectos la pintura. (Uhagón, 1894: 332)

De la misma manera, podemos leer en el madrigal VI de *Coronas del Parnaso* (Salas Barbadillo 1635: 55r-v), «Al retrato de una dama que la copió el pintor dormida»: «aún pintada en la imagen de la muerte/original parece de la vida».

Sin embargo, son las referencias a Gerónimo Bosco las que mayormente recalcan la inclinación pictórica de Salas. La preferencia tétrica de las pinturas del flamenco se infiere de algunos fragmentos en *Casa del placer honesto* y en *Coronas del Parnaso* (ver Salas Bosch 1943: 35–36), respectivamente: «Vi más peregrinas figuras que las que pinta Gerónimo Bosco en las tentaciones de aquel Santo, cuyo animal aborrecen los cristianos modernos, y cuyo fuego les castiga» (Salas Barbadillo 1927: 353); y

> de verte pintar estoy por atreverme yo a pintarte. Mas, ¿quién, no siendo Gerónimo Bosco, osará retratar los monstruosos disparates de tu cara? No quiera el cielo que yo haga tal injuria a la posteridad: acábese con tu vida lo detestable y horrible de tu ceño. Si te examinamos toda, aunque no sea con mucho rigor, siempre hallaremos que temer en ti; porque tu cara es del diablo, tu mentira es su hija, y tu pintura es del mismo infierno». (Salas Barbadillo 1635: 234r-v)[19]

Salas Barbadillo, como otros muchos literatos áureos que se acercaron al Bosco en sus obras —Lope de Vega, Juan Ruiz de Alarcón, Calderón de la Barca, Quevedo y Baltasar Gracián—, manifiesta en estos casos concretos un interés hacia lo cruel y «monstruoso» procedente de la estética grotesca del flamenco (Salas 1943: 35–36 y García Santo-Tomás 2008: 124). Los tipos estrambóticos y diabólicos albergan los retratos literarios de las figuras ridículas custodiadas en la tétrica galería de Alejandro.

---

19 Como señala el historiador Salas Bosch (1943: 26), Castillo Solórzano alude al mismo cuadro de las tentaciones de San Antonio en un romance que introduce en *Tiempo de regocijo y carnestolendas de Madrid* (1627): «Pudiera el vivo esqueleto/por lo horrendo y por lo monstruo/entre demonios magnates/pretender muy bien el proto,/y a copiar su original/con sus pinceles el Bosco/con más primor afectara/las tentaciones de Antonio».

Sea como fuere, la tendencia hacia El Bosco nos lleva otra vez a los *Sueños* de Quevedo[20]. El autor y sus coetáneos, entre ellos el historiador Sigüenza (1605)[21], denominaron «sueños» todas aquellas obras de arte extravagantes y fantásticas; verbigracia los cuadros del flamenco (Crosby 1993: I, 9 y 19), que Dominicius Lampsonius (1572) había clasificado como «sueños ingeniosos» (Heidenreich 1970: 185 y Crosby 1993: I, 9). Sigüenza, para el cual las ideas de Quevedo coincidían por sus excentricidades e inverosimilitudes con los cuadros del Bosco, aseveró que las pinturas del flamenco eran «libros» y, a la vez, «sátira pintada de los pecados y desvaríos de los hombres» (Sigüenza 1605: 837 *apud* Crosby 1993: I, 10).

En consonancia con estos planteamientos, la sátira y el carácter extraviado de las descripciones de las pinturas de *El curioso y sabio Alejandro* parecen trasladar al lector de Salas Barbadillo hacia un aterrador mundo ficticio. Estos tipos ridículos y perversos de *El curioso y sabio Alejandro* presentan rasgos comunes con la estética del pintor flamenco. A partir de la segunda mitad del siglo XVI, el arte pictórico del Bosco se relacionaba con el tártaro mundo y sus figuras siniestras devinieron muestras que lo dieron a conocer como el pintor de los diablos (Crosby 1993: II, 1079 y Heidenreich 1970: 185–186). Ya de vuelta a nuestro autor, una primera imagen macabra la ofrecía el personaje de *Don Diego de noche* que, caracterizado por su diabólica curiosidad, es «diablo [...] que pretende penetrar las cosas que no le tocan» (Salas Barbadillo 1623: 146r), anticipando así las lúgubres y melancólicas descripciones de esas iconografías fantásticas que representan las «singulares pinturas de la noche» del «caballero murciélago»:

> Aquí la vieras cuando en su nacimiento trae la muerte del Sol, y vencedora le despeña al mar. Más adelante, cuando ya con el dulce veneno del sueño mueren muerte breve las criaturas, a quien cortejaban todas las aves nocturnas. A esta se seguía otra, donde se mostraban los sangrientos robos, y alevosos homicidios que con su amparo se intentan y consiguen. Luego se descubría el silencio en figura de un viejo, que tenía la lengua presa con los grillos de una mordaza, y pisaba sobre lana y algodón. Desta pieza se trasladaban los ojos a otra donde, entre los horrores de la noche, estaban también pintados sus festines y saraos; con ellos las alegres conversaciones del invierno, cuando se les hace a los braseros tanto aplauso, que ellos mudos presiden a los que hablan, sin cuyo calor enmudecen los más desembocados y rompidos habladores. (Salas Barbadillo 1623: 4r-v)

---

20 Sobre la relación entre Quevedo y El Bosco, ver Morreale (1956), Levisi (1963), Heidenreich (1970), Iffland (1982) y Martínez de Mingo (2008).

21 Acerca de la figura de fray José Sigüenza y su prosa, ver Camacho Domínguez (2016).

Volviendo al texto que nos atañe, y más allá de la función óptica estudiada como enlace en la galería-marco de Alejandro (Coppola 2020: 201–202)[22], Salas Barbadillo nos acompaña en el impacto visual provocado al visitador ya desde el paseo por la galería, dejándonos elementos lúgubres a modo de presentación. El recorrido por el pasillo empieza volviendo «los ojos a la mano siniestra» (Salas Barbadillo 1847: 2), donde se ubica la primera imagen. Llegado al segundo cuadro, su atención es captada por unas facciones que «me [...] inquietaron los ojos» (Salas Barbadillo 1847: 12). Igualmente siente «cubrírseme el corazón y los ojos de nieblas y sombras [...] el pasar la vista al sucesivo» (Salas Barbadillo 1847: 32) y último retrato. Nótese, claro está, cierta analogía con lo declarado por Crosby (1993: II, 934) a propósito de los *Sueños* del maestro satírico: «para comunicar la visión, Quevedo se vale de la imaginación visual y del verbo "ver", que junto con el sentido del espacio crean un verdadero espectáculo». Se va declarando, por lo tanto, una constante topografía siniestra y opresiva que las «nieblas y sombras» de los cuadros salasianos van acrecentando y que van desplegando un «espectáculo» tétrico que hace de fondo a los seis cuadros presentados[23]. El claroscuro nocturno y la «mano siniestra» hacia la que se dirige el visitador desde el principio se convierten, pues, en símbolos de la inmersión peligrosa del novelista en las irracionalidades caóticas de esas figuras grotescas que reconocen los aspectos funestos vinculados a lo absurdo. Todos los episodios narran, por fin, la historia de títeres patéticos como condicionante del fracaso del hombre de corte reducido a una esfera monstruosa.

Es el caso, por ejemplo, de la figura autodestructiva del gigantón «Panza dichosa», que Salas asocia con Saturno. El autor manifiesta la diabólica crueldad caníbal del coloso que llegó a devorarse hasta a su «veneranda madre» (Salas Barbadillo 1847: 3) y que, de paso, vincula con otra imagen funesta: la del ave infernal de Ticio, que se come sus entrañas. Sin embargo, al final de su biografía el gigantón muere míseramente y es, a su vez, pasto de un calamitoso carnero

22 Sobre la importancia de la óptica en la literatura de la España barroca, ver García-Santo Tomás (2015). En efecto, Salas Barbadillo, siguiendo el estudio del crítico literario, presentaría con su escritura visual un espacio-marco con la función de «filtro de cristal que transforma la realidad en ficción, refractando el día a día» (191).

23 Si asociamos el «cuarto bajo» en el que se hallan los cuadros de Alejandro con el «entresuelo» al que alude Cervantes en el *Licenciado Vidriera* («De Madrid, cielo y suelos; de Valladolid, los entresuelos», Cervantes 2007: 70) y Quevedo en el *Sueño del Juicio* (J20-25), como también se verá más adelante, el clima de «nieblas y sombras» al que alude Salas podría referirse a Valladolid, sede de la corte 1601–1606, satirizada a causa de sus nieblas y el fango de las calles.

por los gusanos de los sepulcros, que se nutrirán de los mismos miserables de los que se había alimentado el glotón en vida[24].

El primer retrato inaugura, de este modo, el desfile de los viciosos de la sociedad barroca, «los dados a vanidad y gula» (J28; Quevedo 1993: I, 132), como en *Los Sueños del Juicio* de Quevedo; y, al mismo tiempo, la trágica muerte que caerá sobre cada uno de los monomaníacos de la galería. La presencia constante de la muerte hace que su visión cruel alimente una perturbación que se refleja tanto en la literatura como en las pinturas de los retratos de la galería de Alejandro, con «desproporciones y contradicciones que se observan en su imagen» (M231–239; Quevedo 1993: I, 16) y que en varios casos exacerban lo disparatado y lo cómico.

No extraña, por lo tanto, otra visión grotesca que vuelve a exhibirse en la segunda narración, donde la imagen del gusano retoma protagonismo, dejando despojado de sus carnes al protagonista de la biografía. Resucita así el castigo de Ticio atormentado por el buitre que le roe el hígado como imagen quevedesca del hombre que sufre la pena del infierno al verse consumido por el Gusano de la Conciencia (I725–726; Quevedo 1993: I, 177 y II, 1240).

En esta línea, no hay que sorprenderse tampoco si también a la vida perversa y violenta del pícaro de la cuarta biografía «le siguiese una muerte tan violenta e infame» (Salas Barbadillo 1847: 29). Este, «por no mayor precio que el de doscientos reales, se hacía mártir de Satanás y dejaba ejecutar en su cuerpo todo aquello que padece un hombre que está enfermo de un tabardillo muy violento. [...] Rompíanle las venas de los brazos, [...] sajábanle las espaldas [...], enjuagábanle las tripas [...], entrapajábanle el rostro» (Salas Barbadillo 1847: 28–29).

Este poder creativo de Salas, que representa figuras grotescas, ridículas, desviadas de los tipos atractivos de la belleza, lo llevó a ofrecer un abanico de personajes aberrantes del Madrid barroco, de «la infernal Babilonia» (Salas Barbadillo 1847: 25) que, lejos de los engaños del mundo exterior, representa lo que se percibe al penetrarla en profundidad.

Así y todo, hacemos hincapié en el discurso común del «Mundo por de dentro» quevedesco. De acuerdo con la visión planteada por Salas, el visitante de la galería de Alejandro empieza, como se dijo en el *Quijote* (I, 45, 542), a «juzgar de las cosas [...] como ellas son real y verdaderamente, y no como a mí me parecían» (*apud* Crosby 1993: II, 1317); una intención que nace desde el principio del *Sueño del Alguacil*: «empezamos a desconfiar no solo de lo que oímos, sino también de lo que vemos» (Crosby 1993: I, 11). Si Quevedo utiliza una figura

24 Por motivos de tiempo y espacio, profundizaremos en el enclave alegórico-político y en la invectiva contra el sistema social de sus tiempos en otro lugar.

alegórica (Desengaño) que llevará al «narrador» por esa «calle mayor», que es Madrid, donde «te enseñaré el mundo como es, que tú no alcanças a ver sino lo que parece» (D107–111; Quevedo 1993: I, 198), con vistas a lograr la clarividencia de la sociedad madrileña contemporánea, Salas necesita seleccionar fragmentos pintorescos del entorno cortesano cuya composición literaria lleve a la visión perceptiva y verídica de la realidad comprimida en una tétrica galería. Aquí el mundo literario desengaña el retrato aparentemente real. En efecto, el cuarto personaje de Salas que «paseose de uno en otro vicio, como si fueran amenísimas selvas, y tropezando cada día con el desengaño, no le quiso conocer hasta que estuvo de la otra parte de la vida»: el infierno. Únicamente ahí, lejos de las apariencias del mundo falsificado, representa lo que solo se percibe desde el interior y «donde el que acá le pudiera ser eficaz y utilísimo remedio, allá le servía de perpetua y molestísima pena» (Salas Barbadillo 1847: 29).

Los personajes de Salas acentúan su verdadera esencia solo al final de la narración de cada episodio —sobre todo en las referencias a sus sepulturas y muertes trágicas—, como si algo imperceptible desde fuera les carcomiese desde dentro. Aplicando la idea de Pring-Mill (1968: 270), que cree imposible dar una visión verosímil de la realidad, Salas, como Quevedo, colecciona unas vidas, unas condiciones, unos vicios detallados procedentes de su urbe y los publica a su manera en un contexto diferente: una galería apartada en una topografía fuera del escenario urbano de la corte y retirada de cualquier sitio realmente identificable. Dicho de otra forma, fijándonos en el artista que expone su colección de cuadros en un «cuarto bajo» de una casa que confina con un jardín ameno, ya desde el principio se nos va anticipando a nivel topográfico una sensación paradójica: el *locus amoenus* del jardín, donde se sitúa la galería, choca, una vez entrados en ella, con los «retretes» (Salas Barbadillo 1847: 2) donde cuelgan los grotescos cuadros. Salas desvelaría el mundo por de dentro de la engañosa fachada madrileña (*locus amoenus* del jardín) al igual que esas pinturas de Jerónimo Bosco: «Los demás procuraron pintar al hombre qual parece por de fuera; éste solo se atrevió a pintarle qual es dentro» (Sigüenza 1605: 837 cols. a y b *apud* Crosby 1993: I, 9 y II, 1081). El descubrimiento de ese mundo por de dentro hace que tanto el «narrador» quevedesco como el salasiano discurren por una galería que, en este caso, se acerca a una representación con cariz de inframundo[25]: una galería que

25 Si nos detenemos en la topografía de la casa-museo de Alejandro, en línea con nuestros planteamientos la referencia al «cuarto bajo» nos acercaría al quevedesco «entresuelo» del *Sueño del Juicio* (J154–155): «dieron con él [San Juan] en los entresuelos del mundo» (Quevedo 1993: I, 135), lo que lo relacionaría con el infierno, lugar oscuro, de poca altura y sito bajo tierra. Esta caracterización infernal de la galería de Alejandro

se presenta, como el macabro espectáculo quevedesco, adornada con cuerpos vivos de nobles colgados en las paredes, como retratos procedentes de una combinación epigramática similar a la de Alciato. Se brinda, pues, una amalgama de fuentes literarias y visuales.

Ya de vuelta al título de nuestro artículo, concluiremos, entonces, que «las líneas del pincel» brindarían al modelo infernal del Bosco, mientras que «los renglones de esta pluma» nos indicarían, en cambio, el tétrico camino satírico-literario de Quevedo. Las imágenes funestas, procedentes a la vez de una fuente visual y literaria, se reúnen y constituyen el modelo del marco-ficción de una galería de cuadros que bebe de los humanistas italianos Paulo Jovio y Andrea Alciato. En otras palabras, mientras Jovio y Alciato aportan el modelo humanista a la construcción arquitectónica del texto, Quevedo y El Bosco contribuyen al valor grotesco que se manifiesta en la conexión entre pintura y escritura dentro de *El curioso y sabio Alejandro.*

Obras citadas

Alciato, Andrea (2003). *Los emblemas de Alciato traducidos en rimas españolas (1549)*, Rafael Zafra Molina (ed. fac.). Barcelona: José J. de Olañeta. Editor-Ediciones de la Universidad Simón Bolívar.

Alvar Ezquerra, Alfredo (1989). *El nacimiento de una capital europea: Madrid entre 1561 y 1606*. Madrid: Turner.

Argan, Giulio Carlo (1964). *La Europa de las Capitales 1600–1700*. Barcelona: Carroggio.

Asensio, Eugenio (1965). *Itinerario del entremés desde Lope de Rueda a Quiñones de Benavente*. Madrid: Gredos.

---

abre otros escenarios a propósito de la identificación de la casa-museo de Alejandro con la del Alcázar y del anfitrión de la galería salasiana con Felipe IV, lo cual desvelaría, según este enfoque satírico que la relación Salas-Quevedo establece, una parodia de la corte del monarca Felipe IV. Salas dibuja grotescamente el ilógico aspecto de la corte que bien se resume, por ejemplo, en la imitación mentirosa del «camaleón cortesano» (ya en Alciato), «tan multiplicado de rostros y tan varios» (Salas Barbadillo 1847: 30). Tanto Salas como Tirso describen los excesos en las imitaciones falaces. En *La fingida Arcadia* (Molina 1980: 25–33, vv. 971–975 *apud* Strosetzki 1998: 312), que llevó a dar la imagen de una corte formada por muchos reyes y súbditos cojos, se dice: «A cierto rey adulaba/un privado, o necio o loco;/era cojo el rey un poco/y el otro le remedaba:/ cojo, estando sano, andaba». Mientras el cortesano de Tirso es ridiculizado, el mismo comportamiento adulatorio del falaz imitador salasiano se llevó tanto al extremo de imitar la muerte.

Blanco, Mercedes (1998). «Del Infierno al Parnaso. Escepticismo y sátira política en Quevedo y Trajano Boccalini». *La Perinola*, 2, pp. 155–194.

Brioso Santos, Héctor (2003). «Pedro Ceñudo y Sancho Panza: la patología de la necesidad en Cervantes y Salas Barbadillo». En Esteban Torre Serrano (ed.). *Medicina y literatura. Actas del III Simposio Interdisciplinar de Medicina y Literatura.* Sevilla: Padilla Libros, pp. 117–132.

Brownstein, Leonard (1974). *Salas Barbadillo and the New Novel of Rogues and Courtiers.* Madrid: Playor.

Byrne, Susan (2010). «Miguel de Cervantes y Paolo Jovio: los caballeros antiguos y modernos y el de la Mancha». En Pierre Civil y Françoise Crémoux (ed.). *Nuevos caminos del hispanismo. Actas del XVI Congreso de la Asociación Internacional de Hispanistas.* Madrid/Frankfurt a.M.: Iberoamericana/Vervuert, pp. 72–82.

Camacho Domínguez, Sara Ángela (2016). *Fray José de Sigüenza. Instrucción de maestros, escuela de novicios, arte de perfección religiosa y monástica. Edición crítica y estudio.* Huelva: Universidad de Huelva [tesis doctoral].

Caus, Francisco (1974–1975). «Ecos cervantinos en la obra de Salas Barbadillo». *Anales cervantinos*, XIII-XIV, pp. 165–168.

Cayuela, Anne (2013). «*Coronas del Parnaso y platos de las musas* de Alonso Jerónimo de Salas Barbadillo. Una miscelánea polisinodal bajo el reinado de Felipe IV». En María Soledad Arredondo (coord.), *Géneros híbridos y libros mixtos en el Siglo de Oro. Mélanges de la Casa de Velázquez*, 43, 2, pp. 69–94.

Cervantes, Miguel de (2007). *Novelas ejemplares II.* Harry Sieber (ed.). Madrid: Cátedra.

Coppola, Leonardo (2020). «La galería artística como proyecto marco de *El curioso y sabio Alejandro, fiscal y juez de vidas ajenas* (1634): Salas Barbadillo en el Palacio del Rey Felipe IV». *Janus*, 9, pp. 191–220.

Croce, Benedetto (1951). *Conversazioni Critiche.* Bari: Laterza.

Crosby, James O. (ed.) (1993). «Introducción y notas». Francisco de Quevedo, *Sueños y discursos.* Madrid: Castalia, 2 vols.

García Santo-Tomás, Enrique (2008). *Modernidad bajo sospecha. Salas Barbadillo y la cultura material del siglo XVII.* Madrid: CSIC.

García Santo-Tomás, Enrique (2015), *La musa refractada. Literatura y óptica en la España del Barroco.* Madrid: Iberoamericana.

Heidenreich, Helmut (1970). «Hieronymus Bosch in some literary contexts». *Journal of the Warburg and Courtauld Institutes*, 33, pp. 171–199.

Herrero-García, Miguel (1928). «Imitación de Quevedo». *Revista de la Biblioteca, Archivo y Museo*, 19, pp. 306–309.

Iffland, James (1982). *Quevedo and the Grotesque*. London: Tamesis.

Klinger, Linda Susan (1991). *The Portrait Collection of Paolo Giovio*. Ann Arbor, Michigan: UMI Research Press, 2 vols.

LaGrone, Gregory (1942). «Quevedo and Salas Barbadillo». *Hispanic Review*, 10, pp. 223–243.

Lampsonius Dominicius (1572). *Pictorum aliquot celebrium Germaniae Inferioris effigies*. Amberes: Viuda de Jerónima Cook.

Levisi, Margarita (1963). «Hieronymus Bosch y los *Sueños* de Quevedo». *Filología*, 9, pp. 163–200.

López Martínez, José Enrique (2014). «*Corrección de vicios*, de Salas Barbadillo, y la primera etapa de la novela corta española». *Lejana*, 7, pp. 1–16.

López Martínez, José Enrique (ed.) (2016). «Introducción y notas». Alonso J. de Salas Barbadillo, *El caballero puntual*. Madrid: Real Academia Española/Centro para la Edición de los Clásicos Españoles.

Manukyan, Armine (2012). «Salas Barbadillo entre sus contemporáneos: sus gustos literarios e influencias». En Carlos Mata Induráin y Adrián J. Sáez (ed.). *Scripta manent. Actas del I Congreso Internacional Jóvenes Investigadores Siglo de Oro (JISO 2011)*. Pamplona: Servicio de Publicaciones de la Universidad de Navarra, pp. 279–295.

Maravall, Antonio (2012). *La cultura del Barroco*. Barcelona: Planeta.

Martínez de Mingo, Luis (2008). «Similitudes y diferencias: el Bosco y el Quevedo de los Sueños». *La Perinola*, 12, pp. 145–158.

Molina, Tirso de (1980). *La fingida Arcadia*, Fiorigio Minelli (ed.). Madrid: Revista Estudios.

Morreale, Margherita (1956). «Quevedo y el Bosco, una apostilla a los *Sueños*». *Clavileño*, 7, 40, pp. 40–44.

Navarro Durán, Rosa (ed.) (2007). *Novela picaresca*, III. Madrid: Fundación José Antonio de Castro.

Nolting-Hauff, Ilse (1974). *Visión, sátira y agudezas en los Sueños de Quevedo*. Madrid: Gredos.

Núñez Rivera, José Valentín y Díaz Rosales, Raúl (ed.) (2018). *Vidas en papel: Escrituras biográficas en la Edad Moderna*, Anejo 2 de *Etiópicas*. Huelva: Universidad de Huelva. Servicio de Publicaciones.

Peyton, Myron (1973). *Alonso Jerónimo de Salas Barbadillo*. New York: Twayne Publishers.

Piqueras Flores, Manuel (2015). «De *La hija de Celestina* a *La ingeniosa Elena*: estructura narrativa, género literario e interpolación». *Edad de Oro*, 34, pp. 187–200.

Piqueras Flores, Manuel (2016a). *Alonso Jerónimo de Salas Barbadillo y la conformación de las colecciones de metaficciones en el Madrid cortesano*. Madrid: Universidad Autónoma de Madrid – Facultad de Filosofía y Letras, Departamento de Filología Española [Tesis doctoral].

Piqueras Flores, Manuel (2016b). «Algunas consideraciones sobre la estructura de la primera parte de *El caballero puntual*, de Alonso J. de Salas Barbadillo». *Philobiblion*, 4, pp. 47–60.

Piqueras Flores, Manuel (2016c). «Alonso J. de Salas Barbadillo y las colecciones de metaficciones áureas». *Castilla*, 7, pp. 794–811.

Piqueras Flores, Manuel (2018). *La literatura en el abismo: Salas Barbadillo y las colecciones de metaficciones*. Vigo: Editorial Academia del Hispanismo.

Portús Pérez, Javier (1999). *Pintura y pensamiento en la España de Lope de Vega*. Hondarribia-Guipúzcoa: Nerea.

Pring-Mill, Robert D. F. (1968). «Some Techniques of Representation in the *Sueños* and the *Criticón*». *Bulletin of Hispanic Studies*, XLV, pp. 270–284.

Quevedo, Francisco de (1993). *Sueños y discursos*. James O. Crosby (ed.). Madrid: Castalia, 2 vols.

Rey Hazas, Antonio (ed.) (1986). «Visión global de la obra de Salas Barbadillo». En *Picaresca femenina (La hija de Celestina. La niña de los embustes, Teresa de Manzanares)*. Barcelona: Plaza y Janés, pp. 24–38.

Rodríguez de la Flor Adánez, Fernando (1995). *Emblema: lecturas de la imagen simbólica*. Madrid: Alianza.

Rodríguez de la Flor Adánez, Fernando (2002). *Barroco: representación e ideología en el mundo hispánico, (1580–1680)*. Madrid: Cátedra.

Rovelli, Luigi (1928). *L'opera storica ed artistica di Paolo Giovio. II museo dei ritratti*. Como: Emo Cavallieri.

Salas Barbadillo, Alonso Jerónimo de (1623). *Don Diego de noche*. Madrid: Viuda de Cosme Delgado.

Salas Barbadillo, Alonso Jerónimo de (1627). *La estafeta del dios Momo*. Madrid: Viuda de Luis Sánchez.

Salas Barbadillo, Alonso Jerónimo de (1635). *Coronas del Parnaso y platos de las musas*. Madrid: Imprenta del Reino.

Salas Barbadillo, Alonso Jerónimo de (1847). *El curioso y sabio Alejandro, fiscal y juez de vidas ajenas*. En Eugenio de Ochoa (ed.), *Tesoro de novelistas españoles antiguos y modernos*, II. Paris: Baudry.

Salas Barbadillo, Alonso Jerónimo de (1927). *Casa del placer honesto*. Edwin B. Place (ed.), Boulder, Colorado: The University of Colorado Studies, XV, 4.

Salas Barbadillo, Alonso Jerónimo de (2016). *El caballero puntual*. Enrique López Martínez (ed.), Madrid: Real Academia Española/Centro para la Edición de Clásicos Españoles.

Salas Barbadillo, Alonso Jerónimo de (2019). *Corrección de vicios*. David González Ramírez y Manuel Piqueras Flores (ed.). Madrid: Sial.

Salas Bosch, Xavier de (1943). *El Bosco en la literatura española*. Barcelona: Imprenta de J. Sabater.

Sánchez Jiménez, Antonio y Sáez, Adrián J. (ed.) (2018), *Siete memoriales españoles en defensa del arte de la pintura*. Madrid/Frankfurt a.M.: Iberoamericana/Vervuert.

Senzier, Guy (1978). «Caracteres y formas de la sátira en Salas Barbadillo». En Jean-Filippi Chalon *et alii* (ed.), *Mélanges à la mémoire d'André Joucla-Ruau*. Aix-en-Provence: Editions de l'Université de Provence, pp. 1109–1118.

Sigüenza, Joseph de (1605). *Tercera parte de la historia de la Orden de San Gerónimo*. Madrid: Imprenta Real.

Strosetzki, Christoph (1998), «La sátira de la vida cortesana en Tirso», en Ignacio Arellano Ayuso *et alii* (ed.), *El ingenio cómico de Tirso de Molina*. Pamplona: Universidad de Navarra, Revista de Estudios, pp. 303–324.

Soria Ortega, Andrés (1981). «Sobre biografismo de la época clásica: Francisco Pacheco y Paulo Jovio». *1616. Anuario de la Sociedad Española de Literatura General y Comparada*, 4, pp. 123–143.

Uhagón, Francisco de (ed.) (1894). *Dos novelas de D. Alonso Gerónimo de Salas Barbadillo. El cortesano descortés. El necio bien afortunado*. Madrid: Sociedad de Bibliófilos Españoles.

Ureña Bracero, Jesús (2001). «Alciato y el poder de la palabra: poesía, retórica y jeroglíficos». *Anuario de Estudios Filológicos*, XXIV, pp. 437–451.

Vitse, Marc (1980). «Salas Barbadillo y Góngora: burla e ideario de la Castilla de Felipe III», *Criticón*, 80, pp. 5–142.

Zafra, Rafael (2010). «El prudente Tiziano y su emblema de la prudencia». *POTESTAS*, 3, pp. 123–146.

Zimmermann, T. Price (1995). *Paolo Giovio: The Historian and the Crisis of Sixteenth Century Italy*. Princeton: Princeton University Press.

Ziomek, Henryk (1983), *Lo grotesco en la literatura española del Siglo de Oro*. Madrid: Ediciones Alcalá.

Mechthild Albert / Bonn

De pícaros a peregrinos – El paradigma del viaje y sus variaciones en *La peregrinación sabia*[1]

Resumen: El presente estudio analiza tanto la estructura narrativa como la carga semántica del itinerario recorrido por los dos protagonistas de *La peregrinación sabia*. De acuerdo con un proceso de aprendizaje, el viaje de los zorros lleva del perfeccionamiento picaresco a la conversión moral, gracias a unos episodios de carácter intertextual y metaliterario.

Palabras clave: Salas Barbadillo, viaje, picaresca, peregrinación, estructura narrativa, Siglo de Oro

Abstract: This study analyzes both the narrative structure and the semantic load of the itinerary traveled by the two protagonists of *La peregrinación sabia* (*The Wise Pilgrimage*). According to a learning process, the foxes' journey leads from picaresque perfection to moral conversion, thanks to episodes demonstrating intertextual and metaliterary characteristics.

Keywords: Salas Barbadillo, Journey, Picaresque Novel, Peregrination, Narrative Structure, Golden Age Spain

Al final de este volumen dedicado a Jerónimo de Salas Barbadillo, el presente artículo propone, junto con el de Rafael Bonilla Cerezo, una aproximación a «la única obra póstuma de toda su ficción» (García Santo-Tomás 2008: 115): *Coronas del Parnaso y platos de las musas*, publicada en 1635, pero cuyo privilegio y aprobación se remontan a octubre y a julio de 1630 respectivamente (Cayuela 2013: 70). Aunque tanto Enrique García Santo-Tomás como Anne Cayuela calificaran esta obra de original y curiosa[2], apenas existe bibliografía crítica al respecto. Ambos estudiosos la enfocan desde la sociología de la literatura, como un «documento único sobre las relaciones entre el escritor y los círculos de poder, así

---

1 Este artículo se inscribe en el marco del Proyecto de Excelencia I+D+i del MINECO *La novela corta del siglo XVII. Estudio y edición (y III)* (FFI2017-85417-P).

2 Ver García Santo-Tomás (2008: 115): «su original colectánea», «una curiosísima ficción».

como un testimonio originalísimo sobre sus propias estimativas literarias» (García Santo-Tomás 2008: 116). Asimismo, Cayuela subraya que «lo misceláneo, la variedad de formas y la naturaleza híbrida de esta curiosa obra, corresponden a una propuesta estética original que la sitúan en el cruce entre dos estructuras: la de la obra y la del campo literario» (Cayuela 2013: 69). La especialista admite, sin embargo, que «[d]e esta compleja red de correspondencias entre mundo referencial y los textos literarios que componen este abigarrado libro quedan todavía muchos componentes por dilucidar» (Cayuela 2013: 91). A continuación quisiéramos 'dilucidar' un aspecto concreto de esta «compilación heterogénea y plural» (García Santo-Tomás 2008: 115) al centrarnos en *La peregrinación sabia* para analizar las etapas y el sentido del viaje, paradigma narrativo que determina tanto la estructura como el nivel semántico de esta novela corta, «una de las piezas más interesantes de toda su producción» (García Santo-Tomás 2008: 116). A este propósito, se ofrecerá primero un breve resumen de la colección y de la fábula para explicar luego los conceptos teórico-metodológicos que servirán de base al posterior análisis del texto.

Con vistas a la macroestructura de la colectánea y a la plaza que en ella ocupa *La peregrinación sabia*, resulta fundamental el hecho de que la miscelánea *Coronas del Parnaso* esté unida por «un hilo narrativo que concibe el espacio poético como peregrinaje y examen» (García Santo-Tomás 2008: 115), con lo cual el viaje satírico de los dos zorros constituye una metaficción, o sea, una *mise en abyme* de la obra en su totalidad[3]. Según el planteamiento de la *cornice*[4], «Apolo, retirado en su Alcázar del monte Parnaso, mantiene en la cena una encendida charla con Aristóteles, Platón y Tácito, a los que se unen más tarde nada menos que Garcilaso y Camões». Al día siguiente llegan «tres ingenios» hispánicos, «apadrinados por Garcilaso, Figueroa y Cervantes»; entre ellos, se cuenta el mismo Salas Barbadillo, bajo el pseudónimo de Rodrigo Alonso, quien se destaca por sus alabanzas al conde-duque de Olivares. Los «discursos» que configuran las *Coronas del Parnaso* culminan en el octavo, que «narra el banquete de Apolo, su 'Corte del Parnaso', y su corona del Parnaso, que equivale, según el autor, a ser 'docto universal de todas las ciencias'» (García Santo-Tomás 2008: 118). En el «banquete» se brindan los subsiguientes «platos», parte segunda de la colectánea, los

3 Ver a este respecto el estudio de Manuel Piqueras (2018), que no trata, sin embargo, las *Coronas del Parnaso*.

4 Sigo el resumen en García Santo-Tomás (2008: 116–118). Conviene señalar que este planteamiento resulta muy parecido al viaje y tribunal del Parnaso desarrollado por Salas Barbadillo en *La estafeta del dios Momo*, obra analizada en el presente volumen por José Enrique Laplana Gil.

cuales constituyen otras tantas muestras del arte poético en todos los géneros, entre ellos la fábula en prosa del plato tercero: *La peregrinación sabia*.[5]

La fábula cuenta cómo el viejo zorro, recién enviudado, lleva de viaje a su hijo con intenciones pedagógicas. En el camino se encuentran con otros animales —gatos y lebreles, conejos y culebras, leones y monos— que les ofrecen la oportunidad de demostrar y agudizar su astucia proverbial. Los respectivos episodios constituyen al mismo tiempo una crítica de la sociedad contemporánea a partir de la antropología negativa del *homo homini lupus*, cuya base es el egoísmo individual que intenta imponerse, según la ley del más fuerte, a través de estrategias hipócritas, embustes y mentiras. Esta visión desilusionada del hombre se relaciona, evidentemente, con la dialéctica entre engaño y desengaño, cuyo instrumento son los artificios de la retórica, con lo cual se establece un nexo entre sátira y autorreflexividad literaria. La elocuencia del engaño, capaz de convertir lo negro en blanco, incluye la instrumentalización del discurso religioso y la argumentación sobre pecado y culpa, patente aquí a través de las repetidas invocaciones a Júpiter.

Dentro de la amalgama de géneros que Salas Barbadillo crea en *La peregrinación sabia*, cabe mencionar en primer lugar la fábula[6], modalidad narrativa de finalidad didáctica, extremadamente popular, desde los Ysopetes medievales heredados de la Antigüedad hasta creaciones más recientes, como por ejemplo el cervantino *Coloquio de los perros*[7]. Al lado de otros modelos narrativos como la *novella* italianizante y la novela satírica, hay que considerar, ante todo, la novela picaresca (Place 1926: 230–231), cuya influencia decisiva se observa tanto en su estructura episódica como en su protagonista astuto y embustero. Asimismo, Salas Barbadillo, conforme al carácter híbrido de la miscelánea, añade elementos de carácter autorreferencial y metaliterario al reflejar la retórica y las instituciones literarias del momento. El esquema narrativo del viaje, característico de la novela picaresca, emparenta *La peregrinación sabia* con otros géneros determinados por la «itinerancia» (Posada Alonso 1996 *apud* Gernert 2019: 126, n. 5), como por ejemplo los libros de caballerías y su parodia, el *Quijote*, así como con la posterior novela de formación de índole alegórico-cristiana, como el *Criticón*. Respecto a la semántica antropológica ilustrada por estos tipos de

5 Para un análisis exhaustivo de este texto ver el artículo de Rafael Bonilla Cerezo en el presente volumen.

6 Según su editor, Francisco de Icaza (1924: XXXVIII), *La peregrinación sabia* consiste en «una serie de fábulas esópicas enlazadas entre sí».

7 Sin embargo, Icaza (1924: XXXVIII) niega cualquier parecido entre *La peregrinación sabia* y el *Coloquio de Cipión y Berganza*.

recorridos narrativos, a saber el concepto del *homo viator* (Gernert 2019: 133), Hanno Ehrlicher (2010: 11) considera al peregrino y al pícaro como «personajes deambulatorios» («deambulatorische Figuren»), característicos del Siglo de Oro, que representan una experiencia y una concepción del mundo antitéticas y complementarias: religiosa la una, profana la otra. A estos dos itinerarios modélicos se podría añadir, como tercer paradigma, el «viaje al Parnaso» en cuanto 'vía estética'. *La peregrinación sabia* es tributaria de estos tres modelos, pero es ante todo la tensión entre los dos primeros la que nos interesa a continuación, pues consigue plasmarse en una bipartición fundamental del relato: mientras que al comienzo la intención didáctica se refiere a una creciente perfección de la astucia (el pícaro), la segunda parte aspira a una metamorfosis de los protagonistas en el sentido de una reforma moral, o sea, de una verdadera conversión (el peregrino)[8]. En conformidad con esta dicotomía estructural, los primeros episodios demuestran y profundizan en la intrínseca malicia de los zorros, de acuerdo con la dimensión epistemológica del viaje en la novela picaresca analizada por Folke Gernert. A su juicio, el «vagabundeo» como «*modus vivendi* del pícaro» (José Juan Morcillo Pérez 1993 *apud* Gernert 2019: 126, n. 5) corresponde con una proyección espacial de los procesos de aprendizaje que Lazarillo, Guzmán y don Pablos necesitan para adquirir los saberes indispensables para sobrevivir y mejorar sus precarias condiciones de vida (Gernert 2019: 126). Asimismo, la estudiosa destaca que el viaje del pícaro —al contrario de otros tipos de viaje característicos de la temprana modernidad, como son el peregrinaje o los periplos de descubridores y mercaderes (Gernert 2019: 126)— no corresponde a un trayecto intencionado, sino que es determinado en cada momento por el azar de las circunstancias (a este rasgo corresponde, por ejemplo, el hecho de que la peregrinación paródica de los zorros sea más bien una huida). Debido a ello, el itinerario del pícaro se distingue por su estructura fundamentalmente abierta[9]. Todas las características del viaje didáctico recorrido por el pícaro que acaban de mencionarse son igualmente constitutivas para la primera parte de *La peregrinación sabia*, donde predomina el paradigma picaresco —tanto por la naturaleza de los protagonistas como por la estructura episódica—. A partir de ahí nos interesa profundizar en la dimensión picaresca, a la vez que pedagógica, del trayecto narrado en la fábula de Salas Barbadillo.

8 Respecto al concepto de *peregrinatio* ver Ehrlicher 2010: 100–108; así como el artículo de Rafael Bonilla Cerezo en el presente volumen.

9 Wolfgang Matzat (2000 *apud* Gernert 2019: 128).

Como se decía, la peregrinación paródica de los zorros constituye más bien una huida que corresponde, entre otros motivos, a través de su estructura abierta, a la ruta típica del pícaro:

> Conque pareció la suya más fuga que jornada. Y que él se alegraba mucho: porque, como verdadero Zorro (en quien la maldad es blasón y la malicia ejecutoria), quería hacer todas sus cosas de suerte que, ya que no fuesen delito, oliesen a ello, por deleitarse con la apariencia de la maldad y gozarse en el fingimiento. (60r)[10]

En efecto, la fuga parece ser la idea clave de esta 'peregrinación', cuyos episodios se enlazan a una velocidad vertiginosa —o «ardiente velocidad» (70r)— que imprime su ritmo a la narración. Al mismo tiempo, esta dinámica caracteriza la condición humana y social de los protagonistas pícaros en cuanto «sobresaltados fugitivos» (61v) que, temiendo el castigo de sus fechorías, viajan «sobre la posta del miedo», una variante muy peculiar del *homo viator*:

> Volvamos pues a nuestros caminantes, que, después de haber volado todo el día sobre la posta del miedo, que es la más veloz caballería de todas cuantas hoy se conocen, sobre la posta del miedo digo, porque los perros de un cazador [...] con gusto de su dueño los habían venido mordiendo las colas, y ladrándoles las espaldas, pareciéndoles a los fugitivos aquellos ladridos horribles clamores que daban por su muerte. (61r-v)

Siempre perseguidos por sus enemigos sedientos de venganza —«Huyeron pues de aquel sitio con grande prisa, recelosos de que volviesen los vengativos villanos» (78r)—, los zorros protagonistas caminan «tan aprisa» (71v) que hasta las estrellas al amanecer «empiezan a huir» (71v).

En su dimensión antropológica y pedagógica, el viaje educativo al que el zorro viejo lleva a su hijo se inscribe en la dialéctica entre *natura* y *nutritura*. A partir de la congénita astucia y falsedad del zorrito, su naturaleza, se trata en un primer momento de perfeccionarla —y en la segunda fase de cambiarla— a través de la *nutritura* que aporta la experiencia del viaje. El «infante zorrillo», «cuyo nacimiento causó la muerte de su madre» (59r), «salió el más travieso de ingenio de todos los de su casta, gran artífice de los embustes, tan fullero de las mentiras, tan simulado en sus intentos que los zorrazos antiguos le llamaban gloria de su nación» (59v). Frente al entusiasmo de los mayores, que le consideran destinado a los más altos designios, queriendo «que aun tan pequeñuelo se llamase padre de aquella república socarrona y astuta» (59v), el padre raposo se muestra más cauteloso al estimar la utilidad de un viaje previo con vistas a formar la personalidad

10 Las citas de la fábula salasiana proceden de *Coronas del Parnaso y platos de las musas* (1635).

de su hijo y perfeccionar sus dotes naturales, con lo cual define la adquisición de saberes como meta principal de un itinerario semejante al del pícaro:

> El zorrazo padre viendo el natural del hijuelo no se acomodó él a la sentencia de los demás, antes le pareció prudente que, para acabarse de perfeccionar, convenía que peregrinase el mundo, en cuya universal escuela, siendo discípulo de todos, se hiciese docto en todo, porque aprendiendo de estos lo que ignoran aquellos, y de aquellos lo que a estos se esconde, uniese en sí lo que en tantos estaba dividido, y quedase singular y único. (59v-60r)

Cuando el zorro padre se refiere a la idea del mundo como «universal escuela» donde su hijo, «siendo discípulo de todos, se hiciese docto en todo», este concepto totalizador, por no decir enciclopédico, no se refiere, evidentemente, a saberes eruditos, sino a experiencias vividas que hacen madurar al viajero, mejorando asimismo sus estrategias de supervivencia[11]. A continuación se va a examinar cómo se articula este viaje y a través de qué etapas, para llegar a cambiar las costumbres arraigadas en la «mal inclinada naturaleza» zorrera, cuyo alcance excede las mismas artes retóricas del narrador[12].

Al inicio de su viaje, el zorro viejo y su hijo se juntan con unos gatos «ministros de justicia» (60v) y expertos, por consiguiente, en todo tipo de embustes. Las aventuras que juntos viven con un ventero, hartándose de su tocino y gallinas, así como con un tropel de lebreles amenazadores, muestran el carácter inestable de esta compañía, que oscila entre la solidaridad ante un enemigo común y las rivalidades y los engaños mutuos. Esta configuración, en donde «los zorros pensaban comer a costa de los gatos y los gatos entretenerse con la conversación de los zorros» (60v), recuerda el relato de «La raposa y la gata», del *Fabulario* de Sebastián Mey, publicado en 1613, o sea, el mismo año de las *Novelas ejemplares*, y probable fuente de *La peregrinación sabia* no tomada en cuenta hasta ahora[13].

---

11 De manera parecida, Guzmán de Alfarache hizo su «bachillerato en picardía» gracias a los saberes adquiridos durante sus andanzas; ver Isado Jiménez (1993 *apud* Gernert 2019: 130, n. 26).

12 «Volvamos al Zorro, y a su hijo, cuya hipócrita malicia no podré bastantemente significarla, ni aun con la misma narración del hecho, porque todos los colores de la Retórica son mudos, y su elocuencia inhábil para tan grande empresa» (62v-63r).

13 A pesar de las diferencias en el desenlace —en Mey, el zorro sale vencido a pesar de su astucia como castigo de su fanfarronería, mientras que en Salas Barbadillo no hay tal propósito moralizador—, existen importantes parecidos entre ambos textos: tanto en los motivos de la narración (el viaje en común entre zorro y gato perseguidos por un lebrel, la rivalidad entre ambos animales en cuanto a la astucia) como en las sentencias, «siempre ingeniosas y muchas veces profundas» de las que Salas Barbadillo salpica su narración (Icaza 1924: XLII/XLIII) e igualmente en la intención didáctica —explícita

En ambos casos, el gato y el zorro son compañeros de viaje, entreteniéndose a la manera de los 'alivios de caminantes', aunque su rivalidad no dejará de notarse:

> Iban camino la raposa y la gata; y para divertir la pesadumbre y cansancio del camino, y no sentirle tanto, comenzaron a tener conversación sobre cosas diferentes: la cual entretenía maravillosamente la raposa y la llevaba adelante; porque la gata tenía pocas palabras, pero escuchaba, y dejaba parlar a la otra, la cual comenzó a blasonar de sí, diciendo que a ningún otro animal tenía envidia, porque ninguno la igualaba en saber. (Mey 2005: 161–162)

La competencia entre los dos viajeros de la fábula se plantea en términos de saberes, artes y astucias, parecida, pues, a la dimensión didáctica de *La peregrinación sabia*. La artería del zorro fanfarrón se demuestra ineficaz cuando llega «un lebrel con la boca abierta, corriendo a toda furia para ellos» (Mey 2005: 163). Mientras que la gata logra escapar subiéndose a un árbol, el zorro queda malparado:

> la raposa, no pudiendo subir, comenzó a huir por el campo; aunque le aprovechó todo su huir muy poco, porque, alcanzándola de presto el lebrel, que corría más que ella, la hizo pedazos; sin que todas aquellas astucias de que tanto fanfarroneaba le pudiesen valer en aquella ocasión. (Mey 2005: 163)

Y la fábula concluye con esta sentencia: «Un arte vale más, aventajada, que muchas si aprovechan poco o nada». En consecuencia, el «arte» de la gata, su destreza corporal, triunfa sobre la multitud de saberes de los que se jacta el zorro y que resultan inútiles frente a las cambiantes exigencias de la vida que requieren pragmatismo y flexibilidad. Es precisamente este imperativo casuístico de actuar siempre conforme con las respectivas circunstancias el que asegura el éxito del zorro protagonista de Salas Barbadillo. En este sentido, y sacando fuerzas de flaqueza, no es precisamente la carrera la que le salva frente a la amenaza de los lebreles, sino precisamente su don retórico, la elocuencia (entroncando así con la dimensión metaliteraria del texto): «El zorrazo padre en quien prevalecía una astucia ingeniosa, ya que no podía valerse de los pies, acudió al sagrado de la elocuencia y sin perder el ánimo» (63v-64r). A través de la competencia entre gatos y zorros se desarrolla en el marco del viaje didáctico, a lo largo de varios episodios, una progresión instructiva de saberes y aptitudes. En primer lugar, el mismo enfrentamiento con los lebreles, en el cual los zorros, además de librarse de los perros, también logran burlarse de los gatos, enseña cierta jerarquía de

---

en el prólogo de Mey (ver Copello 2005), mientras que en Salas esta misma constituye la motivación del viaje por parte del zorro viejo, quien lo considera como un recorrido educativo para su hijo—. Para el *Fabulario* de Mey, ver también las ediciones modernas de Rosso (Mey 2015) y Copello (Mey 2017).

valores al demostrar la superioridad de la industria y artificio por encima no solo de la fuerza sino incluso de la razón y justicia; una lección que deja al discípulo «escarmentado y sabio»:

> Hijo, abre los ojos del ingenio y aprende de mi industria y artificio, que valen más que la fuerza, y aun muchas veces (tal es el mundo) más que la razón y la justicia; por eso te he traído a peregrinar por estas tierras, para que así la experiencia de tus peligros, como la de los ajenos, te hagan escarmentado y sabio. Así le hacía discípulo de sus maldades y le introducía en la herencia de sus depravadas costumbres. (64v-65r)

Al final, los gatos ingenuos se muestran inferiores al ingenio perverso y a la retórica engañosa de la raposa, con lo cual se separan los desiguales compañeros de viaje. Acto seguido, el encuentro de padre e hijo con una culebra, animal que representa la cumbre de la prudencia —«Dicen, pues, cuando quieren significar la grande sabiduría de un hombre, 'sabe más que las culebras'» (67v-68r)—, constituye por eso mismo un reto, como advierte el zorro viejo al zorrito «con alguna turbación y recelo. Hijo, con este animal que ves no podemos ganar mucho, porque es tan sabio» (67v-68r). El temible reptil marca una nueva etapa en el aprendizaje, pues obliga a los protagonistas a renunciar a los recursos de la fuerza y la industria aplicados anteriormente para recurrir a la «ingeniosa cautela»: «ya que aquí no pueden valernos la fuerza ni la industria, será nuestro padrino la ingeniosa cautela. Fuerza es reconocer que este es aleve término, pero los de nuestra casta siempre hemos seguido estos pasos» (68r-v). Poco después se produce una escaramuza con unos conejos y villanos de la que los zorros salen solo gracias a un gran esfuerzo físico:

> y les dijo otros improperios mayores, y más pesados, con que les obligaban a que le volviesen a seguir; y cansados de seguirle, porque él volvía a la carrera con más fuerza, se rendían. Esto hizo tantas veces, y con tanto arte, que apenas podían alentar los ignorantes rústicos, rendidos de cansancio tan prolijo. (70v-71r)

Este ardid dará motivo a otra lección de estrategia y táctica que el zorrazo experto impartirá a su hijo, explicándole la necesidad de combinar el sacrificado empeño corporal con la perspicacia psicológica:

> Cansado estarás simplecillo, pero con este cansancio has comprado el ocio y la comida: parecerate inútil el haber corrido tanto, mas tu breve experiencia no se extiende al conocimiento de mi larga industria. Con aquel ardid ingenioso (aunque caro) van los rústicos tan rendidos que, para restaurarse, se entregarán luego al vino y al sueño, y nosotros quedaremos señores absolutos de esta población de conejos. ¡Entra, entra, y sin miedo, a gozar de los despojos adquiridos en buena guerra! (71r)

Matando dos pájaros de un tiro, el zorro logrará incluso llevar a los conejos a matar la culebra para hartarse, acto seguido, de un sabroso plato de lepóridos.

El éxito de este itinerario pedagógico se hace patente poco después, cuando el joven zorrito, digno discípulo de su padre, consuela a un león, rey de los animales, preso en un palacio a través de un injurioso elogio de su prisión: «mayor dicha es ser prisionero de un caballero español (verdaderamente León fortísimo) que tener corona y cetro entre los brutos de el África» (80r). Admirado ante la «desvergonzada elocuencia» de su hijo, el zorro viejo reconoce en este talento la señal de su estirpe, o sea, la «naturaleza» zorrera llevada a la máxima perfección: «tanto más cierta señal vio en él de que era su verdadero hijo cuanto mayor fue la insolencia» (80v).

Al culminar el aprendizaje picaresco[14], el recorrido educativo toma un nuevo rumbo cuando padre e hijo se encuentran de manera inopinada con un perro gigantesco, don Florisel de Hircania, ante cuyo aspecto imponente sufren un desmayo que marca una cesura: «que del espanto grande que recibieron, él y su hijuelo no pudieron dar un paso, y temblando cayeron en tierra» (72r). Dirigiéndose a los zorros como a «hormiguillas», el perro descomunal les invita a acompañarle bajo su amparo, exigiendo a cambio una conducta moral intachable. El fabuloso personaje se da a conocer como caballero andante —«ando buscando aventuras»—, representando con ello otro tipo de viajero y otro género literario; a saber, los libros de caballerías y el *Quijote*, paradigma del que los zorros son explícitamente demarcados: «y aunque ellos no quisieran andar buscando ocasiones de peligro y riesgo, hubieron de acomodarse al partido que les ofrecía y siguiendo sus pasos [...]» (72r). Los viajeros prosiguen su camino bajo la custodia del perro quijotesco como testigos de sus locas aventuras[15] hasta que se produce una crisis en la que la astucia de la raposa se revela como cordura. Cuando don Florisel desaloja a unos pastores de sus chozas, el zorro viejo le aconseja, prudentemente, «que dejemos este lugar peligroso, porque quién duda que aquellos pastores habrán ido al pueblo, que volverán armados a buscar vuestra muerte y la nuestra» (73r-v), puntualizando su sensato discurso con una sentencia digna del narrador cervantino o del mismo Sancho Panza[16]: «Las temeridades no son hazañas, y es locura y no valor acometer empresas imposibles» (73v). Ante la sinrazón del caballero perruno, el zorro le escribe una epístola de separación —que resultará profética— en la que reconoce su valor magnánimo, reprobando asimismo su falta de circunspección que, de hecho, terminará con su vida:

14 De hecho, el discurso injurioso del zorrito al león preso es posterior al episodio de don Florisel de Hircania.

15 Para más paralelos en *La peregrinación sabia* y el *Quijote* ver Caus (1974–1975).

16 Ver Caus (1974–1975: 167).

> Si hubieras querido juntar tu valor con mi consejo, ¿quién tuviera fuerzas bastantes contra Aquiles y Ulises? ¡Oh temeridad digna de llanto! Ella, después de tantos gloriosos triunfos y hazañas, te dará ignominiosa y miserable muerte. [Firmado] El Ulises de los Zorros. (76r)

Esta epístola, muestra de la retórica —ya no malévola— del zorro, contiene dos elementos significativos. Por una parte, al identificarse con Ulises, arquetipo del viajero astuto y heroico, el zorro viejo se refiere a un modelo clásico que «dignifica» y supera el paradigma picaresco. Por otra parte, a través de la amonestación de combinar valor y astucia, cita implícitamente a Maquiavelo, que recomendaba al príncipe prudente servirse precisamente de estas virtudes complementarias para mantenerse en el poder. Estas cualidades son simbolizadas por el león y el zorro respectivamente, tal como lo ilustra el conocido emblema de Guillaume de la Perrière (1553) que muestra al gobernante teniendo en la correa a una raposa y al rey de los animales[17]. A pesar de la ruptura, los zorros vuelven en menos que canta un gallo para asistir a los últimos suspiros del perro valiente y generoso, aunque desatinado, experimentando así un momento singular de sensibilidad auténtica: «Habláronle con sentimiento, y no fingido, porque la virtud de los grandes ánimos engendra amor en los corazones viles» (77v). Se esboza aquí un giro inusitado en la personalidad de los zorros que, sin embargo, se viene abajo inmediatamente después, cuando estos cambian el epitafio al modo burlesco, creando así un «funeral ridículo», lo que evidencia que «no pudieron dejar de volverse a su depravada naturaleza» (78r), pues la naturaleza inmutable está (aun) por encima de la experiencia.

Con el episodio del mastín quijotesco, la fábula de Salas Barbadillo adquiere una extraordinaria calidad metaliteraria: primero, como hemos comentado, a través de la acumulación de referencias intertextuales —Ulises, Maquiavelo, el Quijote— que contribuyen a reflectar el paradigma del viaje y el perfil del viajero, y en segundo lugar al tematizar el mismo mundo literario. En este sentido, a partir de las aventuras decisivas que los zorros viven con don Florisel de Hircania, tres episodios consecutivos marcarán la progresiva conversión de los protagonistas: una academia literaria, el encuentro con una tropa de monos actores y la alegórica escena final de ensalzamiento a la monarquía en el monte Parnaso.

El episodio satírico de la academia de los animales se enmarca en un determinado contexto sociocultural, característico del campo literario áureo y su respectivo discurso[18]. Los integrantes zoomorfos de esta academia representan otros

17 Ver Henkel y Schöne (1996: 392).

18 Ver Bourdieu (1995), Cruz (1995 y 1998), Munguía (2018).

tantos géneros literarios[19] y hasta se han identificado con autores concretos, contemporáneos de Salas Barbadillo[20], a través de los cuales la postura del mismo autor en la controversia anti-culterana cobra un relieve plástico e individual. Sin profundizar en estas implicaciones, en la perspectiva de la presente aportación nos importa ante todo la dimensión pedagógica de esta escena, que se pone de manifiesto al final, cuando el padre zorro amonesta a su hijo, «admirado y fuera de sí» ante el discurso del perro envidioso:

> Así queda el idiota maldiciente venerado y aplaudido, y el digno virtuoso despreciado de esta canalla; mas la gloria de este perro ladrador es breve y fugitiva, porque siendo el enemigo común de los doctos, es fuerza que, armándose todos contra él, hagan públicas al mundo sus ignorancias, y entonces quedará ridículo y abatido, hecho igual juego y entretenimiento de sabios y de ignorantes. (84r)

La academia, culminación de la sátira, constituye el punto de inflexión del viaje emprendido en aras del saber: «su jornada se fundaba en solo un deseo curioso de saber más cada día» (78v). En vez de transmitir conocimientos y saberes, la academia, considerada comúnmente como cifra y compendio de toda erudición, presenta un espectáculo indigno de bajas pasiones. La perversión entre sapiencia e ignorancia da motivo a un desengaño radical, que constituye, al final, la verdadera sabiduría: «Advertido quedarás con esto de las cautelas de los que se fingen y mienten doctos, siendo ingenios ignorantísimos y vulgares» (84v)[21]. Al desenmascarar la hipocresía de los fingidos doctos, el zorro reconoce la retórica del engaño y la falsedad que él mismo y los de su estirpe practican por naturaleza, lo que le permite superarla. Al final del grotesco espectáculo-academia, el zorro viejo aleja al joven ingenuo «de esta peligrosa conversación», advirtiéndole: «Hijo date prisa, huye veloz de esta peste de los ingenios» (83v). Por primera vez, la huida que sirve de enlace entre los episodios, no es motivada por el miedo al merecido castigo de sus fechorías, sino al desengaño producido por la

---

19 «El tordo es dramático pedante; el caballo noble ignaro que compra el aplauso con dádivas y elogios; el perro Fisgarroa, un poeta ocupado en fisgar y roer; el gato que pretende lucirse con trabajos hurtados a los presentes y que quiere vender como propios; el mono es poeta cómico, cuya gracia está en cómo recita; el ruiseñor, poeta lírico; el águila, poeta heroico. Los asuntos son tan ramplones como los de las verdaderas Academias de entonces en Italia y España» (Icaza 1924: XL).

20 «El tordo se identifica con Pedro Torres Rámila, el ruiseñor, con Lope de Vega, el perro con Cristóbal Suárez de Figueroa y el gato con Luis Vélez de Guevara». Ver Romera-Navarro (1941 *apud* Munguía Ochoa 2018: 123).

21 A través de este discurso revelador, la raposa de Salas Barbadillo corresponde plenamente al zorro del emblema escogido como ilustración del presente volumen.

inversión de los saberes patente en la academia; con lo cual, la finalidad del viaje, es decir, la adquisición de saberes, queda reducida al absurdo. Y es esta experiencia propiamente barroca del desengaño que reconoce la vanidad de los saberes la que inclina el viaje hacia la peregrinación.

La nueva virtud del viejo zorro se afirma en el siguiente episodio, que tiene por escenario una venta donde está festejando una compañía de monos actores que recuerda, en cierta medida, a la compañía de la legua evocada en *El viaje entretenido* (1603) de Agustín de Rojas Villandrando. Anudándolo con el inicio de la narración, Salas Barbadillo retrata aquí a un «Gatazo» (85r), ventero codicioso, cómplice de unos gatos salteadores, que propone al zorro viejo robar juntos a los monos ebrios. El raposo, sin embargo, se opone al pérfido ardid, de acuerdo con su nuevo criterio ético: «como él era tan malo, siempre se deleitaba del daño ajeno, mas no tanto que se acomodase a la depravada resolución del ventero Gatuno» (85v). El zorro se ve en un conflicto: por una parte, «no quería precipitarse a peligro tan grande, porque todas sus maldades las ejecutaba con seguridad y sin riesgo» (86r); por otra, a fin de evitar, según el dicho, que «el que no quería ser cómplice de su maldad, sería el pregonero de ella», rehúye darle una negativa por temor a que el ventero pueda «vengar[se] en su vida» (86v). En este atolladero, y «como siempre los sutiles ingenios de las mayores necesidades salen con mayor gallardía, le ocurrió luego un remedio sutil» (86v-87r), según informa la voz irónica del narrador. El zorro experimentado prende fuego a la venta, lo que le permite fugarse: «se fueron padre e hijo al corral, y saltando por las tapias y apretando la carrera, se salieron del camino y se escondieron entre unos árboles» (87r); desde allí observarán el incendio hasta ver salir a los monos. Ante esta situación, casi apocalíptica, los zorros demuestran su recién adquirida categoría moral al proponer su ayuda a los monos víctimas del incendio. De manera paradójica, su gesto caritativo es tomado por parte de los simios, parientes lejanos de los zorros en cuanto al fingimiento, por un engaño destinado a robarles, crimen al cual precisamente se había negado la raposa:

> Ofreciéronseles a ayudarles a llevar el hato, y ellos, corteses, agradeciendo el pasado beneficio, no quisieron entrar en nueva obligación; y la verdad es que, como los Zorros tenían en todo el mundo (por su depravada naturaleza) ganada tan mala opinión, creyeron que los engañaban y que con aquella cautela pretendían robarles. (88r)

A pesar de su desconfianza, los monos continúan su camino junto con los zorros hasta la mañana siguiente, extremando la cortesía a tal punto que les invitan a desayunar para así «encubrir su recelo» (88r). De esta manera, a pesar de la prevención de los monos, el nuevo altruismo de los zorros queda recompensado y llegan —sin huir más— a la siguiente y última etapa de su viaje.

El último episodio es una puesta en escena alegórica con una finalidad exclusivamente panegírica, testimonio de lo que García Santo-Tomás (2008:120) llama «un cierto vasallaje servil» por parte de Salas Barbadillo. Al final de su periplo, el viejo zorro y su zorrito llegan a un monte, «venerable por su alteza, y precioso por su singular y peregrina hermosura» (88r-v), el cual, en una construcción «artificial y artificiosa» (García Santo-Tomás 2008: 122), simboliza a la vez el Parnaso y la corte, respectivamente el reino. En este lugar singular, los viajeros encuentran «congregados y unidos a los más nobles árboles de España, que aquel día coronaban al nuevo laurel recién heredado en el Imperio de aquella amena y floreciente Monarquía» (88v). A través de este homenaje a Felipe IV, al que se agrega la exaltación de Olivares por medio del olivo, ganador del certamen de los árboles, la acción de *La peregrinación sabia* coincide con la apología de los dos garantes de la monarquía hispánica, «la fructuosísima Oliva junto al Imperial laurel» (90r), que se celebra en la narración-marco, o sea, en la *cornice*[22]. Después de haber alcanzado la meta de su viaje, el padre zorro resume el sentido pedagógico y moral del recorrido emprendido con su hijo en cuanto proceso de aprendizaje:

> Curiosidad honesta y no viciosa nos desterró voluntariamente del ocio dulce de nuestra querida patria: un feliz deseo, un noble y generoso ardor de aprender y saber más, dando también, con la variedad de las cosas, gozo y entretenimiento al ánimo. Hoy lo hemos conseguido todo, porque ni el entendimiento puede esperar más segura doctrina, ni el gusto mayor deleite. Sea, pues, este el fin de nuestra peregrinación y volvamos a nuestro nativo albergue mejorados en las costumbres y vencedores de nuestra mal inclinada naturaleza. (90r)

Al final, y habiendo aprendido la lección del *Buscón*, los zorros vuelven a su hogar, «enmendados y corregidos», con «ánimos modestos y virtuosos» (90v), gracias a un recorrido pedagógico emprendido como aprendizaje de astucia y malicia que se concluye como «peregrinación sabia» y que Marc Vitse (1980: 140) compara, por su itinerario ejemplar y circular, con *El Criticón* de Gracián. Sin embargo, conviene destacar que la conversión moral que transforma a los pícaros en prudentes, compasivos y generosos no se debe a la religión sino a la literatura. En buena o mala parte, todos los episodios decisivos para la formación 'humana' de los zorros se relacionan con el hecho literario. En la primera parte, las convenciones genéricas de la fábula y de la novela picaresca concurren para lograr el perfeccionamiento de la naturaleza astuta y pérfida del zorrito. En la segunda, se produce el encuentro con el perro, caballero andante, cuya locura inicia la

22 Ver Cayuela (2013: 73).

conversión de los zorros al despertar su generosidad, transformando la malicia en prudencia. En medio de la amalgama genérica y textual, típica de Salas Barbadillo, este homenaje intertextual a don Quijote (y a su creador) constituye una impresionante prueba del poder moral de la literatura. En el siguiente episodio, la academia, institución clave del campo literario áureo, se evidencia como la cumbre de la hipocresía, cuya falsedad solo la astucia del zorro viejo, maestro en engaños, es capaz de desentrañar, produciendo así el desengaño decisivo. El recorrido pedagógico culmina en la visión del monte Parnaso, a la vez antítesis de la corrupta academia y apología de la monarquía hispánica como patrona de las artes. En cierto sentido, el itinerario que lleva desde la picaresca a la alegoría moral, en las dimensiones reducidas de la fábula, refleja el lugar histórico del mismo Salas Barbadillo.

Obras citadas

Bourdieu, Pierre (1995). *Las reglas del arte. Génesis y estructura del campo literario.* Barcelona: Anagrama.

Caus, Francisco A. (1974–1975). «Ecos cervantinos en la obra de Salas Barbadillo». *Anales Cervantinos*, 13–14, pp. 165–168.

Cayuela, Anne (2013). «*Coronas del Parnaso y platos de las musas* de Alonso Jerónimo de Salas Barbadillo: una miscelánea polisinodal bajo el reinado de Felipe IV». En María Soledad Arredondo (ed.), *Géneros híbridos y libros mixtos en el Siglo de Oro*. Madrid: Mélanges de la Casa de Velázquez, 43–2, pp. 69–94.

Copello, Fernando (2005). «Sobre las lecturas de los niños. A propósito del prólogo de Sebastián Mey a su *Fabulario* (1613)». En Jean-Louis Guereña, Monica Zapata (ed.), *Culture et éducation dans les mondes hispaniques.* Tours: Presses universitaires François-Rabelais, pp. 311–322.

Cruz, Anne J. (1995). «Art of the State: The Academias literarias as Sites of Symbolic Economies in Golden Age Spain». *Calíope*, I, 1–2, pp. 72–95.

Cruz, Anne J. (1998). «Las academias: literatura y poder en un espacio cortesano». *Edad de Oro*, XVII, pp. 49–57.

Ehrlicher, Hanno (2010). *Zwischen Karneval und Konversion. Pilger und Pícaros in der spanischen Literatur der Frühen Neuzeit.* München: Fink.

Gernert, Folke (2019). «Der reisende Schelm und sein Wissen an den Grenzen des Erlaubten». *Germanisch-Romanische Monatsschrift*, 69, 2, pp. 125–142.

García Santo-Tomás, Enrique (2008). *Modernidad bajo sospecha. Salas Barbadillo y la cultura material del siglo XVII.* Madrid: CSIC.

Henkel, Arthur y Schöne, Albrecht (ed.) (1996) [1967]. *Emblemata. Handbuch zur Sinnbildkunst des XVI. und XVII. Jahrhunderts*. Stuttgart/Weimar: Metzler.

Icaza, Francisco A. (ed. y prol.) (1924). Alonso Jerónimo de las Barbadillo. *La peregrinación sabia* y *El sagaz Estacio, marido examinado*. Madrid: Ediciones de La Lectura, pp. I-XLVIII.

Mey, Sebastián (2005). *Fabulario*. Valladolid: Maxtor (Edición facsímil de la edición Valencia 1613).

Mey, Sebastián (2015). *Fabulario*. Maria Rosso (ed.), Napoli: Liguori.

Mey, Sebastián (2017). *Fabulario*. Fernando Copello (ed.), Rennes: Presses universitaires de Rennes.

Munguía Ochoa, Laura Yadira (2018). «Las academias literarias áureas en torno a la narrativa corta de Alonso Jerónimo de Salas Baratillo». *Hipogrifo*, 6, 1, pp. 117–128.

Piqueras, Manuel (2018). *La literatura en el abismo. Salas Barbadillo y las colecciones de metaficciones*. Vigo: Editorial Academia del Hispanismo.

Place, Edwin B. (1926). «Salas Barbadillo, Satirist». *The Romanic Review*, XVII, 3, pp. 230–242.

Romera-Navarro, Miguel (1941). «Querellas y rivalidades en las Academias del siglo XVII». *Hispanic Review*, 9. 4, pp. 494.

Salas Barbadillo, Jerónimo de (1635). *Coronas del Parnaso y platos de las musas*. Madrid: Imprenta del Reino.

Vitse, Marc (1980). «Salas Barbadillo y Góngora: burla e ideario de la Castilla de Felipe III». *Criticón*, 11, pp. 5–142.

Rafael Bonilla Cerezo / Córdoba

La peregrinación sabia en las *Coronas del Parnaso y platos de las musas* de Alonso Jerónimo de Salas Barbadillo[1]

Resumen: El presente artículo sondea el proceso de composición y la estructura de las *Coronas del Parnaso y platos de las musas* (1635), el testamento literario de Alonso Jerónimo de Salas Barbadillo. Se analiza asimismo *La peregrinación sabia*, la novelita que llena el «plato III» de esta curiosa miscelánea, a la luz de varios géneros de la prosa del Renacimiento: los libros de caballería, la fábula, la picaresca, la sátira y la *peregrinatio*.

Palabras clave: *Coronas del Parnaso y platos de las musas*, *La peregrinación sabia*, Salas Barbadillo, Barroco, Novela corta

Abstract: This paper probes the composition and the structure of *Coronas del Parnaso y platos de las musas* (1635), the literary testament of Alonso Jerónimo de Salas Barbadillo. *La peregrinación sabia*, the short novel that fills the «plate III» of this curious miscellany, is also analyzed in the light of various genres of the Renaissance prose: the books of chivalry, the fable, the picaresque, the satire and the pilgrimage.

Keywords: *Coronas del Parnaso y platos de las musas*, *La peregrinación sabia*, Salas Barbadillo, Baroque, Short Novel

1 Dos zorros y un destino

Es probable que el 28 de octubre de 1630, festividad de san Judas Tadeo, mientras el oficial Juan Laso de la Vega despachaba su privilegio para las *Coronas del Parnaso y platos de las musas* de Alonso Jerónimo de Salas Barbadillo, que solo se

1 Este artículo se inscribe en el Proyecto de Excelencia I+D+i del MINECO *La novela corta del siglo XVII: estudio y edición (y III)* (FFI2017-85417-P) y en el Proyecto I+D+i – Programa Operativo FEDER Andalucía 2014–2020: *Prácticas Editoriales y Sociabilidad Literaria en torno a Lope de Vega* (UCO-1262510). Código Orcid: orcid. org/0000-0002-2851-0630. Agradezco la lectura y las pulcras correcciones de Mechthild Albert (Universität Bonn), Victoria Aranda Arribas (Universidad de Córdoba), Leonardo Coppola (Università Chieti-Pescara) y Paolo Tanganelli (Università di Ferrara).

estamparían de forma póstuma un lustro después (Imprenta del Reino, a costa de la Hermandad)[2], el poeta, novelista y dramaturgo madrileño empezara a sentirse ya, si no como el patrono de las causas perdidas, sí al menos un sombrío reflejo de la vulpina —a partir de una fábula de Esopo (*La zorra ante la máscara*)— que ilustró el seminario sobre su narrativa celebrado en la Universidad de Pescara (2019)[3].

López Martínez (2016: 25) ha subrayado que esta última etapa del autor de *La hija de Celestina* vino marcada

> por mayores referencias [biográficas] en [los] textos, especialmente aquellas en las que lamenta, a veces con ironía, [...] los infortunios que [estaba sufriendo en su madurez], como la pobreza personal y familiar, [amén de] una sordera total y otras enfermedades graves que [...] lo alejaron de los círculos [...] de la corte. Se puede inferir, [...] por razones circunstanciales, [como la publicación dentro del plato VII de las *Coronas* de la comedia *Victoria de España y Francia*, de la que había preparado una representación para Felipe IV en julio de 1624], que [a mediados de la década de los veinte] comienza a escribir varios de los textos que conformarán su [testamento literario].

He aquí el primero de mis zorros. Porque Salas, hecho unos ídem, y encima sordo como una tapia, debió echar entonces la vista atrás para exclamar lo mismo que aquella raposa del apólogo griego: «¡Pardiez, qué linda cabeza! ¡Lástima que no tenga sesos!» (Esopo 2013: 27)[4]. O mejor: '¡Vaya faena que yo solo haya tenido sesos para escribir!'; toda vez que su trayectoria se cifró en una serie de apuestas lúdicas —y por ello zorreras— que repercutieron lo suyo sobre el volumen que me traigo entre manos.

Aunque Pedro Espinosa lo incluyera en la primera parte de sus *Flores de poetas ilustres* (1605) y el propio Salas frecuentase los cenáculos y las academias de

---

2 López Martínez (2016: 29–30) matizaría que «algunas referencias cronológicas nos sitúan en fechas posteriores al año 1633 —es decir, [las "Coronas"] no fueron preparadas por Salas en el momento en que se presentó el libro al Consejo para su aprobación en 1630—, así que probablemente fueron escritas en un momento cercano a la impresión del volumen. [...] En algún momento del primer semestre de 1635, [...] Salas debió retomar el proceso para publicar[las], [escribiendo, por fin], en estos mismos meses, las nueve dedicatorias [a los "platos" en los que divide] su libro». Abreviaré a menudo el título como *Coronas del Parnaso*, o simplemente *Coronas*.

3 Seminario Internacional *La narrativa de Alonso Jerónimo de Salas Barbadillo* (Università degli Studi «G. d'Annunzio» di Chieti-Pescara, 26–27 de noviembre de 2019). Consultado el 24-04-2020, http://www.aispi.it/seminario-internacional-la-narrativa-de-alonso-jeronimo-de-salas-barbadillo/.

4 He intervenido en la traducción.

Madrid, donde se amistaría con Cervantes y Liñán de Riaza, antes de pertenecer a la Congregación de Esclavos del Santísimo Sacramento en el Oratorio del Olivar, junto a Lope, Espinel, Quevedo, Calderón y el mencionado Cervantes, la recepción en 1613 de un privilegio conjunto del Consejo de Aragón para que diese a las prensas nada menos que cinco libros de una sola tacada (*Romancero universal, Corrección de vicios, El sagaz Estacio, La ingeniosa Elena* y *El caballero puntual*), sin orillar que le cabría el honor de aprobar las *Novelas ejemplares*, no se tradujo en su soñado espaldarazo dentro del campo literario del Barroco. Prefiero usar este concepto («campo literario») no al modo de Bordieu (1992); o no solo, sino careándolo con la monografía de Gutiérrez (2005: 265) sobre la trayectoria de Quevedo durante el reinado de los Austrias menores:

> A la altura de 1600 surgió un campo literario con sus jerarquías y estructuras internas y cuyo epicentro era Madrid. Esto ocurrió en un momento [...] en que la literatura se había convertido en una actividad específica y reconocida por amplias capas sociales; en una actividad, en suma, que devengaba beneficios directos (venta de libros, encargos y comisiones de obras, premios materiales) o indirectos (reconocimiento simbólico por parte del campo de poder). Uno de los argumentos principales para llegar a esta conclusión fue constatar que Lope y Góngora comenzaron a ser percibidos por sus contemporáneos como estandartes de los dos espacios simbólicos en los que [...] se divide un campo literario: el de la producción masiva (Lope) y el de la producción restringida (Góngora).

En efecto, Salas fue devoto del Fénix y también un donoso anticulto, aunque no siempre lograra sustraerse al hechizo de los versos de don Luis. De hecho, en un párrafo de *La peregrinación sabia* se registran un par de estilemas del *Polifemo* (1612):

> Corriose el gato y quiso rascalle el rostro con una manotada gatesca, mas el caballo, que era aquel día presidente de la academia, dio en la tierra y en el aire manotadas y relinchos tan espantosos que, juntándose a esto el *argentar de la boca con plateada espuma*, [...] fue causa de que se sosegase aquella mayadora pendencia. (Salas Barbadillo 1635: 82r)[5]

5 Las cursivas son mías. Góngora (2010: 155) escribió en las octavas II y IV del *Polifemo*: «tascando haga el freno de oro, cano,/del caballo andaluz la ociosa espuma» (1612, vv. 13–14); y «Donde espumoso el mar sicilïano/el pie argenta de plata al Lilibeo» (1612, vv. 25–26). También considero un homenaje al epilio del genio cordobés estos versos del acto I de la comedia de *El galán tramposo y pobre* (plato IX): «Allí se crió rendida/tanto a *fatigar las selvas*,/que en su venablo llevaba/su postrer pasto a las fieras» (Salas Barbadillo 1635: 269v). Ver de nuevo Góngora (2010: 155) y la dedicatoria de su *Fábula*: «ahora que de luz tu Niebla doras,/escucha al son de la zampoña mía,/si ya los muros no te ven de Huelva,/peinar el viento, fatigar la selva» (1612, I, vv. 5–8). En la loa «Pícara fiesta (o senado)» de la epístola XII («A Clori, morena en el color y

Llama la atención, eso sí, que considerara a Paravicino, amigo de ambos, un predicador que supo mantenerse dentro de los límites de la «claridad». Lo afirmaría en el acto II de la comedia de *El galán tramposo y pobre* (plato IX):

DON GARCÍA: [...] Este orador sagrado
de erudición cristiana y de elocuencia
rica y feliz es campo cultivado
donde el ornato es flor, fruto la ciencia;
este es el prodigioso Hortensio amado,
espíritu de luz que sin violencia
alumbra, mas no abrasa, que al más ciego
reparte luz, sin castigar con fuego. (273v-274r)[6]

Según Piqueras Flores (2018: 15), nos vamos a batir aquí el cobre con un sujeto que «parece situarse en los márgenes del canon ya desde su contemporaneidad. [...] Salas nació un año más tarde [1581] que Francisco de Quevedo, murió un año antes [1634] que Lope [y como reza en el "Prólogo al lector de un amartelado [...] del autor"], gozó del aprecio de muchos de los ingenios de su época».

---

en las costumbres muy libre, enviándola una loa», incluida en el plato VI) aflora otro eco gongorino, sacado esta vez de uno de sus romances burlescos («Murmuraban los rocines», 1593): «Mormuren, que aun los rocines,/según cierto doctor cuenta,/en el patio de palacio tomaron esta licencia» (Salas Barbadillo 1635: 166r). Transcribo solo los dos primeros cuartetes del texto de don Luis: «Murmuraban los rocines/a la puerta de palacio,/no en sonorosos relinchos/(que eso es ya muy de caballos),/sino en bestial idïoma,/ni gruñendo ni rifando,/para mejor engañar/las varas de los lacayos» (vv. 1–8) (Góngora 1998: I, 593–594). Que se trataba de un poema del gusto de Salas lo confirma una nota de Carreira a su edición de los *Romances* de Góngora (1998: 593), ya que el madrileño lo había citado de memoria —o con alguna licencia— al inicio de otro romance: «Un luzido y nunca bien premiado ingenio dize: "Murmurauan los rozines/en el patio de palacio" (*Casa del placer honesto*, 38v)». Vitse (1980: 78–79) también reparó en el gongorismo del «poema breviario» que recita «el jocoso aunque noble cantor aragonés de *El subtil cordobés*: [...] "Que no hay tal andar/como andarse a buscar solaz", [...] paráfrasis de la famosa letrilla [...] *Ándeme yo caliente* —o quizá también de su versión más provocante, *Tenga yo salud*—». Ver además su importante epígrafe «Divagación en torno a Góngora» (81–142).

6 Lo cual no obsta para que el anónimo «amartelado» del «Prólogo al lector» de las *Coronas del Parnaso* les recetara a los seguidores del poeta de las *Soledades* un rejonazo en toda la yema: «Escribió siempre en lenguaje verdaderamente castellano, no intentando introducir otro extranjero como los que lo afectan ignorando el propio, ostentando saber lo que no pueden saber» (Salas Barbadillo 1635: s. p.). De nuevo celebrará a Paravicino en la dedicatoria de *La peregrinación sabia* (57v).

Lo aplaudieron el Fénix, en su *Laurel de Apolo* (1630); el doctor Juan Pérez de Montalbán, en su *Para todos* (1632); Gabriel Bocángel, que firmó un elogio de *La estafeta del dios Momo*; «el maestro Valdivieso, en muchos de sus libros, y otras plumas de las más bienquistas» (Salas Barbadillo 1635: s. p.)[7]. A las cuales les devolvería una parte de sus cumplidos en la epístola XIV *A don Francisco Fernández de Angulo, corregidor que fue de Ciudad Real y regidor perpetuo de la muy noble ciudad de Cádiz* (plato VIII): «Aquella gran luz de España, Lope de Vega Carpio; don Juan de Jáuregui, varón verdaderamente insigne en letras humanas y divinas, y tan ilustre por los pinceles como por la pluma; el maestro José de Valdivieso, a quien la piedad del ánimo, la agudeza del ingenio, la alteza del estilo, le ponen en el número de las estrellas de la primera magnitud» (245r).

Pero tan reputados avales le llegaron con cierta demora. Y si a esto le sumamos que no fue lo que se dice un lince a la hora de ganarse el favor de las principales casas nobiliarias —ya lo he adelantado: durante del primer cuarto del Barroco, y a pesar de su originalidad, su papel no pasaría de la condición de 'viejo zorro'—[8], habrá que concluir que sus pasos a la caza y captura de pingües mecenas resultaron un punto más perdidos que inspirados. Diríase que Salas resbaló a menudo en una época, la de la *Pax hispanica*, que se ha metaforizado como «un tablero de ajedrez donde cada jugada representaba [el movimiento] de un peón rezagado, un gambito en palacio, un enroque, un jaque… o una lisonja al aristócrata de turno» (Bonilla Cerezo y Tanganelli 2013: 12)[9].

7 Acerca de su círculo de relaciones, ver Manukyan (2012 y 2019: 70–112) y Lagrone (1945).

8 Dedicó la *Patrona de Madrid restituida* (1609) a doña Mariana de Padilla, esposa del duque de Lerma, pero solo porque se lo pidió doña Mencía de la Cerda, otra dama ilustre; y *El caballero puntual* (1614) tuvo como destinatario al duque de Sesa, el célebre protector de Lope. Las *Rimas castellanas* (1618) y *La sabia Flora malsabidilla* (1621) las enderezaría a Juan Andrés Hurtado de Mendoza, marqués de Cañete. Por fin, en la *Segunda parte del Caballero puntual* (1619) halagó a un prócer de las prendas de Francisco de Sandoval y Rojas, duque de Cea y nieto de Francisco Gómez de Sandoval, duque de Lerma.

9 A propósito de Salas y sus parcos mecenas, ver Rodríguez Mansilla (2012: 21). En la silva VII del *Laurel de Apolo* (1630) de Lope, el Fénix se dolía de la mala fortuna de su colega: «Si a Salas Barbadillo se atreviera/mi indigna voz, que por tu gusto canta,/o la sonora, cándida garganta/de los cisnes tuviera,/que el verde margen que el Caístro bebe/cubren de pura nieve,/yo te pintara un hombre/que ha puesto con su nombre/temor a las estrellas,/a quien quitaron ellas/que no pudiese oír sus alabanzas:/tales son de los tiempos las mudanzas,/porque si las oyera,/no fuera posible, cuando más la fuera./¡Oh Fortuna, de ingenios breve llama,/pues no le dais mecenas, dadle fama!» (Vega 2007: 384–385). Intervengo en la puntuación.

Entre sus varios tropiezos, señalaré apenas que heredó una considerable fortuna de su padre, solicitador de los negocios de Nueva España, y que no tardaría en cambiar tan próspero negocio por una existencia bohemia y algo pendenciera. Así, en 1609 hirió de varias cuchilladas al noble Diego de Persia y fue desterrado durante un bienio fuera de la corte, de donde volvería a exiliarse en 1613, a causa de unas sátiras contra varios jueces, alguaciles y carceleros[10]. Y tampoco se pierda de vista que después de 1623 solo alcanzó a publicar *La estafeta del dios Momo* (1627), *El curioso y sabio Alejandro* (1634) y, claro está, las *Coronas del Parnaso y platos de las musas* (1635). Mucho tuvo que ver, sin duda,

> la caída en desgracia a principios de 1624 de los hermanos Agustín y Francisco Fiesco, tesoreros de la Santa Cruzada, acusados de robar los fondos que estaban a su cargo y por ello [luego] procesados. Alrededor de estos dos personajes [...] se había formado un círculo de escritores y caballeros con el que Salas se había relacionado desde 1619 (Tomás Sivori, Manuel de Faria e Sousa, Diego Carrillo de Mendoza, la familia Espínola...), y son aquellos seguramente quienes habían pagado la mayor parte de las impresiones de sus textos en estos años. (López Martínez 2016: 22)[11]

Habida cuenta de los pocos datos sobre los paréntesis que mediaron entre la concesión de las aprobaciones, licencias y privilegios para las colecciones de Salas Barbadillo y su ulterior publicación, y menos todavía sobre el hiato de casi un lustro (1630–1635) desde que las *Coronas* estaban ya (casi) listas para fijarse en letras de molde y su definitiva salida de los tórculos, he decidido ocuparme aquí de su canto del cisne, y en concreto de una novela (*La peregrinación sabia*) protagonizada por un par de zorros cordobeses. Y lo hago por dos motivos:

1) es mucho lo que ignoramos de la composición de este libro. De hecho, en un pionero artículo acerca de los rasgos editoriales del corpus del madrileño, Moll (2001: 477) señaló que «el 8 de julio de 1635 ya estaba impreso el texto, pues el licenciado Murcia de la Llana certificó su conformidad con el original aprobado [en 1630]. [...] Salas [...] falleció el 10 del citado mes. ¿Pudo llegar a ver algunos pliegos tirados?». López Martínez (2016: 29) ha añadido que,

10 García Santo-Tomás (2008: 60) apuntó que, a pesar de todo, «como muchos otros hombres de su época, buscó un futuro mejor en el Nuevo Mundo, donde pidió el cargo de Solicitador de Negocios de México en la corte, petición que fue declinada. Así, vivió en Madrid hasta su muerte, acompañado de su hermana Magdalena durante los últimos años de su vida, en los que al menos consiguió para ella "una ración ordinaria [...] por parte de Felipe IV"».

11 Según Rey Hazas (1986: 24), «Salas fue un escritor de poco éxito. La mayor parte de sus obras solo tuvieron una o dos ediciones en el siglo XVII».

«a falta de más [pistas], podemos suponer que el editor póstumo [...] [fue el] librero Antonio de Castilla, editor de *El curioso Alejandro* [...] y único de los conocidos cercanos de nuestro autor del que consta, aunque años después, su pertenencia a la Congregación de Libreros de la corte». Otro cantar sería descubrir si hubo intervenciones en el texto entre 1630 y 1635.

2) probaré la existencia de alguna que otra —de carácter tardío—, y también me fijaré en la *dispositio* de las *Coronas*, la última de sus colecciones de ficciones y metaficciones impresas entre 1613 y 1635, junto con la *Corrección de vicios* (1615), la *Casa del placer honesto* (1620), las *Fiestas de la boda de la incasable malcasada* (1622) y *El curioso y sabio Alejandro* (1634) (Piqueras Flores 2018: 225–227). Empero, casi nada se ha escrito del par de novelas (*La peregrinación sabia* y *Los desposados disciplinantes*) que llenan los platos III y IV de ese cajón de sastre con el que el madrileño pasó a mejor vida[12].

2 De Parnasos, platos y coronas

Resulta harto difícil añadir algún bordón al trabajo de Cayuela a propósito del diseño y, en paralelo, del intrincado clientelismo que late bajo las *Coronas del Parnaso*. Gracias a sus pesquisas, descubrimos que Salas concibió una obra muy «representativa del tipo de publicación propiciado por la disposición de la Junta de Reformación» (Cayuela 2013: 69), que en la puritana década que fue desde 1625 hasta 1634 prohibió la estampa de novelas y comedias en los reinos de Castilla[13]. De ahí, seguramente, que el madrileño decidiera guardarse *La peregrinación sabia* y *Los desposados disciplinantes. Novela jacaranda* para un libro como el que nos ocupa. Vaya por delante, eso sí, que la plana mayor de los críticos han señalado las diferencias entre el primer relato, juzgado un *apólogo*, o mejor, «una serie de fábulas esópicas enlazadas entre sí» (Icaza 1924: XL), marbete con el que —por muy reductor— no comulgo demasiado; y el segundo, que sí merecería por derecho propio la etiqueta de *novella*[14].

12 Mechthild Albert también estudia la primera en el artículo que precede al mío.

13 Ver Cayuela (1993). A tenor de la fecha del privilegio de las *Coronas* y del proteico contenido de este libro, recuerdo que también el conde-duque de Olivares en persona había sancionado en 1627 «una nueva y más severa ley de censura que prohibía la impresión sin permiso formal del Consejo de Castilla de "relaciones de cartas, ni apologías, ni panegíricos, ni gacetas, ni nuevas, ni sermones, ni discursos o papeles en materia de estado ni gobierno"» (Elliot 1990: 221–223).

14 Cayuela (2013: 70) advirtió que «a pesar de la prohibición, la obra incluye una novela *Los desposados disciplinantes*, así como "cuatro comedias antiguas que el vulgo de

Ya al comienzo de su artículo, Cayuela (2013: 72) dejó bien claro que, según su criterio, «lo misceláneo constituye la razón de ser de [las *Coronas*] y no una mera yuxtaposición de elementos independientes». Y se afanó en razonarlo a partir de tres claves:

1) la entidad de un marco unificador «que descansa sobre un doble armazón: la primera [parte], constituida por una reunión de literatos en el Parnaso (las "Coronas"), antecede a los nueve *Platos de las musas* del banquete de Apolo» (Cayuela 2013: 73)[15];
2) un encomio —tan liberal como impreciso— de Bocángel en los preliminares de La *estafeta del dios Momo*: el autor de *La lira de las musas* destacaba la variedad de aquel volumen, abrigado por la máscara del carnaval y la capacidad del madrileño para «unir las materias distintas y separadas a un orgánico todo; así como los miembros, aunque diversos, están ligados en consonancia uniformísima al cuerpo» (73);
3) las dedicatorias que preceden a las diez unidades en las que se articula la obra: las *Coronas*, que forman el bloque inicial, y los nueve *platos*. Salas mezcló aquí un par de recursos: «el de [tributar] la obra a un [receptor] único, el conde-duque de Olivares, elevado a la estatura de co-monarca y personaje de [...] relieve en la narración inicial, con el de los homenajes múltiples, [en la

---

España llama entremeses"». Y apostillaba: «*La peregrinación sabia* es una curiosa fábula en prosa con animales que asisten a una reunión académica, pretexto para satirizar al mundillo literario y las relaciones de dependencia: "los zorros pensaban comer a costa de los gatos, y los gatos entretenerse con la conversación de los zorros". La fábula denuncia el "veneno político" que emponzoña las "monarquías justas". Invade el texto de la dedicatoria lo biográfico, y en particular la evocación de la difícil situación financiera del autor. Salas Barbadillo indica que Luis Ortiz de Matienzo "con sumo cuidado procura que se traslade a España el valor de aquella hacienda" que tiene en Italia y que ha intervenido en los pleitos "que duran más de cuarenta años"» (87). Acerca de *Los desposados disciplinantes*, Arnaud (1979: 669–682) observó que se trata de una obrita emparentada con *El ladrón convertido a ventero*, jácara en prosa inserta entre las cartas XXI y XXII de *La estafeta del dios Momo*. Así lo recuerda también José Enrique Laplana en su artículo dentro del presente libro: «Lo que va de Momo a Momo: Salas Barbadillo y su *Estafeta*».

15 No descarto que el madrileño, ya muy enfermo, quisiera quemar su último cartucho con una secuela de las *Coronas*, tal como anuncia al final de la comedia de *El galán tramposo y pobre* (plato IX): «Estos son los nueve platos, lector amigo, a quien seguirán después los demás de este banquete, si acaso no te hubieren causado hastío, que esto tengo por lo más cierto; porque siempre fueron muy desagradecidos los convidados» (Salas Barbadillo 1635: 310v).

medida en que los *platos* celebran] a los [...] ingenios, ornamento y felicidad de la Patria» (74), tal como hicieran Pérez de Montalbán en los *Sucesos y prodigios de amor* (1624) y en el *Para todos* (1632)[16]; Castillo Solórzano, en las *Noches de placer* (1631); o el propio Lope, en la Parte XX de sus *Comedias*. Pues bien, tres de los dedicatarios de las *Coronas* eran autores que ocupaban puestos de relumbrón dentro de la corte: Antonio Hurtado de Mendoza desempeñó el de secretario de Felipe IV, mientras que José de Valdivieso predicó en calidad de segundo capellán del Cardenal Infante y Gabriel Bocángel ejercería como bibliotecario del rey Planeta[17]. Los otros cinco gozaban de la condición de «miembros de la élite letrada que se había [ido adueñando] de los Consejos, del poder político y de la administración Real» (85). Es por eso que puede hablarse de un «sistema polisinodal»: Diego de Arce y Reinoso perteneció al Consejo de su Majestad en el Supremo de Castilla; Lorenzo Ramírez de Prado al Supremo de las Indias, además de servir como embajador en Francia; Luis Ortiz de Matienzo —el receptor interno de *La peregrinación sabia*— había asumido la secretaría real de Nápoles; Gabriel López de Peñalosa, a quien se le ofrecen *Los desposados disciplinantes*, fue secretario de estado en la augusta casa de Borgoña; y el licenciado Juan Butrón, abogado de los Reales Consejos, disfrutó del obsequio de la comedia *El tramposo con las damas*.

Aun suscribiendo casi todas las ideas de Cayuela, no me resisto a sumar ocho apuntes:

1) el campo literario abonado durante el primer tercio del Seiscientos no basta para arriesgar que estas *Coronas* sean una miscelánea «perfectamente hilvanada», pues el vínculo —caso de que exista— entre los contenidos y dedicatarios de cada sección parece algo traído por los pelos. Los paratextos y los brindis le otorgan unidad y cohesión, no lo niego, a un rosario de obras marcadas por su variedad y en ocasiones por una escritura de aluvión en la que se hace difícil identificar sus vasos comunicantes. En suma, los preliminares y los receptores de los diez bloques del libro, quizá elegidos tras el descalabro sufrido por los hermanos Fiesco en 1624, se limitan a reunir los platos de una vajilla asaz dispareja[18].

16 Remito a Bradbury (2017: 144–153).

17 Ver Cayuela (2013: 81).

18 Según Egido (1987: 94–95), «la belleza alcanzada por la variedad [a lo largo del Barroco] contó con defensores como Lope, Góngora y Tirso, que no solo la ejercieron en su manejo de diferentes géneros y argumentos, sino en la práctica de distintos estilos. [...] La variedad interna de la obra es la que ofrece mayores posibilidades con

Y tampoco se olvide que desde 1624 hasta 1635, y con mayor premura al final de su vida, Salas iría acopiando piezas que no sabemos si figuraban en el estado del libro que sometió a la aprobación del Consejo en 1630. Por no abundar en que los nueve platos —lo juzgo natural— pudieron escribirse sin la mente puesta en ningún sujeto preciso; de modo que solo después de rematados, y nunca al revés, empezaría a discurrir el autor sobre cuáles eran los "grandazos" que lo ayudarían a sofocar sus penurias.

2) desde que Bradbury (2017) publicara su importante tesis sobre la miscelánea en la Edad de Oro, he venido apostando por reservar ese molde para aquellas obras que posean, siquiera en lo sustancial, siete características:

1. The dialogue macroform, in which the miscellany writers choose to express their information through a number of nominally voices belonging to the contemporary ambit, although they also reflect a more general, growing confidence in the value of modernity in the period.
2. The *miscelánea* remains a primarily conservative genre, one which seeks to collect and preserve, rather than proposing new interpretations of reality. [...] We can also say that as the tradition develops the initial microunits of erudite or informative content which made up the bulk of the earlier *misceláneas* find themselves in a number of cases complemented, and, in a few instances, marginalised, either quantitatively or qualitatively, by fictional microforms, such as plays, poems and short stories.
3. The *miscelánea* is primarily a divulgatory genre, not a didactic or a formative one.
4. Typical of the miscellanist's self-imposed parameters is a section on the composition and workings of the human eyes and ears.
5. The varied bundles of knowledge which constitute the miscellany are not designed for consumption by every reader, and [the author] states that he expects each person to extract from the book that which most suits his own situation.
6. The *miscelánea* plays a potential role in the creation of what Gracián, in *Oráculo manual y arte de prudencia* (1647), terms the «hombre de plausibles noticias».
7. Conversation, in so far as it pertains to the miscellanies, should also be understood in a broader sense: that is, as the practical socialization of knowledge effected by the miscellanist, whereby he shares his private reading and experiences with a wider public anxious to receive new information of the miscellanist's choosing. If dialogues and frame-stories dramatize this process, the epistolary macroform presents a facsimile of it too, through the miscellanist's implied communication with his absent, emblematic interlocutor, and even plain-prose miscellanies, in many of which the implicit figure of the reader emerges insistently, may render palpable the conversation of which the genre is predicated. (Bradbury 2017: 164–166)

---

la mezcla estilística y temática o con la inserción de episodios, paréntesis o silencios que rompen o detienen la aparente unidad».

Tan prolija cita tiene como objetivo identificar cuáles de estos elementos operan dentro de las *Coronas*, con vistas a definir si se trata de una verdadera miscelánea y de qué tipo[19]. De acuerdo con las palabras de Bradbury, diría que el libro de senectud de Salas, «de no menor importancia que el *Viaje del Parnaso* [1614] cervantino o el *Laurel de Apolo* [1629] de Lope» (García Santo-Tomás 2008: 13), participa de la mayoría de ellos:

a) el marco parnasiano adopta la forma de un diálogo, ya que, como observara Cayuela, las *coronas* cumplen esa misión respecto a los *platos*. A zaga de la huella de los *Ragguagli del Parnaso* (1607) de Traiano Boccalini, cuya fortuna han cartografiado Williams (1946), Blanco (1998) y Gagliardi (2010), abundando —¡y quién sabe si lo mismo pudo ocurrir con algunos de los platos de las *Coronas*!— en que la traducción por Antonio Vázquez (alias Pérez de Sousa) de los avisos póstumos de la centuria III, muy mordaces contra la monarquía de Felipe IV, nunca llegó a la imprenta,

> Salas había ensayado un formato parecido en la primera parte de *El caballero puntual*. [...] Se celebra en Madrid una comitiva de poetas —incluido [el propio autor] bajo el disfraz de «Cardenio»— para ridiculizar al protagonista don Juan de Toledo, arquetipo del pretendiente social. [Dicha horma] también debió de gustar a sus contemporáneos, como indica el curioso *Fantasías de un susto* [1630], de Juan Martínez de Moya, con su propio tribunal presidido por Apolo y las musas, y sus apreciaciones satíricas sobre la poesía culta, la música y las comedias. (García Santo-Tomás 2008: 115)[20]

Pues bien, como se sabe, las «Coronas» se distribuyen en ocho discursos, el último de los cuales actúa de bisagra, ya que contiene el «Discurso de Apolo», el «Banquete de las musas» y la «Carta de Apolo», que da pie al «Plato primero de las musas» a partir del folio 37r. Y además, tampoco se olvide, en los *Ragguagli* se incluye la fábula de la condena por Apolo de las hormigas y las tortugas, lo que pudo invitar, de algún modo, al añadido de *La peregrinación sabia* —el único apólogo de las *Coronas*— dentro del libro del madrileño.

---

19 García Santo-Tomás (2008: 94) ha propuesto como hilo unificador «la reescritura a la española del "sacro collegio dei letterati" que, siguiendo a Boccalini, articula *Coronas del Parnaso*».

20 Recuérdese que en *El caballero puntual* llegó a enviarle un «aviso» a don Quijote y otro al mismísimo Boccalini. No es imposible que Salas pudiera conocer la obra en su versión original, pues, como señaló Blanco (1998: 169), los *Ragguagli* figuraban en la biblioteca de Quevedo. Más difícil, sin embargo, que accediera al texto primitivo de la *República literaria*, escrita al calor de los *Ragguagli* entre 1615 y 1620, y luego reelaborada por Diego de Saavedra Fajardo entre 1640 y 1643. Ver Boadas (2017).

b) el volumen de Salas está falto de ese «espíritu conservador de la tradición» que se le ha venido asignando a las misceláneas, puesto que escasean los guiños a las autoridades[21]. Con todo, hay que reconocerle que, en la introducción, Apolo da buena cuenta de una cena en disputada charla convivial junto a Aristóteles, Platón y Tácito, a los que no tardarán en sumarse Garcilaso y Camoens[22]. Según explicara García Santo-Tomás (2008: 115), el anónimo narrador precisa aquí que

> «"con celestial providencia había labrado Apolo a la entrada de la ciudad una casa de hospedaje, como si dijésemos hospital, para albergue de los pobres poetas, que,

21 Apenas los he registrado en la epístola XVI (plato VIII): *Al licenciado Gerónimo de Villalzán, residente en Segovia*, donde se citan versos de Virgilio («*Auri sacra fames*»), Horacio («*Nos numerus sumus, et fruges consumere nati*»»), «el príncipe de los poetas toscanos», o sea, Petrarca («Povera et nuda vai Filosofia»), el prólogo del *Reinaldo* [sic] de Tasso, la epístola 54 *ad Pammachium* de san Jerónimo (no declarada): «*Filosofus vanagloriae anima et aurae popularis [atque rumorum] venale mancipium*», y la prosa de Santa Teresa (Salas Barbadillo 1635: 246r-248r). Los corchetes son míos. También se referiría a Horacio y al tópico de *ut pictura poesis* en la dedicatoria *Al licenciado Buitrón, abogado en los Reales Consejos de esta corte* que antecede a la comedia *El galán tramposo y pobre* (plato IX; 250v-251r).

22 En la «Aprobación a Olivares» habla de Horacio como «padre de los líricos latinos», y el plato VI está formado por epístolas (sátiras) en prosa, un género que reaparecerá en el VIII. También Lope escribió en su coetáneo *Laurel de Apolo* (1630): «Pues era cosa injusta que faltase/divino archipoeta,/dignísimo de los délficos honores,/que, nacido en los brazos de las Musas,/después tuviese erudición perfeta,/que hay pocos ratos cuando son infusas,/habiendo de repúblicas menores/príncipes laureados;/pero porque los muchos convocados/del uno y otro esférico horizonte/serían para huéspedes de un monte/multitud insufrible,/y de ingenios equívocos terrible,/mandó que no pudiese al gran teatro/venir más copia que de solos cuatro/—pues cuatro eran bastantes—» (silva I, vv. 163–178; Vega 2007: 143–144). Es decir, Virgilio, Dante y Petrarca, los «príncipes laureados», y otros cuatro. La nómina resulta igual de selecta que la de la obertura de las *Coronas*. Laplana advierte aquí que «ya en la Segunda Parte de *El caballero puntual* (II, 6–8) incluyó Salas una narración alegórica en primera persona, *El curioso*, en la que se cuenta el establecimiento de varios tribunales en el Parnaso, uno por cada nación, con jueces "de residencia del vulgo" para la "reformación de costumbres". El tribunal español lo integran Garcilaso, Boscán y Figueroa como jueces, Liñán como fiscal y Cervantes como relator». Asimismo, Brownstein (1974: 152) se detuvo en que en las *Fiestas de las bodas de la incasable malcasada* (1623), «a bearded student sets the "literary" tone of the celebration by reciting a poem in which Apollo invoques the presence of Homer, Virgil, Ovid, Horace and Martial, all of whom are praised for their literary accomplishment».

peregrinando mendigos, viniesen de España»". Pero en los tiempos que [corrían], en [aquella] España poderosa y grande, Garcilaso le responde que no hace falta, que los que vienen son ostentosos y que han elegido «"opulenta posada"»[23].

El desfile de bardos se completará a la mañana siguiente, cuando, después de ignorar a un grupo de cultos que iba cantando por la calle, el dios de la poesía

> baja al jardín de Venus, hermosamente decorado para recibir a los diplomáticos don Fernando Antonio, Fadrique Francisco y un tal Rodrigo Alonso, [...] tras el que se esconde [...] el propio Salas; vienen estos tres caballeros apadrinados por Garcilaso, Figueroa y Cervantes. Cada cortesano leerá sus rimas para que sean sometidas al juicio de los dioses. [...] El discurso sexto inaugura un nuevo tema, al detenerse en una pelea naval de galeras entre los poetas de Apolo (liderados por Aldana y los poetas trágicos) y los malos poetas, "versistas" y "copleros", [a] los que llama "gramáticos latinos". (115)[24]

Huelga abundar en que dicha naumaquia le debe casi todo al *Viaje del Parnaso* (1614) de Cervantes. Y sorprende que los especialistas no hayan visto debajo del

---

23 Es probable que Salas adelantara así la hechura de obras como el *Hospital de incurables y viaje de este mundo al otro* (1636) de Polo de Medina, a su vez deudor de *Los sueños* (1627) de Quevedo.

24 Según Carreño (2007: 35), «se destacan [aquí] tres motivos relevantes: a) el Parnaso alegórico como [símbolo] de la sociedad cortesana del Renacimiento, vinculado al ejercicio de las Armas y las Letras; b) el peregrinaje de tres poetas a la difícil cumbre del Parnaso; y c) el breve encuentro de buenos y malos ingenios, propio de los esquemas de las academias literarias». Y tampoco descarto que sobre las *Coronas* influyera el «Aviso I» del *Curial del Parnaso* (1624) de Matías de los Reyes, otro epígono peninsular de Boccalini: «El miércoles pasado (reverendísimo señor), quiso la Majestad de Apolo, monarca de este grande imperio, hacer audiencia pública para decidir en ella expedientes tocantes a las Musas y personas mercuriales. Y en razón de haber visto los partos de algunos poetas españoles, en la imitación, en el lenguaje, en el decoro, en la disposición, y, finalmente, en todos los demás requisitos y exornaciones que a cualquiera de los poemas en su especie adornan y componen, llenos de ignorancias, absurdos e imperfecciones; deseando proveer de remedio a tan criminosos excesos, mandó parecer ante sí a las serenísimas musas, a quien hizo cargo de que inspiren el divino furor poético en ciertos ignorantes, que, defectuosos de caudal, producen al mundo monstruos muy semejantes al de Horacio. [...] [El venusino] [...], puesto de rodillas ante su Majestad, así comenzó a decir: —En los portales del general poético (serenísimo señor), esta mañana los poetas latinos y españoles trabaron entre sí una virtuosa controversia sobre las dos poesías latina y española, y pareciéndole al excelente Garcilaso que los poetas latinos demasiadamente vituperaban la española poesía, de quien él es príncipe, dijo que los españoles cedían al verso heroico [...] de la lengua latina, [...] pero que en la poesía lírica era de opinión que antes se daría igualdad de superioridad» (Reyes 1909: 17–19).

citado trío de diplomáticos no solo a Salas Barbadillo («Rodrigo Alonso»), sino a otros dos poetas del círculo del conde-duque de Olivares, como quizá sean aquí Antonio Hurtado de Mendoza («Fernando Antonio»), al que llamaron el «discreto de palacio»: los ojos y los oídos del valido de Felipe IV[25]; y el mismísimo Francisco de Quevedo («Fadrique Francisco»), quien en 1629 publicaría *Cómo ha de ser el privado*, su intento de «presentar a Olivares, bajo el [...] disfraz anagramático del marqués de Valisero, como ministro desinteresado; [casi] un nuevo Séneca español, entregado por completo al servicio de su señor. Así era como Olivares era visto por sí mismo y por sus amigos, y así quería ser visto por el resto del mundo» (Elliot 1990: 221–223)[26];

c) las *Coronas* nacieron con un «propósito divulgativo», entendiendo por tal el hecho de ofrecer a su público un puñado de textos escritos a lo largo de los años veinte del siglo XVII. Desde luego, no se trata de ningún volumen didáctico ni instructivo;
d) el capítulo que otras misceláneas dedicaban a la «composición y actividad de los sentidos» brilla aquí por su ausencia;
e) sí respetó en cambio, aunque Salas no lo declare, la libertad de su lector para saltar o recrearse con aquellos pasajes que les resultaran útiles y deleitosos;
f) estoy persuadido, y bien que lo lamento, de que este volumen no convertirá a nadie en un «hombre (o mujer) de plausibles noticias»;
g) se explicita un narratario intratextual: el conde-duque, que, a diferencia del resto de los receptores de los platos, sí que forma parte de la ficción, pues en el discurso V de las «Coronas» llega al banquete en un carro tirado por leones.

Por consiguiente, las *Coronas del Parnaso*, exceptuando los criterios d) y f), y parte del b) de la taxonomía de Bradbury, tienen mucho de miscelánea en sentido lato. Y sin embargo, no bebieron de las más tempranas, o sea, de aquellas que el hispanista inglés redujo a la *Miscelánea antártica* (1576–1586) de Cabello Valboa, la *Miscelánea austral* (1603) de Dávalos y Figueroa, la *Miscelánea primera de oraciones eclesiásticas* (1606) de Arce y la *Miscelánea de tres tratados* (1611) de Manescal. Las *Coronas* nada les deben a estos cuatro títulos, que sí

25 Le dedicó los cuatro entremeses del plato V. Juzgo bastante menos seguro que se trate del luso-hispano Antonio Lópes da Veiga —autor del *Diálogo de los poetas*, impreso en el *Heráclito y Demócrito* (1641)—, que también pululó en torno a la figura del poderoso Gaspar de Guzmán y fue secretario del condestable de Castilla y dedicatario de *El cuerdo amante* (1628) de Miguel Moreno.

26 Ver asimismo la edición de Gentilli (Quevedo 2004).

se ajustan como anillo al dedo a los criterios que he espigado de la tesis de Bradbury. Más todavía: el polígrafo madrileño criticó dicha clase de libros en su secuela del *Caballero puntual* (1619), donde desaprobaba una «miscelánea de mal latín y afectado romance» (Salas Barbadillo 1909: 277).

Lejos de la ortodoxia exigida por este género, dentro del cual habría que contar la *Silva de varia lección* (1540–1541) de Mejía, el *Jardín de flores curiosas* (1570) de Torquemada y la *Miscelánea o Varia historia* (c. 1580–1590) de Luis de Zapata —los tres, por cierto, leídos por Cervantes[27]—, las *Coronas* pertenecen más bien a un segundo corpus: el de *La Filomena* (1621) y *La Circe* (1624) de Lope[28], la *Huerta de Valencia* (1629) de Castillo Solórzano[29], el *Para todos* (1632) de Montalbán[30], el *Deleitar aprovechando* (1635) de Tirso de Molina[31] y el *Para algunos* (1640) de Reyes[32], que, en vez de tender puentes entre los antiguos y los modernos, se convirtieron en «almacenes de trapero» (García Gual 1988: 33) para los *rerum fragmenta vulgarium* de sus respectivos autores, los cuales no habían dado con la tecla para acomodarlos en otros impresos, ni tampoco para difundirlos de forma autónoma[33].

En suma, no siempre se trata de «obras académicas», según las clasificara King (1963). Por eso he dado en bautizar a este segundo paradigma como *pepitorias*, de acuerdo con una imagen del prólogo a las *Ejemplares* que Cervantes le robó a Lucas Hidalgo, quien la había acuñado en sus *Diálogos de apacible entretenimiento* (1603):

> Y así, te digo otra vez, lector amable, que de estas novelas que te ofrezco, en ningún modo podrás hacer *pepitoria*, porque no tienen pies, ni cabeza, ni entrañas, ni cosa que les parezca; quiero decir que los requiebros amorosos que en algunas hallarás, son tan honestos, y tan medidos con la razón y discurso cristiano, que no podrán mover a mal pensamiento al descuidado o cuidadoso que las leyere. […] Heles dado nombre de *ejemplares*, y si bien lo miras, no hay ninguna de quien no se pueda sacar algún

---

27 Remito al «Prólogo» a las *Novelas ejemplares* y al artículo de Rodríguez Cachón (2016).

28 Ver los resultados, aún en prensa, del Congreso internacional *La poesía española en la década de 1620: el contexto de «La Filomena» (1621) de Lope de Vega* (Université de Neuchâtel, 2–3 de septiembre de 2019): https://hispanismo.cervantes.es/congresos-y-cursos/congreso-internacional-poesia-espanola-decada-1620-contexto-filomena-1621-lope.

29 Marcial Rubio Árquez (Università di Pescara) se viene ocupando de su edición crítica.

30 Ver Pérez de Montalbán (1999).

31 Ver Molina (1994).

32 Ver la tesis de Gómez Moral (2018), quien a lo largo del 2021 publicará su edición de *La culebra de oro. Para algunos*.

33 Sobre esta segunda tipología, ver Rallo Gruss (1984 y 2005).

> ejemplo provechoso; y si no fuera por no alargar este sujeto, quizá te mostrara *el sabroso y honesto fruto que se podría sacar, así de todas juntas como de cada una de por sí.* (Cervantes 1995: 51–52)[34]

Opino a su vez que Cervantes, al escribir «así de todas juntas como de cada una de por sí», reciclaba —a modo de antífrasis— un párrafo del capítulo II de la Segunda parte del *Guzmán de Alfarache* (1604), en el que Alemán (2015: II, 638–639) caracterizó el oficio de la libre lengua bufonesca como

> un don de naturaleza que se acredite juntamente con el rostro, talle y movimientos del cuerpo y ojos, de tal manera que *unas prendas favorezcan a otras y cada una de por sí tengan un donaire particular, para que juntas muevan al gusto ajeno.* […] A estos dones naturales hay que sumar el estudio y las letras, lección continua para saber cómo y cuándo y de qué se han de formar;

3) antes de sondear a vista de pájaro los platos de las *Coronas*, con el deseo de arrojar luz sobre *La peregrinación sabia*, prestemos atención al título del libro, ya que nos facilita pistas de veras preciosas. Que se diseñó como un producto de acarreo lo sugiere la inclusión de las dos novelitas, cuya estampa, como apunté, se había prohibido en los reinos de Castilla entre 1625 y 1634. Ahora bien, la breve extensión de ambas (*La peregrinación sabia* y *Los desposados disciplinantes*) nos impide pensar que hubieran salido en solitario, o tal vez en collera, pues son muy exiguos los ejemplos del Barroco —y ninguno de Salas— en que se publicaron una o dos *novelle.* Hasta donde alcanzo, *La desdicha en la constancia* (1624)[35] y *El cuerdo amante* (1628)[36], de Miguel Moreno, la *Novela del más desdichado amante y pago que dan las mujeres* (1641) de Jacinto Abad de Ayala[37] y los *Acasos de fortuna y triunfos de amor en dos novelas* (1654) de Manuel Lizarazu Berbinzana[38];

4) aunque cabe la posibilidad de que Salas se planteara imprimirlas antes de 1625, gracias a los citados guiños al *Polifemo* (1612) sabemos que *La peregrinación sabia* se redactó después de 1613. Y hasta diría que después de 1621, si le

34 Las cursivas son mías. Sola (2006: 90) se preguntó: « ¿Es cada relato [de las *Ejemplares*] una pequeña novela o solo una parte del volumen que los engloba? ¿Tiene el [libro], en cuanto conjunto, una identidad, más allá de la mera yuxtaposición de los textos? ¿Pretende ser otra cosa que un [volumen] de tamaño editorial aceptable donde relatos breves y autónomos pueden encontrar un acceso al público?».

35 Ver González Ramírez (2012).

36 Ver Ayala Gallardo (2015).

37 Maria Rosso (Università di Milano) publicará su edición a lo largo del 2020.

38 Ver Ba (2010) y Gallo (2003: 102–112 y 253–268).

concedemos crédito —y yo lo hago— a una teoría de King (1963: 168–169) que no dejaré caer en saco roto:

> De las [...] referencias a la subida al trono de Felipe IV y [de la asunción del poder por] el conde-duque de Olivares (1621), así como de la aparente conexión entre *La Filomena* de Lope (Madrid, 1621) y la sesión académica [de esta novelita] [...], parece deducirse que no hay razón para no fijar la fecha de composición con alguna certeza alrededor de 1621–1622. [...] Miguel Romera-Navarro [...] sugiere que el ruiseñor y el tordo [de *La peregrinación sabia*] son, respectivamente, Lope de Vega y Pedro Torres de Rámila. [...] Ciertamente la identificación parece acertada, pues, en *La Filomena*, Lope, el ruiseñor, se había defendido contra el pedante Torres Rámila, representado por un tordo.

Añadiré que otro dato interno, no demasiado explícito, permite aventurar un *terminus post quem*. Escribe Salas Barbadillo (1635: 89r) en el episodio de la república (o más bien monarquía) arbórea que cierra su peripecia: «el moral [...] habló con varonil espíritu de esta suerte: "Yo confieso mi indignidad para tan alto ejercicio, mas no se me ha humillado tanto el ánimo que no presuma que, ya [que] recusastes mi sujeto, aceptaréis mi consejo. Volved los ojos a la sagrada oliva, y hallareisla con las mayores calidades, privilegiada del Cielo y venerada de la tierra"».

Si King subrayó los méritos de la encriptada academia de animales, el epílogo de esta novela sugiere la existencia de una corte igual de simbólica; o mejor, emblemática: el moral podría ser aquí la divisa de uno de los Corte-Real, en concreto del último heredero de don Cristóvao Moura y Margarita Corte Real, toda vez que el fundador de su dinastía ya había sido loado por Góngora en el soneto «Árbol de cuyos ramos fortunados» (1609), escrito a partir del emblema CCX («*Morus*») de Alciato[39]. Así, tiendo a creer que ahora se trata de don Manuel de Moura y Corte Real (1592–1651), segundo marqués de Castelo Rodrigo, primer conde de Lumiares y mayordomo mayor de Felipe IV. Lo que me interesa es que este gentilhombre tuvo negocios —y varios desencuentros— con Olivares, al que habría que identificar —más todavía en virtud de la dedicatoria de las *Coronas* y de su aparición como personaje en el primer bloque del libro— con la «sagrada oliva», valorada por Salas Barbadillo (1635: 90r) «un instrumento de la paz, por quien se pide, y por quien se confirma, [además de] la luz de las luces de nuestra república». Recuérdese que, tras la muerte de su tío, Baltasar de Zúñiga y Velasco, en 1622 fue nombrado valido por el rey Planeta; y que

39 Ver al respecto Luján Atienza (2008: 237–247), Blanco (2012: 107–114) y Matas Caballero (2019: 548–559).

> [su] primera causa de serio desencuentro [con Manuel de Moura] tuvo lugar en 1623, cuando [el segundo] perdió a favor de [Gaspar de] Guzmán la encomienda mayor de Alcántara a cambio de recibir la mayor de la Orden de Cristo, de inferior cuantía y calidad. El gobierno del conde-duque no fue del agrado de Moura, como tampoco lo fue de otros muchos Grandes y títulos descontentos con la política emprendida por el valido. De hecho, el propio Gaspar de Guzmán, en su *Gran memorial* de 1624, había manifestado al rey la conveniencia de limitar la presencia de la aristocracia en la dirección política de la Monarquía. Sus recelos y desaires acabaron por facilitar el fortalecimiento del bando que sostenía los restos del antiguo clan de los Sandovales y la constitución de facciones cortesanas en torno a los hermanos de Felipe IV, los infantes Carlos y Fernando (Martínez Hernández)[40].

Iré un poco más lejos. Salas debió tener presente *La Filomena* (1621) y *La Circe* (1624) del Fénix a la hora de alumbrar no solo *La peregrinación sabia*, sino el conjunto de las *Coronas del Parnaso*. Por varias razones:

a) las después conocidas como *Novelas a Marcia Leonarda* vieron la luz dentro de este par de misceláneas: *Las fortunas de Diana* en *La Filomena*; y *La desdicha por la honra*, *La prudente venganza* y *Guzmán el Bravo* en *La Circe*. Bien es cierto que esto sucedía cuando aún no se había cortado de raíz la publicación de novelas y comedias en Castilla;
b) la transición entre la primera y la segunda parte de *La Filomena* viene signada por una dedicatoria *A la ilustrísima señora doña Leonor Pimentel* (Vega 1621: 31r), en la que Salas pudo inspirarse, entre otras muchas, a la hora de escribir las dedicatorias de los platos de sus *Coronas*;
c) la tercera sección de *La Filomena* (58r-98v) se reservó para *Las fortunas de Diana*, justo el mismo lugar de *La peregrinación sabia* (plato III) dentro de las *Coronas*. Por lo que atañe a *La Circe*, las tres novelitas a Marta de Nevares aparecen en el cuarto apartado (como *Los desposados disciplinantes* en las *Coronas*), luego de la fábula sobre Ulises y la maga —un texto sobre el que volveré—, *La mañana de Madrid* y *La rosa blanca*. Nótese, pues, como en las dos misceláneas de Lope y en la de Salas las novelas asumen idéntica centralidad (bloques y platos III y IV)[41], porque *La Circe* se abrochó con tres cartas a Antonio Hurtado de Mendoza, Plácido de Tosantos y Juan Pablo Bonet;

---

40 Ver http://dbe.rah.es/biografias/20872/manuel-de-moura-y-corte-real (consultado el 22-05-2020). Si se acepta mi conjetura, es evidente que entre 1621 y 1622 aún no se habían convertido en enemigos íntimos. Ver sobre todo Elliot (2009: 65).

41 También la novela *El palacio encantado* (en prosa y verso) forma parte del «Día IV» del *Para todos* (1632) de Pérez de Montalbán.

d) *La Filomena* (131r-193r) incluye un apartado de diez epístolas en tercetos dirigidas a notables como Francisco de la Cueva, Gregorio de Angulo, Baltasar Elisio de Medinilla, Diego Félix de Quijada y Riquelme, el conde de Lemos, «Amarilis [Marta de Nevares] a Belardo [Lope]», «Belardo a Amarilis», Francisco de Rioja (*El jardín de Lope*, con su oportunista elogio al conde-duque: «Aquí dirás (y es bien) que callo/el Guzmán generoso, el de Olivares,/en quien ciencia y virtud iguales hallo», 181r-181v), Juan de Arguijo y el propio Lope (de Baltasar Elisio de Medinilla). Como puede verse, dominan los vates del grupo sevillano (Arguijo, Rioja), no faltan los linajudos (Lemos) ni tampoco el autor y Fénix («Belardo»). Pues bien, en las *Coronas* encontramos no uno sino dos platos de epístolas, esta vez en prosa y de acusado tono satírico; sin ignorar que Salas también eligió deslizarse como personaje dentro de su libro («Rodrigo Alonso»), la dedicatoria a Guzmán y Pimentel o la presencia del poeta Francisco de Figueroa en el banquete de Apolo de las «Coronas», precisamente el mismo vate al que Lope dedicó un elogio en sextinas casi al final de su primera miscelánea (231r-232r). Y cómo no reparar en la mención en *El jardín de Lope* de una cáfila de sujetos —Salas incluido— que, de un modo u otro, volverían a desfilar por las *Coronas*. Luego queda claro que se repiten los campos literarios en torno al Fénix tanto en 1621 como en 1630 (y 1635):

> *Hortensio* celestial, a quien Zoilo
> respeta el dulce, el casto, el alto ingenio,
> Crisóstomo español, nuevo Cirilo.
> Con *Alonso de Salas* tengo a Eugenio
> de Narbona, famoso toledano,
> y a Bonilla andaluz, celeste genio.
> Aquí don *Juan de Jáurigui*, en la mano
> de Apolo el arco y el pincel de Apeles;
> aquí don Diego Félix, sevillano;
> aquí don *Luis de Góngora*, en laureles
> los olivos del Betis transformando
> para su honor, que no por ser crüeles. / [...] /
> Aquí de *Valdivieso* el santo empleo; /
> de *Luis Vélez*, florido y elocuente,
> la lira que ya fue del dulce Orfeo (176v-177r)[42];

42 Según veremos, y he adelantado a propósito de la epístola XIV *A don Francisco Fernández de Angulo, corregidor que fue de Ciudad Real y regidor perpetuo de la muy noble*

e) la portada de *La Circe* privilegia la dedicatoria a Olivares. Pero no hay que forzar las cosas, pues desde 1621 era la máxima autoridad del reino y muchos ingenios —con Góngora abriendo el cartel; toda vez que vería en la reunión de sus versos dentro del manuscrito Chacón la última oportunidad de quemar sus maltrechas naves— se aprestaron a ofrendarle obras. Eso sí, la dedicatoria al valido se repetiría justo antes de las tres novelas a Marcia Leonarda (Vega 1624: 108v).

5) Al margen de esta serie de analogías, la creación de libros de taracea puede estimarse como uno de los *modi operandi* de Salas desde la no tan lejana *Corrección de vicios* (1615), en la que había publicado ya ocho relatos (algunos en verso) en el interior de un volumen con marco a la italiana. Lo mismo vale para la *Casa del placer honesto* (1620), en la que dio albergue a cuatro fiestas y diez ficciones breves; y para las *Fiestas de la boda de la incasable malcasada* (1622), que hermanaron otras siete. Ya en *El caballero puntual* (1614) había acudido a

> la trama para introducir [...] otras composiciones, escritas probablemente con anterioridad. Era una técnica común en la época, pero la singularidad del madrileño reside en alternar tradiciones extraordinariamente diferentes, no solo en cuanto a géneros —es de los primeros en introducir, además de poesías y novelas cortas, metaficciones de carácter dramático—, sino también en cuanto a subgéneros narrativos. Los relatos interpolados van desde la novela burlesca (normalmente de ambientación española y contemporánea) hasta la seria, de tono político (de ambientación española extranjera y temporalmente remota). (González Ramírez y Piqueras Flores 2019: 18)

Como razonaré en detalle, en el caso de los dos relatos de las *Coronas* me inclino a pensar que se decantó por este último tipo de estructura, aunque no de manera demasiado ordenada; o no de acuerdo con criterios predefinidos. Lo confirma el que de la lectura de ambos no se desprendan motivos de peso por los que *La peregrinación sabia* deba preceder a *Los desposados disciplinantes* y no al contrario. He aquí un párrafo que avala mi tesis: en el plato IV, el de la novela jacaranda, se nos dice acerca de las aventuras del pícaro:

> Mas volvamos a su narrativa jocosa y bacanal, dejémosle desplegar y tender el lienzo florido de todas sus fábulas zorreras, que también hay Isopos fabulistas en las tabernas; y no me espanto que hallándose Isopos que gustan de remojarse en el agua, se encuentren otros que se gocen de nadar en el vino, pues ella, y él algunas veces —aunque pocas— suelen celebrar festivo y público matrimonio; demás de que si entre las fábulas célebres del antiguo Isopo, las de la zorra tienen lugar ilustre y superior. Acá, en nuestro

---

ciudad de Cádiz (plato VIII), todos los resaltados en letra cursiva reaparecerían en las *Coronas del Parnaso*, y la mayor parte dentro de *La peregrinación sabia*.

> moderno fabulista, se juntan igualmente en un sujeto la zorra y el Isopo, y así es fuerza que todos sus discursos sean o unas fábulas zorreras, o unas zorrerías fabulosas. (Salas Barbadillo 1635: 113r)

Estoy persuadido de un par de cosas: a) Salas no escribió a la vez, o con alguna traza de familiaridad, *La peregrinación sabia* y *Los desposados disciplinantes*, más allá de que compartan su telón de fondo picaresco; y b) da la sensación entonces de que no recordó que en el citado pasaje del plato IV había incluido un guiño a «la fábula de la zorra» de Esopo —que por cierto son varias (*La zorra y las uvas*, *La zorra y el leñador*, *La zorra y el gallo*...)—, sin duda la autoridad más evidente del plato III. Lo natural, pues, hubiera sido eliminar esa referencia, dado que su lector acaba de leerlo; o aludir de algún modo a *La peregrinación sabia*. En suma, se diría que ambas novelitas nacieron separadas, la una a espaldas de la otra. De ahí que lo más lógico dentro de las *Coronas*, sin pretender jugar a abogado del diablo, hubiese sido invertir el orden de los platos III y IV[43].

6) Vengamos ya al título del libro: *Coronas del Parnaso y platos de las musas* suena más a un ramillete poético que a una miscelánea narrativo-lírico-dramática. Luego habrá que hacer un poco de historia editorial. Varios lustros antes de la impresión —también póstuma— del *Parnaso español en dos cumbres dividido con las nueve musas castellanas* (1648) de Quevedo, que supuso un giro copernicano en la *dispositio* de los poemarios barrocos[44], y con el cual el frontis de Salas coincide en dos elementos (el Parnaso y las nueve musas), ya habían visto la luz antologías —a menudo de textos leídos en las academias de Sebastián Francisco Medrano y Francisco de Mendoza— como las dos partes de los *Donaires del*

43 González Ramírez y Piqueras Flores (2019: 29) han recordado que «en 1620 se publica *La escuela de Celestina y el hidalgo presumido*. Se trata de la primera de una serie de comedias [...] que Salas quería dar a la imprenta de forma suelta. El nuevo proyecto editorial no tuvo éxito y la segunda entrega —*El tramposo con las damas, castigado con lo mismo*—, anunciada en el prólogo, se incluyó finalmente en las *Coronas del Parnaso*».

44 Según Ruiz Pérez (2010: 88–89), la edición del *Parnaso* de Quevedo, «iniciada al final de su vida reúne todas las condiciones de una autocanonización, con la *dispositio* del volumen, la intervención de González de Salas y el conjunto de paratextos, incluido el conocido grabado del Parnaso, que le dan al título del volumen, el *Parnaso español*, una plena significación. Tras la edición de 1648, en la segunda mitad del siglo los poetas se enfrentan de otro modo al asunto de su canonización, no tanto por una pérdida de talento excesivamente subrayada por la historiografía crítica cuanto porque el proceso ha alcanzado un punto de culminación, sobre todo porque es menos necesaria la beligerancia para la afirmación de una práctica que ya se encuentra ampliamente regularizada, como muestran, entre otros datos, la frecuencia con que autores nobiliarios se acercan a la publicación de sus versos».

Parnaso (1624–1625) de Alonso de Castillo Solórzano[45] o las *Delicias del Parnaso, en que se cifran todos los romances líricos, amorosos, burlescos, glosas y décimas satíricas del regosijo [sic] de las musas, el prodigioso don Luis de Góngora* (1634). Tiempo después, sin posible influencia sobre las *Coronas* de Salas —de hecho tampoco pondría la mano en el fuego por el rastro de las *Delicias del Parnaso*—, y al socaire de la poesía de Quevedo al cuidado de González de Salas, aparecerían, por citar solo dos casos, el *Bureo de las musas* (1659) de Salvador Jacinto Polo de Medina, y las *Delicias de Apolo, recreaciones del Parnaso por las tres musas Urania, Euterpe y Calíope* (1670), gracias a José Alfay y Francisco de la Torre[46]. Títulos, de nuevo, con elementos en común con el de las *Coronas* que, repito, no es un florilegio de versos, aunque también los contenga.

Convendrá, pues, echar un vistazo más allá de nuestras fronteras. En Italia, las prensas venecianas de Sebastiano Combi publicaron en 1605 *Della corona di Apollo*, de Piergirolamo Gentile, que hasta ahora nunca se ha aducido como modelo —siquiera remoto, aunque solo fuera para el título— de la obra póstuma de Salas. Recuérdese que la *Corona* del ligurino se reeditaría solo un lustro más tarde en las mismas prensas, y sobre todo que Gentile fue autor de *novelle*, verbigracia la de Anselmo y Otón, y de las prosas acopiadas en su *Delle poesie e prose.* [...] *Parte prima* (Genova: Giuseppe Pavoni 1606), cuya estructura se asemeja más a la de las *Coronas* de Salas que la de la *Corona di Apollo*. No obstante, incluso dentro de esta «unas breves secciones de prosa explicativa anteceden a [los poemas] —mayoritariamente octavas y canciones— de un variado elenco de autores [(Panigarola, Riccardi, Marino, Salviati...])» (García Aguilar 2013: 148).

Por otro lado, la división del volumen del madrileño en nueve platos hace pensar en otro modelo transalpino: Macedonio repartió sus composiciones en el mismo número de musas, que salieron a la plaza del mundo allá por 1614: *Le nove muse di Marcello Macedonio raccolte e date alla stampa da Pietro Macedonio suo fratello all'ill.mo e rev.mo sig.re il sig.r cardinale Borghese* (Napoli: a instanza di Gio. Ruardo all'insegna del Compasso, por Tarquinio Longo). Asimismo, como aclararon Vélez-Sainz (2007) y después García Aguilar (2013: 147–157) en sus cotejos entre la obra del italiano y el *Parnaso* de Quevedo, mucho más distintos de lo que indicara González de Salas, cada una de ellas venía precedida por un proemio acerca de su calidad que, a mi juicio, Salas bien pudo recordar para las dedicatorias de los platos de sus *Coronas*.

45 Ver López Gutiérrez (2003) y Bonilla Cerezo (2006).

46 Ver Jodar Jurado (2019). Sobre las antologías y los 'poemarios-Parnaso', ver Ruiz Pérez (2008).

Recapitulando: Juan Laso de la Vega expidió su privilegio para el último libro del autor de *La hija de Celestina* el 28 de octubre de 1630, pero estoy convencido de que aquel no sería su estado final. De hecho, como señalé en la segunda nota de este artículo, López Martínez ha argüido varias referencias cronológicas que bosquejan una redacción —o leves retoques— posteriores a 1633. Por tanto, conocemos ya tres cosas: a) la comedia de la *Victoria de España y Francia* estaba lista para su estreno en 1624; b) la titulada *El tramposo con las damas* se proyectó hacia 1620; y c) creo haber sugerido ya el nudo —y no solo por la *querelle* entre el ruiseñor (Lope) y el tordo (Torres de Rámila)— entre las *Coronas* y *La Filomena* (1621)[47].

Todas estas fechas son muy anteriores a 1630. Y en la epístola XII del plato VI (*A Clori, morena en el color y en las costumbres muy libre, enviándole una loa*) se lee «la loa que me pediste para la comedia de la hechicera y el astuto, acompañando estos renglones, que pienso que no los escribo derechos» (Salas Barbadillo 1635: 163v). Está claro que el madrileño lanzaba aquí una pulla contra una pieza que nunca se tituló *La hechicera y el astuto* (por cierto, un octosílabo perfecto). Dicha loa será la que nos despeje el horizonte: «Pícara fiesta (o senado)» (164r-166r). Lo más seguro, a la luz de los versos de este poemita, es que don Alonso se refiriera a la comedia de *Polifemo y Circe*, escrita a seis manos por Mira de Amescua, Pérez de Montalbán y Calderón de la Barca, cuya tercera jornada, a cargo del creador de *La vida es sueño*, se conserva en un manuscrito autógrafo de la BNE (Ms. Res 83) y no se compondría hasta 1630; año que nos obliga a reparar en otro par de asuntos: a) nótese la alusión a una pieza que coincide en su trama con otra referida por Lope en *La Filomena*, sin duda una casualidad; y b) la traída y llevada data en la que Salas Barbadillo puso el punto y final a los textos que forman la *princeps* de las *Coronas del Parnaso*; porque

> el conde-duque de Olivares [también] encargó una comedia para celebrar la noche de san Juan de 1635. [Salas moriría el 10 de julio]. El escenógrafo italiano Cosme Lotti escribió para esta ocasión una *Memoria* de apariencias que le ofrecía a Calderón el tema general de su comedia: el mito de Ulises y Circe y, concretamente, la llegada del griego al palacio de la maga. [...] Para el caso concreto de *El mayor encanto, amor*, [la pieza de turno], habrá que considerar la refundición de un tema (el mito de Circe y Ulises) y [de] unos personajes (Ulises y Circe y, en menor medida, Galatea) que provenían de la

47 De forma infinitamente más elusiva volverá a referirse a esta controversia en el episodio VII de *La peregrinación sabia*: «A esta voz salió gran cuadrilla de gente pardal, pardos y no de la casta, villanos en castellano corriente, unos con palos fuertes que remataban en redondas porras, otros con chuzos afeados del moho» (Salas Barbadillo 1635: 66v).

> comedia anterior escrita en colaboración: *Polifemo y Circe*; [de ahí] la reutilización de algunos versos y de ciertas escenas [de aquella]. (Ulla Lorenzo 2008: 485–486)

De esta pista se derivan otras dos: si la primera edición de *Polifemo y Circe* que ha llegado hasta nosotros se remonta a 1647 (*Doze comedias de las más grandiosas que asta ahora han salido de los meiores y más insignes poetas. Segunda parte*. Lisboa: Pablo Craesbeeck) y en ella se indica que todas habían sido representadas, me pregunto si hubo una edición previa, hoy perdida. Y lo más importante: ¿en qué momento subió a las tablas de Mira de Amescua, Montalbán y Calderón? La verdad es que Salas Barbadillo parece haberla visto. Mucho me sorprendería que antes del 28 de octubre de 1630. De modo que, sin necesidad de acudir a las dedicatorias de los nueve platos, que, en efecto, tal como postuló López Martínez, debieron escribirse a última hora, es decir, después del año 1633, estoy casi seguro de que las *Coronas* sufrieron 'ajustes' después de 1630.

Tampoco sería raro que, *in extremis*, ya que hablamos de una España en la que los *Donaires del Parnaso* (1624) de Castillo Solórzano se imprimieron hasta dos veces a finales de 1623 (las aprobaciones traen fecha, respectivamente, del 10 y el 18 de noviembre)[48], Salas hojeara quizá los *Favores de las musas hechos a don Sebastián Francisco de Medrano* (Milán: Juan Baptista Malatesta 1634), editados por el mismo autor de los *Donaires*: las *Coronas* coinciden con los *Favores* en un detalle ausente de los libros de Gentile, Macedonio y Lope con los que vengo confrontándolas: la mezcla de poesía y teatro[49]. Si Castillo Solórzano reservó las

48 Ver Pintacuda (2017).

49 No ocurre lo propio en el *Para todos* (1632) de Pérez de Montalbán. Lo habitual era la convivencia de la novela y el teatro (comedias o entremeses) dentro de una misma colección: *Tiempo de regocijo* (1627) y *Fiestas del jardín* (1634) de Castillo Solórzano; o *Varias fortunas* (1627) de Juan de Piña. Más extraño resulta toparse con un libro donde poemas extensos se den la mano con obras teatrales. El precedente más claro vuelve a ser *El subtil cordobés*, donde, junto a la comedia de *El gallardo Escarramán*, Salas incluyó «una silva al final, [...] dos novelitas escritas en octavas reales [...] y una cuantiosa producción poética que no se relaciona con la trama de la novela ni con las situaciones en las que se presenta. Aparece en su mayor parte en forma de romances cantados por Marina, o por [uno u otro académico]. El texto contiene un total de treinta y tres canciones. La poesía es amatoria, idealiza el amor y la mujer hasta ver en ella algo divino» (Andrade 1970: XLVI-XLVII). En este mismo volumen, Fernando Copello Jouanchin («El libro y la casa: propuestas arquitectónicas y sociales en *Casa del placer honesto* de Salas Barbadillo [1620]») observa que *Corrección de vicios* «evoluciona hacia un volumen misceláneo en el que seis novelas cortas o cortesanas comparten el territorio de las páginas con breves obras teatrales y poemas». No obstante, como señala mi colega, se trata de «obras breves» y no de comedias.

segundas partes del libro I, III y V de los *Favores de las musas* para la comedia de *Las venganzas de amor*, la *Tragedia del lucero eclipsado* y la comedia *Lealtad, amor y amistad*, respectivamente, el plato V de las *Coronas del Parnaso* se llenó con cuatro entremeses (*Doña Ventosa, El caballero bailarín, El prado de Madrid y baile de la capona* y *El padrazo y las hijazas*), a los que Salas sumaría las comedias *Victoria de España y Francia* (plato VII) y *El tramposo con las damas* (plato IX). Pura chiripa, sin embargo, el que en ambos impresos el teatro ocupe las partes (y también los platos) impares, ya que no puedo demostrar que Salas tuviera noticia del libro de Medrano.

7) No acaban aquí los misterios. El siguiente, igual de atractivo, es ¿por qué hizo suya el madrileño la imagen de la corona? Nótese que las *Delicias del Parnaso* (1634) fueron un empeño del impresor y lexicógrafo Pedro Lacavallería por insuflarle nuevos bríos a Góngora, tan muerto y enterrado como en toda su pompa crítica, habida cuenta de que desde la publicación del *Polifemo comentado* (1629) por Salcedo Coronel, las *Obras en verso del Homero español* (1630) por López de Vicuña, las *Lecciones solemnes* (1630) de Pellicer y *Todas las obras* (1633), gracias al librero Alonso Pérez, don Luis era ya un nombre más que canónico[50]. De ahí que las *Coronas* obedecieran al deseo del viejo Salas de sentar sus pobres reales, es decir, de 'autocanonizarse' —muy osado sería escribir «coronarse», porque nunca llegó a tanto[51]—, al tiempo que se separaba de la escuela culta[52].

---

50 Sobre las ediciones de Góngora en el siglo XVII, ver Moll (1984).

51 Sí que lo intentaría —en clave burlesca— Castillo Solórzano en el primer romance («Cuando me parió mi madre») de sus *Donaires del Parnaso* (1624), donde evoca el peregrinaje de un poeta hacia la cumbre del Parnaso: «en el tiempo que a Morfeo,/en el término nocturno,/dábamos en sueño blando/ciertas parias y tributo;/me sacó Apolo del lecho,/desabrigado y desnudo,/y teniendo allí el Pegaso/sobre sus lomos me puso./Fue al tiempo que a los muchachos/vencidos el sueño tuvo,/que, si no, despepinaran/el cantero más fecundo./Partió el caballo alado/por los aires, y su curso/vino a parar en el monte,/tan deseado de muchos,/adonde la Cabalina,/con un socarrón murmurio,/pienso que hacía donaire/de verme en cueros confuso./[...]/Entré boto en su pilón,/y de él salí más agudo/que rueda de amolador/cuchillo o lanceta puso» (vv. 81–116; López Gutiérrez 2003: 270–271). Intervengo en la puntuación.

52 De nuevo se reirá de los cultos en el entremés de *El caballero bailarín* (plato V): «POETA: Soy almíbar de Apolo, soy conserva/de aquel convento de las nueve musas,/soy poeta de amor, y tan aguado/que siempre al son de fuentes he cantado./Tan dado a suspirar soy que compuse/del ay, ay, ay, las coplas primitivas,/si está libre de viento mi cabeza,/favor que otro poeta no ha gozado,/del fundamento que hay quiero advertiros:/es porque gasto el viento en los suspiros./No soy poeta alano, no de aquellos/que hacen presa en la honra del amigo,/poeta soy sin dientes y con lengua,/que

Y otro particular nada baladí : la corona del dios de la poesía, dejando a un lado el *Laurel de Apolo* (1630) de Lope, que pertenece al género de los «Parnasos» y no al de los poemarios[53], había servido desde finales del Quinientos

> para una recopilación de romances, pero no de autor único, sino múltiple: es decir, Luis de Medina había pergeñado en 1596 unas *Flores del Parnaso. Octava parte del Romancero general* (Toledo: Pedro Rodríguez). Años más tarde, en 1637 [las *Coronas* de Salas son de 1635], verían la luz las *Maravillas del Parnaso y flor de los mejores romances graves, burlescos-satíricos que hasta oy se han cantado en la Corte. Recopilados de graves autores* (Lisboa: Lorenzo Craesbeeck). [...] [Luego] la estampación misma de un "Parnaso" es indicio, también, de que es posible acceder al repertorio establecido de autores y obras; pero además de todo esto, es un instrumento eficaz para el poeta vivo que desea ofrecer una selección de su obra [...], sistematizada de manera orgánica y de acuerdo con un sentido global de visibilidad, distinción y permanencia. (García Aguilar 2013: 152–154)

Deduzco que Salas, en su Parnaso híbrido, mezcla de poesía —poca— y sobre todo de prosa y de teatro, en este Parnaso, por fin, tan a contrapelo de los de su siglo, pero sin dejar de ser su vecino, no solo se respaldaba a sí mismo, sino al claro bando de los castellanistas y, más precisamente, al de los lopistas; ignorando que el propio Fénix pondría sus dos pies en el estribo solo un año después que él.

8) Como va siendo hora de ir tras los dos zorros de *La peregrinación sabia*, solo una pincelada sobre la estructura de las *Coronas*, que es la siguiente:

a) Coronas
b) Platos

> Plato primero: *Trofeo de piedad. Fábula en verso*
> Plato segundo: ramillete (epitafios, madrigales y epigramas)
> Plato tercero: *La peregrinación sabia. Fábula en prosa*
> Plato cuarto: *Los desposados disciplinantes. Novela jacaranda*
> Plato quinto: *Doña Ventosa, El caballero bailarín, El prado de Madrid y baile de la capona* y *El padrazo y las hijazas* (entremeses)
> Plato sexto: epístolas en prosa (primera parte)
> Plato séptimo: *Victoria de España y Francia* (comedia)
> Plato octavo: epístolas en prosa (segunda parte)
> Plato nono: *El tramposo con las damas* (comedia)

---

alabo sin morder, que esotro es mengua./Tengo yo mi solar en el Parnaso,/y soy de la familia de los cultos,/no estoy en el legajo de los legos,/que de legalidad no necesitan/los poetas políticos y urbanos,/que esa la han menester los escribanos» (Salas Barbadillo 1635: 138r-138v).

53 Ver Vélez-Sainz (2006).

Las conclusiones no son muchas, pero haberlas, haylas:

La colocación del *Trofeo de piedad. Fábula en verso* en el plato primero hace suponer que:

a) el concepto de *fábula* es demasiado restrictivo, o quizá demasiado amplio, tanto me da, como para aplicárselo a *La peregrinación sabia*. En esencia porque Salas también lo usó con el sentido de 'breve epopeya en octavas reales';
b) los platos de las *Coronas* se abren con un texto épico, el género sublime por antonomasia, aunque aquí se limite a un modestísimo canto; lo cual me lleva a conectar dicha fábula con otras misceláneas de la segunda década del Seiscientos. Así, aunque no se trate de guerras en miniatura sino de epilios, es decir, de fábulas mitológicas[54], García Aguilar (2009: 241) explicó que tanto *La Filomena* como *La Circe*, y después las *Rimas y prosas* (1627) de Bocángel, porticadas por una «Fábula de Leandro y Hero» (1r-18v), se distinguían por empezar con un género juzgado solemne y, mal que les pesara, elevado a lo sublime por Góngora en su *Polifemo*;
c) el plato II lo reservó para poemas marcados por los signos de la agudeza y la brevedad (epitafios, madrigales y epigramas), evocando para ello la satírica autoridad de Marcial[55];
d) los platos III y IV, ya lo he dicho, contienen las dos novelas cortas;
e) los entremeses (V) y las comedias (VII y IX) alternan aquí con las epístolas en prosa (VI y VIII), que, *stricto sensu*, son sátiras: «A Demetrio, gramático soberbio y que se dejaba vencer del vino», «A Faustino, ciego de un ojo y famosísimo ladrón», «A Sertorio, varón noble y prudente, recién casado con mujer principal, hermosa y necia», «A Hermotes, gran compositor de música y famosísimo tahúr», «A Corino, rico miserable, tramposo y amigo de comer a costa ajena», «A Filene, sospechosa en la limpieza de su sangre y que de mondonguera se pasó a ser comadre», «A Sabelo, muy rico, muy miserable, muy mal nacido, muy descortés», «A Egisto, oficial de cerería en una universidad, por entremeterse a ser agente de cátedras, le descalabraron en un rótulo», «A Severo, poeta maldiciente, muy confiado y muy duro», «A Libio, sastre, que se subía a coser sobre los tejados de la plaza, gran glotón y gran mentiroso», «Consuela a Celia de un agüero tan impertinente como común»,

54 Ver Perutelli (2000: 49–82), Ponce Cárdenas (2007) y Kluge (2012: 159–174).

55 Sobre los epigramas de Salas Barbadillo y los *Enigmas ofrecidos a la Casa del placer* de sor Juana Inés de la Cruz, ver Munguía Ochoa (2016).

«A Clori, morena en el color y en las costumbres muy libre, enviándola una loa»[56].

Esta primera docena, pero también las otras diecisiete , prueban que a nadie imitó Salas con mayor fidelidad que a sí mismo, porque recuerdan —aunque todavía no se hayan desvelado los rostros de quienes se ocultaban bajo tales máscaras—, a las cartas de *La estafeta del dios Momo*. Acaso en 1627 se le quedaran algunas en el tintero; o quién sabe si estas de las *Coronas* no son sino veintinueve 'retales' de aquellas otras que no quiso —o no le dejaron— imprimir ocho años antes: «Estas son las epístolas del malsín Momo, que pudo recoger la curiosidad del filósofo Montano, porque las más las escondieron sus dueños, huyendo de ser el blanco de la risa pública. Bien sé yo que Momo dejó originales de todas, y acudiendo a él no se excusará a nuestro ruego, y podrá ser que vuelvan aumentadas» (Salas Barbadillo 1627/Nipho 1761: 308).

Las diecinueve epístolas del plato VIII son del mismo tenor que las del VI, si bien dos de ellas se antojan forzadas, ya que nada tienen que ver con la sátira. Entre las ortodoxas, se cuentan «A Lucrecio, insigne cantor y majadero intolerable», «A Polibio, bonetero, disuádensele unas bodas indecentes», «A Lícida, dama fea, afeitada, mentirosa y que aprendía a pintar», «A Testarudo, carretero de la Mancha», «A Libia, muy preciada de cabellos, dientes y buenas manos, y sumamente necia», «A Milón, que edificaba una casa con la buena cara de su mujer», «A Plotino, zapatero torpe y deshonesto en su lenguaje, que calzaba muy bien y vendía muy caro», «A Mesala, que reprehendió a un buen ingenio la ocupación de hacer versos, y la reprehensión se le dio en versos muy humildes y pueriles», «A Coridón escribano, cuyos padres fueron él carnicero y ella frutera», «A Roberto, representante de varios papeles», «A Nise» (contra los médicos), «A Carlino, verdugo famoso, habiéndole nacido un hijo varón», «A Clarinda, dama hermosa que enfermó de haberla dado el sol», «Al licenciado Gerónimo de Villalzán, residente en Segovia», «A Calímaco, hombre maldiciente y que decía que era docto en todas lenguas», «A Córbulo, portugués de

56 A propósito de las relaciones entre epístola y sátira desde la latinidad, ver Pozuelo Calero (2000: 64), que estableció los siguientes rasgos para clasificar un texto como sátira (dentro —o en forma— de una carta en verso; y añadiré que aquí dentro de una misiva en prosa): 1) monólogo personal; 2) indicaciones meta-argumentales; 3) realidad circundante; 4) episodios narrativos breves; 5) objetivo moral; 6) autor-modelo; 7) emisión de normas de conducta; y 8) alusiones a individuos censurables. Pienso que todos se cumplen en las de Salas Barbadillo. Como ha explicado Laplana en el presente volumen, el autor de *La estafeta del dios Momo*, se convirtió, junto con Quevedo, «casi en el único autor en cultivar la carta jocosa en la década de 1620–1630».

nación y trompetero de oficio» y «A Sédulo, indiano rico, miserable y vanísimo». Sin embargo, Salas incluyó también un par de cartas a dos nobles de la época: «A don Fernando Bermúdez y Carvajal, camarero del Excelentísimo Señor duque de Sesa» (XI) —uno de los que habían laudado con un poema («Hizo la memoria clara») las *Novelas ejemplares* de Cervantes—, que no es ninguna sátira; y a duras penas una epístola, ya que la transformó en un elogio de su admiradísima Teresa de Jesús (Salas Barbadillo 1635: 242r-243v). La segunda, «A don Francisco Fernández de Angulo, corregidor que fue de Ciudad Real y regidor perpetuo de la muy noble ciudad de Cádiz» (XIV), apela a dicho aristócrata para confesar las parcas dotes del madrileño a la hora de discurrir sobre la pintura[57].

3 Una novela de fábula

Dedicada a Luis Ortiz de Matienzo, secretario de Nápoles en el Consejo de Italia, y sin maquillar ni un instante su pose de deudo («con sumo cuidado [vuesa merced] procur[e] que se traslade a España el valor de aquella hacienda que tengo en Italia»), Salas Barbadillo define *La peregrinación sabia* como una «fábula escrita en prosa [...] más para la utilidad que para el deleite» (57r). Pero como he advertido, el uso de dicha etiqueta («fábula») invita a argumentar que este relato es mucho más que un cuento de zorritos. Lo sugieren varios detalles:

1) el *Trofeo de la piedad* (plato I), ya lo hemos visto, se había clasificado como una «fábula en verso»; no muy distinta, además, de las novelas en octavas (*El mal fin del Juan de Buen Alma* y *Las narices del buscavidas*) que Salas publicó dentro de su *Corrección de vicios* (1615);
2) el madrileño usa este sustantivo («fábula») al modo de Boccaccio (2010: 108) en el *Decamerón* («pretendo narrar cien cuentos, o fábulas, o parábolas, o historias, como queramos llamarlos»)[58]; es decir, como un sinónimo de *novella*; y, más cercano a su siglo, igual que Suárez de Figueroa (1988: 178–179) —zaherido dentro de *La peregrinación sabia*— en el alivio II de su *Pasajero*

57 Acerca del *Curioso y sabio Alejandro* y la pintura del Bosco, ver el artículo de Leonardo Coppola («Salas Barbadillo y el quehacer grotesco») en el presente volumen.

58 Salas Barbadillo (1635: 59v) también alude dentro de *La peregrinación sabia* a una suerte de anales zorrunos, a medio camino entre la verdad y la ficción, que denomina «historias»: «Querían que, aunque pequeñuelo, [el zorrito] se llamase padre de aquella república socarrona y astuta, porque, *a lo que he sabido de sus historias*, entre los zorros no hay rey soberano y se gobiernan por ciertas cabezas ancianas, que son fuente de todo el veneno político».

(1617): «por novela entiendo ciertas patrañas o consejas propias del brasero en tiempo de frío, que, en suma, vienen a ser unas bien compuestas fábulas, unas artificiosas mentiras». Por no hablar del valor que Quevedo (1993: 489) le asignó a la «fábula» en su *Perinola al doctor Juan Pérez de Montalbán* (1633): «las novelas que digo no son ni fábulas, ni consejas, ni no-velas, ni sí velas»;

3) para Salas, digámoslo de una vez, una «fábula» es también una «novelita»; lo que no obsta para que haga suyas otras tradiciones, entre las que se cuenta —aunque no solo— el apólogo esópico[59]. Quedará todavía más claro después de la escaramuza entre los perros y los gatos en *La peregrinación sabia*, con los zorros apenas como público: «Contábales de sí grandes fábulas y mentiras que el zorrazo [...] mostraba creerlas, haciendo grandes admiraciones con el semblante y con las palabras» (Salas Barbadillo 1635: 66r);
4) según apuntara Monti (1997: 134) y revalidó Rosso (2015: 9), la «*fábula* in senso stretto, cioè gli apologhi sugli animali, include generi narrativi diversi: facezie, cuentecillos tradicionales, refranes glosados, fino a novelle di stile italiano»[60]. A su vez, casi al final del relato, Salas Barbadillo (1635: 87v-88r) se permite una digresión en la que califica su obra como «poema», y a sus dos raposos como «héroes», insinuando así un vínculo con las epopeyas burlescas: «mas vuélvome a mis zorros, que son los héroes principales de nuestro poema». Nótese, por fin, la definición que daba *Autoridades* de la voz *poema*: «en su riguroso sentido significa cualquier obra, en verso o prosa, que imita la naturaleza, pero en *el uso común solo se llama poema el escrito épico u heroico* cuyo asunto verdadero o fingido es narrar los hechos de algún héroe u otra cosa heroica»[61].

4 Todos somos contingentes, pero el zorro es necesario

La peregrinación sabia empieza con un homenaje a toda una autoridad de las letras zoológicas: «En aquel tiempo tan charlatán y bachiller del mal agestado filósofo Isopo, cuando gozaban todos los animales, peces y aves el privilegio de

59 Sobre la aleación de géneros en las obras de Salas, ver Peyton (1949).

60 En la dedicatoria a Juan Pablo Mártir Rizo del *Curial del Parnaso* (1624) de Matías de los Reyes (1909: 12) reza: «Las fábulas están escritas con propiedad y decoro, hallándose en todas imitación de acción maravillosa, cumplida de suficiente grandeza, virtuosa y de buen ejemplo».

61 La cursiva es mía.

papagayos, urracas y tordos, pues todos hablaban, entrando a la parte con ellos las plantas, árboles y piedras» (58v). Un magisterio, este del fabulista griego, que se ensanchará poco después gracias a su mención en *Los desposados disciplinantes* (plato IV), acaso escrita antes —como señalé— que la novela del plato III de las *Coronas*[62].

Además de distanciarse adrede del cervantino *Coloquio de los perros* (*Novelas ejemplares*, 1613), en el que los alanos Cipión y Berganza disfrutaron del divino don del habla («CIPIÓN: Bien confesarás que ni has visto ni oído decir jamás que haya hablado ningún elefante, perro, caballo o mona; por donde me doy a entender que este nuestro hablar tan de improviso cae debajo del número de aquellas cosas que llaman portentos», Cervantes 1995: 300)[63], esta historia, concebida durante «la fase de desintegración de la picaresca, [mientras la bribia] se acercaba a otros modelos, como los proporcionados por la novela corta» (Ruiz Pérez 2011: 11), pone de inmediato sus cartas encima de la mesa[64].

La primera tiene que ver con el triunfo en la piel de toro del *Isopete ystoriado* desde que su *princeps* se publicara en 1482. No en balde, se cuentan un total de veintidós ediciones hasta 1576[65]. La segunda carta, más difusa en todos los sentidos, tal vez sea el libro de los chacales *Calila e Dimna*, que a lo largo del siglo XVI vería la luz hasta una docena de veces bajo el título de *Exemplario contra los peligros y engaños del mundo*[66]. Y la tercera, por señalar solo los modelos más seguros, se cifra en el *Fabulario* (1613) de Sebastián Mey.

---

62 Resucitará en la jornada III del *Galán tramposo y pobre* (plato IX): «DON LOPE: Pinta Isopo a la raposa/siempre engañando ingeniosa/la fiereza del león» (Salas Barbadillo 1635: 290v).

63 Un debate *in absentia* que parece inspirado por otros textos deudores de la sátira menipea: pienso en el *Gallo* o *Sueño* lucianesco, «particularmente apreciado y recomendado por Erasmo para satirizar los vicios contemporáneos, y en adelante muy popular entre los erasmistas de toda Europa» (Correard 2017: 286).

64 Respecto al *Coloquio de los perros*, y esta idea sí que vale para *La peregrinación sabia*, Correard (2017: 284) observó que «es un poco de todo, y sobre todo es una *satura* (en el sentido latino), una olla podrida llena de *spoudogéloion* sabroso». Uso el rótulo «novela picaresca» también con el sentido de «narraciones con pícaro», sabedor de que Rico (1970: 131) sostuvo que Salas y Carlos García «invierten la dirección del proceso que llevó al nacimiento del género: comprimen el esquema hasta reducirlo a un episodio y lo insertan en una estructura tomada precisamente de la tradición que aspiraba a superar las primeras novelas picarescas».

65 Ver *Catálogo de obras medievales impresas en castellano hasta 1600*: http://grupoclarisel.unizar.es/comedic (consultado el 29-02-2020).

66 Ver Lacarra Ducay (2007), incluido en la colectánea (con edición) dirigida por Haro Cortés (2007).

De forma algo más superficial —recordemos el marbete de *poema*—, considero que un género que empezaba a velar sus armas en la segunda década del Seiscientos, como fue la épica burlesca con protagonismo animal[67], también imprimió su sello sobre *La peregrinación sabia*: Luis de Zapata había urdido ya una memorable batalla entre gatos y ratones en su *Carlo famoso* (1566)[68]; y por los mismos años en que Salas escribió su novela, el futuro relator José de Villaviciosa había estampado en Cuenca su *Mosquea. Poética inventiva en octava rima* (1615).

Nótese, a su vez, que la obertura de *La peregrinación sabia* sirve también como prolepsis de varios de los hechos que luego se nos contarán: 1) la facundia de papagayos y tordos adelanta el papel de uno de los personajes (el tordo) de la academia de animales (episodio X)[69]; y 2) el símil entre Demóstenes y la zorra, seguido de una pulla al tiempo en que le tocó vivir a nuestro Salas, presa de «la verbosidad molesta de tanto hablador importuno» (Salas Barbadillo 1635: 58v), apunta a que el responsable de *Don Diego de noche* se alistó en el bando lopista. Llamar «papagayos» a los secuaces de Góngora fue una ocurrencia del Fénix, a raíz de la tercera justa (1622) con motivo de la canonización de san Isidro: «Hablar puramente castellano es usar aquellas locuciones y términos que sufre su dialecto y no con cuatro frasis andar toda su poesía al torno, diciendo siempre una misma cosa, con que parecen papagayos de su inventor, o que se prestan unos a otros las mismas palabras» (Vega 1622: 85r-85v)[70].

Acerca de esta pepitoria de géneros, Correard (2017: 283) ha subrayado que «fue precisamente en España donde se produjo, [hacia] 1600, una confluencia única entre el retorno del [viejo] arte de la sátira menipea y el desarrollo de la novela moderna»[71]. A ello contribuyó el que los animales de las fábulas —y lo

---

67 Ver Bonilla Cerezo y Luján Atienza (2014).

68 Ver Cacho Casal (2012) y Balcells (2016: 79–87).

69 Siempre de acuerdo con la estructura que más tarde propondré.

70 Ver también Vincent-Cassy (2010). La imagen se repetiría en el apólogo XLII («De varios espíritus poéticos en un certamen») del *León prodigioso* (1636) de Cosme Gómez de Tejada: «Bien prueba esta verdad el premio que dieron a un soneto culto, el cual escribió un papagayo de términos que oyó a otros poetas: *Soneto culto del poeta papagayo al suspiro de Crisaura* («Bélica honestidad, entre candores»). Ver ahora la edición de Aranda Arribas (Gómez de Tejada 2020).

71 Estoy muy de acuerdo con Manukyan (2019: 124) cuando afirma que «si en el caso del teatro [...] hay conflictos sociales, y no [verdaderos] problemas psicológicos, ante [las] creaciones salasianas se puede invertir ligeramente el orden y decir que hay más bien conflictos psicológicos condicionados fuertemente por conflictos sociales. Y como cualquier conflicto social puede acarrear una fuerte sacudida íntima, se puede sostener que nuestro autor denuncia también en mayor medida un contenido psicológico en

mismo los de *La peregrinación sabia*, o los del *León prodigioso* (1636) de Gómez de Tejada, con el que el *tableau* de la academia (episodio X) está algo emparentado— no sean animales de verdad. Sin embargo, tampoco son personas,

> aunque hablen y discutan como seres humanos, peregrinen, se casen, vayan al médico o los entierren, y aunque su sociedad cuente con rey, corte, consejeros, palacios, chozas y tribunales. [De ningún modo] son tipos o máscaras, como a veces encontramos en el teatro y en los rituales de disfraces. [...] No, son sobre todo «figuras», en el sentido que la heráldica presta a esa palabra. (Pastoureau, 2019: 153)[72]

Es por ello que a Salas, quizá el zorro protagonista, no se le escapó que dicho vulpino, junto con el león, que hará una breve aparición en el episodio XI, representaban ya en las fábulas antiguas «las dos vertientes obligatorias de la simbología animal: un animal lunar y [otro] solar; un animal plebeyo —aquí dos pícaros— y uno noble» (Pastoureau 2019: 145)[73]. Con otras palabras: el bestiario de Lafontaine, y antes el de este apólogo de Salas, venía jerarquizado no según las leyes de la naturaleza, sino en virtud del grado de honorabilidad de las figuras de la heráldica. Más aún: el madrileño lo subordinó aquí al género picaresco, el más español y zorruno de toda la prosa áurea, que, no por nada, constituye el esqueleto de *La peregrinación sabia*; el núcleo al que se sueldan el resto de los lances seudo-pastoriles, de caballería, académicos y costumbristas[74].

5 Pícaros peregrinos

La novelita se divide en doce episodios que resucitan distintos modelos del Quinientos. Pero antes de analizarlos convendrá reparar en que Salas los cosió acudiendo a un par de recursos: 1) la *peregrinatio* de los zorros por diversas sedes;

---

la materia. La relajación y el desorden social son precisamente consecuencia de tales conflictos sociales».

72 Vale la pena mencionar *El zorro de arriba y el zorro de abajo* (1971), la novela inacabada y póstuma del peruano José María Arguedas, en la que dos raposos, luego reencarnados en don Diego y don Ángel Rincón Jaramillo, se entrometen en los hechos que cuenta el narrador.

73 El inciso entre guiones es mío.

74 Tal vez por ello el zorro no suele asomar su hocico por los géneros sublimes o idealistas. Verbigracia, en las óperas con protagonismo animal su papel es más que menor, excepción hecha de *La zorrita astuta* (*Las aventuras de la zorra Orejas afiladas*) del checo Leoš Janáček, estrenada en 1924, cuyo libreto compuso a partir de un ramillete de tiras cómicas que Rudolf Tešnohlídek y Stanislav Lolek publicaron en el periódico *Lidové noviny* de Brno.

y 2) las doce cronografías, cuando no simples amaneceres y ocasos, que marcan las transiciones de unos cuadros a otros: a mi juicio, debió aprender esta técnica de las *Bucólicas* de Virgilio, un poemario que había citado ya en la dedicatoria a Matienzo: «Podré decirle a vuesa merced lo que Virgilio a César Augusto cuando le fueron restituidos sus campos y se halló gozando de una ociosidad tranquila y de una paz suave. Dijo así en la *Égloga primera*: "*O Melibae, Deus nobis haec otia fecit*"» (Salas Barbadillo 1635: 57).

Respecto al itinerario, el sustantivo «peregrinación» merece siquiera unas líneas. Durante su viaje, los zorros se toparán con un ecosistema animal (perros, gatos, monos, aves, un león, un caballo, una culebra), y hasta con una república de árboles parlantes que para sí hubiese querido Fernández Flórez (*El bosque animado*, 1943). Me refiero al episodio XII, el mismo que nos faculta para definir *La peregrinación sabia* como «novela emblemática». Es verdad que podrían barajarse decenas de precursores para este tipo de periplo —con el *Sobremesa y alivio de caminantes* (1563) de Juan de Timoneda en primer lugar—, porque se verán envueltos en doce facecias que casi nunca protagonizan. Asumen con mayor frecuencia el papel de actores de reparto, e incluso de público o de *voyeurs*. Herederos de la sátira lucianesca, de la menipea[75] y la picaresca, estos zorritos, de acuerdo con el modelo del cuentista valenciano, no solo actúan y hablan, sino que sobre todo miran y escuchan.

Por otro lado, el motivo del peregrinaje hunde sus cultas raíces en la bizantina. No en balde, el «camino del héroe» (Campbell 2020), o mejor del pícaro zorro, aquí sin rumbo ni misión precisos, debía operar sobre él una transformación, si no una catarsis. Y a fe que esta se da en el relato de Salas: al final, los protagonistas renunciarán a su naturaleza —intriga, mentira, fraude— para convertirse en ejemplos de conducta. La figura del peregrino, en sus múltiples facetas, y no me olvido de la segura lectura por Salas de *El peregrino en su patria* (1604) de su maestro Lope, acaba de ser objeto de un libro de Sandoval; de modo que me acojo a sus páginas:

> [son tres] los elementos fundamentales en la concepción tradicional de [este personaje]: la devoción espiritual con la que emprende el camino; [...] el abandono del hogar en aras de aventurarse por territorios desconocidos [...] y la penitencia que implica el

75 Entiéndase como tal el género «que se caracteriza por la transposición al registro ficcional cómico de un género serio en prosa, filosófico, oratorio, o bien científico, relato de viajes, descripción de países o costumbres» (Blanco 1998: 156). Las tradiciones en liza dentro de *La peregrinación sabia* son, por orden de cultivo y desarrollo en España: los libros de caballería, los libros de «aventuras peregrinas» y la picaresca, amén de la poesía de academia.

> viaje. [...] El aspecto más atractivo de este planteamiento no reside en las connotaciones devocionales tan reiteradas en cuanto a votos, penitencias, virtudes y lugares santos, sino en esa fuerza que [lo] arrastra a abandonarlo todo y entregarse a la aventura de andar. (Sandoval 2019: 17)

Huelga insistir en que estos dos turistas de la antigua Bética carecen de devoción alguna —el viaje se orienta más bien a la instrucción picaril del zorrito, que se pondrá de manifiesto durante su diálogo con el león—, si bien adoptan de la *peregrinatio* más 'clásica', por así llamarla, el exilio del hogar para tomar nuevos rumbos y, ya que no la penitencia, sí al menos la que titularé 'conversión zorrera' después de su encuentro con los árboles. Según precisa Sandoval (2019: 37–38),

> el peregrino literario no existe sin la noción de movimiento. Su recorrido por tierras extrañas implica un considerable desplazamiento físico que es, simultáneamente, un viaje interior; es decir, mientras se enriquece a cada paso con la experiencia del mundo, su espíritu atraviesa por un proceso de evolución que determina que no sea el mismo aquel personaje que salió del seno familiar, que quien conoce nuevos territorios y quien, más tarde, vuelva a la patria.

Sin embargo, en *La peregrinación sabia* faltan cuatro claves del género: 1) el destino preciso; 2) la certeza del punto llegada, que se irá difuminando en varios textos del Barroco, más interesados en cada una de las etapas del camino, tal como ocurre en la novela de Salas; 3) el alejamiento voluntario del seno familiar, fruto de una suerte de desencanto; 4) la necesidad de arrostrar infinitos trabajos, que aquí resultan muy moderados; en esencia, se trata de apenas dos: el encuentro con la rehala de perros del cazador (episodios I y IV) y después con el león que habitaba en una casa principal (episodio IX).

Por último, antes de entrar en harina, la identidad entre los zorros y Demóstenes, el orador por antonomasia («en aquel siglo andaba la elocuencia tan barata que parecía que cualquier zorra se había convertido en Demóstenes, o que Demóstenes se había convertido en zorra», Salas Barbadillo 1635: 58v), recuerda a aquella otra de Cervantes en *El coloquio de los perros*, donde eligió a dos canes —a dos 'cínicos', según el étimo heleno de este sustantivo— como protagonistas. Para *Cov.*, perros eran «los que siguen la secta de los filósofos cínicos; [...] *id est, caninus, mordax, inverecundus.* [...] Diógenes fue de esta secta; eran sucios, porque de ninguna cosa se recataban, teniendo por lícito todo lo que era natural y se podía ejecutar públicamente, como era el proveerse y el ayuntarse con las mujeres»[76]. Estoy persuadido de que algo tuvo que ver también en el diseño de los dos alanos del complutense la semblanza que Guicciardini

76 Ver García Gual (1987).

(2018: 93 y 189) hiciera de Diógenes de Sinope en un par de facecias de sus *Horas de recreación* (1563, trad. Vicente Millis, 1586): «Diógenes era tan mordaz en su hablar que le llamaban por sobrenombre el filósofo cínico, que es decir que era perro»; «Como Diógenes, que por sobrenombre llamaron Can, fuese al mercado, rodeáronle muchos muchachos, y decían unos a otros: "Guardaos, no os muerda este perro". Y díjoles Diógenes: "No tengáis miedo, hijos, porque los perros no muerden a las hierbas"»; e incluso un tratado (*Antoniana Margarita: opus nempe physicis, medicis ac theologis non minus vtile quam necessarium*, 1554: ver el epígrafe «El automatismo de las bestias») del afamado médico Gómez Pereira, que, hasta donde alcanzo, nunca se ha vinculado con la chispeante plática de Cipión y Berganza[77].

Cierro ya el paréntesis cervantino. De vuelta a *La peregrinación sabia*, quisiera advertir que el relato en modo alguno comienza como una fabulita al estilo de las de Esopo. Por el contrario, recicla varias constantes de un género cultivado por Salas ya desde su juventud: la picaresca. Recordemos *La hija de Celestina* (1612), *El subtil cordobés* (1620) y la comedia *El gallardo Escarramán*, incluida dentro de la historia de Pedro de Urdemalas. Me atrevo a decir que *La peregrinación sabia* debería leerse si no como una miniatura animal de *El subtil cordobés*, que no lo es, sí como una obra que resucita algunos de los episodios de aquella; como por ejemplo el de la academia que el pícaro organiza en Valencia para dar rienda suelta a sus recreos sociales, poéticos y musicales, sus juegos de naipes y la representación de *El gallardo Escarramán*[78].

Luego *La peregrinación sabia* merece estimarse como una de las más singulares teselas dentro del olvidado mosaico de la novela (corta) picaresca. Pienso en *El premio de la virtud y castigo del vicio* (*Novelas morales*, 1620) de Diego Agreda y Vargas[79], la *Novela del licenciado Periquín y Lazarillo de Manzanares y otras cinco novelas* (1620) de Juan Cortés de Tolosa, *La hermanía* (*Teatro popular: novelas morales*, 1622) de Francisco Lugo y Dávila[80], *El pícaro amante* (*Novelas amorosas*, 1624) de José Camerino[81], los «Avisos IV y VI» del *Curial del*

---

77 No hay duda de que el autor del *Quijote* leyó este libro, según declara «por señas» en el «Prólogo» a las *Novelas ejemplares* («Horas hay de recreación, donde el afligido espíritu descanse», Cervantes 1995: 52). Sobre estas pillerías del complutense, ver González Ramírez (2011: 1223).

78 Ver Andrade (1970).

79 Ver Arredondo (1989).

80 Ver Nagy (1983) y Arcos Pardo (2009), cuya lectura debe completarse con la de la tesis en microfichas de Caballero-Glassberg (1990). Ver finalmente Sánchez (1982).

81 Ver Rodríguez Cuadros (1979 y 1986: 91–108) y Sánchez Jiménez (2002).

Parnaso (1624) y *La relación de Moncada* (*El Menandro*, 1630) de Matías de los Reyes[82], *El Proteo de Madrid* (*Tardes entretenidas*, 1625) de Castillo Solórzano[83], la *Segunda parte del Coloquio de los perros* (*Novelas de varios sucesos en ocho discursos morales*, 1635) de Ginés Carrillo Cerón[84], *Ardid de la pobreza y astucias de Vireno* (*Meriendas del ingenio y entretenimientos del gusto*, 1663) de Andrés de Prado[85] y la muy tardía *Vida del bravo* (*Trabajos del vicio, afanes del amor vicioso*, 1680) de Simón de Castelblanco.

Veámoslo con detalle. Al comienzo de su relato, Salas Barbadillo (1635: 58v-59r) escribió:

> en este tiempo, pues, habitaban en aquellos campos eternamente verdes de la nobilísima ciudad de Córdoba dos zorros, macho y hembra, que, siendo casados, tuvieron un hijo, cuyo nacimiento causó la muerte de su madre, siendo una misma hora para él origen y para ella ocaso.

Se cumple, pues, el tópico del origen vil del protagonista, aquí más bien coprotagonista, porque el peso y la voz cantante de la historia los llevará su padre: un zorro admirable por ser el inventor de tan limpia forma de enviudar, luego imitada por tantos poderosos. Además, el arranque *ab ovo* afirma el determinismo familiar propio de los pícaros y la segunda de las cuatro características exigidas por Molho (1983: 128–129) para clasificar un libro como picaresco: «arrastrar un linaje vergonzoso por parte de ambos progenitores». Solo se echa en falta la narración en primera persona, que no abrazaron ni Salas, ni tampoco Castillo Solórzano. Sí que el madrileño siguió a pies juntillas el simbolismo de estos dos cánidos, «antítesis del honor», pues, igual que los pícaros, se ganarán la vida robando; y la voluntad de poner en solfa la moral de los grupos dominantes, en este caso por lo que atañe al ambiente de las academias (episodio X), al teatro (la compañía de monos: episodio XI) y, parcialmente, a los nobles del reinado de Felipe IV (episodio XII).

Desde otra ladera, a la hora de fijar los pilares de la picaresca, Rey Hazas (2003: 240) incorporó: 1) el viaje como marco del argumento, que desempeña un papel axial en *La peregrinación sabia*; 2) el hampa como telón de fondo; 3) las malas compañías; 4) la verborrea del protagonista; 5) el carácter de autobiografía; 6) la vida inconclusa cuando se cierra la narración; 7) la justificación del relato por el principio y por el final; 8) el punto de vista único sobre la realidad;

---

82 Ver Johnson (1973).
83 Ver Rodríguez Mansilla (2019).
84 Ver Madroñal Durán (2013).
85 Ver Rodríguez Cuadros (1986: 281–312).

9) la mendicidad; y 10) el encuentro con un mundo hostil. De todos ellos, en la novela de Salas se registran el 2, considerando que los personajes son animales, que, empero, interactúan con «gatos ladrones»; el 3, por lo que se refiere a los propios felinos y al gatazo del episodio XI; el 4, representado en el padre, «Ulises de los zorros», y después por su hijo, que gracias a su agudeza y fácil verbo se zafará de la trampa del león (episodio IX); el 6, pues no sabremos qué les sucederá, ya 'reformados', de vuelta a su rincón nativo; y el 10, porque no hay un mundo más hostil para cualquier zorro que el habitado por una culebra, un cazador, una jauría de perros y hasta una academia de cultos.

Faltan, sin embargo, la narración de un «caso» espinoso y la dialéctica, tan propia del *Lazarillo*, entre el discurso del adulto —en presente— y la pasada historia del niño que alcanza la cumbre de toda buena fortuna: en *La peregrinación sabia*, ese par de instancias no las asumirá una voz autodiegética, sino un narrador omnisciente y, después, el viejo zorro y el «discípulo de sus maldades» (Salas Barbadillo 1635: 65r). No hay rastro del «currículum vitae del pícaro» (Cañedo 1966) junto a una pléyade de amos corruptos, dado que en esta novelita el zorro progenitor hace las veces de padre y de maestro en la carrera del vivir. Eso sí, el infante será criado a los pechos de una zorra-ama de alquiler y no saldrá muy distinto de la ingeniosa Elena (*La hija de Celestina*), acerca de la cual Salas nos contaba que nació «tan sutil de ingenio que era su corazón la recámara de la mentira, donde hallaba siempre el [...] traje más a su propósito» (Salas Barbadillo 2008: 84); o bien del Pedro de Urdemalas de *El subtil cordobés*:

> Pedro, aquel tejedor más de embustes que de telas, tan reverenciador de la verdad que, por juzgarse indigno de ella, jamás la puso en los labios, dulce conservero de patrañas, delgado en la imaginativa para su invención, rico en la elocuencia para su adorno y osadísimo en el ánimo para sus ejecuciones, entró en Granada cuando el noviembre, sin dar mal ejemplo, roba a los árboles su abrigo, quitándoles a los pájaros el deseo de visitallos, porque de los pobres todos huyen. (Andrade 1970: 6)

Leamos ahora el retrato del zorrito a la luz de estos dos últimos párrafos: «Salió el más travieso de ingenio de todos los de su casta, gran artífice de los embustes, tan fullero en las mentiras, tan simulado en sus intentos, que los zorrazos antiguos le llamaban "gloria de su nación" y temían que no había de lograrse la prevención de sabiduría tan zorrera» (Salas Barbadillo 1635: 59v)[86].

---

86 Aunque lo reduzca a una nota, la 'animalización' de la picaresca, tanto en los títulos: *El coloquio de los perros* (1613) de Cervantes, *Las harpías en Madrid* (1631) y *La garduña de Sevilla* (1642) de Castillo Solórzano, como dentro de los textos, a raíz del éxito de la

6 Crisol de géneros

La peregrinación sabia presenta la siguiente estructura:

Introducción: el linaje pícaro. La viudez del zorro.
Anochecer: padre e hijo dejan su albergue.
Amanecer: la «flamenca Aurora».
  Episodio I: dos gatazos corpulentos. Los víveres del despensero.
  Duración: algunos días. Huída. El cazador y la rehala de perros.
Anochecer. Llegada a una aldea de Andalucía.
  Episodio II: el labrador rico.
  Episodio III: el festín de gallinas.
Amanecer
  Episodio IV: de nuevo el cazador y la jauría canina.
Atardecer
  Episodio V: el Hércules de los gatos.
Amanecer
  Episodio VI: los ratones filisteos.
  Episodio VII: el soto de conejos y la culebra pintada.
Atardecer
Amanecer
  Episodio VIII: don Florisel de Hircania.
Atardecer
Amanecer
  Episodio IX: el león de la casa principal.
Atardecer
Amanecer
  Episodio X: la academia animal.
Atardecer
  Episodio XI: la compañía de monos.
Amanecer
  Episodio XII: la corte de árboles parlantes.
  Despedida, 'conversión' y retorno al rincón nativo.

Salvo en las cronografías —algunas de veras líricas[87]— que median entre los episodios más felices (VII y VIII, VIII y IX y IX-X), la transición del día a la noche, o

traducción (1513) por López de Cortegana del *Asno de oro* de Apuleyo (por ejemplo en la *Segunda parte del Lazarillo*, 1555), es moneda relativamente común.

87 «Después de haber andado algunas leguas de su viaje, se apareció en el teatro azul del cielo, muy descompuesta con las grandes carcajadas que daba de risa, la flamenca Aurora, diciéndole a la noche escura graciosísimos chistes» (Salas Barbadillo 1635: 60r); «Durmieron con tanta quietud como si a nadie tuvieran ofendido ni injuriado, hasta que aquel dios tan infeliz en amores (aquel cuya dama quiso más ser tronco que verse

viceversa, siempre viene de la mano de una nueva aventura de los zorros; excepción hecha de un par, el segundo ocaso y el tercer amanecer, que dan cabida, respectivamente, a sendos episodios: II-III y VI-VII. Pequeñas irregularidades que subrayan aquellos lances en los que el día deja paso a las tinieblas —y al revés— sin que ocurra nada especial, dado que ora preceden a uno de los cuadros más amplios (VIII: don Florisel de Hircania), ora acentúan las dos *set pieces* de esta fábula de fábulas: IX (el león encadenado) y X (la academia de los animales).

La peregrinación propiamente dicha comienza con una salida de los zorros que, después de abandonar su casa, se topan con unos «gatazos corpulentos» (episodio I), a los que no dudarán en unirse —de acuerdo con una estructura propia también de la pastoril; no solo de la picaresca—, con vistas a hacer efectivo un *quid pro quo* típico del alivio de caminantes: «Los zorros pensaban comer a costa de los gatos y los gatos entretenerse con la conversación de los zorros» (60v). He aquí un motivo que se registraba ya en la fábula de *La raposa y la gata* del *Fabulario* de Mey (2017: 189): «Iban camino la raposa y la gata, y para divertir la pesadumbre y cansancio del camino y no sentirle tanto, comenzaron a tener conversación sobre cosas diferentes»[88]. Este cuadro, por lo demás bastante sencillo, tiene toda la pinta de un *exemplum*: los felinos pensaban actuar como ministros de la justicia con unos ratones que se cebaban un día sí y otro también con los avíos de un despensero. Nada que ver, pues, con la epicidad de la zoomaquia del *Carlo famoso* de Zapata, relatada por el patrón catalán del bergantín en el que iban las tropas del príncipe de Orange. No en vano, aquella feroz guerra entre gatos y ratones «funcionaba no solo como *mise en abyme* del canto XXIII, sino de toda [la epopeya del extremeño]» (Cacho Casal 2012: 79)[89]. Y sin embargo, aunque en *La peregrinación sabia* el tema no afecta al sexo, sino al ataque de los roedores y a la defensa de los bienes del despensero, algunos trazos sí que tienen aire bélico y cierta estatura campal: «Velaron toda la noche los gatos y hicieron espantosas justicias en los descuidados ratoncillos, pasándolos a todos a los filos

---

celebrada de sus musas y estimó en más la humedad de las corrientes que el calor generoso de sus rayos) se despeñaba al mar, quizá desesperado de este mal suceso» (65v); «Por este parecer cuerdo se estuvieron recogidos hasta que aquel planeta del rastro mostró sus cuernos, que salió […] cándido y pío» (66r); «Salió la luna tan enana, tan pigmea, que, viendo que las estrellas la daban "vaya" y la decían que era una menguada, y otros oprobios de esta calidad, y aun más íntimos, se retiró muy presto» (75v).

88 Durante la presentación de nuestras ponencias, la profesora Albert y quien suscribe exhumamos esta fuente, glosada ahora con tino por mi apreciada colega.

89 Algo semejante ocurre aquí con la academia y el epílogo de *La peregrinación sabia* (plato III) respecto a las «Coronas» de las *Coronas del Parnaso*.

de sus dientes sangrientos, habiéndoles dado primero mucha bofetada gatuna, pasándolos con las uñas de parte a parte» (Salas Barbadillo 1635: 60v).

En paralelo, todo discurrirá a pedir de boca también para los pasivos zorros, que de momento no pasan de aliados de los «gatos pesquisidores»; hasta que el despensero repara en que el sustento de tamaño ejército le supone un coste superior a lo sisado por los ratones. Mejor, pues, que «aquellos ratoncillos menguados le royesen el pan y el queso que desperdiciar con prodigalidad necia [...] los jamones y las perdices» (61r)[90]. Que Salas se distanció en lo sustancial de la épica burlesca lo confirma el hecho de que, en *La Gatomaquia* (1634) de Lope, Micifuf se jactaría de unas hazañas no consumadas en las cocinas, sino —como en la zoomaquia del *Carlo famoso*— en galeras, naves y campañas, pues había matado en Granada a Tragapanzas, el gato abencerraje, y luchó cuerpo a cuerpo en Córdoba con Murcifo, además de arrancarle una oreja a Boquifleto y la cola a Lameplatos (III, vv. 255–288; Vega 1982: 137–138), todos, por cierto, de su misma especie.

Gatos y zorros se darán dos veces a la fuga dentro de *La peregrinación sabia*: la primera cuando huyen del despensero; la segunda, a campo abierto, cuando se sienten perseguidos por la jauría de un cazador, de la que los librará una tormenta y la caída de la noche[91]. Es entonces cuando entran en una aldea andaluza y, más en concreto, en la vivienda de un rico labrador (episodio II). Como sus dueños duermen, la comitiva pone esta vez sus miras en «unos garabatos bien proveídos de tocino, pero en tantos grados de altura que pusieran desconfianza a los menos corpulentos y animosos. [Solo] saltó el más animoso y corpulento [de los gatos] sobre un grande arcaz, y desde allí se arrojó a los garabatos» (Salas Barbadillo 1635: 62r).

Esta anécdota de los perniles carecería de interés si no fuera por el citado arcaz, que debe leerse como un guiño al segundo tratado del *Lazarillo*: el del arca donde el cura de Maqueda guardaba los bodigos. A su vez, el tocino es un alimento vinculado a la picaresca. Si en la casa de aquel religioso no había ni siquiera un trozo de tocino en el humero, en el *Buscón* de Quevedo (I, 3) se aludiría de nuevo a este lardo: «Y prosiguió siempre en aquel modo de vivir que he

---

90 Esta idea se repetiría, con pequeños cambios, en la silva II de *La Perromaquia* (1786) de Juan Pisón y Vargas: «¿Qué perdices, qué pollas, qué pichones, qué pavos, qué capones,/ sin otras muchas aves, para ti no he robado, como sabes?/¿En qué jamón o lomo no hice presa/por que fuera despojo de tu mesa?» (vv. 94–99). Ver Bonilla Cerezo y Luján Atienza (2014: 363).

91 Como adelanté, se trata de un cuadro lejanamente inspirado en la fábula de *La raposa y la gata* (Mey 2017: 189).

contado; solo *añadió a la comida tocino en la olla*, por no sé qué que le dijeron, un día, de hidalguía allá fuera» (Quevedo 1993: 74).

Repárese en la actitud de los zorros. Una vez consumado el hurto, el viejo, ni corto ni perezoso, invoca a Júpiter para que afeara a los gatos su proceder, dejando a estos últimos tan confusos como tristes. Se trata de un recurso más propio de la épica burlesca que de la fábula, pues ya en la *Batracomiomaquia* del Pseudo-Homero (vv. 623–704) Júpiter había enviado a unas tropas auxiliares —los cangrejos— para salvar a las ranas. Empero, aquí la invocación al señor del Olimpo se ceñirá a dicho apóstrofe.

Con los raposos tomando el protagonismo, puesto que por fin se separan de los mininos, al menos temporalmente, Salas narra lo sucedido con las gallinas, las cuales dormían a pierna suelta (episodio III). Entrar en el gallinero y darse un festín será todo uno; de modo que, al día siguiente, los gatos caminaban con la agilidad propia de su raza y los zorros no eran capaces de dar ni un paso, ocultándoles el banquete nocturno e insistiendo en que su flojera obedecía a que habían salido ayunos e «hinchados con la mucha ventosedad» del frío de la mañana (Salas Barbadillo 1635: 63v).

Absortos en su diálogo, volverán a darse de bruces con el cazador y los perros que eludieron el día anterior (episodio IV). Es ahora cuando el zorro padre hace gala de una de las cualidades que Cabo Aseguinolaza (1992: 74) atribuyó al personaje del pícaro: «El protagonista picaresco no actúa, habla. O si se quiere, actúa hablando. Todas sus andanzas [...] son, en primer lugar, parte de un discurso». Obviamente, los zorros no recordarán su pasado ni al lector, ni al resto de criaturas con las que se cruzan; pero en lugar de actuar, o mejor, para evitarlo, acostumbran a usar la palabra, la oratoria, con el fin de salir de sus atolladeros. Sobre todo el viudo, pero también su hijo —desde el episodio IX—, tienen mucho de sofistas y hasta de Paravicinos, a tenor de su facilidad para el sermón. Verbigracia durante su encuentro con los perros, a los que seducen con la palabra y acabarán azuzando contra los gatos: «¡Oh canes generosos, [...] que si [el león] es el rey de los animales, vosotros sois los caballeros de la llave dorada! [...] Y si es verdad que la caza es imagen de la guerra, [...] sabed que aquellos sucios gatos, [...] diciéndoles yo que no huyesen, [...] respondieron que vosotros érades unos perros rabiosos» (Salas Barbadillo 1635: 64r)[92]. Además de echar mano del adagio de la *Ciropedia* (I, 10) de Jenofonte («es la caza imagen de la guerra»), presente ya en

92 En buena medida, el zorro viudo hace aquí la veces, si no de amo, sí de formador de su hijo, a zaga del ciego y del cura del *Lazarillo*: «le hacía discípulo de sus maldades y se introducía en la herencia de sus depravadas costumbres» (65r).

el capítulo XXXIV de la Segunda parte (1615) del *Quijote* («Antes os engañáis, Sancho —respondió el duque—, porque el ejercicio de la caza de monte es el más conveniente y necesario para los reyes y príncipes que otro alguno. La caza es una imagen de la guerra; hay en ella estratagemas, astucias, insidias para vencer a su salvo al enemigo», Cervantes 1998: 915), la agudeza de referirse a esta jauría como «caballeros de la llave dorada» remite al título de Gentilhombre de la Real Cámara, los cuales, ya en tiempos de los Austrias menores, gozaban de dicha insignia. No se olvide que el primero de los varios retratos (1624) que Velázquez hizo del conde-duque de Olivares (hoy en São Paulo) «muestra la llave que le había sido concedida por [el rey], en su condición de sumiller de corps. También Velázquez, como aposentador de palacio, entregaba la llave de la cámara del rey a los gentiles hombres de la casa y conservaba una llave doble en el bolsillo» (Enciso Recio 2005: 130).

Otra pincelada histórica afecta no tanto a la 'naturaleza lectora' de estos perros, que los acercaría a Cipión y Berganza (Nerlich 2005: 653), cuanto a su precisa lectura: «el *Libro de duelo* de las bestias, solo digno de ellas y bien ajeno de los hombres de razón y cristianos» (Salas Barbadillo 1635: 64v). Sin duda, el novelista evocaba obras como la traducción del *Tractatus de duello* (1525) de Diego Castillo de Villasante, que apareció bajo el título de *Remedios de desafíos*; el *Libro llamado batalla de dos* (1544), traslado peninsular del *Duellum* de Paris de Puteo; y, a mi juicio, a la luz del párrafo que acabo de reproducir, el *Catecismo cristiano* de Bartolomé de Carranza, en el que el teólogo desgranaba «"las leyes que el mundo tiene de vengar las injurias", [pormenorizando] su ataque contra esas "leyes contrarias a las leyes de Dios y a las leyes de la naturaleza, en las cuales manda que las injurias sean vengadas y que lo sean por las personas injuriadas"» (Chauchadis 1987: 87)[93]; o bien el *Diálogo de la verdadera honra militar* (1566) de Jerónimo de Urrea, cuatro veces impreso en España y una vertido al francés. Asimismo,

> es innegable que la presión judicial y religiosa contribuy[ó] a desplazar la problemática de las leyes del duelo hacia la del punto de honra. Eso no significa sin embargo que se haya suprimido toda relación entre las leyes del duelo y la práctica del combate singular.

93 «Cuando en 1638 el conde-duque de Olivares escribió su "discurso para desterrar la ley del duelo", propuso la pena de infamia para el que sacara a su enemigo al campo cuando no quedaría superior a él, quitándole la vida o la espada. Olivares pensaba sin duda desterrar la ley del duelo radicalizándola. [...] La fortuna de la expresión "Libro del Duelo" se explica en particular por el valor que le otorgan los moralistas religiosos, que oponen el libro del Evangelio, fundamento de la ley cristiana, al libro contrario del duelo en que radican las leyes del mundo» (Chauchadis 1987: 91 y 97).

> El simple hecho de que se mantenga la expresión "leyes del duelo" revela que siempre queda como opción posible dentro del sistema de las respuestas caballerescas la del desafío. Parece que en algunos casos el recuerdo de una práctica gloriosa en tiempos pasados no se mantenga solo a través del léxico, sino a través de actitudes que todavía tienen que ver con los antiguos duelos. (Chauchadis 1987: 88)

Sin embargo, en *La peregrinación sabia*, cuando los perros se disponen a precipitarse sobre los gatos, llegará el cazador, frustrando el gaticidio y permitiendo que los pícaros zorros —de nuevo por medios del todo verbales— convenzan a sus colegas felinos de que ha sido la intercesión de Júpiter la que los ha rescatado de una muerte segura.

Durante el crepúsculo, los protagonistas aprovechan por fin para hacer de vientre, la única concesión al *genus turpe* de esta novelita: «era fuerza que de la cantidad de la evacuación se juzgase el exceso de la comida» (Salas Barbadillo 1635: 65v). Y, como he señalado, de forma algo arbitraria, el narrador decide que vuelva a anochecer antes de que los zorros se tropiecen con don Florisel de Hircania. Lo veremos luego. Nótese, eso sí, que la cronografía bosqueja el episodio caballeresco que vendrá a continuación: «Apareciose risueña aquella casta Diana, [...] de cuya mala escuela debieron de salir las doncellas andantes de los libros de caballería que, peregrinando todo el mundo, nos quieren dar a entender que se conservan vírgenes» (66r). Se trata de un motivo sobre el que Marín Pina (2010: 221–224) ha discurrido con acierto:

> El refranero popular recoge el sentir de la época sobre el asunto: "La mujer y la gallina por andar se pierde aína". [...] De los refranes se sirve Juan de Espinosa, en el *Diálogo en laude de las mujeres* (1580), para concluir que "la mujer, indiferentemente casada, o virgen, o viuda, que es andariega, fácilmente incurre en su perdición". [...] Su desafiante actitud otorga por ello al tipo cualidades propias de la *mulier virilis*, de la mujer varonil o hazañosa, si bien el hecho de no perder nunca su femineidad, pues no van armadas y tan sólo en ocasiones se ocultan con antifaces, hace todavía más atractiva su figura. Las mujeres por los caminos son todo problemas porque despiertan inevitablemente el deseo de los hombres. Aunque los caballeros al recibir la investidura juran defender a las mujeres, no todos cumplen siempre dicha promesa, ya que puede más el deseo libidinoso que el compromiso caballeresco. Así se lo recuerda don Polindo, en el libro del mismo título, al caballero que se dispone a forzar a una doncella que grita, se mesa los cabellos y se sube a un pino para ponerse a salvo: "¡Armarvos, don falso cavallero! Vos conpraréis caramente la villanía que contra las donzellas acometéis, olvidando aquello que jurastes cuando la Orden de cavallero recebistes; la cual en tan malvados cavalleros es mal empleada" [...]. En este juramento se escuda también Arvencida, una doncella andante del *Félix Magno* (1549).

El nombre del animoso can de *La peregrinación sabia*, don Florisel de Hircania, alude a un libro de caballerías probablemente leído por Salas Barbadillo y sin duda por Cervantes[94]. Lo más seguro es que el madrileño pensara en la tercera parte del *Florisel de Niquea*, donde un grupo de doncellas, entre ellas Galtazira, se echan al campo en busca de auxilio para desencantar a Artifara y Rosafar; y lo hacen escoltadas por unos viejos caballeros que protegen su honor (Silva 1999: 213). Asimismo, ya en la cuarta parte, Feliciano de Silva volvería a terciar en el debate sobre las doncellas andariegas gracias al jocoso sermón del Fraudador de los Ardides (Sales Dasí 2003), quien condenó el hábito de aquellas que vagan solas por los caminos, exponiéndose a perder su honra; y todo ello después de haber robado a tres damas sus palafrenes y vestidos y de hacerlas ir a pie.

La última lección para damas y caballeros queda expedita:

> Procurad en mal hora de no caminar tan sin propósito, andando las señoras donzellas con los cavalleros a la flor del angarilla por los caminos atravessando, haziendo ressayos hechas golondrinas, do no faltan esmerejones que las lleven en las manos o Fraudador en las uñas repelándoles la pluma, hechas almendros llenas de flores de bocadillos, para de tales flores sacar el fruto de mi gloria. (*apud* Marín Pina 2010: 227)

El quinto episodio de *La peregrinación sabia* supone el tercer encuentro —esta vez de lejos— con la rehala del montero. La novedad es que el gatazo mayor, al que llamaban «Hércules» (Salas Barbadillo 1635: 66r), resuelto a hacer frente a aquellos perros, protagoniza otro trazo épico-mítico que no debe ignorarse. Está claro que Salas no singularizó a sus animales por medio de nombres parlantes, como era lo repetido en la epopeya animal —ninguno de estos personajes posee antropónimo—, pero sí a través de varios símiles que les añaden pinceladas épicas. Sin embargo, la intervención de «Hércules» no superará la linde de la machada, pues enseguida se nos cuenta el episodio VI.

Al amanecer, morrongos y raposos divisarán en un molino a una tribu de ratones filisteos, «tan bien dispuestos y gentiles que en fortaleza de miembros y altura no eran inferiores a los gatos» (67v). Junto al eco bíblico de Sansón y el *Libro de los Jueces* (13–16), el narrador da entrada a otro subgénero que haría su fortuna durante la segunda década del siglo XVII, con precursores tan ilustres como la cuadrilla de Roque Guinart en el segundo *Quijote* (1615): la prosa y el teatro con bandoleros. Se expandiría gracias a novelas como *El bandolero*

94 Como desarrollaré, se trata de un híbrido entre *Florisel de Niquea* y *Felixmarte de Hircania*: «—Este que se sigue es *Florismarte de Hircania* —dijo el barbero—. —¿Ahí está el señor Florismarte? —replicó el cura—. Pues a fe que ha de parar presto en el corral, a pesar de su extraño nacimiento y soñadas aventuras, que no da lugar a otra cosa la dureza y sequedad de su estilo. Al corral con él, y con esotro, señora ama» (Cervantes 1998: 79).

(*Deleitar aprovechando*, 1635) de Tirso, varios episodios de las colecciones de Castillo Solórzano (*La quinta de Diana*, en *Tiempo de regocijo*, 1627; *Amor con amor se paga*, en *Los amantes andaluces*, 1640)[95] y un ramillete de comedias de Lope (*La serrana de la Vera*, *Pedro Carbonero* y *Antonio Roca*), el propio Tirso (*El condenado por desconfiado* y *La ninfa del cielo*), Vélez de Guevara (*La serrana de la Vera* y *El niño diablo*), Rojas Zorrilla (*El bandolero Solposto*) o Cubillo de Aragón (*El bandolero de Flandes*)[96].

Ha llegado la hora de publicarlo sin ambages, salvando las abismales distancias: si algo aprendió Salas de Cervantes, cuando nadie tenía claro todavía qué era una novela, al menos no como la entendemos hoy, es que la 'moderna' nacería de un banco de pruebas —eso y no otra cosa es el Quijote— en el que se contenían los principales géneros medievales y renacentistas. Y a ello se consagró nuestro autor en una miniatura animal como la que nos ocupa, pues dentro de *La peregrinación sabia* se abrazan la fábula, la épica burlesca, la picaresca, los libros de caballería, las academias y la emblemática. Y lo más difícil: no en el interior de una novela, sino de una novela corta.

El «Hércules de los gatos» se asusta al descubrir que se trataba de bandoleros, de modo que el viejo zorro, definido como un «predicador sospechoso» (Salas Barbadillo 1635: 67v), oficio y condición que podrían interpretarse como otro guiño al *Coloquio de los perros* («CIPIÓN: Pero el daño está en que es imposible que puedan pasar bien las gentes en el mundo si no se fía y se confía; mas quédese aquí esto, que no quiero que parezcamos predicadores», Cervantes 1995: 311), no pierde la ocasión de enderezarle una pulla: en lugar de llevar el nombre de aquel que se cobró al león de Nemea, más le valiera al gato atender por «Caco», porque de momento no ha pasado de ladrón. Mas este lance de los ratones tampoco irá a ningún sitio, quizá uno de los lunares de esta novelita, que esboza varios episodios, sobre todo el IV y el VI, que huelen a promesa y al final se quedan en mantillas.

Durante el VII, el del soto de conejos, los dos zorros se separan de los gatos. Su objetivo ahora es dar buena cuenta de aquellos gazapos, si bien deberán aparcar la idea como consecuencia de que una «pintada culebra» merodea por la zona. He aquí un reptil tan sabio que es «sastre de sí mismo» (Salas Barbadillo 1635: 68r), dado que los ofidios mudan de camisa y son tan astutos como los raposos. Terminado el paréntesis donde se pasa revista a lo que «los hombres han escrito [sobre las serpientes] entre los adagios ilustres y doctos» (68r), el

95 Sobre el bandolerismo en la novela del Siglo de Oro, ver Rey Hazas (1989).

96 Ver García González (2012).

narrador los concreta en que «Dicen pues —cuando quieren significar la grande sabiduría de un hombre— "sabe más que las culebras"» (68r), refrán que recogería Correas («Sabe más que las culebras, que un pobre, que Merlín, que Séneca, que le enseñaron», 640) y aflora en un romance burlesco de Quevedo («Padre Adán, no lloréis duelos»): «Si os quejáis de la serpiente/que os hizo a entrambos mascar,/cuánto es mejor la culebra/que la suegra, preguntad./[...]/Las culebras mucho saben,/mas una suegra infernal/"más sabe que las culebras",/ansí lo dice el refrán» (vv. 29–44; 1990: 772).

Los zorros avisarán enseguida a los vecinos de la presencia de dicha culebra y de la trampa urdida por el raposo padre: una gran artesa con leche, manjar venerado por las serpientes, detrás de la cual se oculta un lazo para atraparla. Esta vez se antoja probable que Salas tuviera en la uña la fábula VIII de Esopo: *De la culebra y el labrador*:

> El labrador le preguntó:
> —¿Qué galardón pides de mí?
> La serpiente dijo:
> —No pido otra cosa salvo que me envíes mañana a tu hijo solo que tienes con una olla de leche.
> Y mostrole un agujero en que le pusiese la leche. E añadió:
> —Mira en esto que muchas veces te he dicho que al que mal haces, no creas.
> Con tanto vase el buen hombre para su casa y otro día por la mañana enviole su hijo según se lo había prometido, y llegando en el lugar que el padre le había mostrado, puso la leche en el agujero, y luego saliendo la culebra saltó en el mozo y lo mordió, de manera que murió ende. (Esopo 1546: 74r)

Más interesante resulta que, una vez cazada, el viejo zorro escupa por el colmillo que «vosotros entraréis arrastrándola por las calles de vuestra ciudad y, llenando su pellejo de paja, la pondréis a las más principal de sus puertas, para que así quede consagrada a la inmortalidad y al escarmiento» (Salas Barbadillo 1635: 69v). Resolución que evoca, siquiera al bies, la leyenda de la sierpe de la ermita de la Virgen del Camino (Zamora), de cuyo portón de entrada cuelga aún hoy una boa disecada, de seis metros de largo, que había matado a numerosos lugareños. Se cuenta que un pastor, luego de volver del frente, fue el único capaz de enfrentarse a ella.

Mientras tanto, los zorros encuentran vía libre para cebarse a su sabor con los conejos. Lo cual no obsta para que los villanos empiecen a discurrir sobre qué hacer con tan ladinas alimañas; así que los reclaman para 'premiarlos'. Los dos protagonistas se maliciarán el engaño y ponen pies en polvorosa, ya que estaban determinados a «no fiarse de caballeros de albarda» (70r); o sea, de los rústicos y pueblerinos, otra deuda nada disimulada con uno de los capítulos del *Quijote*: el

XLV de la Primera parte («Donde se acaba de averiguar la duda del yelmo de Mambrino y de la albarda, y otras aventuras sucedidas, con toda verdad»), en el que el hidalgo discute con el cura, un par de barberos —el de su aldea y otro— y una cuadrilla de sujetos:

> En lo que toca a lo que dicen que esta es bacía y no yelmo, ya yo tengo respondido; pero en lo de declarar si esa es albarda o jaez, no me atrevo a dar sentencia difinitiva: solo lo dejo al buen parecer de vuestras mercedes; quizá por no ser armados caballeros como yo lo soy no tendrán que ver con vuestras mercedes los encantamientos deste lugar, y tendrán los entendimientos libres y podrán juzgar de las cosas deste castillo como ellas son real y verdaderamente, y no como a mí me parecían. (Cervantes 1998: 523)

En *La peregrinación sabia*, tampoco sorprende que el episodio con los villanos lo cierre una nueva invocación a Júpiter a cargo de los zorros, que le piden que castigue a los rústicos mandando «tocar al arma a las langostas, y juntando de ellas un copioso ejército, cébense en sus panes y sembrados; cúbralos de ratones y arañas y mueran a viles manos los que tienen costumbres viles» (Salas Barbadillo 1635: 70v), esto es, el segundo préstamo del colofón de la *Batracomiomaquia* del Pseudohomero.

6.1 Don Florisel de Hircania

Cuando sale la estrella de Venus —o lucero del alba—, padre e hijo se retiran al soto para darse un festín de conejos. Luego dormirán un rato y saldrán, por fin, de aquel pueblo. A mitad de su *tour*, en uno de los tres episodios (el VIII) más felices de esta novelita, junto al de la academia zoológica y al de la república arbórea, se tropiezan con un enorme can que dice ser «don Florisel de Hircania, un perro caballero andante, que [iba] buscando aventuras en desagravio a los pequeños y castigo a los soberbios y tiranos» (72r). Con tan mala fortuna que su escudero había muerto hace apenas un par de días[97]. Este sucedido resultará capital por dos motivos:

---

97 Acogiéndose al magisterio de González de Amezúa, Caus (1974–1975) analizó —con tanta brevedad como acierto— los rasgos quijotescos de don Lázaro (*El cortesano descortés*), don Juan de Toledo (*El caballero puntual*) y Florisel de Hircania (*La peregrinación sabia*). Repetiría estas ideas en Caus (1977: 38–40). Sobre Cervantes y Salas, ver Pagnotta (1994) y, especialmente, López Martínez (2011: 475): «la huella del *Quijote* tiene su máxima manifestación en la obra de Salas en un largo pasaje en el que el recuerdo del hidalgo caballero adquiere explícitamente la forma de la imitación, y es además utilizado como el pretexto para la exposición más extensa y sistemática en el libro de uno de los temas predilectos de Salas: la sátira de la corte. Justo al inicio del capítulo VII, en el que sin solución de continuidad suficiente se nos comienza a

1) los zorros no dudan ni un momento en ocupar la vacante, después de haber ejercido hasta ahora como escoltas y camaradas de los gatos;
2) el nombre del perrazo tampoco deja lugar a dudas: Salas leyó a buen seguro el célebre *Florisel de Niquea*, cuyas dos primeras partes, escritas por Feliciano de Silva, vieron la luz en 1532; después aparecerían la tercera (1535, conocida como *Rogel de Grecia*) y la cuarta (1551). Pero lo original es que el responsable de *La hija de Celestina* hibridó la saga amadisiesca, al menos en su título, con el no menos triunfal *Felixmarte de Hircania* (1556) de Melchor Ortega. Por ahora, baste señalar que el Florisel canino se apropia de esta peripecia, o al menos de su centro, ya que primero intervendrá en la escaramuza entre dos mastines y un lobo, de acuerdo con unos códigos de caballería que darán entrada a otro tributo cervantino —concretamente quijotesco—que deviene clave para el resto de la fábula: la dicotomía entre el idealismo, encarnado por Florisel, al que Salas pinta aquí como un perro *demodé* y un punto tronado, reflejo de Alonso Quijano, y el realismo que adorna a los mastines. Veamos un ejemplo:

> Los mastines, enojados y soberbios, le dijeron que aquel era un ladrón que andaba salteando el ganado inocente por aquellos caminos, con quien no se podían guarda[r] aquellos respetos y leyes de la caballería, ni era justo; y que si allá en su provincia de Hircania vivían con semejantes costumbres, que España se gobernaba con otras. [...] Apenas se oyó llamar protector de ladrones, cuando les dijo:
> —Mentides villanos, viles y bajos, y acometiéndolos con gran furia hizo al uno de ellos pedazos y el otro se le procuró ir por los pies, bien herido y lastimado. (72v)

No hay que ser muy avispado para atisbar bajo este párrafo un homenaje al capítulo XXII del primer *Quijote* —el de los galeotes—, donde el protagonista pugna porque liberen a una cuerda de presos y recibe la siguiente respuesta:

---

presentar a don Juan no como un hábil impostor sino como un personaje risible y conocido en toda la villa, el narrador nos da cuenta de la primera de las burlas de que es víctima el caballero, aunque de forma indirecta. Un ingenio de la corte "hizo una ficción sutil en este modo: que don Quijote de la Mancha escribía una carta a nuestro Caballero Puntual con ánimo de ser informado en las aventuras de la corte, y él, como persona docta y capaz, respondía a la proposición con agudeza y propiedad" (81r). [...] Esta carta burlesca se mueve, como tal vez ningún otro de los testimonios del éxito de la novela de Cervantes, entre la pura imitación del personaje, a la manera de lo que sucede, por ejemplo, en Avellaneda o en la obra de Guillén de Castro, y su parodia y escarnio más intensos, como observamos en el "Testamento del Quijote" de Quevedo».

—¡Donosa majadería! —respondió el comisario—. ¡Bueno está el donaire con que ha salido a cabo de rato! ¡Los forzados del rey quiere que le dejemos, como si tuviéramos autoridad para soltarlos, o él la tuviera para mandárnoslo! Váyase vuestra merced, señor, norabuena su camino adelante y enderécese ese bacín que trae en la cabeza y no ande buscando tres pies al gato. (Cervantes 1998: 245)

La historia se vuelve aún más quijotesca cuando los dueños de los mastines entran en escena y el bravo Florisel consigue ahuyentarlos, tomando de inmediato su choza —esta vez no se trata de una venta— que, por cervantinísimo arte de birlibirloque, el perro metamorfosea en un «fuerte castillo» (Salas Barbadillo 1635: 73r-v). Mientras, los zorros se entretendrán en devorar una suculenta banasta de uvas y una ración de cecina.

Que estos raposos tienen más de *voyeurs* que de escuderos lo prueba su segunda aventura junto al descomunal gozque: todos los pastores del pueblo salen a la palestra para frenar los ímpetus de Florisel, ahora pertrechados con lanzas, chuzos y mastines de refuerzo. Sin embargo, el héroe se abalanza sobre una yegua, que caerá herida mientras sus 'pajes' miran tan prodigiosa batalla «algo retirados» (74r); una postura que al perro-caballero no parece importante en demasía. No en balde, los incita a que «guardasen la admiración para cosas mayores que verían adelante, [...] [a fin de] que pudiesen después ser coronistas verdaderos de sus victorias y triunfos» (74r). Salas sugiere así uno de los pilares del género *best seller* de la prosa de la Edad de Oro:

el verdadero error del hidalgo consiste en haber tomado como verdades históricas las disparatadas hazañas de caballeros andantes que había leído en los voluminosos libros de caballerías; don Quijote no solo confunde realidad y ficción, sino que tampoco distingue la crónica histórica de la ficción de entretenimiento. Por tanto, la locura de este personaje deriva de un error de interpretación de textos literarios, textos que asume como históricos. (Martín Romero 2015: 107–108)

En definitiva, el don Florisel de *La peregrinación sabia* anuncia a sus escuderos que les tiene reservado el papel de sus futuros Cide Hamete Benengeli, quien, por moro y por falsario, no tenía mayor autoridad que la de un par de zorros; o así nos lo apunta Salas. Y téngase en cuenta, ya que he citado a Feliciano de Silva, que en su *Amadís de Grecia* (1530) la historia —como luego remedará Cervantes— salía de la pluma de una suerte de traductor-refundidor que oficia como un *alter ego* de Silva, a zaga del acuñado por Rodríguez de Montalvo en el prólogo del *Amadís de Gaula* (1508).

Por boca del valiente can, y cumpliendo con otro de los tópicos del género —el inicio *ab ovo*, que remonta a su ilustre genealogía—, sabremos que don Florisel descendía del «generosísimo perro don Alejandro de Grecia» (Salas Barbadillo

1635: 74r) y que fue bautizado así luego de liquidar a un león en presencia del rey macedonio. Don Florisel descendía, por tanto, de un «Can mata leones» (74r) y arriesgaré que detrás del nombre de Alejandro de Grecia podría estar el *Amadís de Grecia* (1514; o libro VII del *Amadís*), también escrito por Silva. Lo dejo al curioso juicio de mis lectores; aunque tampoco sería descabellado que Salas pensara en el volumen de Juan Díaz, de título casi homónimo: *Lisuarte de Grecia* (Sevilla, 1526). Eso sí, el duelo del caballero con un león se registraba ya en la tercera parte del *Florisel de Niquea* (capítulo LXXXVI):

> Sabed que como el jayán cayó las trompas sonaron y, en sonando, salieron del castillo dos espantables leones, y el uno de ellos se vino para don Rogel —el cual lo recibe y de su espada lo hiere poniéndosela de punta por los pechos—, e como el león venía muy denodado hasta en la cruz, fue lanzado por ella. [...] Don Rogel sacó el espada, cayendo muerto el león, e volvió la cabeça e vio la infanta ir huyendo por el campo a pie y el otro león encarniçado en su palafrén. [...] Le hirió de tal golpe por los lomos que lo hizo dos partes. (Silva 1999: 272–273)[98]

El tercer lance protagonizado por el perro Florisel lo enfrentará con un par de toros que lidiaban por los favores de una espléndida vaca. Poca cosa añade a lo ya relatado sobre su mediación durante el acoso del lobo por los mastines. A no ser porque este librito de caballerías interpolado dentro del viaje de los zorros, que nada hubiera extrañado —caso de contar con protagonismo humano— dentro del breve corpus de las «historias caballerescas» (Baranda 1995), aprovecha otro eco del género fundado en España por el *Amadís*: al parecer, hacía muchos años, don Florisel atendió por «de Grecia», apodo y gentilicio que mudaría por «de Hircania» cuando mató a un tigre llamado don Héctor de Hircania. Al margen de que el nombre del felino remita a uno de los protagonistas de la *Ilíada*, subrayaré que tanto en el libro II del *Palmerín de Inglaterra* (1548) de Luis de Hurtado, la fuente más probable, como en *El caballero del Febo* (1576) de Esteban Corvera se narran sendos y muy ardorosos combates con tigres. En el capítulo LVII del primero de ellos, se lee:

> [Palmerín] llegó a la fuente por la parte donde uno de los tigres estaba e le recibió con una natural y espantable braveza, tomándole de salto y puesto que su acuerdo y ligereza fuese grande no se pudo tanto desviar que no le llevase el escudo en las manos quebrando las correas él en muchos pedazos, mas no tanto a su salvo que una de sus piernas no le llevase, dándole tan gran herida que la mayor parte le cortó, de manera que el tigre no se podía más menear a su voluntad. (Hurtado 1548: IXVI)

Y en el segundo (capítulo XXIV):

---

98 He intervenido en la puntuación.

> Y como el buen cavallero no tuviesse lugar de aprovecharse de la maça, ni pudiese sacar la espada que traía en la cinta, con una rabiosa y mortal furia que bastava para derribar una torre, dexó la maça y se abraçó con el espantable tigre. Y de la primera buelta dio con él en el enlosado suelo tan gran caída que los huessos del espinazo, y le quebró, y los caxcos le saltaron de la cabeça y, dexándolo muerto, se levantó de sobre él. (Neri 2007: 262–263)

Otro detalle del Florisel canino tiene que ver con su polionomasia —de «Florisel de Grecia» a «Florisel de Hircania»—, símbolo de su evolución caballeresca, más externa y nominal, como era lo acostumbrado, que profunda o justificada.

De vuelta al lance con los morlacos, a los que, muy quijotescamente, el perro se refiere como «de los mejores y más virtuosos caballeros que yo he conocido» (Salas Barbadillo 1635: 74v), ambos acabarán convirtiéndose en víctimas del campeón. A uno le arranca una oreja y al otro le desjarreta una pata, extendiéndose así su fama y con ella el miedo entre los comarcanos, que lo motejarán como «El hijo del diablo», acaso la sexta de las teselas a partir de las cuales Salas dio vida a su perrazo: ya he señalado el *Florisel de Niquea*, el *Felixmarte de Hircania*, tal vez el *Palmerín de Inglaterra* y, por supuesto, los dos *Quijotes*; a los que ahora viene a sumarse una de las mejores historias caballerescas: *Roberto el diablo* (1509). Así, en menos de un pliego, este 'perrihéroe' será, sucesivamente, Aquiles, Durandarte, Roberto el Diablo, don Florisel, un prototipo de Felixmarte y hasta un sabueso Quijote.

Por lo que atañe a *Roberto el diablo*, disfrutó de once ediciones a lo largo del siglo XVI y había circulado por Francia —en forma de *exemplum* y de *miraculum*— mucho antes de traducirse al español. Así las cosas, transcribo solo algunos párrafos que emparentan al episodio de don Florisel con aquellas aventuras del heredero del duque de Normandía:

> Creció este niño mucho en poco tiempo, y si crecía en cuerpo, más crecía en maldades; en tanto grado que lo que hijos tenían no los dejaban salir de casa, con temor que con ellos topase Roberto, y algunas veces se juntaban niños para pelear con él; mas ni porque fuesen muchos ni pocos los dejaba de acometer, o con piedras, o con palos, y algunas veces le descalabraban, mas siempre había muchos de ellos heridos y maltratados. Y cuando lo veían venir decían todos: "Aquí viene Roberto el Diablo", el cual nombre le quedó gran tiempo. (Puente 1683: 407)[99]

---

99 Cuando redacto este artículo, las circunstancias que asolan al planeta —una pandemia— han impedido la consulta de la edición por Nieves Baranda de *Roberto el diablo*, como era mi primer deseo. Lo mismo vale para la tesis de Arnaud sobre la narrativa de Salas, que he podido citar menos de lo que me hubiese gustado y, a veces, de segunda mano. Reproduzco, pues, el texto de *Roberto el diablo* (acaso hasta en una versión distinta) por la edición de www.cervantesvirtual.com. He aquí otro párrafo similar al

En *La peregrinación sabia*, el batallón de enemigos no lo forman niños, sino los comarcanos, rivales de Florisel en una cruenta escaramuza que puede leerse asimismo como parodia del capítulo de la defensa de la Torre del Universo en la primera parte del *Florisel de Niquea* (Silva 2015: 184–193); o bien como secuela —de nuevo burlesca— de una de las grandes escaramuzas de la tercera entrega de la misma obra: aquel en que «el caballero acepta en Trapisonda el desafío de los caballeros que acuden a retarle por orden de Sidonia» (Silva 1999: 19–25; Martín Lalanda 1999: XV). La novelita de Salas pone el acento sobre las heridas que recibe el perro, que lo obligarán a refugiarse en su choza, es decir, en la cabaña que metamorfoseara en «su castillo ganado por fuerza de armas» (Salas Barbadillo 1635: 75v), donde se restablece gracias a un bálsamo que traía guardado en una redoma, gentileza del «Perro sabio de Macedonia llamado Aibumasar» (75v).

Aflora aquí el rastro del par de capítulos del primer *Quijote* sobre el bálsamo de Fierabrás, evocado tanto en el X como en el XVII de la inmortal novela. El hidalgo precisa que sus ingredientes eran aceite, vino, sal y romero, deformando jocosamente la leyenda del emir Balán y su hijo Fierabrás, quienes, después de tomar Roma, robaron un par de barriles con los santos óleos que habían servido para embalsamar el cuerpo de Cristo, ya que tenían la propiedad de sanar las heridas de aquel que los bebiera.

Otra cronografía festiva («Salió la luna tan enana, tan pigmea, que viendo que las estrellas le daban vaya, […] se retiró presto», 75v) anuncia una nueva venida de la noche en *La peregrinación sabia*. Y Salas confirma, ya desnuda, la clave de bóveda de su relato: «Cenaron don Florisel de Grecia y sus escuderos zorristas» (75v). Entonces, unos personajes y una ficción que empezaron muy anclados a la picaresca parecen evolucionar ahora hacia un libro de caballerías en miniatura. Justo al contrario que el decurso editorial de estos géneros a lo largo del siglo XVI, en tanto que el nacimiento del pícaro, allá por 1554, supuso también el del 'antihéroe'; es decir, la cruz de aquella moneda en cuya cara se veía el invicto rostro de Amadís. Es como si camináramos hacia atrás. Por otro lado, la evolución del pícaro nunca lo llevaría hasta un mundo de paladines, sino a una postrera espiritualización de la que también brillan aquí ciertos vestigios.

---

episodio VIII de *La peregrinación sabia*: «Todos lo tenían por maravilla —tan apuesto estaba en el caballo—, y por el grandor de la lanza, mas no que fuese conocido por ninguno de ellos. Luego abajó la lanza e hizo señas a los suyos que le siguiesen; y como un león bravo entró entre los enemigos y, antes que la lanza quebrase, derribó sesenta caballeros en el suelo. Luego echó mano a la espada y comenzó de hender cabezas, cortar brazos y piernas, y derribar caballeros y peones» (Puente 1683: 416).

Mientras Florisel duerme, el zorro padre le dedica una breve carta-panegírico —su epitafio *avant la lettre*— que, además de como despedida, sirve para ironizar el poco seso del perrihéroe: «si hubieras querido juntar tu valor con mi consejo, ¿quien tuviera fuerzas bastantes contra Aquiles y Ulises?» (76r)[100]. En *La peregrinación sabia*, pues, son los pícaros —los más realistas del Siglo de Oro— los que miran con humor al caballero andante, emblema de la ficción idealista. Y con un gesto de lo más cervantino: el autoproclamado «Ulises de los zorros» —nombre-emblema para el género y el título de este texto— se convertirá así en cronista gracias a su misiva: otro cauce presente tanto dentro de esta obrita como de las propias *Coronas*, cuyos platos VI y VIII se reservarían a las epístolas; procederá como un sosias de Rodríguez de Montalvo, pero animal y ficcionalizado, cantor de las gestas de Florisel antes de abandonarlo a su suerte durante su corto reposo.

Pero el nudo caballeresco suma un estrambote que avanza en otro sentido. Una vez que se han marchado los zorros, el can se despierta sobresaltado, después de soñar con su amada esposa Reduana, que lloraba su muerte. Se decide entonces a salir de la choza, que, repito, «él llamaba castillo inexpugnable» (76v), oye «cantar [a] una corneja infausta, y luego, viendo pasar un lobo negro a la mano izquierda, corrió en su seguimiento y no pudo alcanzarle» (76v). Esta anécdota vale algo por el rosario de notas épicas que amalgama. En primer lugar, el nombre de la mujer, «Reduana», apunta al de Reduán, alcaide moro enamorado de Lindaraja que hubo de entregar el reino de Jaén a Fernando III el Santo. Su historia se hizo popular a través del romancero viejo y porque Pérez de Hita la relataría en el capítulo XI del libro I de las *Guerras civiles de Granada* (1595).

La pose de Reduana como viuda enlutada tras la onírica muerte de su Florisel remite a la de doña Alda —consorte del furioso Roldán— y Belerma, la eterna novia de Durandarte. Los cuatro son personajes del ciclo carolingio reformulados por Ariosto y luego parodiados, con toda la sal, tanto en un romance burlesco de Góngora («Diez años vivió Belerma», 1582), a partir del éxito que habían cosechado otros dos serios acerca del mismo tema («Sobre el corazón difunto» y «¡Oh Belerma, oh Belerma!»), incluidos respectivamente en el *Romancero historiado* (Alcalá: Hernán Ramírez, 1581) de Lucas Rodríguez y en el *Cancionero de Romances* de Amberes[101]; y el episodio de la cueva de Montesinos (capítulo XX) en la Segunda parte del *Quijote*.

---

100 Me pregunto si Salas Barbadillo pudo leer la *Circe* (1548) de Giambattista Gelli, que dotó de habla a varios animales «para impugnar la *dignitas hominis* de que Ulises se vanagloria» (Correard 2017: 286).

101 Ver Soriano del Castillo (1990) y Cacho Casal (2007).

No albergo dudas acerca de este corpus de hipotextos, pues, muy próximo a expirar, Florisel le pedirá a los dos zorros, sus Montesinos de saldo, «que le sacasen en muriendo el corazón y se le enviasen a su muy querida Reduana» (77v)[102]. Por fin, tampoco sería extraño que el mal augurio de la corneja —no así el del lobo negro—, sea un recuerdo de la obertura del *Cantar de Mio Cid* (I, vv. 10–15), en la que se leía:

Allí piensan de aguijar, allí sueltan las riendas.
A la exida de Bivar ovieron la corneja diestra
E entrando a Burgo oviéronla siniestra.
Meció mio Cid los ombros e engrameó la tiesta:
–¡Albricia, Álbar Fáñez, ca echados somos de tierra! (Anónimo 2011: 6)

El final de Florisel no es otro que morir luchando, tal como se esperaría de un héroe de sus prendas. Acometido por una cuadrilla de villanos a caballo, el perro se defenderá con uñas y dientes, hasta que lo atrapan con un lazo. Y presa ya de la agonía, le dedica a su amada Reduana unos versos que son un homenaje paródico al romance de Valdovinos y el marqués de Mantua del *Quijote* (1605, cap. V), habida cuenta de que el propio Cervantes se había reído ya de dicho texto. Quizá desde su inclusión en el *Entremés de los romances*, donde «Bartolo, el protagonista, apaleado por su propia lanza, recuerda [tales versos]» (Cervantes 1998: 71). Escribe Salas Barbadillo (1635: 77v):

¿Donde estás, señora mía,
que no te duele mi mal?
O no lo sabes, señora,
o eres falsa y desleal.
De mis pequeñas heridas
compasión solías tomar,
y agora de las mortales
no tienes ningún pesar[103].

102 Disiento aquí de Caus (1974–1975: 168), quien anotó que «es posible que Salas Barbadillo no acudiera a Cervantes, sino que más bien tomó el romance de oídas».

103 Rico y Tarradellas (1998: 71) observan que estos versos —Cervantes solo cita el primer cuartete— «no proceden directamente del romance antiguo, sino de una adaptación que aparece en la *Flor de varios romances nuevos* de Pedro de Moncayo (1591); los versos tercero y cuarto no aparecen en el romance viejo original». Ver también Caus (1974–1975: 167–168).

Estos octosílabos y la muerte de don Florisel se suceden sin remedio, mas no apagan la lección de los filtros narrativos del *Quijote*: después del epitafio del perro, Salas nos advierte de que «estas fueron sus últimas palabras, y afirman los más fieles coronistas de esta historia, a quien yo he seguido, que quedó después de muerto tan espantable y fiero que apenas puede comprehender la imaginación más alentada, sin gran miedo, idea tan horrible» (78r). Pues bien, a despecho de la orden del finado, los zorros no le sacarán el corazón y se apresuran a grabar sobre su tumba un *contrafactum* en el que, en lugar de eternizar la fama del «matatigres y leones» (77v), conmutan su audaz despedida por esta otra: «Aquí yace, pasajero,/quien la muerte se buscó;/vivió valiente y murió/muy valiente majadero» (78r).

6.2 El león encadenado

La procesión de los gatos y los zorros, temerosos de los villanos, se desplaza a renglón seguido a un «lugar rico y populoso», dominado por una casa principal que linda con un segundo soto de conejos (episodio IX). Y como sus jornadas se fundaban «en un solo deseo curioso de saber más cada día» (78v), pasarán la noche en el patio de aquel palacio, sede de un león encadenado que pronto reclama su atención. Se trata de otro cuadro esópico y algo deudor de la fábula que Mey versionó como *La raposa y el león*, puesto que los zorros se las arreglarán para no caer en las garras del felino[104]. El león le pregunta al viejo raposo sobre su origen («Cordobesito sois, y zorro; por mí sé que no sois bono», 79r), publicándole en sus mismos bigotes su condición de pícaro —nada, por cierto, que no supiera—[105]. También el refranero se hizo eco de tal singularidad: «Hombre de bien y cordobés, no puede ser»; y nunca se olvide, dentro del corpus de Salas, cuál era el rincón nativo de Pedro de Urdemalas. Sin embargo, el león se apresura a restituir, sin nombrar a ninguno en particular, que «la constelación

---

104 «Topó acaso la raposa una vez con el león y, no le habiendo antes visto jamás, quedó tan asombrada que de puro espanto pensó perder la vida. Volvió pocos días a verle, y se paró de propósito a mirarle, llegándosele bien cerca. Pero a la tercera vez que se encontraron, sin temor ninguno se fue para él y le demandó si tenía salud y que holgaba de conocerle; y de allí adelante tuvieron amistad» (Mey 2017: 151).

105 Inevitable pensar en el estribillo de una letrilla de Góngora («Si las damas de la corte», 1585): «busque otro, que yo soy nacido en el Potro» (http://obvil.sorbonne-universite.site/corpus/gongora/gongora_obra-poetica, consultado el 31-05-2020). Asimismo, entre los que mantearon a Sancho en el capítulo XVII de la primera parte del *Quijote* destacan «tres agujeros del Potro de Córdoba y dos vecinos de la Heria de Sevilla, gente alegre, bienintencionada, maleante y juguetona» (Cervantes 1998: 184).

de Córdoba es ingeniosísima, como se ha verificado en tantos varones doctos y sabios» (79v).

Justo después, la taimada fiera les pregunta por qué España no produce leones, y el zorro hijo —esto es lo decisivo— toma la voz —que no la acción— cantante, porque durante su errancia ha aprendido el arte de la bachillería. De la mano, claro está, de su homérico padre. Por eso, en un particular análisis del centauro Quirón de *El príncipe* de Maquiavelo, Derrida (2010: 118) refirió que

> siendo más fuerte, el león también es más bobo; más bobo que el zorro, el cual es más inteligente, más astuto, aunque más débil y, por consiguiente, más humano todavía que el león. Hay ahí una jerarquía: hombre, zorro, león, que va de lo humano, de lo más racional e inteligente a lo más animal, incluso a lo más bestial, si no a lo más bobo. Precisamente porque sabe ser astuto, mentir, perjurar, porque tiene el sentido y la cultura de la trampa, el zorro está más cerca de la verdad del hombre y de su fidelidad, que él conoce y es capaz de invertir.

Luego de argumentarle que todos los españoles son valientes, y por tanto leones, lo cual exime a nuestro país de sumar los del mundo animal, y que los de su especie intitularon con su nombre «una de las más ilustres ciudades de este imperio» (80r)[106], el zorrito de *La peregrinación sabia* no pierde la ocasión de puntualizar que «los animales de esta provincia [de León] [...] reconocemos por rey al oso, tan dulce que se anda siempre entre panales y colmenas», 80r). En efecto, Pastoureau (2008: 21, 35 y 53–75) explicó con maestría cómo este plantígrado fue distinguido como soberano de los animales en las tradiciones de Occidente, en tanto que símbolo de Arturo y después de varias casas reales:

> el león no siempre ha sido el rey. El oso lo procedió [*sic*] durante varios milenios y el águila, símbolo de todos los imperios, le hizo más tarde la competencia. [...] Por ejemplo, [han practicado el culto al oso] los ainus de Japón y de Sakhalin; o bien diferentes pueblos autóctonos de Siberia, como los ostiacos, los tungusos y los yakutas; o también los lapones de Escandinavia y los inuitas de Canadá y Groenlandia.

6.3 La academia de los animales

Así acaba esta breve anécdota, pues los zorros tomarán las de Villadiego, con un *locus amoenus* por destino. Se trata de un espacio en el que, una vez avituallados, ven pasar a un perro y a un caballo que se dirigían a una academia (episodio X) para reunirse con un tordo, un águila, un ruiseñor, una tórtola, un mono y un gato. Nos hallamos ante el cuadro más estudiado de *La peregrinación sabia*: un

---

106 No se ignore que Salas, igual que Cervantes (1998: 88), pudo disfrutar de la lectura del poema épico *León de España* (Salamanca, 1586) de Pedro de la Vecilla Castellanos.

desfile de máscaras zoológicas que satiriza —con alguna loa— a varios ingenios del Barroco. Según Vitse (1980: 8), «de la academia deriva la coloración cómica dominante [en los libros de Salas], el gusto por el juego, la manía de la burla gratuita que desemboca en el desengaño. [...] De la academia emanan, por fin, el espíritu de perpetua emulación, el deseo de lucirse, la afición ceremonial de la organización universitaria».

Como digo, varios filólogos han reparado en el cenáculo de *La peregrinación sabia*. De ahí que, en aras de la imposible brevedad, suscriba la mayoría de las ideas de Icaza (1924: XL) y King (1963: 169–170)[107]. Cuatro aves y cuatro mamíferos, dentro de los cuales el caballo actuará como ufano presidente, se alternan en el uso de la palabra. Vayamos por partes (y por faunas): el tordo, «un mal gramático pedante, [...] y muy preciado de retórico» (Salas Barbadillo 1635: 81r), debe ser el gongorino Pedro Torres de Rámila, autor de la *Spongia* (1617), un opúsculo en el que se había cebado con la *Arcadia* (1598), *La Dragontea* (1598), *La hermosura de Angélica* (1602) y la *Jerusalén conquistada* (1609) de Lope, así como con sus comedias. Conde Parrado y Tubau Moreu (2015: 18) subrayaron que

> todo parece indicar que Torres era un *grammaticus* tanto desde el punto de vista docente como, hoy diríamos, «investigador»: un miembro del relativamente amplio conjunto de *critici*, [...] cuya mayor afición era indagar y profundizar en el conocimiento de los textos clásicos, si bien muchas veces incurriendo en graves excesos, como los de la «sobreinterpretación» en el plano de la exégesis, y las osadas, cuando no absurdas, conjeturas *ope ingenii* en el de la ecdótica.

Detrás de la careta del perro se intuye el rostro del poeta Fisgarroa, bardo que «fisgaba siempre en los escritos ajenos y, como si fueran huesos, los roía y despedazaba» (Salas Barbadillo 1635: 81r). No cuesta nada identificarlo con el mordaz Cristóbal Suárez de Figueroa (King 1963: 169), al que Menéndez Pelayo (1974: 286) definió como «público maldiciente, misántropo y envidioso universal de aplausos ajenos», además de camarada del también culto Luis Carrillo Sotomayor, a quien emuló —y plagió— en *La constante Amarilis* (Buceta 1919).

Según Romera-Navarro (*apud* King 1963: 169), el gato ladrón, «caballero de la uña prodigiosa» (Salas Barbadillo 1635: 82r), es «Luis Vélez de Guevara, llamado en ocasiones "quitapesares" por su alegre ingenio (al menos así lo [titulaba] Cervantes en el *Viaje del Parnaso*), pero que [copiaba] descaradamente a otros dramaturgos» (King 1963: 169). El mono ofrece mayores problemas: el narrador apunta que dicho simio «se preciaba de escribir muy bien asuntos graciosos,

107 A guisa de artículo-reseña, pues no se trata de otra cosa, ver Munguía Ochoa (2018).

pero la verdad era que el donaire de sus versos no estaba tan en ellos como en los gestos, visajes y peregrinas acciones con que los recitaba» (Salas Barbadillo 1635: 81r-81v). Por su espíritu burlón y el empleo del sustantivo «donaire», tal vez se trate de Castillo Solórzano, entonces poeta de academias que imprimiría en 1624 la primera parte de sus *Donaires del Parnaso*, influidos por los versos de Lope y Quevedo[108]. Nótese, a su vez, que en el certamen de *La peregrinación sabia*, el mono lee una sátira contra los sastres, gremio al que el polígrafo de Tordesillas enderezó varias saetas[109].

Empero, sin abandonar la controversia entre cultos y lopistas, las muecas y los aspavientos del simio («gestos, visajes y peregrinas acciones») invitan a pensar, quizá, en José de Pellicer, del que su tocayo Camerino (1655: 98) escribió en su vejamen de *La dama beata*: «Es un canoro ministro de las Musas, [...] tan delicado y melifluo que desmiente el ser que tiene de hombre, y apenas se le acredita el traje, teniendo de mujer poco más y de hombre poco menos, [dijo] enseñándome el mismo en quien yo, admirado de los ademanes y acciones mujeriles, tení[a] clavados los ojos y ya desataba la lengua»[110]. Por ahora, voy a dejar en prudente cuarentena.

El ruiseñor tiene que ser Lope — que en 1621 publicó *La Filomena*— y el águila, objeto de la crítica del perro y los ruiseñores, podría representar a Hortensio Paravicino,

> a quien Salas había elogiado llamándole "Tertuliano español" en el prólogo de *Don Diego de noche*. En la *Filomena* [de Lope], el águila es uno de los tres ardientes defensores del ruiseñor; [y] en *La peregrinación sabia* [...] es defendida frente a los ataques de otros por los ruiseñores y por el propio autor, que prodiga a la majestuosa ave elogios muy semejantes a los dispensados a Paravicino en la *Estafeta del dios Momo*. (King 1963: 169–170)

No digo que no, pero el trinitario descolló sobre todo como predicador; circunstancia que nos estorba para conceder que Salas Barbadillo (1635: 81v) lo coronase entre «los poetas heroicos». Hasta donde alcanzo, en las *Obras posthumas, divinas y humanas* (1641) de Paravicino lo más cercano que hay a la épica son las quintillas *A san Esteban, protomártir* («Gloriosa, Abel, mi deseo», Arteaga 1641: 21r-25v) y su secuela «Hoy dais nuevo Abel al suelo» (25v-27r); el

---

108 Dentro de la *propalladia* del tordesillano se incluye además la originalísima *Fábula del nacimiento de Vulcano y su crianza por las monas en la isla de Lemnos* («¡Oh tú, que en el serrallo del Parnaso!») (López Gutiérrez 2003: 591–599).

109 El propio Salas escribió un epitafio al respecto: «Yo fui un sastre, caminante». Ver Arnaud (1981: 16).

110 Ver al respecto Tanganelli (2017).

romance cinegético *A un toro que el rey nuestro señor mató con una escopeta* («Si una, señor, y otra caza», 52v-56v); el soneto *A don Gonzalo de Córdoba, vencedor en cuatro batallas* («Si esta, aquella, una, otra, así fulminas», 65r) y las octavas *A los años de Filipo cuarto* («Si entre las luces del primer agrado», 93v-95r). Si podemos aceptar esta asociación con el trinitario, es porque el águila «recitó en prosa» (Salas Barbadillo 1635: 82v) —posible alusión a sus prédicas— y porque Salas hace hincapié en la alianza entre elocuencia y erudición: «aquella ave imperial, no contenta con haber avergonzado tantos triunfos con su prodigiosa elegancia, sembró por toda aquella obra admirable tanta doctrina moral, tantos preceptos filosóficos, que los aplausos de su erudición y elocuencia corrieron iguales» (83r-v).

Es ya de noche cuando los zorros se despiden de la academia y piden albergue en una venta —otro espacio cervantino— donde un venerable gato los recibirá con gusto. Aquella posada, cuyo dueño, un «salero de chistes y agudezas ingeniosísimas» (Salas Barbadillo 1635: 86v), rebautiza enseguida como «bodega» (85v)[111], estaba ocupada por una compañía de «monos representantes» (84v) a los que el gato quería desplumar. Como bien observa Albert, recuerdan a «la compañía de la legua [del] *Viaje entretenido* (1603) de Agustín de Rojas Villandrando»[112].

Todo el episodio XI gira en torno a una «batalla vinosa» (85r) entre el zorro padre y el autor monazo que se transforma en bacanal; hasta el punto de que el ventero se verá en la obligación de intervenir. Y eso que los dos raposos se las ingenian para embriagarse menos que los «monos cómicos, o cómicos amonados» (85v), las víctimas potenciales del gato y los zorritos. Un gato que presume además de no tener las «espaldas vírgenes» (85v), en el supuesto de que las autoridades descubrieran el timo («sabed que yo he sido de aquellos a quien jamás les ha salido la vergüenza a la cara, y por eso muchos han tenido cuidado de sacármela a las espaldas», 86r). Esta pista vuelve a remitir a la picaresca, ya sea a través de los textos fundadores —en la secuela del *Guzmán de Alfarache* (II, 3, 9) rezaba: «Mandome quitar y que me llevase de allí a la corulla y en ella me curasen. Cuando estuve algo convalecido, aun les pareció que no estaban vengados, porque siempre creyeron de mí ser tanta mi maldad que antes quería sufrir todo aquel rigor de azotes que perder el interés del hurto», Alemán

---

111 Recuérdese ahora la «choza-castillo» de don Florisel de Hircania.

112 Un libro que Salas conocía al dedillo, pues me permito recordar que escribió un soneto («Del rubio Febo el celestial viaje») para sus preliminares (Rojas 1603: ¶3).

2015: 1171–1172)—, ya de su deriva quijotesca. Así, en el capítulo XXII del *Ingenioso hidalgo* se lee a propósito de Ginés de Pasamonte:

> —Señor caballero, cantar en el ansia se dice entre esta gente *non santa* confesar en el tormento. A este pecador le dieron tormento y confesó su delito, que era ser cuatrero, que es ser ladrón de bestias, y por haber confesado le condenaron por seis años a galeras, amén de docientos azotes que ya lleva en las espaldas; y va siempre pensativo y triste porque los demás ladrones que allá quedan y aquí van le maltratan y aniquilan y escarnecen y tienen en poco, porque confesó y no tuvo ánimo de decir nones. (Cervantes 1998: 238)

He aquí la felina estrategia: el gato montés se dispone a silbar como los mosqueteros en las comedias y convoca a otros gatos salteadores —el segundo lance bandoleril de esta novela—. Pero los zorros se huelen que también ellos podrían salir malheridos del hurto, le prenden fuego a la cocina de la venta, escapan a un corral vecino y el gatazo no tiene más remedio que despertar a dos gatos sirvientes ¡y a los mismos monos a los que codiciaba esquilmar! para que lo ayuden a sofocar el incendio. Sin éxito.

6.4 Los árboles parlantes

Al día siguiente, padre e hijo dicen adiós a los restablecidos primates y toman el camino de un monte, «venerable por su alteza y precioso por su […] peregrina hermosura» (Salas Barbadillo 1635: 88r-v), donde conocerán a los mejores árboles de España; los cuales se disponían a coronar «al nuevo laurel recién heredado en el Imperio de aquella amena y floreciente monarquía» (88v). Albert ha señalado con finura que dicho espacio

> simboliza a la vez el Parnaso y la corte. […] A través de este homenaje a Felipe IV, al que se agrega la exaltación de Olivares por medio del olivo, ganador del certamen de los árboles, la acción de *La peregrinación sabia* coincide con los dos garantes de la monarquía hispánica, "la fructuosísima Oliva junto al Imperial laurel", que se celebra en la narración-marco, o sea, en la *cornice* [de las *Coronas*].

Sin embargo, el desenlace de esta novela no tiene nada que ver con la poesía. De modo que el monte y, sobre todo, el aprendizaje de los zorros en su cumbre, se vinculan con un tipo preciso de picaresca: la que acaba «a lo divino». Procuraré explicarlo. El «monte venerable» era una sede ya muy connotada por san Juan de la Cruz y los carmelitas. Y no resulta gratuito, porque justo en este episodio, el XII, se consuma la inesperada conversión de los raposos. Cierto que falta aquí el nocturno (la «noche oscura del alma» del místico de Fontiveros), pero será en la cima de un collado donde Salas culmine «il incontro [delle volpi] con il mistero, la forma di possedere una verità, [o meglio, di una "moralità"], non del tutto penetrata» (Mazzocchi 2018: 260)[113]. Así clausura su relato el madrileño, luego de la asamblea de los cordobeses con tan linajudos árboles:

> Curiosidad honesta, no viciosa, nos desterró voluntariamente del ocio dulce de nuestra querida patria; un feliz deseo, un noble y generoso ardor de aprender y saber más, dando también con la variedad de las cosas gozo y entretenimiento al ánimo. Hoy lo hemos conseguido todo, porque ni el entendimiento puede esperar más segura doctrina ni el gusto mayor deleite. Sea, pues, éste el fin de nuestra peregrinación, y volvámonos a nuestro nativo albergue, mejorados en las costumbres y vencedores de nuestra mal inclinada naturaleza. (Salas Barbadillo 1635: 90r-90v)

Entraña un notable interés el sintagma «curiosidad honesta, no viciosa», pues aunque los zorros no siempre se conduzcan honestamente —ni muchísimo menos—, Salas se alista en el bando de los que sostienen que

> en el paso del Medievo a la Edad Moderna, los conceptos de "curiosidad" y "deseo de conocer" sufrieron un cambio significativo: de "pecados veniales", como eran considerados en la Teología medieval, se transformaron en motivo central del viaje y de su narración literaria en los siglos XV y XVI. [...] En toda la teología medieval, de san Agustín a san Bernardo o santo Tomás de Aquino, la *curiositas* viene considerada «como un pecado venial, un "concupiscencia del ojo", un deseo "no de gozo carnal, sino de adquisición de experiencia personal a través de la carne" (Reed 1992: 212). La curiosidad, en cuanto deseo de ciencia que omite los límites prefijados, es considerada por Santo Tomás como uno de los cinco aspectos principales del pecado original en su naturaleza de pecado múltiple (*peccatum multiplex*). [...] El texto que mejor sintetiza estos tres elementos "inhibidores" del deseo de conocimiento en sentido moderno, de la curiosidad en los careos del mundo típicos de la cultura filosófica y teológica medieval es sin duda el canto XXVI del *Infierno* de la *Comedia* dantesca (que, no lo olvidemos, es sustancialmente la narración de un viaje, el "último viaje de Ulises"). [...] Los versos 98, 99, 103–105 y 117 explicitan con claridad los objetivos últimos del viaje de Ulises: por un lado, el conocimiento antropológico del mundo habitado (*il mondo, li vizi umani* ed il *valore*), por otro el conocimiento científico de las zonas inexploradas y deshabitadas (il *mondo sanza gente*). (Gherlenda 2011: 2–8)

Pues bien, ¿cómo olvidar que el viejo zorro cordobés se había igualado con el mismísimo Ulises? Ya en nuestros días, Garin (1976: 144) hizo hincapié en que la Edad Moderna nació gracias a «la independencia [del sujeto] de toda autoridad filosófica o religiosa; [a la] confianza en la experiencia como contacto directo con la naturaleza». Por eso aún en los albores del Barroco la curiosidad valía ya

---

113 Los corchetes son míos. Para coronar el Monte de la Perfección, Juan de la Cruz dibujó tres caminos: uno derecho, en el centro, y dos torcidos, a cada uno de los lados. En su falda, bajo el primero, se leían estas palabras de Cristo: «Estrecho es el camino que guía a la vida»; y encima, «Senda estrecha de la perfección».

como una motivación oficial, como un «impulso que legitimaba los viajes» (Reed 1992: 213). En buena lógica, «clasificar la curiosidad dentro de las virtudes no era sino remover los frenos morales impuestos a la búsqueda del saber y equipara con los héroes a los que intentaban conocer el mundo» (Reed 1992: 213)[114]. Pero los héroes de *La peregrinación sabia* nunca rebasarán el papel de escuderos de don Florisel de Hircania, ya que durante la mayor parte de su aventura lucen y se conducen con orgullo de pícaro. No en balde, el zorro es uno de los animales con los que se comparaba a Guzmán de Alfarache en el último capítulo de la segunda parte de la novela de Alemán (2015: 1170): «El Capitán quisiera que me dieran otro tanto en la barriga, diciendo: "Mal conoce usted a estos ladrones, que son como raposas: hácense mortecinos; y en quitándolos de aquí, corren como unos potros, y por un real se dejarán quitar el pellejo"».

Y a pesar de todo, los dos protagonistas de *La peregrinación sabia* se reforman, accediendo a una nueva vida que, si bien se intuye en las antípodas de la santidad, sí que tiene algo de conversión, dado que el maridaje perverso entre pícaro y santo parece ser «la cifra más acabada del carácter proteico y multiforme del personaje, lleno de caras diversas, problemático y desintegrado en su naturaleza; elementos todos ellos que lo convierten en un adelanto en el Siglo de Oro de posibilidades de existencia propias de la modernidad por su escisión de conciencia» (Núñez Rivera 2015: 275–276).

No obstante, para ello deberán aprender las lecciones de la 'corte boscosa', el cuadro que nos permite hablar de una «novela emblemática». Los árboles son, por este orden, el álamo, «muy desvanecido y presuntuoso, tan preciado de su caduca belleza que se estaba siempre contemplando en los espejos de los ríos» (Salas Barbadillo 1635: 88v); la hiedra, «símbolo de la ambición y del estrago. De la ambición porque, empezando a trepar desde el pie de una muralla subía abrazada a ella, más alta que su misma cumbre; [...] del estrago, porque todas aquellas plantas a quien se arrimaba las iba gastando y consumiendo poco a poco» (88v-89r); la encina, demasiado «áspera y dura» (89r) para subir al trono; el nogal, cuya «sombra era dañosa» (89r); el ciprés, una conífera de mal agüero;

114 Gherlenda (2011: 12) ha apostillado que «también en plena época de la Contrarreforma la literatura de viajes (y específicamente la tipología narrativa de la *peregrinatio*) no se pone totalmente al servicio [del dogma post-tridentino], sino que mantiene caracteres liminales *inter fanum et profanum* y muestra en su conjunto la difícil negociación entre una curiosidad profana reflejada en el puro placer de narrar, por una parte, y, por otra, la obligación de atenerse a valores didáctico-morales y a las normas de censura que se estaban estableciendo en los índices». Ver asimismo Ehrlicher (2009).

el avellano, que «aunque daba fruto, estaba armado y defendido, y era mayor la pena que causaba sacándole que el deleite que daba después» (89r); el naranjo, todo extremos: «o muy dulce, o muy agrio» (89r); y el prudente moral, que, como buen filósofo, era bastante «mejor para escribir que para gobernar» (89v). Luego nadie mejor a la hora de proponer a la «sagrada oliva», es decir, la «insignia de la paz y un instrumento por quien se pide y por quien se confirma. Para ostentar el poder, «¿quién tan sabia? [...] Ella es la luz de las luces de la república» (89v-90r).

Al margen del citado guiño a Olivares, llama la atención que se lo sitúe «junto al imperial laurel» (90r), símbolo del «poder protector» según Alciato (Bernat Vistarini y Cull 1999: 471); o sea, la mano derecha de Felipe IV. Opino asimismo que aunque este final no sorprenda dentro de una fábula seudoesópica, definida por Martín García (1996: 13) como «un relato más bien corto donde pueden intervenir animales, hombres, dioses, plantas y personificaciones, habitualmente con carácter ficticio y siempre con valor simbólico», dichos papeles obedecen aquí al triunfo del *Emblematum libellus* (Augsburgo: Heinrich Steyner 1531) de Alciato y a los de sus secuaces españoles, con los *Emblemas morales* (Madrid: Luis Sánchez 1610) de Sebastián de Covarrubias a la cabeza[115].

Dentro de estos libros de *res pictae* con epigramas tuvieron su cabida las principales especies arbóreas: el álamo, «dedicado a Hércules, [figura] que el tiempo siempre va pasando (Diego López)» (Bernat Vistarini y Cull 1999: 59); la hiedra, según Núñez de Cepeda («*Sternit ut sternat*»), era la divisa de la adulación, ya que «no se puede levantar por sí misma si no se arrima al muro que la sustente, que, debajo del ameno pabellón con que lo cubre, esconde el diente alevoso y tenaz con que lo barrena [Emp. 16]» (417); la encina, de nuevo a juicio de Alciato, era la imagen de la constancia («*Firmissima convelli non posse*», 302); el ciprés viene glosado así por Daza Pinciano en su traslado del padre de este género icónico-literario: «Acostumbró a cubrir la sepultura/de los ilustres, cual para la gente/de bajos suelos y de sangre oscura» (206); el naranjo «de Venus es [...] fruto dorado./Su amargor dulce claro lo demuestra/que ansí el amor dulzagro fue llamado» (556); y el moral, propio de hombres cuerdos y reposados, en palabras del sabio lombardo («*Sapiens nomina falsa gerit*», 547). Por último, la oliva colmará de dicha a cuantos la rodean: «Al triunfo de nuestra oliva/sigue la misericordia,/la paz, la unión y la concordia» (584); dado que, para Juan de Villava, «[...] se reserva/para el dios que pretende/de rica paz serena monarquía» (584).

---

115 Las empresas del jurista lombardo se vertieron a nuestra lengua en 1549, gracias a Bernardino Daza Pinciano: *Los emblemas de Alciato. Traducidos en rhimas españolas* (Lyon, Guilielmo Roullio).

Mediante la elección del valido arbóreo, Salas preparó una salida para la pícara naturaleza de sus criaturas. Desde esta ladera se entenderá mejor que el protagonismo de los zorros tiene su razón de ser y que no hablamos de un animalito cualquiera: si estos cordobeses no hubiesen sido zorros, y sí perros, gatos, burros, tigres o leones, no habría lugar para la conversión —o abdicación— del pícaro. Porque, como hemos visto, tanto el íncipit como los episodios I, II, III, VII, IX y XI de *La peregrinación sabia* son apicarados. Con otras palabras: participan de las novelas de Cervantes (*Rinconete y Cortadillo*, *El coloquio de los perros*) en igual medida que del *Lazarillo* o el *Guzmán*. Del segundo, el madrileño aprendió a taracear los consejos dentro de la conseja, pues la moraleja de este relato, que la ofrece, no resulta tan memorable como las máximas que diseminó a lo largo y ancho de la peripecia: 1) «Tal es la costumbre de los hipócritas, tal la de los tiranos, que reprehenden las culpas de sus vecinos y con la capa de aquella fingida disimulación meten otras mayores y más insolentes» (Salas Barbadillo 1635: 63r); 2) «Hijo, abre los ojos del ingenio y aprende de mi industria y artificio, que valen más que la fuerza y aun muchas veces —tal es el mundo— más que la razón» (65r); 3) «y así porque es más cierto que el malo pervierta al bueno que no que el bueno corrija al malo, desde aquí, sin dar más paso, me pienso apartar de vuestra escandalosa compañía» (67v); 4) «venid y no seáis perezosos, si no es que deseáis ser pobres» (68v); 5) «sabed que la industria ha conseguido innumerables y gloriosas victorias, y que para ella hacía Júpiter los imperiales laureles, más que para las fuerzas imprudentes y desalmadas» (69r); 6) «el valiente capitán más se arma del consejo que del acero, y obedeciendo el segundo los preceptos del primero, se han hecho las más ilustres conquistas» (69r); 7) «advertido quedarás con esto de las cautelas de los que se fingen y mienten doctos, siendo ingenios ignorantísimos y vulgares» (84v); y 8) «era tan poco su caudal que pudieran decir lo que aquel bien barbado filósofo: "Todos mis bienes llevo conmigo"» (87r-v)[116].

También por estos ocho avisos apocopados, entre otros asuntos, Vitse (1980: 138–139) dio en el clavo al evaluar el adiós de *La peregrinación sabia* como una odisea, «tranquilamente gozadora, de la seguridad social garantizada por el *Welfare State* de los validos [a] la generación que lee y suscita (o suscita y lee) a un Salas —generación de la evasiva, y no de la defensiva— [y que] viaja por el mundo con la curiosidad y deleite propios de un turismo [...] selecto y "honesto", pero no por eso menos turismo».

116 Aforismo del filósofo Bías, quien, antes de que el rey Ciro el Persa tomara Priene, su ciudad natal, la abandonó sin llevarse nada consigo, excepción hecha de su sabiduría (Cicerón, *Paradoxa stoicorum*, I, 7–9).

Claro que los zorritos de Salas eran dos peregrinos en la corte de un valido que el 31 de marzo de 1621, con Felipe III todavía de cuerpo presente, no tembló al ordenarle a su heredero, el futuro rey Planeta, que se levantara de la cama (Elliot 2009: 70). Sabedor de que pronto soplarían nuevos vientos, el autor de *El necio bien afortunado* se dispuso también entonces a mover una 'ficha de novela' que solo llegaría a su meta en 1635. Más triste se antoja, en cambio, que, durante una larga década, este ingenio sin coronas tuviera que acostarse sobre un pobre jergón para soñar, noche tras noche, con un refrán tan próspero como inestable: 'el que a la Oliva se arrima, buena sombra le cobija'.

Obras citadas

Alciato, Andrea (1531). *Emblematum libellus*. Augsburg: Heinrich Steyner.

Alemán, Mateo (2015). *Guzmán de Alfarache*. Pierre Darnis (ed.). Madrid: Castalia.

Andrade, Marcel Charles (1970). *Una nueva edición de «El subtil cordovés Pedro de Urdemalas» de Salas Barbadillo, que incluye la comedia «El gallardo Escarramán». Volumes I and II (Spanish Text)*. Louisiana: Louisiana State University.

Arcos Pardo, María de los Ángeles (2009). *Edición y estudio del «Teatro popular» de Francisco Lugo y Dávila*. Madrid: Universidad Complutense de Madrid.

Arnaud, Émile (1979). *La vie et l'œuvre de Alonso Jerónimo de Salas Barbadillo: contribution à l'étude du roman en Espagne au début du XVIIème siècle*. Toulouse: Université de Toulouse-Le Mirail.

Arnaud, Émile (1981). «Alonso Jerónimo de Salas Barbadillo. Epitafios y seguidillas». *Criticón*, 14, pp. 15–42.

Arredondo, María Soledad (1989). «Novela corta, ejemplar y moral: las *Novelas morales* de Agreda y Vargas». *Criticón*, 46, pp. 77–94.

Arteaga, Félix de (1641). *Obras posthumas, divinas y humanas de don Félix de Arteaga*: Madrid: Carlos Sánchez.

Ayala Gallardo, Francisco J. (2015). *«El cuerdo amante», de Miguel Moreno: edición, introducción y notas*. Barcelona: Universitat Autònoma de Barcelona.

Ba, Tapsir (2010). «Subversión, casamiento y desengaño en *El más cuerdo desengaño* (1654) de Manuel Lorenzo Lizarazu Berbinzana». En Álvaro Baraibar Echeverría, Tapsir Ba, Ruth Fine y Carlos Mata Induráin (ed.), *Textos sin fronteras: literatura y sociedad*. Navarra: Universidad de Navarra, pp. 33–38.

Balcells, José María (2016). *La epopeya burlada. Del Libro del Buen Amor a Juan Goytisolo*. León: Universidad de León.

Baranda, Nieves (1995). *Historias caballerescas del siglo XVI*. Madrid: Biblioteca Castro, 2 vols.

Bernat Vistarini, Antonio y John T. Cull (1999). *Emblemas españoles ilustrados*. Madrid: AKAL.

Blanco, Mercedes (1998). «Del Infierno al Parnaso. Escepticismo y sátira política en Quevedo y Trajano Boccalini». *La Perinola*, 2, pp. 155–193.

Blanco, Mercedes (2012). *Góngora o la invención de una lengua*. León: Universidad de León.

Boadas, Sònia (2017). «Los *Ragguagli di Parnaso* de Boccalini en las dos redacciones de *República literaria*». En Pierre Darnis, Elvezio Canonica, Pedro Ruiz Pérez y Ana Vian Herrero (ed.), *Sátira menipea y renovación narrativa en España: del lucianismo a «Don Quijote» (Homenaje a Michel Cavillac)*. Bordeaux/Córdoba: Presses Universitaires de Bordeaux/UCOPress. Editorial de la Universidad de Córdoba, pp. 161–171.

Boccaccio, Giovanni (2010). *Decamerón*. María Hernández Esteban (ed.). Madrid: Cátedra.

Bonilla Cerezo, Rafael (2006). *Lacayo de risa ajena. El gongorismo en la «Fábula de Polifemo» de Alonso de Castillo Solórzano*. Córdoba: Diputación Provincial.

Bonilla Cerezo, Rafael y Ángel L. Luján Atienza (2014). *Zoomaquias. Épica burlesca del siglo XVIII*. Madrid/Frankfurt a.M.: Iberoamericana/Vervuert.

Bonilla Cerezo, Rafael y Paolo Tanganelli (2013). *Soledades ilustradas. Retablo emblemático de Góngora*. Salamanca: Delirio.

Bourdieu, Pierre (1992). *Les règles de l'art. Genèse et structure du champ littéraire*. Paris Seuil.

Bradbury, Jonathan (2017). *The Miscellany of the Spanish Golden Age: a Literature of Fragments*. London/New York: Routledge.

Brownstein, Leonard (1974). *Salas Barbadillo and the New Novel of Rogues and Courtiers*. Madrid: Playor.

Buceta, Erasmo (1919). «Carrillo de Sotomayor y Suárez de Figueroa». *Revista de Filología Española*, 6, pp. 299–305.

Caballero-Glassberg, María del Carmen (1990*). Teoría y praxis de la novela corta del siglo XVII: la obra de Francisco de Lugo y Dávila*. Dissertation Abstracts International (51:5).

Cabo Aseguinolaza, Fernando (1992). *El concepto de género y la literatura picaresca*. Santiago de Compostela: Universidad de Santiago de Compostela.

Cacho Casal, Rodrigo (2007). «Los consejos de doña Alda: registros paródicos en un romance gongorino». En Joaquín Roses (ed.), *Ángel fieramente humano*.

Góngora y la mujer. Góngora hoy IX. Córdoba: Diputación Provincial de Córdoba, pp. 117–156.

Cacho Casal, Rodrigo (2012). «Luis Zapata y el poema heroico: historia, entretenimiento y parodia». *Criticón*, 115, pp. 67–83.

Camerino, José (1655). *La dama beata*. Madrid: Pablo de Val.

Campbell, Joseph (2020). *El héroe de las mil caras. Psicoanálisis del mito*. Girona: Atalanta.

Cañedo, Jesús (1966). «El *currículum vitae* del pícaro». *Revista de Filología Española*, XLIX, 1–4, pp. 125–180.

Caus, Francisco A. (1974–1975). «Ecos cervantinos en la obra de Salas Barbadillo». *Anales cervantinos*, 13–14, pp. 165–168.

Caus, Francisco A. (1977). *La narrativa de Salas Barbadillo*. Buenos Aires: Ediciones Colmegna.

Cayuela, Anne (1993). «La prosa de ficción entre 1625 y 1634. Balance de diez años sin licencias para imprimir novelas en los reinos de Castilla». *Mélanges de la Casa de Velázquez*, XXIX, 2, pp. 51–76.

Cayuela, Anne (2013). «*Coronas del Parnaso y platos de la musas* de Alonso Jerónimo de Salas Barbadillo: una miscelánea polisinodal bajo el reinado de Felipe IV». En María Soledad Arredondo (coord.), *Géneros híbridos y libros mixtos en el Siglo de Oro* (dossier). *Mélanges de la Casa de Velázquez*, 43, 2, pp. 69–94.

Cervantes, Miguel de (1995). *Novelas ejemplares*. Harry Sieber (ed.). Madrid: Cátedra.

Cervantes, Miguel de (1998). *Don Quijote de la Mancha*. Francisco Rico (coord.). Barcelona: Crítica.

Chauchadis, Claude (1987). «Libro y leyes del duelo en el Siglo de Oro». *Criticón*, 39, pp. 77–113.

Conde Parrado, Pedro y Xavier Tubau Moreu (2015). *Expostulatio Spongiae. En defensa de Lope de Vega*. Madrid: Gredos.

Correard, Nicolas (2017). «Cervantes y la metamorfosis novelística de la sátira: el *Coloquio de los perros* en la tradición menipea». En Pierre Darnis, Elvezio Canonica, Pedro Ruiz Pérez y Ana Vian Herrero (ed.), *Sátira menipea y renovación narrativa en España: del lucianismo a «Don Quijote» (Homenaje a Michel Cavillac)*. Bordeaux/Córdoba: Presses Universitaires de Bordeaux/ UCOPress. Editorial Universidad de Córdoba, pp. 283–305.

Covarrubias, Sebastián de (1610). *Emblemas morales*. Madrid: Luis Sánchez.

Daza Pinciano, Bernardino (trad.) (1549). *Los emblemas de Alciato. Traducidos en rhimas españolas*. Lyon: Gulielmo Roullio.

Derrida, Jacques (2008). *Seminario «La bestia y el soberano». Volumen I* (2001–2002). Michel Lisse, Marie-Louise Mallet y Ginette Michaud (ed.). Buenos Aires: Manantial.

Derrida, J. (2010). *Seminario La bestia y el soberano. Volumen I (2001-2002)*. Ediciones Manantial.

Egido, Aurora (1987). «La hidra vocal. Sobre la palabra poética en el Barroco». *Edad de Oro*, 6, pp. 79–114.

Ehrlicher, Hanno (2009). «*Inter fanum et profanum*. Peregrinajes en la literatura española del s. XVI». *HeLix*, 1, pp. 26–51.

Elliot, John H. (1990). *España y su mundo, 1500–1700*. Madrid: Alianza Editorial.

Elliot, John H. (2009[3]). *El conde-duque de Olivares. El Político en una época de decadencia*. Teófilo de Lozoya (trad.), Antonio Feros y el autor (rev.). Barcelona: Crítica.

Enciso Recio., Luis Miguel (2005). «La Corte de dos mundos». En José Alcalá-Zamora y Queipo de Llano (ed.), *Felipe IV. El hombre y el reinado*. Madrid: Real Academia de la Historia/Centro de Estudios Europa Hispánica, pp. 67–135.

Esopo (1546). *Las fábulas del clarísimo y sabio fabulador Ysopo nuevamente enmendadas*. Enveres: Juan Steelsio.

Esopo (2013). *Fábulas de Esopo*. Júlia Sabaté Font (trad.). Barcelona: Penguin Books.

Gagliardi, Donatella (2010). «Fortuna y censura de Boccalini en España: una aproximación a la inédita *Piedra del parangón político*». *Studia aurea*, 4, pp. 191–207.

Gallo, Antonella (2003). *Virtuosismi retorici barocchi: novelle con lipograma*. Firenze: Alinea Editricie.

García Aguilar, Ignacio (2009). *Poesía y edición en el Siglo de Oro*. Madrid: Calambur.

García Aguilar, Ignacio (2013). «Modelos editoriales para el *Parnaso* de Quevedo: entre España e Italia». En María José Alonso Veloso y Alfonso Rey Álvarez (coord.), *Italia en la obra de Quevedo: Roma antigua y moderna*. Santiago de Compostela: Universidad de Santiago de Compostela, pp. 147–182.

García González, Almudena (2012). «El bandolero histórico como personaje de comedia en Lope». *Anuario Lope de Vega*, 18, pp. 63–79.

García Gual, Carlos (1987). *La secta del perro. Diógenes Laercio. Vida de los filósofos cínicos*. Madrid: Alianza.

García Gual, Carlos (1988). *Los orígenes de la novela*. Madrid: AKAL.

García Santo-Tomás, Enrique (2008). *Modernidad bajo sospecha. Salas Barbadillo y la cultura material del siglo XVII*. Madrid: CSIC.

Garin, Eugenio (1976). *La cultura del Rinascimento*. Bari: Laterza.

Gentile, Piergirolamo (1605). *Della corona di Apollo*. Venezia: Sebastiano Combi.

Gentile, Piergirolamo (1606). *Delle poesie e prose [...] Parte prima*. Genova: Giuseppe Pavoni.

Gherlenda, Carlo (2011). *Curiosidad, deseo de conocer, disciplina de observación en la literatura de viajes entre el Medievo y la Edad Moderna. Algunos apuntes* (Trabajo de Fin de Máster, inédito). Córdoba: Universidad de Córdoba.

Gómez de Tejada, Cosme (en prensa). *Dos apólogos del «León prodigioso» (Madrid: Francisco Martínez 1636)*. Victoria Aranda Arribas (ed.). Paris: Sorbonne Université. Consultado el 29-02-2020, http://obvil.sorbonne-universite.site/corpus/gongora/

Gómez Moral, Alba (2018). *De «La culebra de oro. Para algunos» al «Para algunos» de Matías de los Reyes. Del manuscrito original de imprenta al impreso*. Madrid: Universidad Complutense de Madrid.

Góngora, Luis de (1998). *Romances*. Antonio Carreira (ed.). Madrid: Cátedra.

Góngora, Luis de (2010). *Fábula de Polifemo y Galatea*. Jesús Ponce Cárdenas (ed.). Madrid: Cátedra.

Góngora, Luis de (2015). *Poesía completa*. Antonio Carreira (ed.). Paris: Sorbonne Université. Consultado el 29-02-2020, http://obvil.sorbonne-universite.site/corpus/gongora/

Góngora, Luis de (2019). *Sonetos*. Juan Matas Caballero (ed.). Madrid: Cátedra.

González Ramírez, David (2011). «En el origen de la novela corta del Siglo de Oro: los *novellieri* en España». *Arbor*, 187, 752, pp. 1221–1243.

González Ramírez, David (2012). «Una novela corta del Siglo de Oro rescatada: *La desdicha en la constancia* (Madrid, 1624) de Miguel Moreno». *Voz y letra*, 23, 1, pp. 25–66.

González Ramírez, David y Manuel Piqueras Flores (2019). «Introducción». En Alonso Jerónimo de Salas Barbadillo, *Corrección de vicios*. David González Ramírez y Manuel Piqueras Flores (ed.). Madrid: Sial Pigmalión, pp. 9–65.

Grupo de Investigación Clarisel (s. a.). *Catálogo de obras medievales impresas en castellano hasta 1600*. Consultado el 29-02-2020, https://grupoclarisel.unizar.es/catalogo-de-obras-medievales-impresas-en-castellano-hasta-1600-comedic/

Guicciardini, Lodovico (2018). *Horas de recreación*. Vicente de Millis (trad.), Iole Scamuzzi (ed.). Madrid: Sial Pigmalión.

Gutiérrez, Carlos M. (2005). *La espada, el rayo y la pluma. Quevedo y los campos literario y de poder*. West Lafayette (Indiana): Purdue University Press.

Haro Cortés, Marta (coord.) (2007). *Exemplario contra los engaños y peligros del mundo: estudios y edición*. Valencia: Publicacions de la Universitat de València.

Hurtado, Luis (1548). *Libro del muy esforzado caballero Palmerín de Inglaterra*. Toledo: Fernando de Santa Caterina.

Icaza, Francisco (1924). «Prólogo». En Alonso Jerónimo de Salas Barbadillo, *La peregrinación sabia* y *El sagaz Estacio, marido examinado*. Madrid: Ediciones de «La Lectura», pp. V-XLVIII.

Jodar Jurado, Rocío (2019). «Alfay, editor y compilador: de las *Poesías varias* (1654) a las *Delicias de Apolo* (1670). *Creneida*, 7, pp. 188–231.

Johnson, Carroll (1973). *Matías de los Reyes and the Craft of Fiction*. Berkeley: University of California.

King, Willard F. (1963). *Prosa novelística y academias literarias en el siglo XVII*. Madrid: Anejos del Boletín de la Real Academia Española.

Kluge, Sofie (2012). «Espejo del mito. Algunas consideraciones sobre el epilio barroco». *Criticón*, 115, pp. 159–174.

Lacarra Ducay, María Jesús (2007). «El *Exemplario contra los engaños y peligros del mundo*: las transformaciones del Calila en Occidente». En Marta Haro Cortés (coord.), *Exemplario contra los engaños y peligros del mundo: estudios y edición*. Valencia: Publicacions de la Universitat de València, pp. 15–41.

Lagrone, Gregory (1945). «Some Poetic Favorites of Salas Barbadillo». *Hispanic Review*, 13, pp. 23–44.

López Gutiérrez, Luciano (2003). *«Donaires del Parnaso» de Alonso de Castillo Solórzano: edición, estudio y notas*. Madrid: Universidad Complutense.

López Martínez, José Enrique (2011). «Cervantes y el *Quijote* en *El caballero puntual*, de Alonso Jerónimo de Salas Barbadillo (con una nota sobre Avellaneda)». En Christoph Strosetzki (ed.), *Visiones y revisiones cervantinas. Actas selectas del VII Congreso Internacional de Cervantistas*. Alcalá de Henares: Centro de Estudios Cervantinos, pp. 471–484.

López Martínez, José Enrique (2016). «Introducción». En Alonso Jerónimo de Salas Barbadillo, *El caballero puntual*. José Enrique López Martínez (ed.). Madrid: Real Academia Española, pp. 7–183.

Luján Atienza, Ángel L. (2008). *Las voces de Proteo. Teoría de la lírica y práctica literaria en el Siglo de Oro*. Málaga: Universidad de Málaga.

Macedonio, Marcello (1614). *Le nove muse di Marcello Macedonio raccolte e date alla stampa da Pietro Macedonio suo fratello all'ill.mo e rev.mo sig.re il sig.r cardinale Borghese*. Napoli: a instanza di Gio. Ruardo all'insegna del Compasso.

Madroñal Durán, A. (2013). *La Segunda parte del Coloquio de los perros de Ginés Carrillo Cerón*, pról. Carlos Alvar, Alcalá, Centro de Estudios Cervantinos.

Manukyan, Armine (2012). «Salas Barbadillo entre sus contemporáneos: sus gustos literarios e influencias». En Carlos Mata *et alii* (coord.), *Actas del I Congreso Internacional de Jóvenes Investigadores del Siglo de Oro*. Pamplona: Universidad de Navarra, pp. 279–295.

Manukyan, Armine (2019). *Estudio y edición crítica de dos obras de Alonso Jerónimo de Salas Barbadillo: «El necio bien afortunado» y «El sagaz Estacio, marido examinado»*. Pamplona: Universidad de Navarra.

Marín Pina, María del Carmen (2010). «La doncella andante en los libros de caballerías españoles: la libertad imaginada (II)». *eHumanista*, 16, pp. 221–239.

Martín García, Francisco (1996). *Antología de fábulas esópicas en los autores castellanos (hasta el siglo XVIII)*. Cuenca: Universidad Castilla La Mancha.

Martín Lalanda, Javier (1999). «Introducción». En Feliciano de Silva, *Florisel de Niquea (Tercera parte)*. Javier Martín Lalanda (ed.). Alcalá de Henares: Centro de Estudios Cervantinos, pp. VII-XL.

Martín Romero, José Julio (2015). «El *Quijote* entre los libros de caballerías». *Historias fingidas*, 3, pp. 371–397.

Martínez Hernández, Santiago (s. f.). «Moura y Corte Real, Manuel de». En *Diccionario biográfico de la Real Academia de la Historia*. Consultado el 22-05-2020, http://dbe.rah.es/biografias/20872/manuel-de-moura-y-corte-real

Matas Caballero, Juan (2019). «Comentarios». En Luis de Góngora, *Sonetos*. Juan Matas Caballero (ed.). Madrid: Cátedra.

Mazzocchi, Giuseppe (2018). *Molte sono le strade. Spiritualità, mistica e letteratura della Spagna dei secoli d'oro (con un'appendice novecentesca)*. Napoli: Liguori Editore.

Medina, Luis de (1596). *Flores del Parnaso. Octava parte del Romancero general*. Toledo: Pedro Rodríguez.

Medrano, Sebastián Francisco (1634). *Favores de las musas*. Milano: Juan Baptista Malatesta.

Menéndez Pelayo, Marcelino (1974). *Historia de las ideas estéticas*. Madrid: CSIC.

Mey, Sebastián (2015). *Fabulario*. Maria Rosso (ed. y trad.). Napoli: Liguori Editore.

Mey, Sebastián (2017). *Fabulario*. Fernando Copello (ed.). Rennes: Presses Universitaires de Rennes.

Molho, Maurice (1983). «¿Qué es picarismo?». *Edad de Oro*, II, pp. 127–135.

Molina, Tirso de (1994). *Obras completas II. «Deleitar aprovechando»*. Pilar Palomo e Isabel Prieto (ed.). Madrid: Biblioteca Castro.

Moll, Jaime (1984). «Las ediciones de Góngora en el siglo XVII». *El Crotalón*, 1, pp. 921–963.

Moll, Jaime (2001). «Análisis editorial de las obras de Salas Barbadillo». En Isabel Lozano-Renieblas y Juan Carlos Mercado (coord.), *Silva. Studia philologica in honorem Isaías Lerner*. Madrid: Castalia, pp. 471–477.

Monti, Silvia (1997). «Il *Fabulario* di Sebastián Mey tra intertestualità e contestualità». *Quaderni di Lingue e Letterature*, 12, pp. 133–151.

Munguía Ochoa, Laura Yadira (2016). «Salas Barbadillo y sus epigramas en relación con los enigmas de sor Juana». *Sincronía*, 70, pp. 174–195.

Munguía Ochoa, Laura Yadira (2018). «Las academias literarias áureas en torno a la narrativa corta de Alonso Jerónimo de Salas Barbadillo». *Hipogrifo*, 6, 1, pp. 117–128.

Nagy, Edward (1983). *Teatro popular de Francisco de Lugo y Dávila y la ejemplaridad novelística de Cervantes*. Valladolid: Sever-Cuesta.

Neri, S. (ed.) (2007). *Antología de las arquitecturas maravillosas en los libros de caballerías* (Vol. 6). Centro Estudios Cervantinos.

Nerlich, Michael (2005). *El «Persiles» descodificado, o la «Divina Comedia» de Cervantes*. Jesús Munárriz (trad.). Madrid: Hiperión.

Núñez Rivera, Valentín (2015). *Cervantes y los géneros de la ficción*. Madrid: Sial Pigmalión.

Pagnotta, Carmen Josefina (1994). «Un paradigma intertextual: el *Quijote* y *El caballero puntual* de Alonso J. de Salas Barbadillo». En Carlos O. Nállim *et alii* (ed.), *Cervantes. Actas del Simposio Nacional de Letras del Siglo de Oro español*, II (Anexo IX de Revista de Literaturas Modernas). Mendoza: Universidad de Cuyo, pp. 243–251.

Pastoureau, Michel (2008). *El oso. Historia de un rey destronado*. Nuria Petit (trad.). Barcelona/Buenos Aires/México: Paidós.

Pastoureau, Michel (2019). *Animales célebres. Del caballo de Troya a la oveja Dolly*. Laura Salas Rodriguez (trad.). Cáceres: Editorial Periférica.

Pérez de Montalbán, Juan (1999). *Obra completa no dramática*. José Enrique Laplana Gil (ed.). Madrid: Biblioteca Castro.

Perutelli, Alessandro (2000). *La poesia epica latina. Dalle origini all'età dei Flavi*. Roma: Carocci.

Peyton, Myron A. (1949). «Salas Barbadillo's *Don Diego de noche*». *Publications of the Modern Language Association of America*, XVII, pp. 484–506.

Pintacuda, Paolo (2017). «La tradición impresa de los *Donaires del Parnaso* (1624–1625)». *Edad de Oro*, 36, pp. 11–28.

Piqueras Flores, Manuel (2018). *La literatura en el abismo. Salas Barbadillo y las colecciones de metaficciones*. Vigo: Editorial Academia del Hispanismo.

Ponce Cárdenas, Jesús (2007). «Sobre el epilio burlesco: aspectos léxicos y estrategias discursivas del erotismo en siete poetas barrocos». En Eukene Lacarra Lanz (coord.), *Asimetrías genéricas: «ojos ay que de legañas se enamoran»: literatura y género*. Bilbao: Universidad del País Vasco, pp. 195–240.

Pozuelo Calero, Bartolomé (2000). «De la sátira epistolar y la carta en verso latinas a la epístola moral vernácula». En Begoña López Bueno (ed.), *La epístola*. Sevilla: Universidad de Sevilla, pp. 61–99.

Puente, Juan de la (1683). *La espantosa y maravillosa vida de Roberto el Diablo*. Barcelona: Antonio Lacaballería.

Quevedo, Francisco de (1990). *Poesía original completa*. José Manuel Blecua (ed.). Barcelona: Planeta.

Quevedo, Francisco de (1993). *La vida del Buscón*. Fernando Cabo Aseguinolaza (ed.). Barcelona: Crítica.

Quevedo, Francisco de (1993). *Prosa festiva completa*. Celsa C. García Valdés (ed.). Madrid: Cátedra.

Quevedo, Francisco de (2004). *Cómo ha de ser el privado*. Luciana Gentilli (ed.). Viareggio: Baroni.

Rallo Gruss, Asunción (1984). «Las misceláneas: conformación y desarrollo de un género renacentista». *Edad de Oro*, 3, pp. 159–180.

Rallo Gruss, Asunción (2005). «Maravilla y erudición en el Humanismo español: el *Jardín de flores curiosas* de Antonio de Torquemada». En Juan José Alonso Perandones, Juan Matas Caballero, José Manuel Trabado Cabado (coord.), *La maravilla escrita. Antonio de Torquemada y el Siglo de Oro*. León: Universidad de León, pp. 111–174.

Reed, Eric J. (1992). *La mente del viaggiatore*. Bologna: Il Mulino.

Rey Hazas, Antonio (1986). *Picaresca femenina. «La hija de Celestina». «La niña de los embustes». «Teresa de Manzanares»*. Barcelona: Plaza y Janés.

Rey Hazas, Antonio (1989). «El bandolero en la novela del Siglo de Oro». En Juan Antonio Martínez Comeche (ed.). *El bandolero y su imagen en el Siglo de Oro*. Madrid: Universidad Autónoma, pp. 201–2015.

Rey Hazas, Antonio (2003). *Deslindes de la novela picaresca*. Málaga: Universidad de Málaga.

Reyes, Matías de los (1909). *El curial del Parnaso*. Madrid: Librería de los Bibliófilos Españoles.

Rico, Francisco (1970). *La novela picaresca y el punto de vista*. Barcelona: Seix Barral.

Rico, Francisco y Joaquín Tarradellas (1998). «Notas». En Miguel de Cervantes, *Don Quijote de la Mancha*. Francisco Rico (coord.). Barcelona: Crítica.

Rodríguez Cachón, Irene (2016). «Variaciones narrativas y estructuras representativas de la *Miscelánea* de Luis de Zapata en *El licenciado Vidriera* de Miguel de Cervantes». En Mechthild Albert, Ulrike Becker, Rafael Bonilla Cerezo y Angela Fabris (ed.), *Nuevos enfoques sobre la novela corta barroca*. Bern: Peter Lang, pp. 131–147.

Rodríguez Cuadros, Evangelina (1979). *Novela corta marginada del siglo XVII. Formulación y sociología en José Camerino y Andrés de Prado*. Valencia: Universidad de Valencia.

Rodríguez Cuadros, Evangelina (ed.) (1986). *Novelas amorosas del siglo XVII*. Madrid: Castalia.

Rodríguez Mansilla, Fernando (2012). *Picaresca femenina de Castillo Solórzano: «Teresa de Manzanares» y «La garduña de Sevilla»*. Madrid/Frankfurt/Pamplona: Iberoamericana/Vervuert/Universidad de Navarra.

Rodríguez Mansilla, Fernando (2019). «*El Proteo de Madrid*: la picaresca en ciernes de Castillo Solórzano». *Criticón*, 136, pp. 59–72.

Rodríguez, Lucas (1581). *Romancero historiado*. Alcalá: Hernán Ramírez.

Rojas, Agustín de (1603). *El viaje entretenido*. Madrid: Emprenta Real.

Rosso, Maria (ed. y trad.) (2015). «Introduzione». En Sebastián Mey, *Fabulario*. Napoli: Liguori Editore, pp. 1–51.

Ruiz Pérez, Pedro (2008). «Entre dos parnasos: poesía, institución y canon». *Criticón*, 103–104, pp. 207–231.

Ruiz Pérez, Pedro (2010). «La escala del Parnaso». En Pedro Ruiz Pérez (coord.). *El Parnaso versificado. La construcción de la República de los Poetas en los Siglos de Oro*. Madrid: Abada, pp. 5–100.

Ruiz Pérez, Pedro (2011). «Sátira, picaresca, novela». *Ínsula*, 778, pp. 10–12.

Salas Barbadillo, Alonso Jerónimo de (1627). *La estafeta del dios Momo*. Andrés de Carrasquilla (ed.).

Salas Barbadillo, Alonso Jerónimo de (1635). *Coronas del Parnaso y platos de las musas*. Madrid: Imprenta del Reino, a costa de la Hermandad.

Salas Barbadillo, Alonso Jerónimo de (1909). *El caballero puntual* y *Los prodigios de amor*. Emilio Cotarelo (ed.). Madrid: Tipografía de la Revista de Archivos.

Salas Barbadillo, Alonso Jerónimo de (1924). *La peregrinación sabia* y *El sagaz Estacio, marido examinado*. Francisco de Icaza (pról.). Madrid: Ediciones de «La Lectura».

Salas Barbadillo, Alonso Jerónimo de (2008). *La hija de Celestina*. Enrique García-Santo Tomás (ed.). Madrid: Cátedra.

Salas Barbadillo, Alonso Jerónimo de (2016). *El caballero puntual*. José Enrique López Martínez (ed.). Madrid: Real Academia Española.

Salas Barbadillo, Alonso Jerónimo de (2019). *Corrección de vicios*. David González Ramírez y Manuel Piqueras Flores (ed.). Madrid: Sial Pigmalión.

Salas Barbadillo, Alonso Jerónimo y Francisco Mariano Nipho (1761). *Cajón de sastre o montón de muchas cosas. Tomo VI*. Madrid: Imprenta de Gabriel Ramírez.

Sales Dasí, Emilio (2003). «Feliciano de Silva como precursor cervantino: el "sermón del Fraudador"». *Voz y letra*, 14, 2, pp. 99–114.

Sánchez Jiménez, Antonio (2002). «Comedia y novela en *El pícaro amante* de José Camerino». *Rilce*, 18, 1, pp. 109–124.

Sánchez, Alberto (1982). «De las *Novelas ejemplares* de Cervantes a las *Novelas morales* de Lugo y Dávila». *Anales cervantinos*, 20, pp. 135–151.

Sandoval, Paula Encarnación (2019). *El peregrino como concepto en las «Soledades» de Góngora*. Alcalá de Henares: Universidad de Alcalá.

Silva, Feliciano de (1999). *Florisel de Niquea (Tercera parte)*. Javier Martín Lalanda (ed.), Alcalá de Henares: Centro de Estudios Cervantinos.

Silva, Feliciano de (2015). *Florisel de Niquea (Partes I-II)*. Linda Pellegrino (ed.). Alcalá de Henares: Universidad de Alcalá.

Sola, Christel (2006). «"Destas novelas que te ofrezco en ningún modo podrás hacer pepitoria": aproximación a la práctica cervantina de la colección de novelas». *Criticón*, 97–98, pp. 89–105.

Soriano del Castillo, Rosario (1990). «Durandarte y Belerma en el manuscrito II-2803 de la Biblioteca de Palacio». *Revista de Filología Románica*, 7, pp. 197–217.

Suárez de Figueroa, Cristóbal (1988). *El pasajero*. María Isabel López Bascuñana. Barcelona: PPU.

Tanganelli, Paolo (2017). «Camerino y los vejámenes de la Academia de Mendoza». En Luciana Gentilli y Renata Londero (coord.), *Sátira encomiástica en las artes y letras del siglo XVII español*. Madrid: Visor, pp. 119–136.

Ulla Lorenzo, Alejandra (2008). «Sobre la reescritura de los finales en las comedias de Calderón: *Polifemo y Circe* (1630) y *El mayor encanto, amor* (1635 y 1668)». En Antonio Azaustre Galiana y Santiago Fernández Mosquera (coord.), *Compostella aurea. Actas del VIII Congreso de la Asociación Internacional del Siglo de Oro*. Santiago de Compostela: Universidad de Santiago de Compostela, pp. 485–496.

Vega, Lope de (1621). *La Filomena, con otras diversas rimas, prosas y versos*. Barcelona: Sebastián de Cormellas.

Vega, Lope de (1622). *Relacion de las fiestas que la insigne Villa de Madrid hizo en la canonizacion de su bienaventurado hijo, y parrón San Isidro, con las comedias que se representaron, y los Versos que en la Justa Poetica se escribieron*. Madrid: Viuda de Alonso Martín.

Vega, Lope de (1624). *La Circe, con otras rimas y prosas*. Madrid: En casa de la viuda de Alonso Martín, a costa de Alonso Pérez.

Vega, Lope de (1982). *La Gatomaquia*. Celina Sabor de Cortazar (ed). Madrid: Castalia.

Vega, Lope de (2007). *Laurel de Apolo*. Antonio Carreño (ed.). Madrid: Cátedra.

Vélez-Sainz, Julio (2006). *El Parnaso español. Canon, mecenazgo y propaganda en la poesía del Siglo de Oro*. Madrid: Visor.

Vélez-Sainz, Julio (2007). «Las ediciones clásicas de la poesía de Francisco de Quevedo a la luz de *Le nove muse* (1614) de Marcello Macedonio». *Calíope*, 13, 1, pp. 147–172.

Vincent-Cassy, Cécile (2010). «Los santos, la poesía y la patria. Fiestas de beatificación y de canonización en España en el primer tercio del siglo XVIII». *Revista de Historia Jerónimo Zurita*, 85, pp. 75–93.

Vitse, Marc (1980). «Salas Barbadillo y Góngora: burla e ideario de la Castilla de Felipe III». *Criticón*, 11, pp. 5–142.

VV. AA. (1637). *Maravillas del Parnaso y flor de los mejores romances graves, burlescos-satíricos que hasta oy se han cantado en la corte. Recopilados de graves autores*. Lisboa: Lorenzo Craesbeeck.

VV. AA. (1647). *Doze comedias de las más grandiosas que asta ahora han salido de los meiores y más insignes poetas*. Segunda parte. Lisboa: Pablo Craesbeeck.

Williams, Robert H. (1946). *Boccalini in Spain. A Study of his Influence on Prose Fiction of the Seventeenth Century*. Menasha (Wisconsin): George Banta Publishing Company.

Índice de autores

1. Prof. Dr. Mechthild Albert, Universität Bonn, Institut VII, Romanistik, Am Hof 1, 53111 Bonn, Germany, malbert@uni-bonn.de, +49 228 737302
2. Prof. Victoria Aranda Arribas, Universidad de Córdoba, Departamento de Estudios Filológicos y Literarios, Facultad de Filosofía y Letras, Plaza del Cardenal Salazar, 3, 14071 Córdoba, Spain, imberetumbra@gmail.com, +34 639569338
3. Prof. Dr. Leonardo Coppola, Università "Gabriele d'Annunzio", Dipartimento di Lingue, Letterature e Culture Moderne, Viale Pindaro, 42, 65127 Pescara, Italy, l.coppola@unich.it, +39 3347665896
4. Prof. Dr. David González Ramírez, Universidad de Jaén, Departamento de Filología Española, Facultad de Humanidades y CC. de la Educación, Campus Las Lagunillas, 23071 (Jaén), david.gonzalez@ujaen.es, +34 953 21 16 34
5. Prof. Dr. Ilaria Resta, Dipartimento di Lingue, Letterature e Culture Straniere, Università degli Studi Roma Tre, Via del Valco di San Paolo, 19, 00146 Roma, Italy, ilaria.resta@uniroma3.it
6. Prof. Dr. Maria Rosso, Università degli Studi di Milano, Dipartimento di Lingue e Letterature Straniere - Sezione di Iberistica, Piazza S. Alessandro, 1, 20123 Milano, Italy, Maria.Rosso@unimi.it, +34 02503 13540
7. Prof. Dr. Fernando Copello, Univeristé du Maine, Le Mans-Laval, Labo Languages, Littératures, Linguistique, Avenue Olivier Messiaen, 72085 Le Mans cedex 9, France, Fernand.Copello@univ-lemans.fr, +33 2 43 83 31 79
8. Prof. Dr. Manuel Piqueras Flores, Universidad de Jaén, Departamento de Filología Española, Facultad de Humanidades y CC. de la Educación, Campus Las Lagunillas, 23071 (Jaén), mpflores@ujaen.es, + 34 953212511
9. Prof. Dr. Marcial Rubio Árquez, Università "Gabriele d'Annunzio", Dipartimento di Lingue, Letterature e Culture Moderne, Viale Pindaro, 42, 65127 Pescara, Italy, marcial.rubio@unich.it., +39 0854537881
10. Prof. Dr. Giulia Giorgi, Università degli Studi di Ferrara, Dipartimento di Studi Umanistici, Via Paradiso, 12, 44121 Ferrara, Italy, giulia.giorgi@unife.it, +39 0532 293415
11. Prof. Dr. José Enrique Laplana, Universidad Zaragoza, Departamento de Filología Española-Área de Literatura Española, Facultad de Filosofía y

Letras, C/ Pedro Cerbuna, 12, 50009 Zaragoza, laplana@unizar.es, +34 876553956

12. Prof. Dr. Rafael Bonilla Cerezo, Universidad de Córdoba, Departamento de Estudios Filológicos y Literarios, Facultad de Filosofía y Letras, Plaza del Cardenal Salazar, 3, 14071 Córdoba, Spain, angharad41@yahoo.es, +34 957 21 84 91 / +34 697636773

BONNER ROMANISTISCHE ARBEITEN

Herausgegeben von Mechthild Albert, Michael Bernsen, Paul Geyer, Franz Lebsanft, Daniela Pirazzini und Christian Schmitt

Band 1 Albert Gier: Der Sünder als Beispiel. Zu Gestalt und Funktion hagiographischer Gebrauchstexte anhand der Theophiluslegende. 1977.

Band 2 Beatrix Vedder: Das symbolistische Theater Maurice Maeterlincks. 1978.

Band 3 Ute Stempel: Realität des Phantastischen. Untersuchungen zu den Erzählungen Dino Buzzatis. 1977.

Band 4 Egon Robertz: Feuer und Traum. Studien zur Literaturkritik Gaston Bachelards. 1978.

Band 5 Lilo Grevel: Il Politecnico 1945-1947. Zur Monographie einer Kulturzeitschrift Italiens. 1978.

Band 6 Klaus Knopp: Französischer Schülerargot. 1979.

Band 7 Günter Dresselhaus: Langue/Parole und Kompetenz/Performanz. Zur Klärung der Begriffspaare bei Saussure und Chomsky; ihre Vorgeschichte und ihre Bedeutung für die moderne Linguistik. 1979.

Band 8 Rita Thiele: Satanismus als Zeitkritik bei Joris-Karl Huysmans. 1979.

Band 9 Margrethe Tanguy-Baum: Der historische Roman im Frankreich der Julimonarchie. Eine Untersuchung anhand von Werken der Autoren Frédéric Soulié und Eugène Sue. 1981.

Band 10 Jutta Linder: Pasolini als Dramatiker. 1981.

Band 11 Angelika Sparmacher: Narrativik und Semiotik. Überlegungen zur zeitgenössischen französischen Erzähltheorie. 1981.

Band 12 Hans-Ludwig Krechel: Strukturen des Vokabulars in den Maigret-Romanen Georges Simenons. 1982.

Band 13 Dirk Hoeges: François Guizot und die Französische Revolution. 1981.

Band 14 Elisabeth Bange: An den Grenzen der Sprache. Studien zu Georges Bataille. 1982.

Band 15 Norbert Reichel: Der Dichter in der Stadt. Poesie und Großstadt bei französischen Dichtern des 19. Jahrhunderts. 1982.

Band 16 Dirk Weidenhammer: Prometheus und Merlin. Zur mythischen Lebensbewältigung bei Edgar Quinet. 1982.

Band 17 Helmut C. Jacobs: Stendhal und die Musik. Forschungsbericht und kritische Bibliographie 1900-1980. 1983.

Band 18 Margaretha Müller: Musik und Sprache. Zu ihrem Verhältnis im französischen Symbolismus. 1983.

Band 19 Werner Müller-Pelzer: Leib und Leben. Untersuchungen zur Selbsterfahrung in Montaignes *Essais*. Mit einer Studie über La Boétie und den *Discours de la Servitude volontaire*. 1983.

Band 20 Markus Winkler: "Décadence actuelle". Benjamin Constants Kritik der französischen Aufklärung. 1984.

Band 21 Gisela Schlüter: Demokratische Literatur. Studien zur Geschichte des Begriffs von der Französischen Revolution bis Tocqueville. 1986.

Band 22 Ingrid Schwamborn: Die brasilianischen Indianerromane *O Guarani, Iracema, Ubirajara* von José de Alencar. 1987.

Band 23 Ruth Leners: Geschichtsschreibung der Romantik im Spannungsfeld von historischem Roman und Drama. Studien zu Augustin Thierry und dem historischen Theater seiner Zeit. 1987.

Band 24 Heiner Wittmann: Von Wols zu Tintoretto. Sartre zwischen Kunst und Philosophie. 1987.

Band 25 Isa Hofmann: Reisen und Erzählen. Stilkritische Untersuchungen zur französischen Literatur des 19. Jahrhunderts. 1988.

Band 26 Anette Pieper-Branch: Das Bild der Frau in den Sittenromanen von Frédéric Soulié. 1988.

Band 27 Ernst Wolf: Guillaume Apollinaire und das Rheinland. 1988.

Band 28 Helmut C. Jacobs: Literatur, Musik und Gesellschaft in Italien und Österreich in der Epoche Napoleons und der Restauration. Studien zu Giuseppe Carpani (1751-1825). 1988.

Band 29 Heinz Fuchs: Untersuchungen zu Belgizismen. Zu Ursprung und Verbreitung lexikalischer Besonderheiten des belgischen Französisch. 1988.

Band 30 Susanne Schmidt: Die Kontrasttechnik in den *Rougon-Macquart* von Emile Zola. 1989.

Band 31 Susanne Thimann: Brasilien als Rezipient deutschsprachiger Prosa des 20. Jahrhunderts. Bestandsaufnahme und Darstellung am Beispiel der Rezeptionen Thomas Manns, Stefan Zweigs und Hermann Hesses. 1989.

Band 32 Alf Monjour: Der nordostfranzösische Dialektraum. 1989.

Band 33 Tamina Groepper: Aspekte der Offenbachiade. Untersuchungen zu den Libretti der großen Operetten Offenbachs. 1990.

Band 34 Bettina Kopelke: Die Personennamen in den Novellen Maupassants. 1990.

Band 35 Christine Mundt: Dichterische Selbstinszenierung im französischen Theater von Vigny bis Vitrac. Vom 'poète malheureux' zum 'homme moderne'. 1990.

Band 36 Barbara Görtz: Untersuchung zur Diskussion über das Thema Sprachverfall im Fin-de-Siècle. 1990.

Band 37 Volker Steinkamp: Giacomo Leopardis *Zibaldone*. Von der Kritik der Aufklärung zu einer 'Philosophie des Scheins'. 1991.

Band 38 Ursula Schmid: Zur Konzeption des "homme supérieur" bei Stendhal und Balzac – Mit einem Ausblick auf Alexandre Dumas père. 1991.

Band 39 Dorothee Heller: Studien zum italienischen *contrasto*. Ein Beitrag zur gattungsgeschichtlichen Entwicklung des Streitgedichtes. 1991.

Band 40 Kian-Harald Karimi: Auf der Suche nach dem verlorenen Theater. Das portugiesische Gegenwartsdrama unter der politischen Zensur (1960-1974). 1991.

Band 41 Claudia Kleinespel: Germain Nouveau. Zwischen Ästhetizismus und Religiosität. 1992.

Band 42 Regine Würstle: Überangebot und Defizit in der Wortbildung. Eine kontrastive Studie zur Diminutivbildung im Deutschen, Französischen und Englischen. 1992.

Band 43 Ingrid Horch: Zur Toponymie des Valle de Mena/Castilla und des Valle de Ayala/Álava. Sprachhistorische und sprachgeographische Studien. 1992.

Band 44 Birgit Neschen-Siemsen: Madame de Genlis und die französische Aufklärung. 1992.

Band 45 Maria Stavraka: Sach- und Sprachnorm in der französischen Rechtssprache. Untersuchungen zu Rechts- und Sprachfiguren bei Leistungsstörungen im Schuldverhältnis. 1993.

Band 46 Arabella Pauly: NEOBARROCO. Zur Wesensbestimmung Lateinamerikas und seiner Literatur. 1993.

Band 47 Ursula Hillen: Wegbereiter der romanischen Philologie. Ph. A. Becker im Gespräch mit G. Gröber, J. Bédier und E. R. Curtius. 1993.

Band 48 Maren Isabell Schmidt-von Essen: Mademoiselle Clairon. Verwandlungen einer Schauspielerin. 1994.

Band 49 Elke A. Fettweis-Gatzweiler: "... non sono che un semplice ricercatore della verità ...". Der *Archivio Glottologico Italiano* und die *Zeitschrift für romanische Philologie*. Ein historisch- systematischer Vergleich. 1994.

Band 50 Gerlinde Klatte: Wege zur Innenwelt. Träume im fiktionalen Prosawerk von Franz Hellens. 1994.

Band 51 Renate Schlüter: Zeuxis und Prometheus. Die Überwindung des Nachahmungskonzeptes in der Ästhetik der Frühromantik. 1995.

Band 52 Johannes van de Locht: Der *style indirect libre* in den Romanen Edmond Durantys. 1995.

Band 53 Alberto Gil: Textadverbiale in den romanischen Sprachen. Eine integrale Studie zu Konnektoren und Modalisatoren im Spanischen, Französischen und Italienischen. 1995.

Band 54 Rainer-Michael Lüddecke: Literatur als Ausdruck der Gesellschaft. Die Literaturtheorie des Vicomte de Bonald. 1995.

Band 55 Martina Yadel: Jean Grenier - Les Iles. Eine Untersuchung zu werkkonstituierenden Themen und Motiven. 1995.

Band 56 Heike Brohm: Das Richelieu-Bild im französischen historischen Roman von der Restauration bis zur Zweiten Republik. Geschichtskonzeption, Stoffgeschichte und Gattungstheorie bei Vigny, Touchard-Lafosse, Lottin de Laval, Dumas und Mirecourt. 1995.

Band 57 Ute Jancke: *Le Temps-qu'il-fait, le Temps-qui-passe.* Studien zum literarischen Werk von Marie Gevers. 1996.

Band 58 Angelina Monego: Zeit und Poetik in der Lyrik Eugenio Montales. Von den *Ossi di seppia* zum *Diario del '71 e del '72.* 1996.

Band 59 Stefania Masi: Deutsche Modalpartikeln und ihre Entsprechungen im Italienischen. Äquivalente für *doch, ja, denn, schon* und *wohl.* 1996.

Band 60 Karl-Hans Brungs: Giacomo Leopardis Aeneisübersetzung. Die Übersetzung Leopardis in der Kritik des 19. und 20. Jahrhunderts. Textkritische Ausgabe und Kommentar. 1996.

Band 61 Burghard Baltrusch: Bewußtsein und Erzählungen der Moderne im Werk Fernando Pessoas. 1997.

Band 62 Juliane Dülpers: *voulez-vous voler avec moi.* Eine Studie zur französischsprachigen Dichtung Hans Arps. 1997.

Band 63 Helga Thomaßen: Gallizismen im kulinarischen Wortschatz des Italienischen. 1997.

Band 64 Claudia Polzin: Der Funktionsbereich *Passiv* im Französischen. Ein Beitrag aus kontrastiver Sicht. 1998.

Band 65 Elisabeth Weis: Der Sinnbereich *Freude/Traurigkeit* im Sprachenpaar Deutsch-Französisch. Eine kontrastive Studie zur Textsemantik. 1998.

Band 66 Olivier Michael Bollacher: Geistiges Aristokratentum im Dienste der Demokratie: Thomas Mann und Paul Valéry. Vergleich des politischen Denkens in den Jahren 1900-1945. 1999.

Band 67 Eva Freund: Gefährdetes Gleichgewicht. Das Theater des Bernard-Marie Koltès. 1999.

Band 68 Steven Uhly: Multipersonalität als Poetik. Umberto Eco: *Il nome della rosa,* João Ubaldo Ribeiro: *Viva o Povo Brasileiro,* José Saramago: *O Evangelho segundo Jesus Cristo.* 2000.

Band 69 Corinna May: Die deutschen Modalpartikeln. Wie übersetzt man sie (dargestellt am Beispiel von *eigentlich, denn* und *überhaupt*), wie lehrt man sie? Ein Beitrag zur Kontrastiven Linguistik (Deutsch-Spanisch/Spanisch-Deutsch) und Deutsch als Fremdsprache. 2000.

Band 70 Dietmar Osthus: Metaphern im Sprachenvergleich. Eine kontrastive Studie zur Nahrungsmetaphorik im Französischen und Deutschen. 2000.

Band 71 Alkinoi Obernesser: Spanische Grammatikographie im 17. Jahrhundert. Der *Arte de la lengua Española Castellana* von Gonzalo Correas. 2000.

Band 72 Maria Uleer: Fachwissen und Kommunikation. Zur Darstellung der französischen Atomversuche in spanischen Printmedien. 2000.

Band 73 Katja Ide: Terminus und Text. Untersuchungen zur spanischen Fachkommunikation der Betriebswirtschaft. 2000.

Band 74 Ludger Scherer: *Faust* in der Tradition der Moderne. Studien zur Variation eines Themas bei Paul Valéry, Michel de Ghelderode, Michel Butor und Edoardo Sanguineti mit einem Prolog zur Thematologie. 2001.

Band 75 Claudia Ella Weller: Zwischen Schwarz und Weiß. Schrift und Schreiben im selbstreferentiellen Werk von Edgar Allan Poe und Raymond Roussel. 2001.

Band 76 Marc Lilienkamp: Angloamerikanismus und Popkultur. Untersuchungen zur Sprache in französischen, deutschen und spanischen Musikmagazinen. 2001.

Band 77 Anja Klein-Zirbes: Die *Défense de la langue française* als Zeugnis des französischen Sprachpurismus. Linguistische Untersuchung einer sprachnormativen Zeitschrift im Publikationszeitraum von 1962 bis 2000. 2001.

Band 78 Andrea Wilhelmi: *La Nef des Princes* von Symphorien Champier. Textkritische und kommentierte Ausgabe der Haupttraktate. 2001.

Band 79 Annette Clamor: Flauberts Schreiblabor. Lesekultur und poetische Imagination in einem verkannten Jugendwerk. 2002.

Band 80 Rachel Herwartz: *Lavadora, cafetera, sacacorchos* - Spanische Gerätebezeichnungen in Technik, Werbung und Alltag. Dargestellt am Beispiel der Hauhaltsgerätebranche. 2002.

Band 81 Irene Sueiro Orallo: Deutsche Modalpartikeln und ihre Äquivalenzen im Galicischen. Ein Beitrag zur Kontrastiven Linguistik. 2002.

Band 82 Ursula Picker: Zur Instrumentalisierung von Geschichte in der französischen Ergonymik. 2003.

Band 83 Anja Bernoth: Zur Objektstellung im Vorfeld des italienischen Satzes. 2003.

Band 84 Klaus Gabriel: Produktonomastik. Studien zur Wortgebildetheit, Typologie und Funktionalität italienischer Produktnamen. 2003.

Band 85 Martin Becker: Die Entwicklung der modernen Wortbildung im Spanischen. Der politisch-soziale Wortschatz seit 1869. 2003.

Band 86 Jana Birk: *Français populaire* im *siècle classique*. Untersuchungen auf der Grundlage der *Agréables Conférences de deux paysans de Saint-Ouen et de Montmorency sur les* affaires du temps (*1649-1651*). 2004.

Band 87 Anke Heyen: *La Richesse de la Pomone française*. Französische Apfelnamen und ihre Motivation. 2004.

Band 88 Ingrid Christel Elgert: Interdependenz von Sachnorm und Wortgebildetheit. Eine kontrastive Untersuchung zur Terminologie der Neokeynesianischen Theorie. 2004.

Band 89 Sabine Fremmer: Buenos Aires in der argentinischen Lyrik. Postkoloniale Identitätssuche und literarische Diskurse. 2004.

Band 90 Judith Visser: Markierte sprachliche Zeichen. Wortbildung als Mittel der Persuasion in Texten der französischen *extrême droite*. 2005.

Band 91 Claudia Polzin-Haumann: Sprachreflexion und Sprachbewußtsein. Beitrag zu einer integrativen Sprachgeschichte des Spanischen im 18. Jahrhundert. 2006.

Band 92 Lydia Thorn-Wickert: Manuel Chrysoloras (ca. 1350–1415). Eine Biographie des byzantinischen Intellektuellen vor dem Hintergrund der hellenistischen Studien in der italienischen Renaissance. 2006.

Band 93 Benno Hartmann Berschin: Sprach- und Sprachenpolitik. Eine sprachgeschichtliche Fallstudie (1789-1940) am Beispiel des Grenzlandes Lothringen (Moselle). 2006.

Band 94 Christiane Wirth: Probleme der nominalen Pluralmorphologie in der französischen und spanischen Schriftsprache. 2006.

Band 95 Vahram Atayan / Daniela Pirazzini / Laura Sergo / Gisela Thome (Hrsg.): Übersetzte Texte und Textsorten in der Romania. Akten der gleichnamigen Sektion beim XXVIII. Deutschen Romanistentag, Kiel 2003. 2007.

Band 96 Daniela Demel: *Si dice o non si dice?* Sprachnormen und normativer Diskurs in der italienischen Presse. 2007.

Band 97 Katrin Hess: Verb und Direktivum. Ein Beitrag zum deutsch-spanischen und spanisch-deutschen Sprachvergleich. 2007.

Band 98 Lisa Springstub: En Egypte avec Vigny. Le roman inachevé l'Almeh. Scènes du désert. 2007.

Band 99 Christina Becker: Untersuchungen zur Sprachverwendung der politischen Linken Spaniens. 2009.

Band 100 Daniela Pirazzini / Francesca Santulli / Tommaso Detti (Hrsg.): Übersetzen als Verhandlung. 2012.

Band 101 Simona Fabellini: Sprachkonkurrenz auf Korsika vom 19. zum 20. Jahrhundert. 2010.

Band 102 Harald Winkelmeier: Andalusismen im Spanischen. Untersuchungen zu den europäischen Regionalismen. 2010.

Band 103 Alexandra B. Edzard: Varietätenlinguistische Untersuchungen zum Judenfranzösischen. 2011.

Band 104 Claudia Eckhardt-Kamps: Das Implizite im Text. Untersuchungen zur Kriegsberichterstattung im Irakkonflikt 2003 in der französischen Tageszeitung *Le Monde*. 2011.

Band 105 Annika Franz: ¡Todos, pero TODOS los políticos son malísimos!!! Intensivierende sprachliche Verfahren zum Ausdruck emotionaler Beteiligung in spanischen Leserbriefen. 2011.

Band 106 Matthias Bürgel: Die literarischen, künstlerischen und kulturellen Quellen des Italowesterns. 2011.

Band 107 Johanna Sophia Hellermann: Porträts in italienischen Romanen des 19 Jahrhunderts. Dargestellt an Beispielen aus Alessandro Manzonis *I promessi sposi,* Ippolito Nievos *Confessioni d'un italiano* und Giovanni Vergas *Mastro-don Gesualdo*. 2013.

Band 108 Daniela Pirazzini / Anika Schiemann (Hrsg.): Dialogizität in der Argumentation. Eine multidisziplinäre Betrachtung. 2013.

Band 109 Barbara Hans-Bianchi / Camilla Miglio / Daniela Pirazzini / Irene Vogt / Luca Zenobi (Hrsg.): Fremdes wahrnehmen, aufnehmen, annehmen. Studien zur deutschen Sprache und Kultur in Kontaktsituationen. 2013.

Band 110 Éva Feig: Der *Tesoro* (1611) als Schlüssel zu Norm und Usus des ausgehenden 16. Jahrhunderts. Untersuchungen zum sprachhistorischen, lexikographischen und grammatikographischen Informationspotential des ersten einsprachigen spanischen Wörterbuchs. 2013.

Band 111 Katja Brenner: Spanische Modalpartikeln. Funktionsweise und Übersetzungsproblematik dargestellt am Beispiel von *sí* und *sí que*. 2014.

Band 112 Anja Unkels: Persuasion im deutschen und italienischen Fußballbericht. Argumentation und Emotion. 2014.

Band 113 Helke Kuhn / Beatrice Nickel (Hrsg.): Erschwerte Lektüren. Der literarische Text im 20. Jahrhundert als Herausforderung für den Leser. 2014.

Band 114 Claudia Sofie Schmitz: Gegenargumentieren in der Digitalkultur. Französische Internetforenbeiträge zu europapolitischen Fragen. 2016.

Band 115 Mechthild Albert / Ulrike Becker / Rafael Bonilla Cerezo / Angela Fabris (eds.): Nuevos enfoques sobre la novela corta barroca. 2016.

Band 116 Isabelle Catherine Mensel: Sprachliche Strategien der Überzeugung. Metaphern des revolutionären Diskurses, dargestellt am Beispiel Olympe de Gouges'. 2016.

Band 117 Tommaso Detti: Der Ausdruck der Konzessivität im heutigen Französisch und Italienisch. Mit einem Vorwort von Wilhelm Pötters. 2017.

Band 118 Lea Akkermann: Emotionen und Selbstreflexionen in den Romanen von Giovanni Arpino. 2017.

Band 119 Paul Geyer / Marinella Vannini (eds.): Dante 2015. 750 Jahre eines europäischen Dichters / 750 anni di un poeta europeo. 2020.

Band 120 Sara Izzo (ed.): (Post-)koloniale frankophone Kriegsreportagen. Genrehybridisierungen, Medienkonkurrenzen. 2020.

Band 121 Mechthild Albert / Victoria Aranda Arribas / Leonardo Coppola (eds.): La narrativa de Alonso Jerónimo de Salas Barbadillo. 2020.

www.peterlang.com

www.ingramcontent.com/pod-product-compliance
Lightning Source LLC
Chambersburg PA
CBHW060757310726
48980CB00002B/134

* 9 7 8 3 6 3 1 8 3 2 5 4 7 *